U0892831

Xinxi jiansuo yu liyong

信息检索与利用

马林山 编著

时代出版传媒股份有限公司
安徽科学技术出版社

图书在版编目(CIP)数据

信息检索与利用/马林山编著. —合肥:安徽科学技术出版社,2013.7

ISBN 978-7-5337-6041-0

Ⅰ.①信… Ⅱ.①马… Ⅲ.①情报检索 Ⅳ.①G252.7

中国版本图书馆 CIP 数据核字(2013)第 116992 号

信息检索与利用　　马林山　编著

出 版 人：黄和平　　选题策划：王　勇　　责任编辑：王　勇
责任校对：陈会兰　　责任印制：李伦洲　　封面设计：朱　婧
出版发行：时代出版传媒股份有限公司　http://www.press-mart.com
安徽科学技术出版社　http://www.ahstp.net
(合肥市政务文化新区翡翠路 1118 号出版传媒广场，邮编：230071)
电话：(0551)63533330
印　　制：合肥创新印务有限公司　　电话：(0551)64456946
(如发现印装质量问题，影响阅读，请与印刷厂商联系调换)

开本：787×1092　1/16　　印张：16.5　　字数：398 千
版次：2013 年 7 月第 1 版　　2013 年 7 月第 1 次印刷

ISBN 978-7-5337-6041-0　　定价：35.00 元

内容提要

本书共12章，围绕有效提高读者信息检索能力和高效合理利用参考文献这一主题，多方面多角度进行论述。在系统介绍信息、信息素养、文献、信息检索等知识的基础上，探讨了文献及其存在规律、计算机信息检索技术和文献信息分析研究的最新进展和发展趋势；理论联系实际，在详细讲述各种类型文献的特点和最新检索方法的基础上，引导读者利用计算机辅助信息检索与分析工具，高效快速地分析追踪研究热点，进行科研创新。书中还阐述了学术规范问题和个人参考文献的管理方法，帮助研究人员高效管理个人参考文献和做好自我约束，合理引用前人研究成果，进行创新。

本书原理性强，注重启迪引导，既可为相关领域研究人员提供参考，也可作为高等院校信息管理专业学生，以及其他专业本科生、研究生培养信息检索能力的参考书，又可当作各类信息机构的岗位培训教材，并可作为人们提升信息素养、增长检索技能的读本。

前　言

当今社会在科技进步的推动下高速发展。伴随而产生的文献信息越来越多，数量呈几何指数急剧增长。随着现代信息技术的发展，文献信息在内容丰富的基础上，存在形式也日益多样化，文本、多媒体、超媒体格式信息伴随网络的发展，对人们的工作、学习和日常生活产生巨大的影响。在这一传统文献和网络数字文献并存，获取途径和使用方式日益便捷的时代，面对这种浩瀚的知识海洋，人们更需要学习管理、分析和控制信息的能力和技巧，提高新时代个人信息素养的内涵，来高效地获取、鉴别信息并合理地利用信息，满足学习、工作、科研和生活的需要。对于在新的信息环境中如何提高人们的信息素养，也需不断研究探讨。

信息素养自 1974 年由美国信息产业协会主席保罗·泽考斯基(Paul Zurkowski)第一次提出后，立即得到了国际的认可。联合国教科文组织不仅接受了“信息素养就是人们能够充分认识到何时需要信息，并有能力去获取、评价和有效利用所需要信息的能力”这一内涵定义，而且在 2005 年通过了《亚历山大宣言》更进一步宣称信息素养和终身学习是信息社会的灯塔，照亮了通向发展、繁荣和自由之路。各国纷纷将信息素养从战略高度纳入到教育体系，人们开始关注提升公众信息素养的方式和途径。

由于我国的中小学几乎没有信息素养相关内容的教育，高校因此成了信息素养教育的主要阵地，肩负起了培养广大学生信息意识、信息能力、信息道德以及终身学习能力的重任。为了做好这一点，早在 1984 年，教育部就提出在大学基础教育中开设“文献检索与利用”课程，随之信息检索课在全国高校相继开展。我们合肥学院 1980 年建校，自 1992 起在全校陆续开设信息检索课，现已有 20 余年历史，对信息检索的研究也颇有建树。

信息检索能力是信息素养培养的重要内容，对其研究也是一个持续的课题，在实际的培养过程中，信息检索作为一门理论性和实践性都比较强的方法课程，随着信息环境的变化，其内容不断变化，内涵越来越丰富和充实。特别是互联网的发展，为信息的获取和使用带来越来越多的便利。现在的人们一般不会再为一个检索平台难于操作而发愁，在查找有用信息方面，遇到的麻烦越来越体现在信息的甄别分析上，不仅要了解信息源和获取途径，更需要掌握一定的计算机辅助信息分析方法，才能在信息检索的过程中追踪发现有用信息，高效率地进行科研创新。

基于此，结合我从事信息检索课程教学多年的经验认识，加上自身对人们信息检索能力培养研究的领悟，在参考大量相关文献的基础上，结合高校信息检索课程教学改革的现状，撰写了本书。一方面彰显信息检索与文献利用的最新进展和发展趋势，探讨培养读者信息检索能力的新思路和新方法；另一方面也为当今大学生培养信息检索能力提供一本较新的参考书。本书紧紧围绕有效提高读者信息检索能力和高效合理利用参考文献这一主题，凸显原理性，注重实践引导，在系统深入介绍信息检索基础理论知识的基础上，按文献的类型，分别介绍对其的检索方法。为了帮助读者能从宏观上认识和客观地筛选参考信息，书中探讨了文献及其存在规律和文献信息分析方法。书中还讲述了学术规范知识和个人参考文献的管理方法，帮助研究人员既高效管理个人参考文献，又做好自我约束，合理引用参考文献。

以实现读者遇到课题会分析检索参考文献，会利用计算机对已有的参考文献进行管理，并且在使用时能够合理引用这一信息素养的培养目标。

本书共分12章，全部由马林山撰写和审定。撰写过程中，参考和借鉴了大量的相关文献和网站信息，出于篇幅所限，未能在参考文献中一一列举，在此特向有关作者致歉并表示衷心的感谢。感谢多年来合肥学院领导对信息检索研究和实践的重视和支持，感谢院图书馆昌超馆长对我的指导和帮助，感谢信息检索课程教研组成员刘原、肖新国、吴彩丽、刘丽和江山老师多年来的辛勤耕耘、不断探索，为我院信息检索课程教学做出了很大的贡献，也为本书的编写提供了许多实践经验和宝贵意见。感谢朱守和和唐利老师为本书撰写做了大量辅助和校对工作。感谢一年来家人对我的鼓励和支持，能够使我在工作之余，精心撰写，使该书顺利完成。

囿于本人的学识和水平，书中难免有疏漏及不当之处，恳请广大读者给予批评指正，多提宝贵意见，以利于进一步的改进和完善。

作　者

2013年3月16日于南艳湖畔

目　录

第1章 信息与信息素养

当今社会是信息社会，知识就是力量，信息就是财富，信息资源在社会生产和生活中发挥的作用越来越重要。对于当代的人们来说，要想把信息利用好，不仅要对信息的内涵有清晰的认识，知道它的特征和组织管理规律，更要具备一定的信息素养，才能将信息利用好，把信息的价值更好地挖掘出来。

1.1 信息及相关知识

20 世纪 70 年代末以信息技术为特征的第三次技术革命兴起以后，信息的地位日益显著，逐步与物质、能量并驾齐驱成为现代社会的三大资源，成为社会发展的巨大推动力[1]。信息化是当今世界科技、经济和社会发展的一个大趋势。在信息化高度发展的今天，信息日益丰富，面对浩如烟海的信息，如何快速准确地获取有用信息，需要人们具备良好的信息素养、完备的信息检索能力，才能适应信息化社会的需要，在终身学习的社会环境中游刃有余。为了帮助大家培养良好的信息检索能力，首先我们要对信息具备一个全面深入的认识。

1.1.1 信息的概念

信息是信息化社会的核心内容，那么什么是信息呢？它的内涵是什么？有何特征？要理解信息的概念，就必须弄清数据、信息、知识、情报、智慧等这些与信息概念关系特别密切，但又容易混淆的相关概念，下面做详细阐述。

1.数据

数据一般是指那些未经加工的事实或对客观事物的描述，它是信息的载体、信息的具体表现。如今天的温度，某地的海拔，一个人的体重、身高等。数据只是一个描述，没有特定的背景和意义。例如，单独地看"940901"就只是一个数字，没有任何特定的含义，既可以将它视为日期，也可以视为学号等。数据是可识别的、抽象的符号。例如，描述 4 个人可以用 4、肆、100、four、□或条形码等符号来表示。

2.信息

信息是客观事物特征的反映，其表现形式多种多样，例如声、光、色、味以及形状、重量等。人们对信息非常熟悉，但是却难以给出一个完整的定义。信息论创始人香农(C. Shannon)认为："信息是人们对事物了解的不确定性的减少或消除。"[2]控制论之父维纳(Norbert Wiener)则指出："信息是人与外界相互作用的过程、互相交换的内容的名称。"[3]钱学森认为信息是物质运动的一个侧面，他不同意维纳关于信息既不是物质，也不是能量的著名判断。"信息的概念不能脱离由信息源、通道和受者构成的系统，作为自然科学研究的对象，它不过是某种形态的物质运动，当然是物质的……信息也和速度、动量和能量一样，是人为了认识事物的需要，从物质运动概括出来的。总之，信息对认识过程有非常重要的意义。"[4]

统计表明，有关信息的定义有 100 多种，原因在于现代社会正逐步进入信息化社会，随着社会信息化的不断加速，信息已经渗透到世界的各个角落。它们从不同的侧面、不同的层次揭示了信息的特征与性质。从哲学的角度讲，信息是事物存在的方式、形态和运动规律的表征，是事物具有的一种普遍属性，它与事物同在，存在于整个自然界和人类社会。国家标准 GB 4894—1985《情报与文献工作词汇基本术语》对信息的定义是：物质存在的一种方式、形态或运动状态，也是事物的一种普遍属性，一般指数据、消息中所包含的意义，可以使消息中所描述事件的不定性减少。

进一步讲，对信息概念较为深度全面的认识指信息具有层次性，处于最顶级的是哲学中的信息概念，也是最抽象的信息概念，处于第二层次的信息是在各个学科中的解释，由于是在各个学科的语境之下，所以这一层次的概念比较鲜活，在这两个层次之下，还存在一个日常生活中的信息概念层次，见图 1.1。三者要互相结合，哲学中的信息概念让我们认识到信息的本质，学科中的信息概念让我们明确了在具体的学科中应该研究信息的哪些具体的方面，而日常生活中的信息概念为我们提供了背景性的知识[5]。

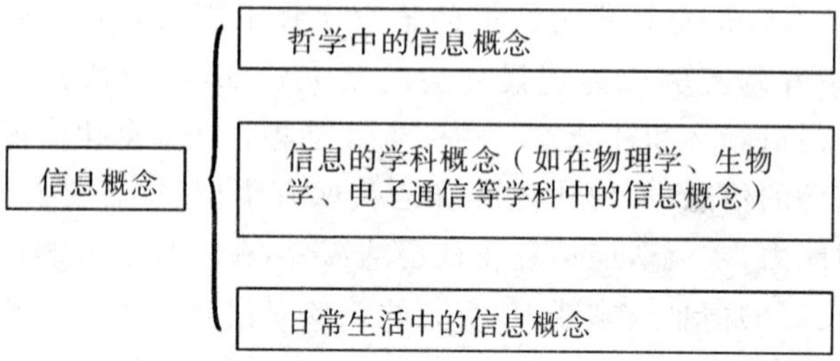

图 1.1　信息的概念层次图

3. 知识

知识是人类在认识和改造世界的社会实践中获得的对事物本质认识的成果和结晶，是以某种方式把一个或多个信息关联在一起的信息结构，即人类通过有目的、有区别、有选择地利用信息，对自然界、人类社会及思维方式与运动规律的认识、分析与掌握，并通过人的大脑进行思维整合使信息系统化而构成知识，因此，知识仅存在于人类社会[6]。

知识分为隐性知识和显性知识两种。隐性知识是指高度个性化而且难以格式化的知识，例如，主观的理解、直觉和预感都属于这一类。显性知识是指能用文字和数字表达出来，容易以数据的形式交流和共享，并且经编辑整理的程序或者普遍原则。

一个组织的知识包括以人为中心的资产、知识产权资产、基础结构资产以及市场资产。在组织机构里，知识不仅仅存在于文件或文件库中，也大量存在于员工的头脑中，并根植于组织机构的日常工作、程序和规范中。

4. 情报

情报是为了一定目的，具有一定时效，经过发送由载体传递，能为感觉器官或感觉系统接收的情况的报告。有关情报的定义，目前主要有三种观点，即“军事情报观”“信息情报观”和“知识情报观”。第一种，如“战时关于敌情之报告，曰情报”（1939 年版《辞海》），情报是“以侦察的手段或其他方式获取有关对方的机密情况”（光明日报出版社现代汉语《辞海》）。第二种，情报是“被人们所利用的信息”“被人们感受并可交流的信息”“某一特定对象所需要的信息，叫作这一特定对象的情报”等。第三种，如《牛津英语词典》定义情报为“有教益的知识的传达”，英国的情报学家 B. C. 布鲁克斯认为：“情报是使人原有的知识结构发生变化的那一小部分知识。”苏联情报学家 A. H. 米哈依洛夫给出的情报定义：“情报——作为存贮、传递和转换的对象的知识。”我国情报学界提出有代表性的定义为：“情报是运动着的知识，这种知识是使用者在得到知识之前是不知道的。”

除了军事、信息、知识三种主要情报观给出的情报定义外，还有许多从其他不同的社会功能、不同的角度、不同的层面对之作出的定义，但在普遍意义上能被多数学者认同接受的情报定义是：情报是为实现主体的某种特定目的，有意识地对有关的事实、数据、信息、知识等要素进行劳动加工的产物。目的性、意识性、附属性和劳动加工性是情报最基本的属性，它们相互联系、缺一不可，情报的其他特性则都是这些基本属性的衍生物[7]。

5. 智慧

智慧是对事物能迅速、灵活、正确地理解和解决的能力[8]。智慧是富有洞察力的知识。人在了解掌握了多方面的知识后，能够预见一些事情的发生并采取行动。例如，大家都觉得“春节去海南旅游的机票非常紧张”(知识)，但你已经“非常有预见性地提前购买了机票，领先一步”(智慧)。智慧是把知识应用于产生新的知识的一个动态过程，即创新能力。特别是在现代社会中，现代人没有智慧就无法生存。

6. 信息、数据、知识、情报

在实际使用中，数据和信息常常混淆，难以辨别。数据和信息的辨别取决于语义环境。例如，一个职工的工资对其个人来说是信息，但是对代办工资的银行系统来说就是数据。信息、数据、知识是三个不同的概念，但三者之间又有密切的联系。

(1)信息的表现形式有数据。数据是记录信息的一种形式，同样的信息也可以用文字或图像来表述。

(2)信息是经过加工以后，能对客观世界产生影响的数据。例如，国家统计局公布的 12 月份宏观经济运行数据显示，2011 年 12 月份，全国居民消费价格总水平同比上涨 4.1%，2011 年，全国居民消费价格总水平比上年上涨 5.4%[9]。该数据反映了该时段与居民生活有关的产品及劳务价格统计出来的物价变动指标，不一定成为信息。只有经济方面的专业人士看过分析后，依据规律“当 CPI(消费物价指数)>5%的增幅时，就是严重的通货膨胀”，国家就要决策出台必要的措施，遏制通货膨胀，保障经济的稳定，5.4%这个数据才成为信息。决策活动是信息存在的必要条件，这个属性可以很好地区分数据和信息。

(3)信息不同于知识。信息是客观存在的，不管是否发现它、是否认识到它的重要性；而知识是由信息抽象出来的产物，是一种具有普遍性和概括性的信息，是人类认识世界、改造世界、进行实践的结果，存在于人们的大脑中，是信息的一个特殊的子集。也就是说：知识就是信息，但并非所有的信息都是知识。

(4)信息不同于情报。情报具有目的性，信息、知识成为情报的首要条件是要有社会的需求，这种需求被社会情报系统接收后，就由专门的情报人员对其加以分析、研究，运用已有知识对相关信息进行加工、整理，其结果产生情报，再由社会情报系统传递出去，为社会所利用，并产生一定的服务效果。

根据上述的分析，或许我们可以这样理解数据、信息、知识、情报以及智慧之间的辨证关系，即“数据—信息—知识—情报”是处于一个平面上的四元关系，从四个层面反映了人们认知的深化过程，而智慧则是超越了这个平面的创造性活动。具体来讲，数据是基本原料，信息是有规律的数据，知识是有价值及效用的信息，情报是有特定目的的信息，情报是对知识和一部分社会动态信息的激活和吸收，是一种智能化的产物，智慧则是建立在“数据—信息—知识—情报”之上，并主要以已有的知识存量为基础的一种更高层次的知识创造活动。如图

1.2所示，许多相关的数据构成了信息，信息加以提高就构成了知识，知识长期积累，可以形成智慧，如同一个漏斗，紧密相连，成为一个整体[10]。

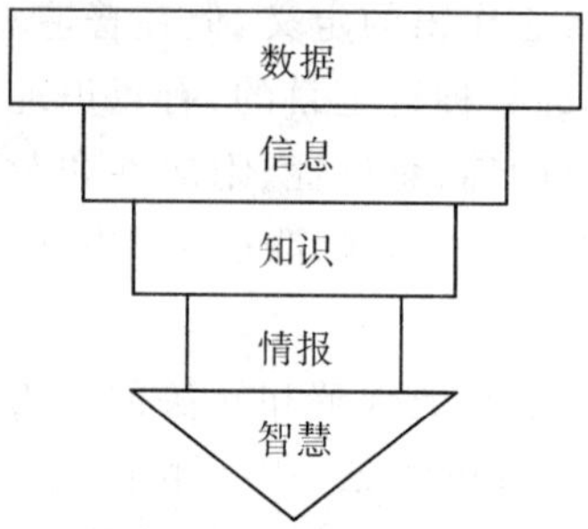

图1.2　智慧、情报、知识、信息和数据的动态关系

1.1.2　信息的特征

信息本身看不见，摸不着，无色、无味、没有形状、没有大小、没有质量……它是非常抽象的东西，但它又处处存在，护之塞耳，视之濡目。它既区别于物质和能量，又与物质和能量有相互依赖的关系。综合起来，信息有以下主要特征[11]。

(1)信息来源于物质，又不是物质本身；它从物质的运动中产生出来，又可以脱离原物质而相对独立地存在。

(2)信息来源于精神世界，但又不局限于精神领域。

(3)信息与能量息息相关，但又与能量有本质的区别。

(4)信息具有知识的本性，但又比知识的内涵更广泛。

(5)信息可以被认识主体获取和利用。

1.1.3　信息的本质属性

信息的属性是指信息所具有的本质上的特性。具体包括以下一些重要的属性。

1.客观性

信息的客观性是由信息源的客观性特征决定的。信息是事物变化和状态的客观反映，其实质内容具有客观性，事物变化和状态都是客观存在的，它的反映也是客观的，所以其实质内容也具有客观性。

2.扩散性

信息的扩散性是其本性，它力图冲破保密的非自然约束，通过多种渠道和手段向四面八方传播。信息的浓度越大，信息源和接收者之间的梯度越大，信息的扩散能力就越强。越离奇的消息，越耸人听闻的新闻，传播得越快，扩散面越大。俗话说“没有不透风的墙”，正是说明信息扩散性的威力。信息扩散存在两面性：一方面它有利于知识的传播，加快信息的扩散；另一方面扩散可能造成信息的贬值，不利于保密，可能危害国家和企业利益，不利于保护信息所有者的积极性。因此，有必要区分不同信息扩散的不同作用，然后采取相关措施。

3.传输性

信息可以在时间上或在空间中从一处传递到另一处。它的传输成本远远低于传输物质和能源。信息可以通过各种各样的手段传输到很远的地方。信息可以通过报纸、杂志等传统的手段进行传输，也可以通过网络、视频等现代的技术进行传输。因而，我们应尽可能用信息的传输代替物质的传输，通过信息流来减少物流。信息的可传输性加快了资源的交流，加快了社会变化的步伐。

4. 层次性

信息是和相应的主体相关的，即由于主体的不同会有不同的信息偏好和需求。根据管理学的基本理论，组织的管理一般分为战略级、战术级和执行级三层。处在不同层的管理者有不同的职责，需要的信息也不同。战略层信息是关系到全局和重大问题决策的信息，它涉及上层管理部门对本部门要达到的目标，关系到为达到这一目标所必需的资源水平和种类，以及确定获得资源、使用资源和处理资源的指导方针等方面，例如产品投产、停产、开拓新市场等。战术层信息大多属于控制信息，是使管理人员能掌握资源利用情况，并将实际结果与计划比较，从而了解是否达到预定目的，并指导其采取必要措施更有效地利用资源的信息。例如，月计划与完成情况比较的信息、库存信息等。这些信息一般来自所属部门，并跨越于各部门之间。执行层的信息用来解决经常性的事务问题，它与组织日常活动有关，用以保证切实地完成具体任务。例如，每天统计的产量、质量数据、材料数据等。三个层次的信息在来源、寿命、精度、加工方法、保密要求等方面都不相同，不同层次的信息特点如表1.1所示。

表1.1　不同层次信息的特征

属性／层次	信息来源	信息生命	加工精度	加工方法	使用频率	保密要求
战略层信息	外部居多	长	低	灵活	低	高
战术层信息	内外兼有	中	中	中	中	中
执行层信息	内部居多	短	高	固定	高	低

战略层信息的主要来源是外部媒体、机构或组织，其寿命较长，一般伴随着一个战略决策周期，加工方法灵活多变且有较高的保密性。而执行层的信息，其信息来源主要是组织内部，信息的寿命短、精度高，加工方法基本固定，结构化程度高，保密性较低。

5. 增值性

增值性一方面指信息在使用的过程中会产生价值，信息的主要作用在于有利于信息的持有者可以利用信息进行决策，利用信息创造机会和价值。另一方面是指信息在传输和扩散的过程中会不断丰富，即信息在不断传输的过程中会有所变化和增值。曾有一位学者把全国每天报纸上刊登的新厂投产的消息收集起来，进行提炼和分析，时间一久就能对全国工业有所估计，使原来不保密的东西变成保密的了，原来不重要的信息变得重要了。信息的增值性、再生性使我们能在信息废品上提炼有用的信息，在司空见惯的信息中分析出重要的趋势。

6. 共享性

信息不同于其他物质类资源，不具备独占性，不会因为信息被某一方掌握而损失。萧伯纳对信息的共享性有一个形象的比喻：你有一个苹果，我有一个苹果，彼此交换一下，我们仍然是各有一个苹果。如果你有一种思想，我也有一种思想，我们相互交流，我们就都有了两种思想，甚至更多。信息可以复制，可以共享，进而衍生出更多。事实上，这也成为信息的另一个不可避免却又难以解决的问题。因为信息的共享性导致信息的扩散难以控制，盗版的泛滥和知识产权的保护成为信息经济时代迫切需要解决的问题。

7. 不完全性

由于对事物本身认识的局限性导致信息总是不完全的。比如人们对光的认识,最初是可见光,从波的角度认识,进而随着科技的发达,科研条件的改善,认识的加深,人们发现光还具有粒子性。市场经济中完全竞争理论的前提是信息对称,即交易双方有完全的信息。但是,由于人们认识能力的局限性和条件的限制,使得这个假设一般是不成立的。信息的不完全性导致很多不良行为的发生,比如价格欺骗等。现在许多信息提供组织或个人就是为了消除信息的不对称性,使组织或个人在进行交易或其他活动时尽可能具有完全的信息,当前信息咨询已经成为非常有市场的行业[12]。

8. 滞后性

信息的滞后性是指信息需要进行加工处理和传播,因此信息往往落后于事务的发生时间。

以上这些性质是信息的主要性质,了解信息的性质,一方面有助于对信息概念的进一步理解,另一方面也有助于人们更有效地掌握和利用信息。

1.1.4 信息的维度

信息作为重要的资源,能够给人和组织带来现实的或者潜在的利益,因此信息具有一定的价值。信息价值最本质的体现是,信息的所有人因掌握更多的信息而占有或者保持竞争优势。信息的价值从个人角度讲通常可以从三个维度来评估,即时间、内容、形式[13],如图1.3所示。

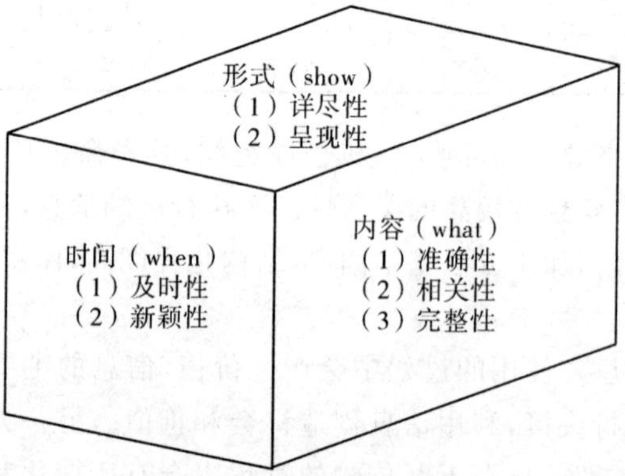

图 1.3 信息的个人维度

1. 信息的时间维度

信息的时间维度主要包括信息的及时性和新颖性两个方面。

(1)及时性。及时性的含义是指在人们需要的时候能够拥有信息。及时的信息对于人们的正确决策有着非常重要的作用。信息都具有一定的时效,过了时效就不再具有价值或者价值大幅度下降。例如,若你想今天进行股票交易,当天的股票价格信息非常重要,以往的价格信息只能作为参考。

(2)新颖性。新颖性的含义是获得最近和最新的信息。一般来说,具有新颖性的信息比具有及时性的信息更有价值。如果说及时性能够帮助竞争者把握住机会的话,那么新颖性则可以为竞争者带来新的机遇。

2. 信息的内容维度

信息的内容维度主要包括信息的准确性、完整性和相关性三个方面。

(1)准确性。准确性也被称为信息的事实性。不符合事实的信息不仅没有价值,而且可能其价值为负。俗话说"输入的是垃圾,输出的一定也是垃圾",意思就是说如果输入的数据是错误或没有意义的,经过处理和输出的信息也一定没有参考价值。因此,信息应该是基于正确数据的处理结果,必须具备准确性。

(2)完整性。完整性指是否包括与信息使用者要做的事情相关的所有信息。信息的完整性是与接受信息者的目的密切相关的。例如,天气预报、股票价格等,只有提供给需要的相关主体才有价值和意义。

(3)相关性。相关性是指信息与信息使用者要做的事情的相关程度。显然,相关性越高的信息价值越大。例如,一种新型耐高温材料的信息,它对相关研究团体和利用该材料的单位相关性比较高,而对食品行业或者其他单位相关度较低。在信息爆炸的时代,甄别相关度高的信息非常重要。

3. 信息的形式维度

信息的形式维度是指信息的提供应采取对信息接受主体偏好吻合的形式。主要包括详尽性、呈现性等方面的特征。

(1)详尽性。详尽性是指信息概括的程度。随着目标的不同,对信息概括的程度的要求也不同。例如,对于生产管理者来说,他需要知道每一位工人每天的生产量;但对于财务管理者来说,只要知道每天产量汇总情况就可以了。对于研究者来讲,整个学科研究的相关脉络信息都要关注。

(2)呈现性。呈现性是指信息的提供方式是多种多样的。在信息提供时,需要针对不同的接受主体选择不同的信息表现形式。例如,对教育程度不高的主体可以采取多媒体的方式,对孩子采取生动活泼的提供方式,对企业等组织来说采用正规的报告形式等,对研究者来讲方便灵活的主动检索方式更受欢迎。

现在的信息提供系统,以上三个维度利用得都比较好,越来越规范,对于使用者来讲必须了解,以便选择检索系统,快速准确地获取有用信息。下面讲解一个 Yahoo(雅虎)的例子,来说明信息检索系统对信息维度的体现和价值。

搜索引擎在 Internet(因特网)世界的重要地位由来已久。当年,Yahoo 作为门户网站奇迹般崛起所仰仗的正是搜索引擎。在日益复杂的 Internet 世界里,面对日益繁杂和海量的网上信息,Yahoo 的搜索引擎曾经为人们在互联网世界遨游、冲浪提供了几乎无可替代的工具和手段。Yahoo 在通过搜索引擎为用户提供价值的同时,也极大地赢得和提升了自身的价值。今天,搜索引擎的地位不仅没有被削弱,反而更加强化了。继 Yahoo 之后,Google(谷歌)又以其搜索引擎的技术创新、竞价排名、专业风格等创造了新的奇迹。在国内,百度也在很短时间里凭借搜索引擎取得很大成功。随着 Internet 行业的持续发展,特别是云计算模式的到来,搜索引擎作用越来越大,在准确信息的获取方面,人们对它的依赖程度越来越高。

概括来讲,搜索引擎的价值主要体现在以下几个方面。

(1)信息发现。这是一个信息从无到有的过程。通过搜索引擎,人们可以找到和发现以前所不知道的信息,这正是 Yahoo 当年的基本使命。在这里,搜索的价值来源于信息本身的价值。

(2)信息处理。这是一个信息从无序到有序、从粗糙到精细的过程。通过搜索,人们可以从大量、无序的信息中得到少量、有序的信息,单位信息的价值得以提升,获取单位价值信息的时间和成本得以降低。在这里,搜索的价值来源于对时间的节省。

(3)信息私有。这是一个信息从公共到私有的过程。正如大家同时拥有相同的交通工具并不能给任何人以竞争优势一样,在一个竞争性社会里,众所周知的完全公共化的信息也不能给任何人带来竞争优势,也不是核心竞争力之所在。能够带来竞争优势和核心竞争力的信息必须是稀缺的、垄断的,必须是"私有的"。通过更加智能化、个性化或辅之以人工的搜索,人们有望获取这样的信息。在这里,搜索的价值来源于信息的稀缺和相对垄断。

(4)知识发现。这是一个从数据、信息到知识的过程。通过搜索技术与专家介入相结合的方式,从 Internet 上搜寻和加工信息,借助搜索和人工进行信息的个性化和私有化,借助智能化技术和专家对信息进行知识挖掘,进一步发现隐藏在信息背后的知识,这是知识时代、知识经济和知识管理对搜索提出的任务,也是搜索引擎新的发展方向。在这里搜索的价值来源于知识的价值。

(5)协同整合。这是一个信息和知识从孤立、分离到协同、整合的过程。信息和知识都是相互关联的,与搜索关联的信息和知识也与其他方面的信息(例如广告和广告目标受众的信息)和知识相关联——这正是搜索排名广告和内容关联广告得以大行其道的基础。从原理上讲网络广告的效率和成本与广告目标的精确程度密切相关,而网上搜索行为(例如关键词的选择)则对网民的偏好有所揭示,两者结合的结果更加精确地定位和细化了网络广告的目标受众,大大提高了广告的有效性,从而对广告主形成巨大的吸引力。

随着互联网的进一步发展,在云计算模式下,随着计算能力的大幅提高,专业搜索新业务和协同整合的不断拓展,未来的搜索业务必将给人们带来更加满意的服务,自身的价值也会更加丰富多彩。

1.1.5 信息技术

信息技术是管理和处理信息的各类技术,是人类在生产斗争和科学实验中认识自然和改造自然过程中所积累起来的获取信息、传递信息、存储信息、处理信息以及使信息标准化的经验、知识和技能,是人类文明进步的技术基础[14]。

1.现代信息技术的概念

纵观人类信息活动的历史,可以清楚地看到,人类信息活动的演进与信息技术的发展密不可分,信息技术的每一次变革都会带来信息活动的深刻变化。信息科学和信息技术的发展将成为信息社会不可缺少的支柱。

现代信息技术是随着计算机的广泛应用而发展起来的一种新技术,是以微电子技术、光电子技术为基础,以计算机技术、通信技术、控制技术的综合体为核心的技术群。

2.信息技术的发展

信息技术的发展经历了三个时期:以人工为主要特征的古代信息技术、以电信为主要特征的近代信息技术和以网络为主要特征的现代信息技术。在这里主要介绍现代信息技术。它是指 20 世纪 70 年代以来,随着微电子技术、计算机技术、现代通信技术的发展而形成的一个全新的、用以开发利用信息资源的高技术群,包括微电子技术、新型元器件技术、现代通信技术、计算机技术、各类软件及系统集成技术、网络技术、存储技术、传感技术、机器人技术等。其中,计算机技术、网络通信技术、人工智能技术是最核心的内容。所有这些技术的共同本质是:它们都是人类信息器官功能的扩展和延伸。

3. 现代信息技术的特点

在社会生产力发展、人类认识和实践活动的推动下,信息技术在现代社会必将更深、更广和更快地发展,呈现的特点和发展趋势可概括为数字化,多媒体化,高速度、网络化、宽频带,智能化等。

(1)数字化

随着信息技术的发展,传统媒体资料,数字化的内容越来越多,并且通过数字网络流通,呈现出一个无限可能的数字信息环境。大量信息可以被压缩,并以光速进行传输,且数字传输的信息品质比模拟传输的品质要好得多。许多种信息形态能够被结合、被创造,例如多媒体文件。无论在世界的任何角落,都可以立即存储和获取信息。新的数字式用品也将被制造出来,有些小巧得足以放进人们的口袋里,有些则大得足以对商业和个人生活的各层面都造成重大影响。

(2)多媒体化

多媒体技术将文字、声音、图形、图像、视频等信息媒体与计算机集成在一起,使计算机的应用由单纯的文字处理变为文、图、声、影视集成处理。随着数字化技术的发展和成熟,以上每一种媒体都将被数字化并融入多媒体的集合里,系统将信息整合在人们的日常生活中,以接近于人类的工作方式和思考方式来设计与操作。

(3)高速度、网络化、宽频带

目前,几乎所有的国家都在进行最新一代的信息基础设施建设,即建设信息高速公路。Internet的传输速率越来越快(计算机桌面的速率主流已达1 Gb/s),其中光纤传输,目前最快的主流速率已达到10 Gb/s,并且美国MCI公司在1997年开通了商用的多波长的波分复用技术(Wavelength Division Multiplex, WDM)线路,光纤通信系统的速率从单波长的2.5 Gb/s和10 Gb/s爆炸性地发展到多波长的Tb/s(1 Tb/s=1 000 Gb/s)传输。当今实验室光系统速率已达10 Tb/s,未来实际应用的速率会越来越快。无线通信、第四代移动通信及其技术4G已经开始应用,4G系统能够以100 Mbps的速度下载,上传的速度也能达到20 Mbps,并能够满足大部分用户对于无线服务的要求。宽带多媒体网络是未来信息技术的发展趋势之一。

(4)智能化

直到今日,不仅是信息处理装置本身几乎没有智能化,作为传输信息的网络也几乎没有智能化。对于大多数人而言,只是为了找有限的信息,却要在网络上耗费许多时间,这是非常不科学的。随着未来信息技术向着智能化的方向发展,在超媒体的世界里,"软件代理"可以替人们在网络上漫游。"软件代理"不再需要浏览器,它本身就是信息的寻找器,它能够收集任何可能想要在网络上取得的信息。

1.1.6 信息化

18世纪以来,人类经历了三次技术革命浪潮。18世纪中叶到19世纪中叶,由于蒸汽机的发明和应用而引发了英国的工业革命。19世纪中叶到20世纪中叶,由于电和汽车的发明与应用,引发了人类历史的第二次产业革命。20世纪90年代初期开始,信息技术以人类历史上从未有过的高速度持续发展,用它独有的渗透性、倍增性和创造性点燃了全球范围内的信息革命。

1.信息化的概念

信息化(Informatization)的概念起源于20世纪60年代的日本,从一开始就是从社会产业结构演进的角度提出来的,实际上反映了一种起源于日本的有关社会发展阶段的新学说。简而言之,按照当时日本专家学者的理解,信息化就是指从物质生产占主导地位的社会向信息产业占主导地位的社会发展的过程。

随着信息化在实践中的迅速推进,近年来世界各国都非常关注这一具有深远影响的战略课题。1993年9月美国政府率先提出了国家信息基础设施计划(National Information Infrastructure,NII),通常称为信息高速公路,实质是高速信息网络。当前,信息化已经成为全球普遍关注和竞争的焦点。国内对信息化概念的研究也在不断拓展和加深。从最初强调信息技术特征逐渐过渡到重视信息活动对经济、社会的促进过程[15]。

信息化的高低是以信息产业在国民经济中的比重,信息技术在传统产业中的应用程度和国家信息基础设施建设水平为主要标志的。信息化与信息技术的发展、信息产业的形成、信息产品的涌现、信息市场的完善、信息系统的建设以及信息化社会的出现等现象密不可分。信息资源是信息化的基础,开发利用信息资源是信息化的核心。

信息化的任务十分广泛,涉及许多方面。在社会经济的各种活动中,例如,在政府、企业、组织的决策管理与公众的日常生活中,信息和信息处理的作用大大提高,从而使全社会的工作效率与管理水平达到一个全新的水平。为了提供满足各种需求的信息资源、信息产品和信息服务,各种不同规模、不同类型的信息系统建设起来,并进入稳定、正常的运行,成为社会生活的不可缺少的、基本的组成部分。为支持信息系统和基础设施,相关的信息技术得到充分的发展,相应的设备制造产业也得到充分的发展,为信息处理系统和通信系统的正常运行提供设备和技术保证。同时,信息产业也已经发展成为国民经济中的一个庞大的、新兴的产业部门,并且在从业人数和产值份额上均占相当的比例。社会信息化使人们的工作方式、生活方式以及娱乐方式形成了新的格局,相应的习惯、文化、观念、道德标准也在新的形势下发生了深刻的变化。

在我国,党中央、国务院一直高度重视我国信息化工作。20世纪90年代,相继启动了以金关、金卡和金税为代表的重大信息化应用工程;1997年,召开了第一次全国信息化工作会议,原国务院信息化领导小组颁布了《国家信息化规划纲要》,从信息资源、信息网络(信息高速公路)、信息技术应用、信息技术和产业、信息化人才队伍、信息化政策法规和标准规范六个方面,对我国的信息化工作内容进行了规划和概括。随后,党的十五届五中全会把信息化提到了国家战略的高度;党的十六大进一步作出了以信息化带动工业化、以工业化促进信息化、走新型工业化道路的战略部署;党的十六届五中全会再一次强调,推进国民经济和社会信息化,加快转变经济增长方式。

2006年5月8日,新华社全文播发了《2006—2020年国家信息化发展战略》,第一次明确提出了我国向信息社会迈进的宏伟目标,到2020年,我国信息化发展要实现综合信息基础设施基本普及,信息技术自主创新能力显著增强,信息产业结构全面优化,国家信息安全保障水平大幅提高,国民经济和社会信息化取得明显成效,新型工业化发展模式初步确立,国家信息化发展的制度环境和政策体系基本完善,国民信息技术应用能力显著提高,为迈向信息社会奠定坚实基础。该文件的发布是我国信息化建设的一个里程碑,也是国家对信息化建设在国民经济和社会发展中地位的认识从高度重视到推进落实的历史性转折的重要标志[16]。

2. 信息化的层次

信息化的发展从理论上说，是一个由初级向高级不断完善的过程，可以划分为五个层次：产品信息化、企业信息化、产业信息化、国民经济信息化和社会生活信息化[17]。这五个层次依次包含的关系如图 1.4 所示。

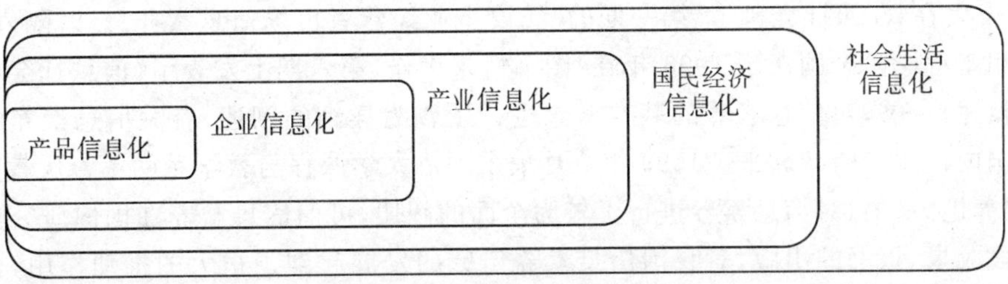

图 1.4　信息化层次示意图

(1)产品信息化。产品信息化是信息化的基础。它包含两层涵义：一是产品被物化的信息含量逐渐增高，物质比重日益降低，产品由物质产品的特征向信息产品的特征递进，如各类软件等；二是越来越多的产品中嵌入智能化元器件，使产品具有越来越强的信息处理功能，如智能微波炉、智能洗衣机等。

(2)企业信息化。企业信息化是国民经济信息化的基础。企业信息化是指企业在产品的设计、开发、生产、管理、经营等多个环节上广泛利用信息技术，装备信息设备，大力培养信息人才，完善信息服务，加速建设企业信息系统的过程，实现企业内外部信息的共享和有效利用，以提高企业的经济效益和市场竞争能力。

(3)产业信息化。产业信息化是指在农业、工业、服务业等传统产业广泛利用信息技术，大力开发和利用信息资源，建立各种类型的行业信息数据库和网络，从而实现产业内各种资源、要素的优化与重组，促进产业结构进一步合理化，并向更高级的产业结构边进，从而实现传统产业的优化升级。

(4)国民经济信息化。国民经济信息化是指在经济大系统内实现统一的信息大流动，使金融、贸易、投资、计划、通关等组成一个大信息系统，使社会经济的四个环节生产、流通、分配和消费通过信息进一步连成一个整体。以信息作为基本的生产要素，提高物质、能源的使用效率和劳动、资本的投入产出效益，促进国民经济更加有效发展的历史进程。

(5)社会生活信息化。社会生活信息化是指包括经济在内的科技、教育、军事、政务、人们日常生活等整个社会体系采用先进的信息技术，建立各种信息网络，例如局域网、Internet 等，大力开发有关人们日常生活的信息内容，丰富人们的精神生活，拓展人们的生活空间。

1.2　信息素养

在当今信息泛滥、知识爆炸的时代，我们每个人特别是大学生必须具备完整的信息获取、传输、加工、处理、利用和反馈的能力。如果我们不会快速查找、识别和利用信息，必将失去很多机会。我们具备了良好的信息素养，掌握获取信息的"钥匙"，变被动接受为主动获取信息，有效地将信息结合到现存的知识体系中，创造性利用信息解决实际问题。

1.2.1　信息素养的概念

信息素养(Information Literacy，IL)这一概念，最初由美国信息产业协会(IIA)主席保罗·泽可斯基(Paul Zurkowski)在1974年给美国政府报告中第一次提出，并被概括为“利用信息工具及主要信息源使问题得到解答的技术和技能”。1989年，美国图书馆协会(ALA)下设的IL主席委员会发表的一份有关IL的权威报告对IL的定义是至今使用最为广泛的一种：“具有信息素养的人必须在需要时能够识别、查找、评价和有效地使用信息。”

国内有关信息素养的研究，目前可以检索到的第一篇关于该方面的文章是熊扬华于1989年发表在《江西社会科学》第一期的《浅议企业经营者市场信息素养》。时隔六年之后，杭州应用工程学院金国庆于1995年在《图书情报工作》第六期上发表了《信息社会中信息素质教育概述》一文，对信息素养的基本概念进行了较为详细的阐述，有关信息素养的探讨和研究在国内也逐步活跃起来。1999年7月华东师范大学课程与教学系的王吉庆教授出版的《信息素养论》一书，对信息素养进行了较为全面的阐述，可谓信息素养在国内研究具有标志性的阶段成果，该书的出版，对我国信息素养研究的发展起到了很大的推动作用，也增强了国内有关知识分子关于信息素养的意识[18]。

概而言之，信息素养是指能清楚地意识到何时需要信息，需要什么样的信息，并能确定、获取、评价、有效利用各种信息的能力。其核心的内容包括信息意识、信息知识、信息能力和信息道德四个方面[19]，下面对这四部分内容作简要介绍，考虑到信息意识和信息道德概念的重要性，将在下文作为两点详细阐述。

1.信息意识

信息意识是指人们对各种信息的自觉的心理反应，是在信息活动中产生的认识、观念和需求的总和。面对信息资源的激烈竞争，要有信息抢先的意识；面对世界信息化进程的加速，要有信息忧患意识；面对信息时代的技术进步和知识更新的加速，要有再学习和终身学习的意识。

2.信息知识

涉及信息活动(确定信息问题、获取、评价、利用，交流信息的活动)所必须具备的基本原理、概念和方法性知识。主要包括以下五个方面：

(1)传统文化知识。主要指传统的读、写、算的知识。

(2)信息的基本知识。主要指信息的基本原理、信息的方法和原则(如信息分析综合法、系统整体优化法)等。包括信息的基本概念，文献学知识、信息检索原理和方法，对知识进行交流、传播和管理的知识(如正式出版的审核、编辑等)以及图书情报学知识等。

(3)现代信息技术知识。包括信息技术的原理(如计算机原理、网络原理、人工智能等)和信息技术的操作技能等。

(4)信息法规、伦理知识。主要指人与人信息交往过程中应该遵循的基本伦理规范、基本礼节，对不同人群文化差异的了解；必须遵守的网络安全法规、知识产权等。

(5)外语。这是经济文化全球化和国际化的必然要求。

3.信息能力

信息能力是指人们有效利用信息设备和和消息资源获取信息、加工处理信息以及创造和交流新信息的能力，是信息时代人类重要的生存能力，也是现代社会人类终身学习必备的基本能力。包括运用各种信息机构检索获取信息的能力，人际交往交流信息的能力，实验观察获取直接经验(一手信息)的能力，将获得信息建构于自己知识体系中的能力，对获取信息进行记录、管理的能力以及在涉及以上所有环节时，批判性地审视、判断和选择评价信息的能力等。

4. 信息道德

信息道德是指调节信息活动中人与人之间相互关系的行为规范总和。它是通过社会舆论的力量，使人们形成一定的理念、习惯和价值观等，从而使人们建立自己的“内心法庭”，自觉地进行自我评价和审判，规范自己在法律前提下的信息活动中的行为。

信息素养是一个不断发展的概念，它的内涵也随时间的发展而发生变化。随着人们对信息素养认识的不断深入，信息素养的内涵不断丰富和扩充，人们对信息素养的重要性也会越来越重视。在倡导终身学习和强调知识创新的信息化社会中，信息素养已成为每个公民终身学习和知识创新的必备技能以及评价人才综合素质的重要指标。

1.2.2　信息意识概述

1. 信息意识的概念

在信息时代，信息本身已经不再重要，重要的是如何获取信息、处理信息。为此，国内外十分重视对人的信息素养的教育、培养和提高。信息意识是信息素养中最为重要的部分之一，被称为信息素养的灵魂。

从哲学角度来谈，认为信息意识“是人们在社会意识中反映的总和，是人们对信息的认识过程和反映能力”，“是人们在社会意识中不可缺少的一部分，是人们对于作为外部世界的信息关系和作为外部事物之一的信息与信息之间的关系的理解，是人们认识世界和改造世界中开发和利用信息的观念和自觉能力”，“是人脑对客观存在的新信息的自觉反映”，“是信息主体对信息的认识过程，也是其对外界信息环境变化的一种能动的反映”。

从心理学角度来谈，强调反映的自觉性和有意识性，“是人们捕捉、判断和利用情报的自觉程度”，“是对信息的敏感性，尤其是对信息反映出的客观变化规律的敏感性”。

通过综合分析众多学者对信息意识的阐释，可以得出这样的结论：信息意识是一个具有多种含义的概念，它至少应具有以下几种含义：

第一，它是信息在人脑中的集中反映，即社会的人在信息活动中产生的认识、观点和理论的总和。

第二，它是人们捕捉、判断、整理、利用信息的意识，即人脑作为高级神经系统在生理上对信息转化为知识具有兴奋性，同时，人脑有特有的兴奋点去促进信息的转化及利用。

第三，它是对信息与信息价值所持有的敏锐的感知力、感悟力和较强的亲和力，换句话说，就是对信息所持有的自觉反应。

第四，它是对现代技术的快速的认知力，也就是说，有意识地关注信息技术的最新发展并主动地加以利用。

基于上述四个方面的考虑，信息意识的定义是：信息意识是信息在人脑中的集中反映，即社会成员在信息活动中产生的认识、观点和理论的总和，是人们凭借对信息与信息价值所特有的敏感性和亲和力，主动利用现代信息技术捕捉、判断、整理、利用信息的意识[20]。

2. 信息意识的内容

通俗地讲，信息意识包括：能认识到信息在信息时代的重要作用，确立在信息时代尊重知识、终身学习、勇于创新的新观念；对信息有积极的内在需求，每个人除了自身对信息的需求外，还善于将社会对个人的要求自觉地转化为个人内在的信息需求，这样才能适应社会发展的需求；对信息有敏感性和洞察力，能迅速有效地发现并掌握有价值的信息，善于从他人看来是微不足道、毫无价值的信息中发现信息的隐含意义和价值，善于识别信息的真伪，善于将信息现象与实际工作、生活、学习迅速联系起来，善于从信息中找出解决问题的关键。

2006年6月30日，世界杯四分之一决赛上，德国队淘汰了强大的阿根廷队之后，所有的人都在谈论着德国新一代的伟大门神莱曼。那么，莱曼到底凭借什么才能神奇地扑出阿根廷队两个点球，而且四次扑救方向全部正确？在比赛结束之后，德国人给出了点球决战秘诀：点球战真正的英雄是克林斯曼的情报员以及科隆体育学院的专业人士。他们搜集对手球队和对方主要球员的信息，搜集的数据包括对于主力球员的跑动路线，最经常分球给谁，罚任意球、角球和手抛球的方式，传中球的特点等。其中最重要的部分就是对方球员罚点球的特点，其中包括最经常射的角度，相关数据覆盖了球员近年来参加的所有俱乐部和国家队赛事。

这一实例正是信息意识具有强大功效的具体体现，可见信息意识无处不在。

3.信息意识的特征

(1)信息意识的对象性。信息意识可以分为个体信息意识、群体信息意识、社会信息意识。不同层次的信息意识的水平不同。根据信息内容又可将信息意识划分为不同类型，如社会科学类、科学技术类、日常生活类等。个人对信息的认识是根据自身的条件需求决定的。

(2)信息意识的内在性。人的信息意识是看不到的，只能通过人的行为、语言及对信息的应变能力反映出来。

(3)信息意识的能动性。信息意识可推动或阻碍人们对信息的认识及一切的信息活动，形成不同程度的信息意识水平。信息意识对信息的判断力具有指导作用。信息意识对实践活动具有阻碍或促进的作用，信息意识淡薄，会影响、阻碍社会实践活动，相反则有促进、推动作用。

(4)信息意识的社会历史性。社会发展的进程、社会的经济文化水平，决定了信息意识的产生和水平高低。

4.信息意识的表现

信息意识决定人们对信息反应的程度，并影响人们对信息的需求，信息意识的强弱决定了人们利用信息能力的自觉程度。因此，只有具备足够的信息意识，使自己始终保持对信息的积极姿态，才能及时抓住国内外发展动态，以最短的时间查找、整理、加工出有价值的实用信息。信息意识主要表现为：

(1)对信息具有特殊的敏锐的感受力。这是一种自觉的心理倾向，能敏锐地捕捉信息，并善于从他人来看是司空见惯的、微不足道的现象中发现有价值的信息。

(2)对信息具有持久的注意力。也就是说对信息关注已成为一种习惯。具有信息意识的人，对信息的关注不受时间和空间的限制，无论是工作范围以内，还是日常生活中，都习惯用信息的眼光，从信息的角度去观察周围一切事物，去思考问题，把这些信息和自己要解决的问题联系在一起。对这些信息的长久注意力是一个人事业成功的必要条件，也是科研工作者突发灵感的基础。

(3)对信息价值的判断力和洞察力。一个具有强烈信息意识的人，对信息的敏感性，除了对信息的心理倾向外，更重要的是对信息价值的判断力和洞察力。在信息海洋中，能够去粗取精、去伪存真并做出正确的识别和选择。例如，1969年瑞士研制出世界上第一块石英电子表，由于瑞士工业部错误估计了石英电子表的使用价值和市场销售前景，认为发展前途不大而被搁置。然而，对信息极敏感而且判断力和观察力较强的日本人，获得这一消息后，当机立断进行生产，没有多久，大批石英电子表涌入国际市场，仅 5 年时间就挤垮了瑞士 178 家表厂。日本人之所以成功，其精湛的洞察力和准确的判断力是关键所在。

信息意识既是信息主体对信息的认识过程，也是其对外界信息环境变化的一种能动的反映。培养人的信息素养，首先要培养信息意识，一个人的信息意识强，就能通过蛛丝马迹捕捉到有价值的信息。这是创新人才的必备意识。

5. 影响信息意识的因素

我国现阶段的信息业尚处在自然形成和发展的阶段，全民族的信息意识还很薄弱，在思想方面真正完成由信息意识到信息意志行为转换的人还是少数。造成这种状况的原因，从认识上看，一是对信息意识的理解狭隘，信息思路不开阔，对信息缺乏敏感性；二是几千年的封闭意识影响着人们信息观念的改变。从外部环境上看，信息污染阻碍了用户信息意识的萌发和发展，信息资源管理缺乏相应的政策法规，信息从业人员综合素质有待进一步提高。

1.2.3 信息道德概述

1. 信息道德的概念

信息道德是指在信息的采集、加工、存贮、传播和利用等信息活动各个环节中，用来规范其间产生的各种社会关系的道德意识、道德规范和道德行为的总和。它通过社会舆论、传统习俗等，使人们形成一定的信念、价值观和习惯，从而使人们自觉地通过自己的判断规范自己的信息行为。

作为信息化社会的基本道德伦理，在一定程度上表现为网络道德，以传统道德为原型，是一种生态道德、信息伦理，是个体在技术环境中的社会行为表现，信息道德是社会公德、职业道德、家庭美德的重要组成部分，即社会道德的一种形式。它与根植于物理空间的现实道德有所不同，其运行不依靠人的是非观和社会评价。但不能因其存在、运行以及评价的差异而认为要建立一套全新的、完全不同于现实社会的道德体系。现实社会中的道德是人们在长期的社会实践之中形成并经过筛选和考验的，它的运行机制反映了人们社会活动的一般规律，对规范人们的行为和保障社会的有序运行是行之有效的[21]。

2. 信息道德研究内容

信息道德研究内容主要涉及信息开发、信息传播、信息管理和利用等方面的道德要求、准则和规约。研究的目的，就是要协调各个信息主体之间的关系，构建与信息技术相适应的道德规范，从而维系以信息为基础的数字化生存。所规范的主要包含以下几个方面：

(1)尊重知识产权

知识产权的保护和使用是目前信息道德研究的主要内容之一，也是信息自身特性和流通途径的主要问题。未经允许，分享和使用他人的劳动成果会直接损害信息生产者和传播者的直接利益，不仅会浪费了信息资源，也打扰了别人的私生活，这种行为无异于盗窃。无所顾忌地侵犯他人的信息产权必将伤害创造的积极性，最终会阻碍新技术的发展，损害使用者的利益，应该受到道德与法律的制裁。

(2)不从事有损于社会和他人的活动

道德是社会伦理和公民素质的基础反映，而不是脱离历史发展的抽象概念。最初评价信息道德行为的检验标准，就是不应该利用通信和网络技术给其他信息主体或社会造成直接的或间接的伤害。这要求任何信息行为对他人、对信息环境应该是无害的，无论其行为是故意还是无意，只要对他人的具有价值和使用价值的技术造成损害，或者传播谣言、攻击他人就是不道德的。

(3)尊重隐私权

隐私权道德的快速发展是社会文明建设良性发展的重要标志之一。隐私权道德基础在于人们控制私人信息的权利和他人对私人信息的尊重。利用信息技术侵犯他人的隐私是不道德的。对于个人来说，不应盗取他人存于信息系统中的个人信息。对于机构来说，未经本人同意，不得擅自收集、修改、出售消费者的个人数据，更不能利用信息系统对员工进行无限制的监视，这些行为都应当禁止。更不应把网络变成战场，否则其后果将不堪设想。

(4)遵守有关的信息法律、法规

道德必须在与之匹配的特定法律环境下才能运作。因此，目前已有的信息法律、法规对于信息道德规范的制定起到了重要的作用。人们的信息行为必须以现有的法律、法规为准绳，不能违背。如制造和传播病毒、黑客行为、侵犯他人的隐私等都是信息犯罪行为。有人说黑客行为能够暴露信息系统的安全漏洞，而为其辩护；也有人认为这种行为并无恶意，是出于好奇或施展自己计算机方面的天才，而对其"才能"大加赞赏。但是这些行为确实不但对社会的正常秩序造成了极大的破坏，而且最终也会危及到我们每一个人，因此必须受到法律的制裁和道德的谴责。这是违反信息道德的，和刑事犯罪没有本质上的区别。

3.信息道德的特点

法律、伦理与道德之间既存在模糊的差别，又有明确的界限。法律是客观的、强制性的行为规范；而伦理、道德则是主观、内在力量的体现。两者互为补充、相互支持。道德是以法律为基础的前提下实现的，而法律是构成道德实现的最基本的环境。但信息道德与信息法律、政策相比，有其自身独特的特点：

(1)形成的自觉性

信息道德是人们在各种信息活动中产生的，不是由国家指定的，而是人们在长期的生活中依靠社会舆论和内心的信念，或是在国家政府的长期宣传教育下自觉形成的。

(2)范围的广泛性

信息道德不依靠国家的强制力来维持和执行，而是依靠社会舆论的力量、人们的信念、习惯、传统和教育的力量来维持，可以涵盖信息事业的各个层次和环节以及社会生活的各个领域，具有最普遍的约束力量。可以说，凡是信息法律和信息政策能调节的，信息道德也能调节，而信息法律和信息政策不能调节的，信息道德也能调节。

(3)实施的独特性

主观的、在每个人内心发生的自我反省，或者客观的、从外部可以观察到的，主要通过舆论调整的行为现象，或者凝结于物的以节律、警句、格言，或理论、学说等形式表现出来的实施方式是信息道德的主要实施表现，它不具备任何强制力。违反了信息道德，通常只会受到社会舆论的谴责和自己内心信念的责备，而不会受到任何强制性的制裁手段的制裁。

(4)不可预测性

信息资源本身的特性决定了其信息道德实践的不可预测性，信息资源是瞬息万变，不为人们所觉察的，不容易为人所控制，无法预测的。一方面是由于信息资源的主要形成和产生受硬件客观环境条件的影响；另一方面是由于信息参与者的不稳定性影响。

(5)存在的隐蔽性

由于网络空间的离散结构，没有界限，不受任何机构控制，加之数字式和虚拟化的运行，人与人的交往是隐现的，缺乏直接的舆论监督和社会压力。与传统社会条件下人与人面对面的交流不同，形成了其存在的隐蔽性。

1.2.4　信息素养的评价标准

美国高校图书馆在20世纪90年代开始进行信息素养的指标评价研究，并率先出台了相关标准，随后其他发达国家也相继制定了相关标准。目前，国外关于信息素养的标准及研究模型已经有多种理论。下面简要介绍几例以供参考[22][23]。

1.美国信息素养标准

美国早在1998年就制定了学生学习的九大信息素养标准。2000年1月18日，在美国得克萨斯的圣安东尼奥召开的美国图书馆协会(ALA)冬季会议上，美国大学与研究图书馆协会(ACRL)标准委员会评议并通过了《高等教育信息素养能力标准》(*Information Literacy Competency Standards for Higher Education*)，现分别作简单介绍。

(1)学生学习的信息素养标准

美国图书馆学会(American Library Association)和美国教育传播与技术协会(Association for Educational Communication and Technology)提出的学生学习的信息素养(Information Literacy)标准(1998年)包括以下几个方面：

①信息技能(加工处理)方面

标准一：高效、快捷地获取与存储信息。

标准二：审慎、恰当地评价信息。

标准三：准确、创造性地使用信息。

②独立学习方面

标准四：对自己感兴趣的信息能够持续地跟踪追寻。

标准五：对于信息文化及其创造性的表述方式能够理解和重视。

标准六：在信息获取与知识形成方面追求卓越。

③社会责任方面

标准七：主动为学习社区作贡献，认识信息对民主社会的重要性。

标准八：在处理信息与信息技术时，能采取合乎道德规范的行为。

标准九：有效地参与信息开发的团队活动。

(2)美国高等教育信息素养能力标准

该标准分为三个板块：标准、执行指标和效果。有五大标准22项执行指标和若干个子项目。

①具有信息素养的学生应能确定所需信息的性质和范围

i.能清晰详细地表达信息需求。

ii.能确定多种类型和格式的可能的信息源。

iii.考虑到获取信息的成本和效益。

iv.能重新评估所需信息的性质和范围。

②能有效地和高效地获取信息

i.能选择最适当的研究方法或信息检索手段获取信息。

ii. 能构建和实施基于有效性的信息检索策略。

iii. 能联机检索信息和亲自使用各种方法。

iv. 能调整信息检索策略。

v. 能摘要、存档和管理信息和信息源。

③能批判地评估信息和信息源，将新的信息综合到现有的知识体系和价值观中

i. 能综述所收集信息的主要思想和观点。

ii. 能清晰明白地说明初始评价标准，并对信息和信息源进行评价。

iii. 能综合主要思想和观点，完善新观念。

iv. 能比较新旧知识的差异和联系，确定新信息新增含义和特征。

v. 能确定新知识是否对个人价值观产生影响，并逐步和解冲突。

vi. 能通过与专家或他人谈论，验证对信息的理解和解释是否正确。

vii. 能确定是否修正初始的观点。

④能独立或作为团队的一员高效地利用信息，实现一个明确的目标

i. 能运用新旧信息规划或创建一个特别的成果或某项工作。

ii. 能修正原先制定的工作程序。

iii. 能高效地与他人沟通，实现目标。

⑤能理解信息使用的经济、法律和社会道德问题及在伦理和法律上的可行性

i. 能理解信息和信息技术上的伦理、法律和社会经济问题。

ii. 能依照相关的法律、法规、制度和礼仪使用信息。

iii. 能对工作中使用的信息情况进行肯定和致谢。

综观该标准全文可以看出，全部的条文和各项评估指标具有很强的科学性和系统性，是进行信息素养教育和教育成果评价的完整的知识体系。信息素养教育表现出很强的过程性，贯穿于个人受教育过程的各个阶段，该标准是制定各个阶段教育成果评价标准的依据。

2. 英国信息素养标准

英国 SCONUL(Society of College，National and University Libraries)国家和大学图书馆协会标准由英国 SCONUL 特别工作组负责制定，内容为高等教育的信息技能意见书，包括与美国信息素养标准类同的七项指标。

3. 澳大利亚信息素养标准

自《美国高等教育中的信息素养能力标准》出台以来，在 2000 年 10 月 27 日至 28 日堪培拉会议上，澳大利亚大学图书馆员协会通过了修改《美国高等教育中的信息素养能力标准》作为澳大利亚的《信息素养标准》。该标准主要应用于高等教育中，也可适用于其他层次的教育。

(1)具有信息素养的学生能确定信息需求的性质和范围。

(2)具有信息素养的学生能有效、充分地存取所需的信息。

(3)具有信息素养的学生能批判地评估信息和信息源并把所选择的信息纳入自己的知识系统和价值系统。

(4)具有信息素养的学生能分类、存贮、利用和改写所收集到的信息或生成信息。

(5)具有信息素养的学生独自或作为团体中的一员，能结合以前的知识和新的理解来扩展、再组织或创造新的知识。

(6)具有信息素养的学生能通过使用信息理解文化的、法律的和社会问题,并遵守法律、伦理道德的存取和使用信息。

(7)具有信息素养的学生能确认终身学习和履行公民职责与行使公民权利需要信息素养。

澳大利亚和美国的标准相差不大,澳大利亚制定的信息素养标准中增加了两个指标:一是具有信息素养的人能够对收集与产生的信息进行分类、存贮、利用和改写,其二是能够认识到信息素养是终身学习和具有参与感的公民的必需素养。由此可见,该标准增加了对社会文化背景知识的重视,并强调特此融入信息素养教育的内容和实施过程中。

思考题

1. 信息、数据、知识、情报的概念?信息和数据有何区别?

2. 信息化的概念?信息社会的特征?

3. 信息的价值如何衡量?如何才能正确地实现其价值?

4. 信息素养的概念?其核心的内容包含哪些方面?信息素养在现代社会的作用如何?

5. 信息意识的概念?如何培养一个人的信息意识?

参考文献

[1]季金奎.信息化是全社会的事业[J].中国信息界,2003,11:3.

[2]邹志仁.信息学概论[M].南京:南京大学出版社,1996:1-60.

[3]维纳.控制论[M].北京:科学出版社,1963:48 .

[4]钱学森.关于思维科学[M].上海:上海人民出版社,1986:13-26.

[5]成颖,孙建军,柯青.情报学研究反思——从信息与情报的概念视角思考[J].情报科学,2011,29(8):1150.

[6]陈英.科技信息检索[M].北京:科学出版社,2005.

[7]情报[EB/OL].[2012-02-22]. http://baike. baidu. com/view/70362. htm.

[8]中国社会科学院语言研究所.新华字典[M].10版.北京:商务印书馆,2004.

[9] 2011年12月份CPI同比涨4.1%全年同比涨5.4%.人民网[EB/OL].[2012-02-24]. http://finance. people. com. cn/GB/16857974. html.

[10]王知津,栗莉. 信息、知识、情报——再认识[J].情报科学,2001,19(7):674-676.

[11]唐世伟.信息论[M].哈尔滨:哈尔滨工程大学出版社,2009:1-10.

[12]信息的不完全性[EB/OL].[2012-02-26]. http://www. docin. com/p-289225666. html.

[13]信息的维度和电子商务智能的本质[EB/OL].[2012-02-27]. http://www. digiwin. com. cn/news/13_8971. html.

[14]杨建林.信息技术导论[M].南京:南京大学出版社,2009:6-20.

[15]甘中达.信息化与工业化融合的理论与道路选择[M].北京:电子工业出版社,2009:25-30.

[16] 受权发布:2006-2020年国家信息化发展战略[EB/OL].[2012-02-23]. http://news. xinhuanet. com/politics/2006-05/08/content_4523521. htm..

[17]汪向东.信息化:中国21世纪的选择[M].北京:社会科学文献出版社,1998:3-19.

[18]马林山.网络环境下新建本科院校信息素养教育研究[J].合肥学院学报:社会科学版,2006,23(3):125-126.

[19]方意平.图书馆信息服务理论与实践[M].武汉出版社,2008:136-138.

[20]张厚生.信息素养[M].南京:东南大学出版社,2007:17-19.

[21]宛文红,袁春玲,包和平,等.民族院校信息素质教育研究[M].沈阳:辽宁民族出版社,2008:149-152.

[22]杜玉霞.美国信息素养教育与研究的启示[J].电化教育研究,2005(10):42-44.

[23]ACRL. National Information Literacy Survey[EB/OL].[2001]. http://library.csusm.edu/acrl/survey.htm.

第2章 文献及其存在规律

信息检索的对象就是信息源，在各类信息源中，文献型信息源是我们获取知识信息的重要来源。本章将对文献的概念、特点、类型及其分布规律进行详细讲解，以便人们在信息检索时能从总体和源头上进行规划选择。

2.1 信息源

世界是物质的，物质是普遍存在的，物质都处于运动之中。凡有物质及其运动存在，就有信息产生。任何事物都能够产生、传递信息，所以信息源的范围非常广阔，它指所有产生、持有和传递信息的人、事物和机构。联合国教科文组织（UNESCO）出版的《文献术语》对其定义为：组织或个人为满足其信息需要而获得信息的来源，称为信息源。从绝对意义上看，只有信息产生的"源头"，才能称为信息源。但信息源是一个相对的概念，凡能产生、拥有和传递信息的所有物质皆谓信息源。由此看来信息源内涵丰富，它不仅包括各种信息载体，也包括各种信息储存、传递、生产机构。但在图书情报界则认为：人们在科研活动、生产经营活动和其他一切活动中所产生的成果和各种原始记录，以及对这些成果和原始记录加工整理得到的产品都可称为信息源。可分为口头型信息源、实物型信息源和文献型信息源。其中文献型信息源是人们在生活、工农业生产、学习和科研过程中获取知识的重要来源，在人类文明传承中发挥极其重要的作用[1]。

2.1.1 信息源的类型

依据不同的划分标准，可将信息源分为不同的类型，下面简要介绍三种分类。

1. 按信息的加工和集约程度划分

按信息的加工程度，信息源可分为：一次信息源、二次信息源、三次信息源和四次信息源，如图2.1所示。一次信息源是最根本的信息源，所有的物质都是信息的发生源，信息资源生产者的主要任务就是从一次信息源中提取信息，形成知识；二次信息源也称为感知信息源，它是人的大脑中所存储的潜在的信息资源，其开发利用的最终成果就形成三次信息源；三次信息源又称为再生信息源，主要包括口语信息源、体语信息源、文献信息源、实物信息源四大类型；四次信息源也称集约型信息源，是文献信息源和实物信息源的集约化，如图书馆、档案馆、数据库、博物馆等，它们是现代社会最主要的信息源。

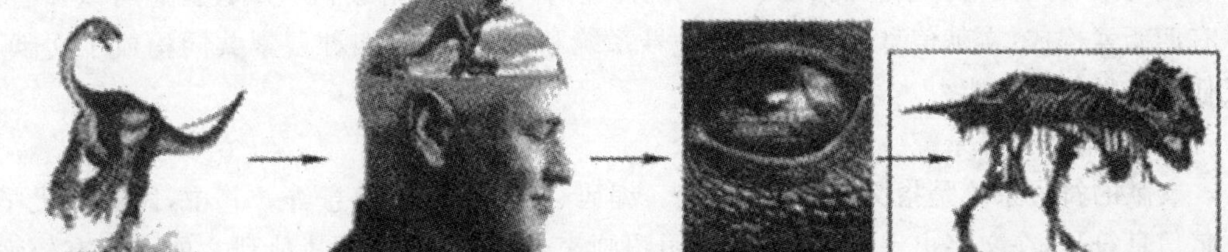

图2.1 按信息的加工和集约程度可分为四次信息源

2.按信息的运动形式划分

按信息的运动形式可以把信息源分为静态信息源和动态信息源。静态信息源是指其所包含的信息一经生产出来便成为一种固定的形式，不会随时间改变，也不会产生新的信息，如文献信息源、实物信息源等；动态信息源提供的信息通常处于不断变化之中，主要包括一次信息源和二次信息源，能够不断地自我更新。

3.按组织边界划分

按组织边界划分，信息源可分为内部信息源和外部信息源。内部信息源是指组织内部产生信息的部门或事物，例如企业中的管理部门、生产部门、销售部门、财务部门等，企业的生产设施、产品、办公设备等，以及企业所收集的图书、期刊、报纸及档案资料。外部信息源是指组织所处的自然、社会、经济环境中为组织活动提供信息的信息源，仍以企业为例，社会文化，国家的宏观经济政策、税收政策，市场需求等都是企业从外部信息源获得的信息。组织的内部信息是组织基本状况的反映，外部信息是组织生存环境的反应。

除上述分类方法之外，还可以依据信息的载体、信息源的内容类别、提供信息的部门性质等进行划分。不同的划分标准对信息源进行了不同的归类，在实际检索过程中，我们针对不同的检索机构和系统，我们要了解它在信息组织时具体采用何类划分标准进行组织管理，以便使用[2]。

2.1.2 文献信息源

在各类信息源中，科技文献信息源是最重要的一种信息源，它依托载体而存在，是人类社会在长期的科学活动中产生和积累起来的，是人们在进一步认识世界和改造世界的活动中不可缺少的社会资源和前提条件。掌握文献的概念、类型及其分布规律，对于我们开发利用好科技文献信息资源，有十分重要的意义。

1.文献的概念

文献(Document 或 Literature)一词自古有之，只是其概念随着历史的发展而不断变化。1989年版的《辞海》解释为：用文字、图像、符号、声频、视频等手段将人类的知识记录在各种载体上。国际标准化组织《文献情报术语国际标准》(ISO/DIS5217)对文献的定义为："在存储、检索、利用或传递记录信息的过程中，可作为一个单元处理的，在载体内、载体上或依附载体而存储有信息或数据的载体。"2010年我国的国家标准《文献著录总则》(GB/T 3792.1—2009)概括的定义是：记录有知识的一切载体[3]。为了便于理解，我们可以对它稍加解释，即文献是记录有知识信息的一切载体的统称，是用文字、图形、图像、符号、声频、视频等技术手段记录人类知识信息的物质载体，或称其为固化在一定物质载体上的知识或信息。文献是记录有人类精神信息的、便于存贮或传递的人工固态附载物。从其概念可以知道，文献有四要素构成：文献信息、文献载体、符号系统和记录方式，四种要素共同构成了文献，缺乏任何一种都不可能[4]。

(1)文献的符号系统

文献的符号系统是指文字、图画、图表、编码、声像和电磁信息等。其中，图画是最早的文献信息符号，在文字出现以前，人类就用图画来表达精神信息，其独到之处在于有较强的直观性，只是不能表达抽象思维的信息。

文字是由图画演变而来的，是采用一系列的书写符号对有声语言信息的书面表达形式，它弥补了图画不能表达抽象思维信息的缺陷。

声像信息指留在唱片、录音带、光盘上的声频信息和摄在胶卷、录像带上，刻录在光盘上的视频信号，声像信息必须通过特定的设备解读。

电磁信息符号是指计算机可读磁盘或光盘上的信息符号，由二进制的 0 和 1 构成，这些信息符号也不能直接提取，必须通过计算机解读。

(2)文献的记录方式

文献的记录方式是指将表达信息的符号系统通过特定的人工记录方式使其附着于一定的文献载体上。记录方法非常多，可以分为手工记录、机械记录、光记录、电记录、声记录和磁记录。按记录手段分为写画、雕刻、印刷、摄制、录音。其中印刷技术是应用最广泛的，从古代的手工印刷阶段发展到机械化阶段，再到今天的电子自动化印刷阶段。

(3)文献载体

文献载体必须适应于文献符号和相应的记录方式，同时又要有利于传播、整理和长期的保存，因此文献载体的材质在人类文明的演进过程中一直在不断地发展。

纸张是应用最广泛的文献载体，它具有价格低廉，质地柔软，易于书写、携带和收藏的优点。缩微文献是以感光材料(银盐片、重氮片、微泡片等)为载体，用缩微照相技术制成的文献复制品，其主要优点是：存储量大，体积小，重量轻，成本低，价格便宜，保存期长，易于检索复制、放大、转换成其他形式的文献。

音像文献是以磁性材料、光学材料为记录载体，利用专门的机械电子装置与显示声音和图像的文献，它脱离了传统的文字记录形式，直接记录声音和图像。根据记录信号的不同，音像文献可分为以下三类：一是录音资料，记录语言、音乐、器具声以及自然界的声音信号；二是录像资料，可分为光学录像和磁性录像。光学录像是用凸透镜成像原理让光线聚焦在录像载体上而记录下图像信号，磁性录像是利用光电元件的光电转换作用，将图像上每个像点的明暗变化转变为电流强弱的变化，最后转变为磁场强弱的变化，使录像载体磁化而记录下图像信号；三是声像资料，综合了录音和录像技术制成图文并茂的文献。

磁盘分为硬磁盘和软磁盘。硬磁盘是在铝合金圆盘上涂有磁表面记录层的磁记录载体，其最大的优点是能够随机存取所需数据，存取速度快，适用于大容量检索设备。软磁盘是在柔软的塑料圆盘上涂有磁记录层的载体，其优点是驱动器体积小、重量轻、结构简单、价格低，缺点是存贮量小，存取速度和数据传输率都较低。

光盘是用聚焦成直径小于 1 μm 的激光束在光记录介质上写入与读出信息的高密度存贮载体。光盘集纸质和磁介质载体的优点于一身，可存贮图像色彩、全文信息，可用计算机存贮与检索。另外，它还具有存贮量大、成本低、检索速度快等特点。

(4)文献信息

文献信息就是利用某种符号系统及其相应的记录方式记载于一定载体上的人类精神信息，它具有信息的所有性质和功能，又有其自身的特点。主要表现为：第一，文献信息是经过一系列加工后记录下来的信息，不是指文献符号系统本身的信息，也不是指文献载体本身的信息。文献信息独立于符号系统和记录载体，不会因为符号系统和记录载体的变化而改变，但是它又必须通过一定的符号系统和记录载体来记录和传递。第二，文献信息的传递必须利用一定的符号系统和记录载体来实现，所以对文献信息的摄取方式和吸收程度必然受到其相应的符号系统和记录载体的制约。第三，文献信息是一种相对固化的信息，一经生产出来，就不会再改变，即属于静态信息，这也是文献老化的原因。第四，文献信息是人对客观世界的认识,因而不一定完全符合客观实际。

2.文献的演化

人类历史上最早的文献是文字与天然实物载体结合的产物。通过文字把语言刻录在某种实物上就形成了文献。最初的文献主要是记录政令、法令、外交文书、证供纳税、宗教仪式的文件。

文字出现后,文献演化史上的第一次革命是纸张发明所带来的载体革命。随着各种天然文献载体的陆续退出,在相当长的时间里,纸张几乎是唯一的文献载体形态。

文献演化史上的另一次革命是印刷术带来的文献记录方式的革命。印刷术的出现不仅使图书这种古老的文献形式迅速增长,而且促进了其他纸质文献形式的出现。直到今天,印刷型图书、期刊、报纸等文献类型依然是人类采用的主要文献形式。

20世纪,文献形式进一步多样化。20世纪初期,以光学摄影技术为记录方式、以感光材料为载体的缩微制品成为一种重要的文献形式。这种记录技术可将大量的纸质文献按原样缩微记录在胶卷或胶片上,使用时可利用缩微阅读器或缩微复印机。与纸质文献相比,缩微文献制品的密度高、容量大、成本低、易保存,成为当时记录和存储大型连续性出版物的首选形式。

20世纪40年代,经计算机处理并记录于计算机存储介质上的数字化文献开始出现。早期的数字化文献主要是转换成纸质文献(输出)之前的临时形式。20世纪80年代,随着网络技术的发展和普及,数字化文献作为用来交流的最终文献形式得到日益广泛的运用。

无论从载体意义还是从记录方式角度而言,数字化文献的出现是文献演化过程中的又一次深刻的、里程碑式的革命。它不仅大大提高了文献传播速度和效率,而且使知识和信息可以通过多媒体文献形式加以传播。同时,它还可以借助网络实现文献的远程利用和共享。已有不少人士预言,数字化文献将很快或将彻底取代纸质文献。但是,事实证明,即使是最伟大的“未来学家”和“无纸论者”,也不可能准确预测纸质文献何时消失[5]。

3.文献的类型

据估计,全世界每年发表的科技论文已超过450万篇,出版图书80多万种,期刊15万种以上,专利说明书100多万件,国际标准30多万件。为了方便对文献进行管理和利用,对繁多的文献需要进行分类。文献的分类比较复杂,按照不同的分类标准可以获得不同的分类结果。实际中一种具体的文献可能具有两种或者多种类型的特征。

(1)按加工深度划分

为了便于信息交流,人们对文献进行了不同程度的加工,依据对文献信息源的加工深度,一般可分为零次文献、一次文献、二次文献和三次文献[6],如图2.2所示。

①零次文献

零次文献(Zeroth Literature)有时也称作灰色文献,是指由非正式出版物或非正式渠道传播、交流的文献,未公开于社会,只为个人或某一团体所用。如信件、文章草稿、私人笔记、会议记录、未经发表的名人手迹等。零次文献一般通过口头交流、参观展览、参加报告会等途径获得。零次文献的优点是针对性强、直观、传递速度快、反馈也快;缺点是传播面窄,难以积累和管理,可靠性也难以保证。

②一次文献

一次文献(Primary Literature)指正式出版发行的,由作者以本人的研究成果为基本素

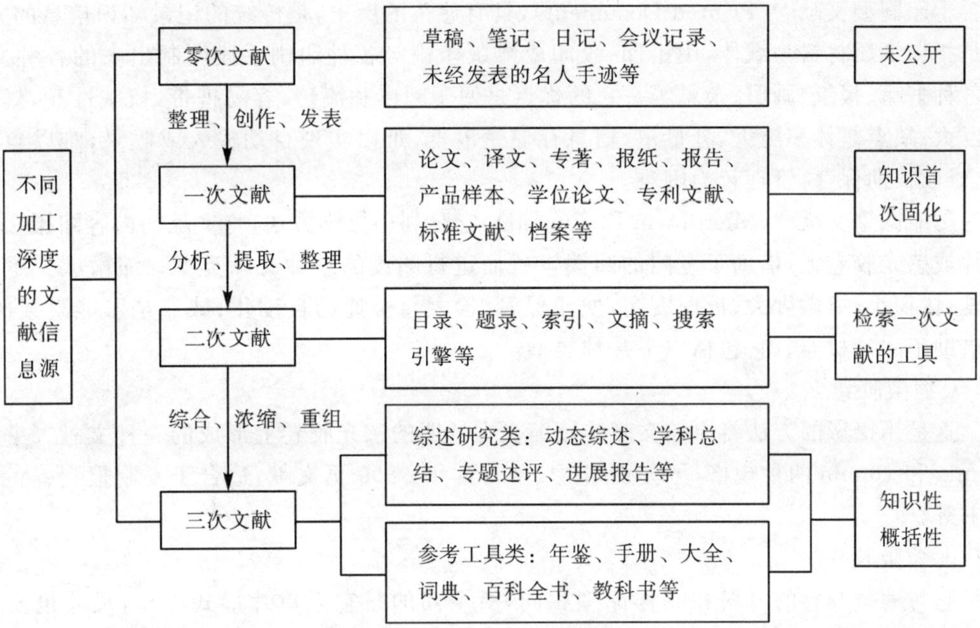

图 2.2 依照加工深度划分

材而创作(或撰写)、未经过加工的原始文献。主要指图书、期刊论文、译文、专著、报纸、科技报告、产品样本、学位论文、专利文献、标准文献、档案等文献。一次文献是人们对自然和社会信息进行首次加工后固化形成的,一次文献具有创造性、先进性、价值性和分散性的特点。该类文献数量庞大、种类繁多,是最基本的信息源,是科技文献的主体,是信息检索的主要对象。

③二次文献

二次文献(Secondary Literature)又叫检索性文献源,是指文献工作者通过对大量分散的、无序的一次文献加以筛选,再对选择的文献源进行外部特征(如题名、作者、文献物理特征)和内容特征的分析、提取、整理而形成的新的工具文献形式。一般包括目录、题录、索引、文摘、搜索引擎等。二次文献具有汇集性、工具性、综合性的特点,不仅能报道一次文献,还为查找一次文献提供线索,是检索一次信息的主要工具。

④三次文献

三次文献(Tertiary Literature)又叫参考性文献,是针对某一专题利用一次文献和二次文献系统地检索出一批相关的文献,并对其运用科学方法和专业知识进行深入的筛选、分析、研究后重新加工、撰写的文献。可分为综述研究类和参考工具类两种类型。前者如动态综述、学科总结、专题述评、进展报告等,后者如年鉴、手册、大全、词典、百科全书、教科书等。三次文献源系统性、综合性、知识性和概括性都强。

从一次文献到二次文献、三次文献是一个由博而约、由分散到集中、由无组织到系统化的过程,也是科技文献的层次结构由无序走向有序、由一种有序结构演变成另一种完善的有序结构的过程。

(2)按载体形式划分

文献按其贮存载体和形式的不同可划分为以下四类:

①印刷型文献[7](Printed Document),具有悠久的历史,是传统的记录知识信息的方式,它是指以纸质材料为载体,用铅印、胶印或雕版印刷等各种印刷手段印制出来的各种文献,如各种书籍、报纸、画册、杂志等。它的优点是便于阅读和流传,容易携带,权威性高,规模数量巨大;缺点是体积庞大,分量重,信息存储密度低,难以实现自动输入或收录,难以自动检索,难以长期保存,管理较为困难。

②缩微型文献[8](Microform Document),它是利用摄影方法,将文献的内容缩摄在感光胶片或感光胶卷上,借助于专门的阅读设备而进行阅读的一种文献类型。缩微型文献的优点是:体积小,缩微度大,再现度高,便于保管、检索与传递的自动化;缺点是不能直接阅读,须借助于阅读机器。它包括以下几种类型:

i. 缩微胶卷

这是用摄影的方法将原始文献连续缩摄在透明的感光胶卷上形成的一种文献。一般有 35 mm 和 16 mm 两种规格,可分别缩摄 1 400 页和 2 800 页文献,适合于复制报刊、丛书、多卷书等。

ii. 缩微胶片

它与缩微胶卷的材料和制作原理相同,所不同的是它以单片形式出现,尺寸也要大一点,一般使用规格是 105 mm×148 mm。普通缩微胶片每张可拍摄 60～90 页文献。原来需要 700 m 长的书架才能放下的图书资料,经过缩微处理后只需两只鞋盒大的小抽屉即可容纳。随着激光和全息拍照技术的应用,又出现了超级缩微胶片和特级缩微胶片,一张全息胶片可存储 20 万页文献。

iii. 缩微卡片

缩微卡片实际上是缩微照片,是一种不透明的缩微品。其规格与普通目录卡片相同,一般为 75 mm×125 mm,缩微倍率为 1/24,单面可洗印 40～60 页文献,双面加倍。在其上部印有肉眼可以看清的文献名称和编号,并可像普通目录卡片一样在目录柜中排列收藏。便于读者查检。

③视听型文献(Audio-Visual Document),亦称声像资料,是将声音、影像记录在电磁材料载体上,并通过相应的电子设备而使用的文献类型,如录音带、录像带、电影片、幻灯片等。视听型文献的优点是传播速度快、声情并茂、形象逼真、易于接受,例如,观察植物开花、火山爆发、地震及物体的高速运动、微生物的繁殖生长情况等,都可以闻其声、见其形,给人以直观的感觉;缺点是须借助专门设备制作和播放,而且费用也较高。

④数字型文献[9](Digital Document),亦称电子型文献、机读型文献,是将文献通过高技术手段形成二进制的数字编码形式存储在磁、光、电等介质之上,由计算机识别和阅读的文献。数字型文献不仅改变了传统文献的物理形态,而且提高了信息传递速度,是信息化时代的重要标志。优点是存贮容量大、读取速度快、成本低、不易磨损、保存时间长和易远距离传输;缺点则是必须借助专门的软件,通过显示器或打印在纸上,方可阅读使用。

(3)按出版形式划分

按出版发行形式,一次文献信息源一般可分为图书、期刊、科技报告、会议文献、专利文献、标准文献、学位论文、产品样本、科技档案和政府出版物。

①图书

图书(Book)是指对某一领域的知识进行系统阐述或对已有研究成果、技术、经验等进行归纳、概括的出版物。图书一般是论章成册，是各种出版物中历史最悠久的一种。联合国教科文组织 1961 年规定：5～49 页印刷品为小册子，凡由出版社（商）出版的不包括封面和封底在内 50 页及以上具有特定的书名和著者名，编有国际标准书号，有定价并取得版权保护的出版物称为图书。图书往往是作者长期研究的成果和学识的积累，是传播知识、培养人才的主要读物。其特点是内容比较成熟，所提供的知识系统全面，出版形式也较固定，是系统掌握各学科知识的基本资料；但出版周期较长，传递报道速度较慢。

图书主要包括专著、教科书、工具书、图册、读物和文集等。识别图书的主要依据有：书名、著者、出版地、出版社、出版时间、总页数，非第一版的图书有版次、ISBN 号等。

ISBN 是英文 International Standard Book Number 的简称，中文意思是“国际标准书号”。它是国际标准化组织（ISO）于 1971 年公布的一项国际通用的出版物统一编号方法。最初 ISBN 由 10 位数字分 4 段组成，各段依次是：地区或语种号-出版商代号-书名号-校验码。如：7-311-03544-9，表示中国代号为 311 的（兰州大学）出版社，出版的一种图书，其书号为 03544，该书的校验码为 9。我国是 1982 年加入 ISBN 系统，并成立中国 ISBN 中心（设在国家新闻出版署）。中国标准书号（China Standard Book Number）自 1987 年 1 月 1 日起实施，1988 年 1 月 1 日使用 10 位 ISBN 号。

新的“ISBN”由 13 位数字组成，可分为 5 部分，2007 年 1 月 1 日起实施。此编号将与书籍封底上所印制的图书商品条码（EAN-13 位）完全相同。

```
          ①     ②     ③      ④      ⑤
          ↓     ↓     ↓      ↓      ↓
ISBN    978 - 7 - 5606 - 2368 - 9/TN·0546
```

第一部分：前缀号，由国际物品编码协会（EAN）提供 3 位数字。国际 EAN 已经为图书提供的前缀号为 978 和 979，目前使用的是 978。

第二部分：组号，用以区别出版者国家、地区或者语种区。其中：英、美、加、南非等英语区为 0，其他英语区为 1，法语区为 2，德语区为 3，日语区为 4，俄语区为 5，中国为 7，印度等为 8，东南亚地区为 9。组号的长度不同，但最长的由 5 位数字组成。组号由总部在柏林的国际 ISBN 中心分配。

第三部分：出版商代号，为各出版机构（者）的代码。出版者号的长度与出版者计划出书量直接相关，出版量最大的出版者得到的出版者号长度最短，反之亦然。

第四部分：书名号，代表一个具体出版者的某出版物的特定版次。书名号的长度与出版者计划出书量直接相关。最大预期出版量的出版者得到的书名号长度最长，反之亦然。为了确保维持 ISBN 号的正确长度，一般采用零来代替前面的空格。

第五部分：校验码，它采用模数 10 加权的算法计算得出。具体算法是：用 1 分别乘以 ISBN 的前 12 位中的奇数位，用 3 乘以偶数位，所得结果之和除以 10 即可推得校验位的值，值的范围为 0～9。如“ISBN 978-7-5606-2368-?”。验证码算法为：$9\times1+7\times3+8\times1+7\times3+5\times1+6\times3+0\times1+6\times3+2\times1+3\times3+6\times1+8\times3=141$，$141\div10$ 的余数 $=1$，该书号的验证码为 $10-1=9$，完整编码为“ISBN 978-7-5606-2368-9”。

TN 是该书的类号（无线电电子学、电信技术），依据《中国图书馆图书分类法》为该书划归所属的学科门类；0546 是种次号，是该出版社（西安电子科技大学出版社）出版同一学科门类图书的顺序号（由出版社自行编定）。类号与种次号之间用中圆点“·”隔开。

②期刊

期刊(Periodical,Journal,Serial)又称连续出版物,指具有统一名称、固定版式、统一开本、连续编号、汇集多位著者的多篇著述、定期或不定期编辑发行的出版物,也称为杂志。期刊的特点是内容新颖、信息量大、出版周期短、传递信息快、传播面广、时效性强,能及时反映国内外各学科领域的发展动态。据统计,科技人员所获取信息的65%以上来源于期刊,它是十分重要和主要的信息源及检索对象。

识别期刊的主要依据有:期刊名称,期刊出版的年、卷、期,国际标准刊号等。国外期刊名称常常缩写,有的还以斜体给出。

国际标准刊号(ISSN)是国际标准连续出版物号(International Standard Serial Number)的简称,是根据国际标准 ISO3297 制定的,由设在法国巴黎的 ISDS(国际连续出版物数据系统)国际中心管理,为世界上每一种不同题名、不同版本的连续出版物设定的一个国际性的唯一代码标识。我国于 1985 年建立了 ISSN 中国分中心(设在北京图书馆),负责中国期刊 ISSN 号的分配与管理[10]。

ISSN 由 8 位数字分两段组成,如 1007 - 7634,前 7 位是期刊代号,末位是校验码。我国正式出版的期刊不仅有国际标准刊号,而且还有国内统一刊号,两者合在一起称为中国标准刊号。国内统一刊号(CN 号),它是依据国标 GB 2659—1986 制定的,由国家新闻出版总署管理。CN 号由地区号、报刊登记号和《中图法》分类号组成,如 CN 11—2257/G3。地区号依《中华人民共和国行政区划编码表》(GB 2260—1982)取前两位,如北京为 11、天津为 12、上海为 31、辽宁为 21、吉林为 22、安徽为 34、江西为 36 等。《合肥学院学报》(社会科学版)其 CN 号为 CN:34 - 1282/C。《合肥学院学报》(自然科学版)的中国标准刊号为,ISSN 号:1673 - 162X,CN 号:34 - 1290/N。

③科技报告

科技报告(Scientific Report)是指国家政府部门或科研生产单位关于某项研究成果的总结报告,或是研究过程中的阶段进展报告。科技报告萌芽于 20 世纪初,到 20 世纪中叶随着科学研究工作的大量进行,致使其数量不断增加,逐步发展成为一大文献类型。由于它是科研进展和试验过程的真实记录,往往能反映一个国家在某一学科的科技水平,故能起到直接的借鉴作用。可以说,科技报告是一种典型的机关团体出版物[11]。

科技报告的特点是内容新颖、详细、专业性强、出版及时、传递信息快,每份报告自成一册,有专门的编号(报告号,通常由报告单位缩写代号+流水号+年代号构成),由主管机构连续出版,发行范围控制严格,不易获取原文。因科技报告反映新的研究成果,故它是一种重要的信息源,尤其在某些发展迅速、竞争激烈的高科技领域,人们对其需求更为迫切。

科技报告的种类很多,按时间划分有初期报告(Primary Report)、进展报告(Progress Report)、中间报告(Interim Report)、终结报告(Final Report);按流通范围划分有绝密报告(Top Secret Report)、机密报告(Secret Report)、秘密报告(Confidential Report)、非密限制发行报告(Restricted Report)、公开报告(Unclassified Report)、解密报告(Declassified Report)等。

识别科技报告的主要依据有:报告名称、报告号、研究机构、完成时间等[12]。

目前全世界每年发表科技报告数量庞大,其中绝大多数出自发达国家,较著名的有美国政府的四大报告(PB、AD、NASA、DOE)、英国航空委员会 ARC 报告、法国原子能委员会

CEA 报告、德国航空研究所 DVR 报告等。

④会议文献

会议文献(Conference Literature)指在学术会议上宣读和交流的论文、报告及其他有关资料。会议文献多数以会议录的形式出现,一般是经过挑选的,质量较高,能及时反映科学技术中的新发现、新成果、新成就,往往反映出科学技术的发展趋势。其特点是传递情报比较及时,内容新颖,专业性和针对性强,与最新成果的间隔时间短,但其内容与期刊相比可能不太成熟。会议类型大致可分为国际会议、全国性会议及地区会议等。会议文献可分为会前、会中和会后三种。

会前文献包括征文启事、会议通知书、会议日程表、预印本和会前论文摘要等。其中预印本是在会前几个月内发至与会者或公开出售的会议资料,比会后正式出版的会议录要早 1～2 年,但内容完备性和准确性不及会议录。有些会议因不再出版会议录,故预印本就显得更加重要。会议期间的会议文献有开幕词、讲话或报告、讨论记录、会议决议和闭幕词等。会后文献有会议录、汇编、论文集、报告、学术讨论会报告、会议专刊等。其中会议录是会后将论文、报告及讨论记录整理汇编而公开出版或发表的文献。

随着科学技术迅速发展,世界各国的学会、协会、研究机构及国际性学术组织举办的各种学术会议日益增多。20 世纪 80 年代世界上每年举办的科学会议约 1 万个,其中科技会议就达四五千个,产生会议论文十余万篇,每年出版的各种专业会议录达 3 000 余种。

会议和会议文献常用的主要名称有 Conference(大会)、Meeting(小会)、Symposium(讨论会)、Proceeding(会议录)、Paper(单篇论文)、Transaction(汇报)等。

识别会议文献的主要依据有:会议名称、会址、会期、主办单位、会议录的出版单位等。

⑤专利文献

专利(Patent)一词来源于拉丁语 Litterae patentes,意为公开的信件或公共文献,是中世纪的君主用来颁布某种特权的证明,后来指英国国王亲自签署的独占权利证书。目前专利是指受专利法保护的技术发明,并独占其制造、使用和销售的权利。

专利文献(Patent Literature)是实行专利的国家、地区及国际专利组织在审批专利过程中产生的官方文件及出版物,包括专利说明书、专利权利要求书、专利公报、专利分类表、专利检索工具等。专利是与产业活动密切相关的,因而其实用性非常强。专利是世界上最大的技术信息源,据实证统计分析,专利包含了世界科技信息的 90%～95%[13]。

根据专利的技术水平和应用情况划分,其类型有 Invention Patent(发明专利)、Utility Patent(实用专利)和 Design Patent(设计专利)等。

识别专利文献的主要方法是专利号,专利号按国际规定由两个字母表示的国家名称和其后的顺序号构成。如 EP0634524、US7374023,这两部分中专利号较重要。

⑥标准文献

标准文献(Standard Literature)指与标准化工作有关的一切文献,包括标准形成过程中的各种档案、宣传推广标准的手册及其他出版物、揭示报道标准文献信息的目录、索引等,是经过公认的权威当局批准的标准化工作成果。其中主要为有关工业产品和工程建设的质量、规格和检验方法的技术规定文件。一个国家的标准文献反映该国的生产工艺水平和技术经济政策,而国际现行标准则代表了当前世界水平。

标准化主要包括以下三个方面。

i. 产品标准化，即产品质量要符合技术规定。

ii. 产品规格化和系列化，即产品按型号大小来分档，形成系列发展，从而保证以较少的品种来满足广泛的要求。

iii. 零部件通用化，即同类机型零部件，特别是易损件要最大限度地保证其通用互换性。

经过公认权威当局批准的标准化工作成果，可以采用文件形式或规定基本单位（物理常数）这两种形式固定下来、以文件形式出现的标准化工作成果，就是标准文献。

标准文献都有标准号，它通常由国别（组织）代码＋顺序号＋年代组成，如 ISO 8068—2006。我国的国家标准分为强制性的国标（GB）和推荐性的国标（GB/T），如 GB 19272—2011、GB/T 9813—2000。行业标准代码以主管部门名称的汉语拼音声母表示，如 JT 表示交通行业标准。企业标准编号由 Q/省、市简称＋企业名代码＋年份组成。

⑦学位论文

学位论文（Thesis，Dissertation）是指高等学校或研究机构的学生为了获得所修学位，在导师的指导下撰写并提交的学术论文，它是伴随着学位制度的实施而产生的。根据《中华人民共和国学位条例》的规定，学位论文分为学士论文、硕士论文、博士论文三种。不同种类的学位论文，其研究水平差异较大，博士论文论述详细、系统、专深，研究水平较高，参考价值大。

识别学位论文的主要依据有：学位名称、导师姓名、学位授予机构等。

⑧产品样本

产品样本（Product Catalogue），也可译为"产品目录"。主要是指国内外产品说明书。产品样本一般图文并茂，主要介绍产品与厂家概况，具有产品与生产设备或部件的实物照片、产品技术参数、产品外形尺寸图，有的还有技术测试图表与曲线、检测报告、结构图、装配程序图、线路图、产品专利号、国内外权威机构认证证书等，配以简要的产品用途、性能、使用说明等文字介绍，使产品的技术内涵和技术信息以及厂家情况得以直观、简要的展现。

日本科学技术交流会会长有山兼先说："产品样本是认识产品、了解技术的最好手段。"同时，产品样本也被称为"印刷形式的推销员"。产品样本文献作为一种特殊的科技文献信息源，是工程技术人员必不可少的参考资料。有关研究表明，现代新产品开发及技术革新工作中所出现的问题，有 95%～ 99% 实际上可通过国内外相关产品样本资料来解决，只有 1%～ 5%的问题需要进行创造性研究来解决。在生产科研工作中，如能充分利用现有的国内外产品样本资料，一定能够避免人力、物力、资金及时间上不必要的浪费，并大大提高效率、加快速度[14]。

⑨科技档案

科技档案（Archives，Technical Records）是我国独有的档案概念，最早产生于 1959 年的大连会议，始称技术档案，1980 年全国科技档案工作会议后改称科技档案，是研究部门和生产单位在科学研究、生产实践中所形成的有具体工程对象或科研对象的真实记录材料，有图样、照片、图表、原始记录及其复制本文献。科技档案包括任务书、协议书、审批文件、研制计划、方案、技术调查材料、技术措施、试验项目、试验方案、试验数据、设计图纸、工艺记录等。科技档案记录内容真实、准确、可靠，它反映了生产和科技活动的全过程及最后结果。科技档案是生产科研中能用于积累经验、吸取教训和提高质量的重要参考文献[15]。

⑩政府出版物

政府出版物(Government Publication)是指各国政府部门及其所属机构出版的文献,又称官方出版物。它可分为行政性和科技性两类。行政性文献(包括立法、司法文献),主要有政府法令、方针政策、规章制度、决议、指示、统计资料等,主要涉及政治、法律、经济等方面;科技性文献主要是政府部门的研究报告、标准、专利文献、科技政策文件、已公开的科技档案等。有些研究报告在未列入政府出版物之前已经出版过,故它与其他类型的文献有重复。政府出版物对了解各国的方针政策、经济状况及科技水平有较高的参考价值,一般不公开出售。

西方国家多设有政府出版物的专门出版机构,如英国皇家出版局(HMSO)、美国政府出版局(GPO)等。其中美国政府出版局是世界上最大的出版机构。中国的政府出版物大部分是由政府部门编辑,由指定出版社出版。政府出版物大部分是公开出版发行的,少数是由政府直接分发至某些部门或个人,在一定范围内使用,具有内部保密性质,但过若干时间以后则予以解密或公开。

依照出版形式划分,除了以上简述的十种主要文献类型之外,还有报纸、新闻稿、工作札记、统计资料、未刊稿(手稿)、地图、乐谱、广告资料等类型的文献。

2.2　文献信息源的存在规律[16]

科技在日新月异地发展,文献也随之急速增长,与此同时,文献的老化也在加剧。对于文献的增长与老化,以及核心著者在期刊中的分布情况是否存在某种规律?经过认真观察研究,人们发现文献增长也同细胞分裂、本利增长、人口增长等具有相同的特征,核心研究内容与著者的分布也存在一定的规律。通过对这些规律的了解,可以指导阅读质量好的最新文献,提高阅读水平;可以解释和研究科学发展规律,把握某一学科的发展脉络。

2.2.1　文献的增长规律

文献的增长规律就是指新出版的文献数量随时间的推移而增长的规律。最早发现这一现象的是美国学者赖德(A. F. Ryder)。1944 年美国韦斯莱大学图书馆学家赖德经调查和统计分析,发现全美主要大学图书馆的藏书量平均每 16 年增加一倍,这应该是藏书量指数增长规律的一种表述。在这一发现的基础上,1949 年,当时在拉费尔斯学院(现新加坡大学)图书馆工作的英国著名的情报学家普莱斯(Derek John de Solla Price)将订阅的《英国皇家协会哲学会刊》(*Philosophical Transactions of the Royal Society*)整理后,每十年一堆,分别靠墙码在一起。发现其呈现出清晰的变化规律。定量描绘后呈现出一条完美的指数曲线。次年。普莱斯便发表了有关指数增长的论文。到 1961 年,在《巴比伦以来的科学中》(*Science Since Babylon*)中,普莱斯详细阐述了科学期刊按照指数增长的规律。并给出了著名的普莱斯增长曲线。如图 2.3 所示。

曲线中,横坐标为年代,纵坐标为期刊种数。用公示表示为:

$$F(t)=a\cdot e^{bt} \tag{2.1}$$

式中,$F(t)$表示文献累积量;t 表示时间(年);a 是初始时刻($t=0$)的文献累积量 $F(0)$;b 是文献的持续增长率,其数值近似等于文献的年增长率。

普莱斯指数模型只是文献增长的一个理想模型,没有考虑许多复杂因素对文献增长的限制,如文献的老化问题、人为的影响等。在指数模型的基础上,前苏联科学家纳里莫夫和

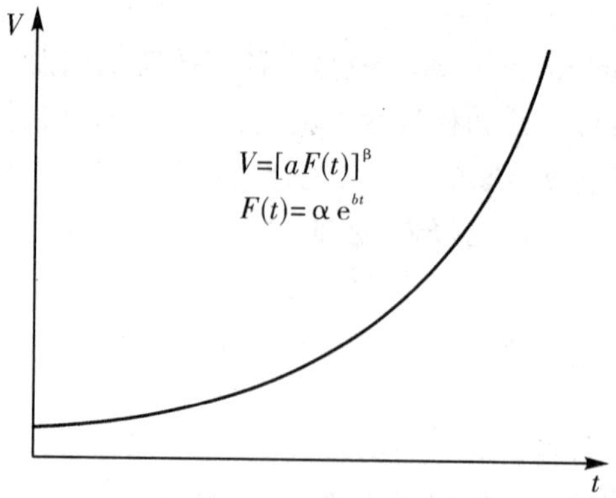

图 2.3 普莱斯增长曲线

弗拉杜奇发现，在初始阶段，文献的增长是符合指数规律的，但当文献量增加到某一定值时，其增长率开始变小，最后缓慢增长，并接近停滞状态。即文献的增长速度分阶段而不同，其增长并不完全遵守无限制的指数增长，而是更趋向于逻辑性。基于此，他们提出了文献增长的逻辑曲线模型：

$$F(t)=\frac{k}{1+ae^{-bt}} \tag{2.2}$$

式中，$F(t)$表示 t 年的文献累积量；k 表示当 $t\to+\infty$ 时文献的累积量，即文献累积量的最大值；a、b 为大于零的常数。

以后美国匹兹堡大学的雷歇又提出了滑动指数模型、直线增长模型。

2.2.2 文献老化规律

1. 半衰期和普莱斯指数

文献老化是指随着时间的增加，文献逐渐失去其科学情报价值，被用户利用得越来越少。从而逐渐地、部分或全部失去使用价值的过程。这里的“老化”指的是一个特定的过程。主要是针对利用而不是情报内容本身，并且往往是指某一类文献，而不是某一篇文献。衡量文献的老化可以从速度和深度两方面来进行，前者最为常用的指标是半衰期，后者比较重要的指标是普莱斯指数。

半衰期本是用来计算放射性元素衰变的一个指标，在这里半衰期被用来测量文献的老化。最早在文献研究中提出“半衰期”这一术语的是美国学者贝尔纳(J. D. Bernal)，他在1958 年发表的论文《科技情报的传递:用户分析》中，提出了使用“半衰期”来描述文献的老化现象。在文献老化中，半衰期定义为:现在被利用的某学科的文献，其中较新的一半是在多长时间内发表的。半衰期的值越大，说明文献老化的速度越慢；值越小，说明文献老化的速度越快。文献是否被使用是以文献是否被引用为标准来衡量的，所以半衰期也称为引用半衰期、被引半衰期。

普莱斯指数是普莱斯在 1971 年引进到文献计量研究领域的，主要用来衡量文献的老化程度，具体做法是将被利用文献中年龄≤5 的量(有现实作用的文献)，与被利用文献总量相比，得到的结果被称为“普莱斯指数”。其公式如(2.3)所示：

$$P=\frac{\text{有现时作用的文献总数}}{\text{被引文献的总数}}\times 100\% \tag{2.3}$$

普莱斯指数越大，文献老化越快；反之亦然。

2. 巴尔顿—凯普勒方程

为了定量地描述文献的老化过程，美国图书馆员巴尔顿(B. E. Burton)和物理学家凯普勒(R. W. Kebler)合作，抽取了化学工程等 9 个学科领域的期刊进行引文数据的统计分析，鉴于利用这些数据所绘制的 9 条曲线形状十分相似，他们便为这些曲线求出了一个标准公式，被后人称为巴尔顿—凯普勒方程，具体如下所示：

$$y = 1 - \left(\frac{a}{e^{x}} + \frac{b}{e^{2x}}\right) \tag{2.4}$$

式中，$a+b=1$；y 表示某学科现在尚被利用的文献的累积相对比，($y<1$)；x 表示过去时间(被利用的文献是在过去多少年内出版的)；以 10 年为单位。在公式(2.4)中，当 $y=0.5$ 时，就可以计算出文献的半衰期。

2.2.3　文献分布规律

文献分布规律是指文献在一定时期内在空间上(如地区、领域、学科、专业和主题)分布的总趋势，包括文献的集中规律与分散规律。文献的集中规律是指某一学科的大部分论文往往高度集中在少数期刊中的规律；文献的分散规律是指某一学科的部分文献分散于各学科、各载体、各用户等文献的空间中。这方面的规律最初是布拉德福提出的，被称为布拉德福定律。

1. 布拉德福定律的产生

20 世纪 30 年代，科技期刊的数量急剧增长，某一学科或某一主题的文献分散在大量的不同期刊之中，给科学研究带来很大困难。而且，由于文摘杂志增长速度太快，一方面报道过于集中而不断出现重复，另一方面文献过于分散而时有遗漏现象发生，给科学工作者带来极大的不便。这种情况引起了当时任南肯辛顿科学图书馆馆长的布拉德福(S. C. Bradford)的注意，基于对文摘杂志完整性和文献之间内在联系的探索，布拉德福着手于文献集中与分散规律的全面研究。

布拉德福选取应用地球物理学和研究润滑问题的相关文献为观察对象。统计了这两个研究领域的期刊利用状况，按载文量多少由高到低进行排列，然后进行归纳分析，从而得出了确切的研究成果，即他在 1934 年发表的《专门学科的情报源》(*Sources of Information on Specific Subject*)，首次公开提出了定量描述文献分散规律的经验性定律。

2. 布拉德福定律的描述

布拉德福定律是研究文献的集中与分散规律的，其原理在于科学统一性原则，也就是科学技术中每个学科都或多或少、或远或近地与其他任何一个学科相关联，因此才会有一个学科的论文出现在另一学科的期刊中的现象，布拉德福认为这是造成文献既过于集中又过于分散的根本原因。事实上，近现代的科学研究工作中，学科交叉、研究方法的借用、科学理论的融通是非常重要的发展趋势，尤其是在实际的科学成果应用中，这种融合更是极为普遍。布拉德福定律就是这种规律的一种客观反映。

布拉德福定律的内容可以从以下三个角度来进行描述。

(1)区域(文字)描述

如果将一定时期内刊载某学科论文的期刊，按相关论文载文量多少排序，然后划分为三个区域，分别标记为核心区 n_1、相关区 n_2、外围区 n_3，使每个区的相关论文量相同，则三个区的期刊数之比为：

$$n_1 : n_2 : n_3 = 1 : a : a^2 \tag{2.5}$$

式中，a 为布拉德福常数。

(2)图形描述

根据与区域描述完全相同的统计数据，布拉德福取上述等级排列的期刊种数的对数为横坐标，以论文累积数为纵坐标，可以得到一条分布曲线 AB。分布曲线 AB 由两部分组成：对应核心区上升的一段曲线 AP 和对应相关区的直线 PB。如图 2.4 所示。

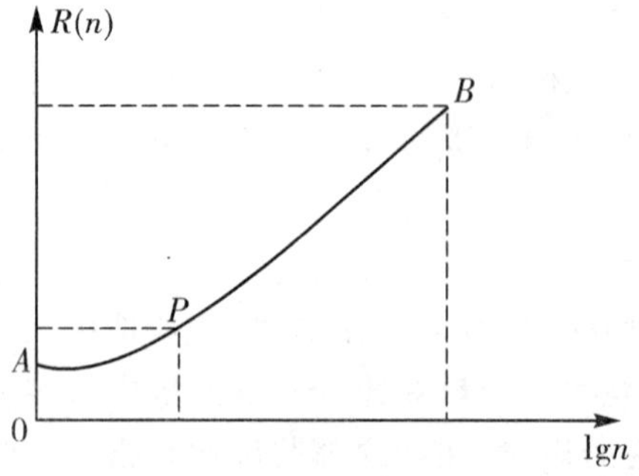

图 2.4　布拉德福分散曲线

这是早期的经典布拉德福曲线。后来，随着研究的深入，格鲁斯(O. V. Groos)在 1967 年发现布拉德福曲线在进入直线部分(图 2.4 中 PB)以后，并不总是呈现直线延伸状态，而是要发生弯曲下垂，即"格鲁斯下垂"。

(3)公式描述

布拉德福定律的数学公式描述如下：

$$R(n) = \begin{cases} a \cdot n^{\beta} (1 \leqslant n \leqslant c) \\ K\lg\left(\dfrac{n}{s}\right) (c < n \leqslant N) \end{cases} \tag{2.6}$$

式中，$R(n)$为对应于 n 的相关论文累积数；n 为期刊等级排列的序号；a 为第一级期刊中的相关论文量 $R(1)$；c 为核心区的期刊种数，即由曲线过渡到直线交点对应的 n 值；N 为等级排列的期刊总数；β 为参数，数值上等于 AP 曲线的曲率，且小于 1；K 为系数，等于曲线中直线部分 PB 的斜率；s 为参数，等于图形直线部分反向延长与横坐标的交点的 n 值。

3. 布拉德福定律的发展

1948 年，维克利(B. C. Vickry)发表了题为 *Bradford's Law of Scattering* 的论文，将相关文献在期刊中的这种分布称为"布拉德福分散定律"，并且创造性地提出了补充和修正。维克利认为，该分散定律不仅适用于划分三个区，同样适用于划分三个以上的区，可以表示为：

$$n_1 : n_2 : n_3 : \cdots : n_m = 1 : a : a^2 : \cdots : a^m \tag{2.7}$$

式中，a 为分散系数。

后来，莱姆库勒(F. F. Leimkuhler)从布拉德福定律的区域描述出发，以维克利的多区划分为基础，将式(2.7)中的 m 分为奇数和偶数两种情况，采用连续变量的方式推导了布拉德福分布的两个重要公式。最终的简化形式如下：

$$F(x) = \frac{\ln(1+\beta x)}{\ln(1+\beta)} \tag{2.8}$$

式中，$F(x)$为选定的部分期刊的载文量与该部分期刊总产量之比（该部分期刊中全部相关特定主题论文与总期刊群中所有相关论文数之比）；x为在特定学科中载文量最高的期刊的数量与相关学科的总刊量之比，$0<x<1$；β为参数。

莱姆库勒对布拉德福定律的贡献在于将简单的等比问题转换成概率问题，从根本上改变了区域描述的方式，使布拉德福分散定律的应用变得十分方便。

1968 年，布鲁克斯（B. C. Brooks）首次将布拉德福定律用数学公式表达出来：

$$R(n) = k\lg n \tag{2.9}$$

式中，k为常数。

这是一条斜率为k的直线，于是布鲁克斯便发展了布拉德福定律的图形描述。一段时间后，布鲁克斯发现自己之前对布拉德福定律的描述并不完全相符，经过反复的推敲和不断验证，布鲁克斯最终决定用两个公式联合描述布拉德福定律，即公式（2.6），这样一来，直线不再通过原点，更为准确地阐述了布拉德福定律。

另外，斯马里科夫、高夫曼、威尔金森等人对布拉德福定律的发展也做出了突出贡献，在不同程度上发展了布拉德福分散定律。

2.2.4　现代科技文献的总体特点与发展趋势[17]

1. 数量巨大，增长速度快

随着科学技术的发展，人类知识总量不断增长，文献以惊人的速度在急增，而且越来越快。特别是 20 世纪 80 年代以来，分支学科、边缘学科、交叉学科、综合学科等新学科不断涌现，新学科文献也相继增加。据报道，全世界每年出版 70 多万种期刊、图书 80 多万种。发表科技论文 600 多万篇，每年以 7%～8%的速度增长，每 10 年增加一倍，新兴学科和尖端技术每三年左右就增长一倍。公开的专利说明书在 100 万件左右，技术标准 20 余万件，编写学术报告、学位论文 25 万多份[18]。

2. 文献分散度大，重复现象严重

科技文献不仅数量大，类型复杂，而且出版分散，彼此交叉重复。同一篇文献往往以不同形式出版，如会议录、科技报告和学位论文。除了单独出版外，一般还在期刊杂志上发表。据统计，美国国家科学基金会的技术报告，有 95%在期刊上发表，化学化工方面的技术论文分散在 13 000 种期刊和连续出版物中。加拿大出版的专利说明书三分之二以上与美国的重复。NASA（国家航空和航天局）报告有 79%与其他文献重复。

3. 有效期缩短，知识老化速度加快

现代科学技术的迅猛发展，加快了知识的新陈代谢，随之也加速了文献的老化，使文献的有效期缩短，知识老化速度加快。10 年前发展起来的新兴技术有 30%已经过时，电子技术的 50%已被淘汰，可见科技文献的新陈代谢和自然淘汰现象是非常严重的。一般来说科技图书的使用期为 10～15 年，期刊等连续出版物 3～5 年，学位论文 5～7 年，科技报告 5～10 年，标准文献 3～5 年，产品样本 1～3 年（特别是电子电器产品可谓是日新月异）。整个科技文献的有用率为 50%。就某项新技术的发明来讲，其独创部分最多也只有 10%，其余 90%可以从现有文献中获得。对于文献的使用情况，国外做过调查，认为最高利用率为 30%。随着文献数量的增长，其利用率也在下降，日本对 60 年至 70 年的科技文献利用率调查表明，10 年间从 23.6%下降到 15%，由此可见大量的科技文献是处于自生自灭的状态中。

4. 文献内容综合交叉

由于出现了许多边缘学科，各学科之间相互影响，交叉和渗透使文献更趋于综合。以数学、物理、化学、地理、天文和生物六大基础学科为主的自然科学，经过长期的自身发展变化，正向其广度和深度延伸，其分支学科已达 2 500 多个，学科越分越细，边缘学科不断出现。因此，知识的生产与文献的出版也相互交叉和渗透。据国外统计，一种专业的科技文献，在本专业杂志上发表的只占 50%，其余的则发表在与其相关的专业杂志上。日本人曾统计过查找某一课题文献，要获得 50%的情报，需查找本学科期刊总数的 15%。若获得 90%的情报，要查找本学科期刊总数的 50%，其余的 10%情报要查找其他学科期刊的 50%。可见学科的交叉渗透十分严重。文献内容的交叉重复虽然能扩大人们获得文献的概率，但也增加了人们识别和使用这些文献的难度。

5. 文献载体及语种增多

新型文献载体的出现打破了传统纸质文献一统天下的局面，缩微型、声像型、数字型、多媒体型等新型文献大量出现，形成了多种载体文献共存、相互补充、共同发展的趋势。同时，各国文献所用语种也不断增多，过去，世界上科技文献大多只用英、德、法几种文字出版。现在，各国出版的科技期刊、连续出版物所用语种有 70～80 种之多，比较集中的文种也有 7～8 种。

在科学技术飞速发展的信息社会，面临信息和文献的海洋，怎样才能从这浩瀚的文献海洋中准确地查找到自己所需要的、个人阅读能力所及的那极小的一部分，而不至于耗费许多宝贵时间又无功而返呢？只要我们认识文献的发展规律，学习文献检索的基本知识和方法，培养自己的信息检索能力，在达到熟练掌握这些方法和技能的时候，就可增强自学能力，就有可能用较少的时间迅速、准确地查寻并获取到所需的文献。在检索、收集有关资料信息的基础上，分析、掌握有关领域的研究水平和动向，以寻找和获得科学创造的新起点，从而减少科学研究中的低水平重复，减少人力物力资源的浪费及决策中少走弯路。

据美国科学基金会统计，一个科研人员花费在查找和消化科技资料上的时间需占全部科研时间的 51%，计划思考占 8%，实验研究占 32%，书面总结占 9%。由上述统计数字可以看出，科研人员花费在科技出版物上的时间为全部科研时间的 60%。这一点可以充分显示，认识文献分布规律，掌握信息检索的方法和技巧，作用非常大[19]。

思考题

1. 信息源有哪些类型？
2. 文献的概念？依加工深度和出版形式分别可以划分为哪些类型？
3. 观察普莱斯文献增长曲线，写出曲线方程并指明方程中各参数的具体含义。
4. 举例说明文献老化规律在信息检索中的应用。
5. 布拉德福定律的描述是什么？该定律在信息检索中有何作用？
6. 文献计量规律的发展趋势是怎样的？它对信息分析研究工作有何帮助？

参考文献

[1]刘红军. 信息管理概论[M]. 北京：科学出版社，2008:46-48.
[2]鄂大伟. 信息技术导论[M]. 北京：高等教育出版社，2007:262-263.

[3]文献著录 第1部分:总则.中华人民共和国国家标准 GB/T 3792.1—2009[EB/OL].[2012-03-09].http://www.sac.gov.cn.

[4]赵静.现代信息查询与利用[M].第2版.北京:科学出版社,2008:14-17.

[5]王知津,吴凤玉.电子信息环境下文献演化的新模式[J].情报科学,1998,16(6):487-497.

[6]张景元.信息存储与检索[M].北京:高等教育出版社,2004:22-24.

[7]于玉林.财经科学研究、文献阅读与应用写作[M].北京:经济科学出版社,2008:67-68.

[8]程应红.图书馆管理与利用[M].合肥:安徽大学出版社,2009:30-31.

[9]孙维钧.论图书馆的消亡[J].高校图书馆工作,1998(3):8-9.

[10]ISSN 百科名片[EB/OL].[2012-03-29].http://baike.baidu.com/view/225008.htm.

[11]高祀亮,顾海明,李德成,等.科技信息检索[M].北京:国防工业出版社,2005:9-10.

[12]贺德方,胡红亮,周杰,等.中国科技报告体系的建设模式研究[J].情报学报,2009,28(6):804-805.

[13]专利百科名片[EB/OL].[2012-03-29].http://baike.baidu.com/view/50915.htm.

[14]汪琳.论产品样本的情报价值、定向收集与数字化加工[J].图书馆论坛,2010,30(4):147-148.

[15]张莉.论科技档案概念式微的历史含义[J].档案学研究,2006(3):26-27.

[16]江三宝,毛振鹏.信息分析与预测[M].北京:清华大学出版社,2008:146-152.

[17]周应余.现代科技文献的特点、发展趋势及采访对策[J].科技通讯,1992(1):58-59.

[18]陈理斌,武夷山.世界学术期刊出版周期与期刊影响力关系探索[J].情报科学,2010,28(10):1555-1557.

[19]张玉辉.文献信息检索[M].长沙:湖南师范大学出版社,2009:6-7.

第3章 信息检索基础

要实现对信息源有用信息的快速获取，首先必须对文献信息进行有序化的组织，其组织规划、排序方法和查询方法是信息检索的重要基础内容。随着文献信息的日益增多，为了解决信息存储与利用的矛盾，人们对之进行积极研究，从古至今，积累形成了一套成熟的信息检索基础理论知识，并形成一个学科，随着现代信息技术的发展，相关新的知识和方法不断涌现，这些知识很好地帮助人们合理地进行文献信息的组织管理和利用。对于一个信息素养良好的人来讲，这方面的基础知识必须掌握。

3.1 信息检索的概念与能力

1. 信息检索概念

信息检索(Information Retrieval)，亦称情报检索。作为一个正式的学术概念，最初是1948年，由美国学者穆尔斯(C. N. Mooers)在其硕士学位论文中首次提出的，是指将信息按照一定的方式组织和存储起来，并根据信息用户的需求找出有关的信息的过程和技术。它的全称应该叫“信息存储与检索(Information Storage and Retrieval)”[1]。这是广义的信息检索，它包括存储和检索两个方面，信息存贮主要包括对信息在选择的基础上进行信息特征描述、加工并使其有序化。检索是指借助一定的设备和工具，采用一系列方法和策略查找出所需要的信息。存储是检索的基础，检索是存贮的目的。狭义的信息检索则仅指该过程的后半部分，即从信息集合中找出所需要的信息的过程[2]。

信息检索自提出经过半个多世纪的研究，其发展演变可以看作是不断消除一道道信息存取障碍的过程，到今天，概括经历了三个阶段，即20世纪五六十年代人工管理的计算机化阶段，主要利用计算机对图书馆藏进行管理，并提供有限的查询；20世纪七八十年代文本信息检索阶段，从基于文档的特殊字段查询发展到能够基于全文内容进行文本信息检索；20世纪90年代开始进入到网络化信息检索阶段，出现了多样化的新的信息类型和相应的信息检索方式[3]。目前，网络化信息检索的发展，逐步从集中式网络到分布式、异构性、动态Web环境的迁移，打破了信息存取的空间障碍；分类法、主题词表到本体(Ontology)的出现和应用，跨越了信息存取的语义理解障碍。但是，在全球信息共享的迫切要求下，依然还有另一道障碍未被攻克，即信息存取的语言障碍[3]。

2. 信息检索能力

信息检索能力(Information Retrieval Ability)是信息素养的重要内容，同时它又是学习能力中的基础能力，是人们利用一定的工具，有目的地查检业已加工储存的信息的能力，是熟练运用信息检索技术、克服信息盲点获取有价值信息的必备技能[4]。该能力的关键在于是否善于利用社会公有的信息资源，即利用他人已经加工、整理有序的信息库存，为己所用，成为信息的“财主”，为创造新的物质财富和精神财富提供有利条件。

一个人有好的信息检索能力，首先表现在他的信息意识强，对信息敏感，认识到信息的重要性；其次，表现在他充分感受到信息存在的广泛性，了解信息来源的多元性；第三，表现在他熟练掌握获取和搜寻信息的方法与技巧，善于从各种途径获得有用信息。培养读者良好的信息检索能力是大学生素质教育过程中一个重要环节,要实现这一目标,就要帮助读者熟悉信息检索基础理论、掌握检索工具的使用、具备跟踪了解信息检索最新发展动态的意识、达到具有综合利用信息的能力。具体在培养内容和途径上应从以下几个方面展开。

(1)信息检索基础理论和信息的价值判断是基础,即断定信息的真伪、价值量是否要进行追踪,又称信息意识。俗话说"有用的就有价值",有一定道理。比如物价信息人人关心,个个打听,关系到人们口袋中的钱。20世纪60年代初铁人王进喜在大庆的照片,许多人不留意,日本专家却从中看出门道,并跟踪相关信息,较准确地判断出大庆的位置和石油产量。外国人很少关注中国的电价,但日本人情有独钟,追踪搜索,从中判断电器销量和价格定位。这就是强烈的信息意识,要求有较广博的知识结构,善于从字里行间发掘宝藏;要求独具慧眼,从平淡无奇的信息资料中觅得真情;要求有高度的事业心和责任感,为自己、为群体、为社会查找含金量高的信息。价值判断来源于实践,形成思维定式,即追求信息社会中的理想王国。如2012年2月7日芜湖市人民政府发布了《关于进一步加强住房保障改善居民住房条件的若干意见》[5],紧接着在2月11日,又发布了关于《芜湖市人民政府印发关于进一步加强住房保障改善居民住房条件的若干意见的通知》暂缓执行的通知[6]。从中你能看到什么?想到什么?进一步还想查找什么?如果你能从中得出某种正确的结论,那么你或许会有新的发展,进入新境界——信息价值领域。

随着信息资源的增多,其组织管理也日益专业化,图书情报也成为一门专业的学科得以发展。电子资源,从互联网信息到专业化的数据库,在组织标引上也越来越重视图书情报理论知识的运用。比如,超星数字图书馆网站的信息组织就利用了《中图法》,且国内各大数据库对信息管理相关技术的运用日益重视[7]。欧美等国家对叙词表的应用比较系统,美国国家标准"Z39.19—2005"收录统计了欧美各国在网络环境中使用的分类表、叙词表、术语表、词典等共计500多部。多数大型的数据库,为了保证结果的检全和检准,基本都实行人工标引,使得相应的叙词表得到系统的维护和使用[8]。面对这样的信息环境,要达到培养良好信息检索能力的素质,对图书馆学、情报学的基础理论知识要了解和掌握,这样在利用专业数据库时就会轻松自如。

(2)注重实践,慢慢积累信息检索经验。手工检索是人—工具书(印刷型文献)的对话,工具书也是人编制的,实际上是通过信息检索进行的人—人对话。计算机检索是人—机对话,人不断提要求或问题,计算机输出结果或答案。人若不满意,修正后再提问。计算机检索系统也是人设计的,检索过程和结果的获取,同样离不开人的思维,实际上同样是人—人对话交流。与婴儿学讲话一样,长期的对话形成经验:由简到繁、由表及里、由浅到深、由个别到一般、由低级往高级。举例说,连字、词都分不清的人,难以掌握辞书的编排方式、查索方法,会查古汉字的人查找现代汉字可以说是轻车熟路。实践过程是渐进的,对于初入门者,先查汉字音、形、意,然后是词和词组、专业术语,有了一定基础后,再查古今人名、地名、历史事件。对于电子资源,任何一个平台,都要先看看使用说明,了解它的资源组织方法和在检索过程中要注意的事项,掌握了基础,进一步的检索实践就不会有障碍了。简单的实践只要求查检出基本的信息资料,如文科中字词、事件的释义、解释、例证。较复杂的检索要求围绕一个主题,提供较系统的信息,既要从辞书、百科全书查出,又要从书目索引中查出,除了要信息的出处外,还要求信息的最初文本——信息源。《欧美国家债务危机对我国的影响及对策研究》是个综合性大课题,它需要通过各种途径检索大量信息资料,包括数据、图表和文献，在分析、判断的基础上，形成预测性成果，也就是生成了新的信息源[9]。

(3)在实践的基础上，深刻领悟信息检索理论内涵，进而升华并推动实践的发展。在了解基本信息检索理论知识的基础上，经过一段时间的实践，进一步认识到工具的属性、手工工具和各种网络资源数据库。编制储存理论要求工具必须符合人们的习惯，排列有序，配备辅助手段。排列上或以形体，如部首、笔画笔顺、四角号码等；或以字音为序，如汉语拼音字母、注音字母等；或以事物的内在属性，以分类、主题排列；或以事物发生的时间、空间为序排列。比如《全国总书目》《全国报刊索引》均按学科分类编排，由于检索方法相同，没有查过的人只要掌握其要领，也能按学科有目的地查找。各类网络数据库，从印刷型到网络版的转变，不仅要考虑人们在传统工具中的使用习惯，而且设计建设方面也要遵循相关标准，比如书刊的OPAC(Online Public Access Catalogs，联机公共访问目录)检索系统，要遵守Z39.50查询协议标准；一些数据库的建设，在字段的设计上就采用都柏林元数据(Dublin Core，DC)国际推荐标准[10]，有的还都提供叙词表。各大数据库的互访方面，也要采用相关标准才能方便实现，如开放文档元数据收割协议(Open Archives Initiative Protocol for Metadata Harvesting，简称 OAI-PMH)和统一资源定位器(Open Uniform Resource，简称 Open URL)[11]。了解了这些标准，各类数据库的基本操作就可以迎刃而解。

(4)鉴别对比，掌握信息检索技巧。当前社会，信息浩瀚，铺天盖地，令人不知所措。如何从中又快又好地检索信息呢？必须剔除重复交叉部分。如想查北京大学的信息资料，《中国大百科全书·教育卷》《中国高校手册》《中国教育指南》《北京高校介绍》《中国教育年鉴》中均有，但不如查《北京大学校史》《北大简介》方便、详细、直观。如欲了解北大经济学院的情况，还可利用该院出版的刊物《经济资料》，包括科研成果、教学安排、学术活动等信息。

检索技能的培养，以循序渐进为主，但并不排除跨跃超前。如不会手工检索，但会使用计算机，就可用检索机读文献和数据库，因为机检集手工、半机械之大成，汇合不同的检索方式，提供广泛而又灵巧的检索途径。中国国家信息中心已建成100多个数据库，涉及经济、法律、社会、人口等，储存几千万条书刊论文、科技报告、调查报告、统计数据、专利、标准信息，可以从名称、作者、主题词、分类号、出版者、颁行单位、批准号等途径检索。中国知网公司，单学术文献中比较成熟的数据库，涉及期刊、博硕士论文、会议论文、年鉴、专利等共18个，具体使用方法也都有一定的差异[12]。

据《中国数据库大全》统计，在我国现有的1 038个大型数据库[13]，信息储量和结构各不相同，多的储存3 400多万条信息，少的仅几万条。检索者的技能、技巧直接影响检索效果。比如有机化学数据库是书目式数据库，可通过分子式检索，检索者须具备化学基础知识。中国人口数据库是事实型数据库，以统计资料为主，从民族、地区、年龄、文化水平等角度检索。最先进的是全文型数据库，类似电子百科全书，容量大，一步到位。如超星公司的《百链云图书馆》，一站式检索，可以检到全国600多家图书馆内的各类数字资源(期刊论文、博硕士论文、电子图书、报纸、视频、专利和标准等文献资源)共计260多个数据库[14]。对于收入《中国数据库大全》中的文摘、索引、专题数据库，学者们做过对比分析，发现重复率比较高，其中理工科(包括工业类)数据库重复率约占27%，社科类数据库的重复率约占42%，其他专题方面的数据库重复率更大[15]。在使用的过程中，要善于分析，会选择，经过不断的实践，总结经验，一定能够培养造就出高超的信息检索能力。

3.2　信息检索原理

信息检索广义上讲包括信息存储和信息获取两个过程。

信息存储是对信息的组织，又称信息整序，是按照既定的标准，从信息源中选择合适的信息，根据一定的规则和标准，对信息的外部特征和内容特征进行著录与标引，并以科学的方法加以有规律的排列，使分散的文献变成有序的集合，存储在各种检索工具或检索系统中。

我国早在汉代就有了信息组织活动，刘歆的《七略》根据当时的学术发展状况将图书分为六类(六分法)，即六艺、诸子、诗赋、兵书、数术和方技。后来，西晋荀勖的《中经新簿》效仿《七略》，又突破六分法，提出了四分法，把所有典籍划分为甲、乙、丙、丁四类。此法经后世的逐步发展，形成了我国古代占主导地位的"四部分类法"(经、史、子、集)。西方最早的文献分类始于罗马时代，卡里马科斯(Callimachus)在公元前 2 世纪为亚历山大图书馆编制了分类目录，按内容的不同将图书分为六类：诗人、立法者、哲学家、史学家、修辞家、演说家。这些以分类为方法特点的信息组织是最早、最基本的组织方式。在此基础上，后来产生了现代的图书分类法、主题法等。信息组织的产生和方法改进是人类文化传播的一个重要条件。在网络时代，科学与优化的信息组织已成为解决"信息爆炸，知识贫乏"状况的最佳出路[16]。

信息获取即检索查找信息，是根据特定的需求，依据一定的信息检索语言和相应的检索技术，提出检索需求(检索提问)，通过存储信息的检索工具或检索系统，将所需信息查找出来。

信息检索的实质是将反映特定信息需求的提问概念与信息存储系统中检索标识概念进行比较匹配，从中找出与提问概念特征一致的信息。信息存储和信息获取密不可分，存储的目的是为了检索，要检索必须先对信息进行存储。信息存储是信息获取的基础，信息获取是信息存储的逆过程。其原理如图 3.1 所示。

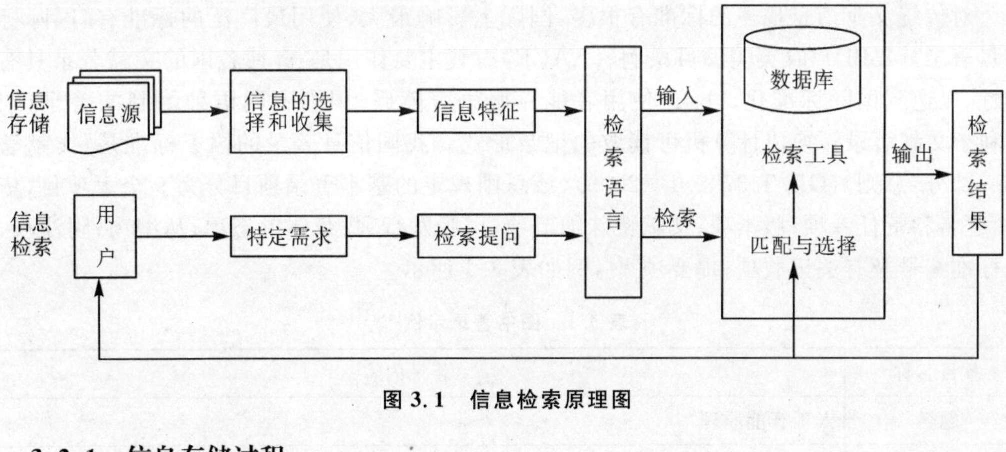

图 3.1　信息检索原理图

3.2.1　信息存储过程

信息存储一般包括信息选择、信息著录、信息标引、信息整序等环节。如图 3.2 所示。

1. 信息选择

信息选择是根据用户需要，从各类信息源中将符合既定标准的一部分文献挑选出来的活动。由于信息量庞大，信息内容复杂，所以信息选择需要遵循一定的标准和方法。

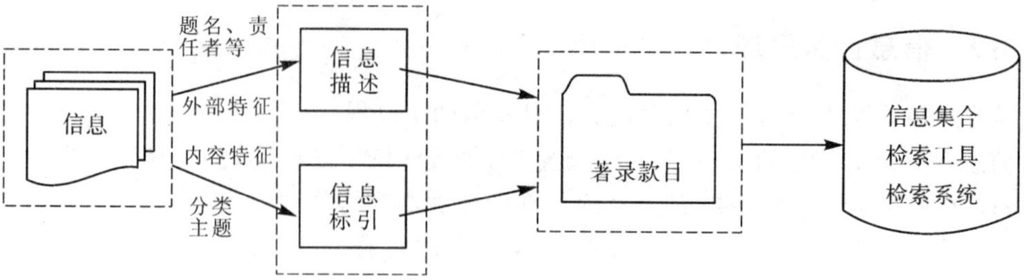

图 3.2 信息存储过程

信息选择的标准主要有相关性标准、可靠性标准、先进性标准和适用性标准。相关性是指在信息源中选择出与用户需求有关的信息;可靠性指要鉴别信息的真实性;先进性一般指信息内容的新颖性和信息内容的领先水平;适用性指信息内容要符合用户的需要及使用的程度。

信息选择的方法包括比较分析法、核查法、引用摘录法和专家评估法。比较分析法即对不同的信息进行比较分析,鉴别信息的优劣;核查法是通过对有关信息所涉及的问题进行审核查对来优化信息的质量;引用摘录法是根据信息相互引证的次数来判断信息质量的高低;专家评估法是通过有关专家来评价信息的水平价值,判断其可靠性、先进性和适用性。

2. 信息著录

信息著录是对信息实体的外部特征和内容性质进行分析、选择和记录的过程。信息的外部特征如题名、责任者、出版或发表机构、出版时间、信息编号等,任何载体形态的信息实体都有其直接反映的形式特征;信息的内容性质主要指信息所属的学科和主题等。对上述特征项逐一进行的客观描述,就是著录。

信息著录需要遵循一定的规则。不同的信息类型和不同的检索系统其著录项目不尽相同。

对传统文献信息描述的标准有很多,国际上影响最大、使用最广泛的标准有《国际标准书目著录》(ISBD)和《英美编目条例》(AACR)。其主要作用是:a. 使各国的文献著录具有兼容性,以达到国际标准化。b. 让使用者能克服语言障碍,识别不同语种编制的著录项目。c. 利于文献著录转换成计算机可读取的记录形式。我国信息著录的国家标准是《文献著录第一部分:总则》(GB/T 3792.1—2009),该总则规定的基本著录项目分为 9 个大项目,依次为:题名和责任者项;版本项;文献特殊细节项;出版发行项;载体形态项;丛编项;附注项;文献标准编号及有关记载项;提要项[17],例如表 3.1 所示。

表 3.1 图书著录示例[18]

款目名称	著录内容
题名	人工智能原理
责任者	修春波主编
出版项	北京:机械工业出版社,2011
载体形态	207 页;图;26 cm
丛编	普通高等教育"十二五"电气信息类规划教材

续表

款目名称	著录内容
主题	人工智能—高等学校—教材
中图分类号	TP18
附注	本书介绍了人工智能的发展历史、基本流派、研究领域，知识表示方法和推理技术，图搜索技术，专家系统及开发工具的使用和设计方法，模糊理论及应用，机器学习与神经网络、混沌理论，智能优化算法原理和应用等。有书目(第 206～207 页)
ISBN	978-7-111-32882-7 CNY26.00

对网络信息特征的描述标准主要是“都柏林核心集”(Dublin Core)，其描述项目包括 15 个元素项，见表 3.2 所示：

表 3.2　《都柏林核心集》描述项目

元素名称	基本定义
题名(Title)	由作者或出版者给出的被描述信息的名称
主题(Subject)	揭示信息内容的主题词(关键词、分类号)
描述(Description)	对信息特征的说明，包括文摘、目次、文本
语种(Language)	描述信息内容的语种
来源(Source)	信息出处信息
关联(Relation)	该信息与其相关资源的联系
覆盖范围(Coverage)	信息内容涉及的时间范围和空间范围
创建者(Creator)	创作信息内容的主要责任者
出版者(Publisher)	提供该信息利用的责任者
其他责任者(Contributor)	对信息内容做出贡献的其他责任者
权限(Rights)	对版权、权限管理与使用有关的信息
日期(Date)	信息创建日期，包括出版、发行、修订日期等
类型(Type)	信息内容的特征和类型
形式(Format)	信息的物理或数字化格式
标识符(Identifier)	标识信息的唯一性符号，如 URL、ISDN、DOI 等

3. 信息标引

信息标引是指根据一定的规则和方法，对信息内容特征进行揭示的过程。信息的内容特征一般指某一学科或主题的内容。标引即对信息内容进行分析，提取出信息内容所反映的学科分类概念和一定数量的主题概念，之后采用标引语言(从检索的角度称为检索语言)进行标识，作为存储和检索的依据。充分而有效地揭示信息内容是检索信息的前提条件。

(1)信息标引的类型

信息标引通常分为分类标引和主题标引两种类型。

i. 分类标引

分类标引是按学科属性来揭示信息内容特征的方法。通过分类标引可将具有共同学科属性的信息类聚在一起,并依据各类信息之间的学科关系,把属于该学科的所有信息组织成一个有层次、有条理的整体。

分类标引的工具是分类法(分类语言或分类表)。国内外著名的分类法如《国际十进分类法》(UDC)、《美国国会图书馆分类法》(LCC)、《中国图书馆分类法》(CLC,原名《中国图书馆图书分类法》)。分类标引的过程,就是根据选择的分类法,对标引对象进行分析,确定所属分类类目,并将标引对象的学科特征及相关信息抽取出来,用分类法规定的符号代码予以标识。分类标引实质上就是对信息进行分类。经过分类标引,原来分散无序的信息就组织成了一个有序的学科体系。

ii. 主题标引

主题标引是按主题名称(或关键词)来揭示信息内容特征的方法。主题是信息内容所涉及的事物,表达主题的语词成为主题词(主题标识)。通过主题标引,可以按字顺把同一主题的信息集中在一起。

主题标引的工具是主题法(主题语言或主题词表/叙词表)。著名的主题法如《美国国会图书馆标题表》(LCSH)、《汉语主题词表》等。主题标引的过程是对信息内容进行主题分析,确定主题概念,然后按照一定的词汇控制方式,用主题法中选择相应的主题词(标题词、叙词等)进行标识;或者采用自由标引方式,直接从已有的描述标引对象的语句中选择合适的关键词作为标识。与分类标引相比,主题标引可以把分散在不同学科中的信息集中在一个相关主题下。

信息标引通常与信息描述同步进行。将分类标引和主题标引的结果同该信息的其他描述项目汇总,其结果就形成款目。一个款目就是一种信息的缩影。在数据库中,信息的外部特征项与内部特征项通常称为字段,一条记录就是对信息实体不同特征的描述。

(2)标引的技术要求

标引的对象虽然包括内外两个特征,但内容特征显然更为重要,技术难度和要求也更高,在技术操作上需要达到三性[19]:

准确性:指对文献内容主题的揭示要准确,具体包括主题提炼和概念表达两个方面。如《美国政府会计规范及其借鉴》一文,不能标引成"美国政府、会计规范、借鉴",因为该文中的"政府会计"是个专有名词,不能切分开。该文章应标引为"政府会计、会计规范、借鉴、美国"。若错误的标识进入检索系统后,显然会影响检索时的查准率。

专指性:指主题标识与其相关之主题概念的相符程度。较高的专指性有助于提高查准率。相反,降低专指度,使用概略标识进行标引,就会出现相反的结果。但过分专指,又会增加标引难度,造成文献分散,影响查全率。因此,保持适当专指度是标引的重要技术要求。

网罗性:亦称标引深度,是指文献主题被确认,并被转换为检索标识的完备程度,其外在的表现为标识的数量。从检索角度看,较高的网罗性能提高查全率,但会影响查准率。如《论消费率》一文,如果只标引"消费率"就是不足标引,因为文章的大章节讨论了"政府消费率"及"居民消费率",所以至少要将这两个关键词都标引出来,只标引"消费率"与标引全部主题，它们之间的区别不言而喻[20]。

(3)标引的操作方式

标引的操作方式是由检索工具的功能要求决定的，一般分为浅标引和深标引两种[21]。

浅标引：这是一种概括揭示文献基本主题的标引。这种标引只对整体性主题进行揭示，而不触及从属性主题。整体性主题采用内涵较大的概念，从属性主题则为下一级的概念，如《欧元大崩溃：主权债务危机引发的欧洲经济大衰退》，标引出“经济危机、研究、欧洲”。这种标引相对简捷，分类法大多赋予1～2个分类号，主题法则通常标出2～8个词汇，因而操作简单，能迅速将信息提供给查检者。一般情况下，手工检索工具或综合性检索系统多采用浅标引。

深标引：这是一种充分揭示有检索价值主题的标引。也就是说，这种标引同时对整体主题和从属主题进行标识。如《明末清初达赖喇嘛系统与蒙古诸部互动关系研究》一书，在浅标引中，主题词也许只有“明清时代、达赖喇嘛、蒙古族”，而在深标引中，则可能加入“达赖喇嘛、关系、蒙古族、部落、研究、西北地区、明清时代”等主题词。实际操作中，深标引选用的主题词通常为5～20个之多。线索性检索工具或专业检索系统多采用深标引。

4. 信息整序

信息整序即信息的组织排序，是指将信息描述和信息标引的结果系列化，也即组织成相应的检索工具或检索系统。对信息的特征描述和内容揭示，形成表示某信息的记录标识，但这只是一个款目，还需要将所有信息的记录标识(一系列款目)按照一定的方法组织排列成有序的信息集合，才能真正为用户获取信息提供方便。

根据用户的信息需要和信息查寻习惯，常用的信息组织与排序方法主要有以下几种[22]。

(1)分类组织法

分类组织法是依照类别特征组织排列信息概念、信息记录和信息实体的方法。该法是一种普遍使用的信息组织方法，如分类目录、分类索引、分类词典、分类广告、分类展品陈列、分类统计报表等。当信息量较大、分类工作十分复杂时，必须采用标准化的分类标引工具对所有信息进行分类标引，以保证信息组织排序的科学性和普适性。

(2)主题组织法

主题组织法是按照信息概念、信息记录和信息实体的主题特征来组织排列信息的方法。该法给人们提供了一种直接面向具体对象、事实或概念的信息查询途径。学术论文以及书刊内容的组织中采用的标题、章节次序等可视为较简单的主题组织法。主题组织法主要用于各种信息检索工具或检索系统记录单元的组织，如主题目录、主题文档、书后主题索引等。

(3)字顺组织法

字顺组织法是按照揭示信息概念、信息记录和信息实体有关特征所使用的语词符号的音序或形序来组织排列信息的方法，如各种字典、词典、名录、题名目录等大多采用字顺组织法。但是，用这种方法组织信息概念时，排序结果只能显示表达信息概念的词语符号在音、形方面的联系和差异，很少或基本上不能反映信息内容之间的联系。

(4)号码组织法

号码组织法是按照每件信息被赋予的号码次序或大小顺序排列的方法。一些特殊类型的信息，如科技报告、标准文献、专利说明书等，在生产发布时都编有一定的号码。对于其他信息产品，有时为标明其来源、类型、性质、生产日期等，同样也需要给予相应的编号和代码。按号码对信息进行组织排列尤其适用于计算机信息处理、存储与检索。国际有关组织和我国有关部门已经发布了许多标准化代码表。如国家代号与区号表，中华人民共和国学科分类与代码表，国民经济行业分类代码表等。

(5)时空组织法

时空组织法是按照信息概念，信息记录和信息实体产生及存在的时间、空间特征或其内容所涉及的时间、空间特征来组织排列信息的方法，如年鉴、大事记、历史年表、地方志的编写等。随着超高速计算机技术、超大容量信息存储技术和虚拟现实技术的进步，在不远的未来，人类所拥有的全部信息资源将按全球时空坐标进行统一组织和管理，即构成所谓的"数字地球"。

(6)超文本组织法

超文本(Hypertext)是一种非线性的信息组织方法，它的基本结构由结点(Node)和链(Link)组成。人类的思维很少是线性的，更多是联想式、跳跃式的，是在多角度、多层次上同时展开的过程，利用计算机信息处理技术，把文本信息中若干可产生联想的内容(通常称为知识单元或结点)以非线性的方式组合在一起，即通过建立各结点间的超文本链接(Hypertextlink)构成相关信息的语义网络，就可以实现超文本的信息组织方式。随着多媒体技术的发展，人们还可将文字、图形、图像、声音和影像等多种媒体形式的信息集成在一起，由计算机实现交互控制和综合利用，超媒体(Hypermedia)信息组织法也得以实现。

信息整序的手段可以分为人工组织和计算机自动组织。单纯的人工组织效率低下，现在人工组织的自动化、智能化的程度越来越高。信息整序的形式(或类型)主要有工具书、数据库和网络搜索引擎，这三种类型的检索系统是信息整序的主要形式，也是人们检索获取信息的重要途径。

3.2.2 信息检索过程

信息检索是信息存储的逆过程，是从经过信息整序所形成的信息集合中查找出符合需求的原始信息。一般包括分析检索需求、确定检索标识、选择检索工具、确定检索途径、检索匹配、输出检索结果等过程，如图 3.3 所示[23]。

1. 分析检索需求

检索需求是根据信息查找的需要所拟定的问题。分析检索需求，就是要辨明检索问题的内容和要求，即检索问题所属的主题及学科范围；检索信息的类型是数据、事实还是相关文献等；信息的语种是中文还是其他语种；时间是当年还是其他年代；需要的是原文信息还是二次信息，或只需要一些相关线索；检索的侧重点重在查全还是查准，等等。分析检索需求的目的是为了确定检索词和选择相应的检索工具。

2. 确定检索标识

明确检索要求后，就要将检索问题转换成检索标识。所谓检索标识，是检索问题包含的、具有检索意义的语言，也即能够表达检索需求的检索词，向检索工具发出"提问"。它包括：所属学科、所属类型、所属主题词和关键词、作者、时间范围等。每一检索问题可能都包含一个或多个甚至一系列的标识，应该提取出主要的、有检索意义的标识，分析各个术语概念之间的逻辑关系。只有确定了有检索意义的标识，才能选择合适的检索工具和检索系统。

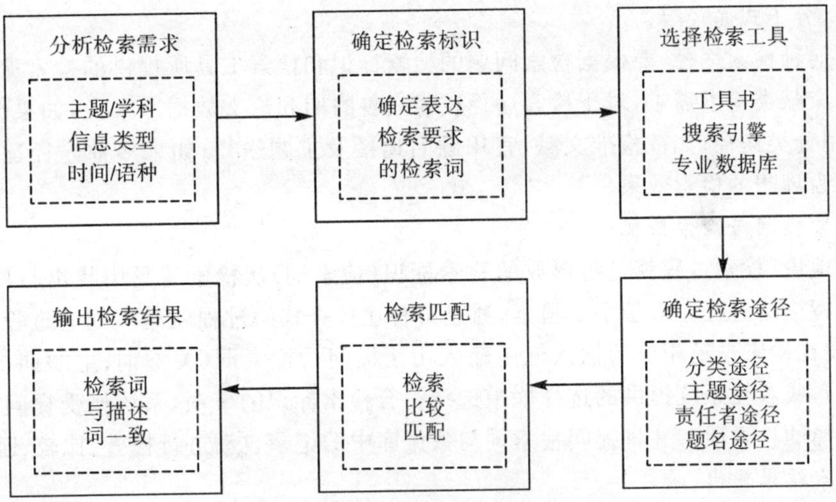

图 3.3　信息检索过程

3. 选择检索工具

检索工具的种类繁多，其文献类型、学科和专业的收录范围各有侧重，具体选用哪种检索工具，根据分析课题所确定的学科和所需文献类型范围与工具书收录范围对口选定。此外，还要注意按课题研究的性质所需的各种文献类型，将几种类型的检索工具配合使用，才能获得最佳的检索效果。

工具书检索系统主要指手工检索的书本式工具书，常用的有目录(书目)、索引、文摘、辞书、百科全书、年鉴、手册、类书、政书、名录、年表、历表、图录、资料汇编等。数据库系统主要有目录型数据库、全文型数据库、术语型数据库、事实型数据库、数值型数据库。搜索引擎可以说是数据库的一种特殊形式，主要用于网络资源检索。

在三类检索系统中，依此选择的次序一般是数据库→搜索引擎→工具书。因为较之手工检索工具，数据库收录全面，检索途径多，功能强大，更新速度快，检索效率高，特别是目前全文型数据库和术语/数值型数据库越来越多，在传统手工工具书基础上形成的数据库也越来越多，许多检索问题在数据库中可以直接获取原文及原始信息。与数据库相比，搜索引擎资源类型丰富，但信息庞杂，整序程度不高，检索效率较差；搜索引擎虽然链接了各种类型的数据库，但是许多有价值的全文学术资源需要付费。所以根据检索问题的要求，应首先考虑选择本单位馆藏的自建或购置的数据库，如果没有符合所查问题的数据库，再选择搜索引擎查找，在搜索引擎没有结果的情况下，再考虑去翻检相关工具书。

4. 确定检索途径

检索途径即检索工具的入口。对于检索来说，信息存储过程中的信息描述项和组织排列方式就是检索途径。由于描述标引信息的角度和组织排序的方法不同，就形成了不同的检索途径，也就是说，用何种信息描述项著录信息，采用何种排序方法来组织信息，就有什么样的检索途径，主要有分类途径、主题途径、责任者途径等。

例如，工具书的编排方法就是其检索途径，如某种工具书采用分类组织编排，那么分类就是其检索途径，只能从分类角度检索。工具书提供的一般有分类途径、主题/关键词途径、字顺途径、时序途径、地序途径等。由于数据库的描述字段和编排方式比工具书多，所以检索途径也相应比较多，除了工具书所具有的，还有题名途径、来源途径、引文途径、基金途径、序号途径、分子式途径等。

选择何种检索途径，要根据检索问题的检索标识和检索工具所提供的检索途径来确定。例如一个文献类检索需求，对于检索途径较为完善的期刊论文数据库来说，如果想全面获取文献，宜用分类途径；如欲检准文献，宜用题名途径及主题途径；如果多种途径配合使用，可以获得较为理想的检索效果。

5. 检索提问与检索匹配

简单地说，检索过程就是将形成的检索标识（检索词）从检索工具中找出与检索标识相符的信息特征的过程。对于手工检索，通过某种途径查找的过程就是匹配的过程；对于数据库，则需要在检索途径相应的输入框中输入用于提问的检索词（关键词、主题词、责任者、来源出处等），或者在系统提供的选择框中选择符合检索标识的事项，系统接受提问（输入的检索词或选择的检索项），并将提问检索词与数据库中的记录自动进行检查、比较、匹配。

6. 检索结果输出

经过比较匹配，对检索结果进行阅览和筛选，找出满足信息需求的检索线索，依据线索再获取所需信息。如果检索结果内容较多，则要进行二次检索，进行缩检；如果检索结果内容太少，则要进行扩检；如果检索失败或结果与课题的相关度很小，则需要更改检索策略。

3.3 检索语言

检索语言（Retrieval Language）是沟通文献信息存储和检索两个过程以及标引人员和检索用户双方的思想桥梁，不同的检索语言构成不同的标识系统，提供给用户不同的检索途径，为了达到理想的检索效果，用户需要熟悉和学习检索语言。

3.3.1 检索语言的概念

检索语言是描述文献的信息特征和表达用户信息提问的一种专门语言，是根据文献信息检索的需要，为标引和检索文献信息而使用的语言，是把信息存储与检索联系起来，以便实现交流的语言。各种分类法、主题词表、叙词表都属于检索语言范畴[24]。

3.3.2 检索语言的分类

1. 按描述文献特征划分

(1)描述文献外部特征的检索语言：描述文献外部特征的检索语言主要是指文献的篇名（题目）、作者姓名、出版者、报告号、专利号等。

(2)描述文献内容特征的检索语言：描述文献内容特征的检索语言主要是分类语言和主题语言等。

2. 按其构成原理划分

(1)分类语言：用分类号来表达各种概念，将各种概念按学科性质进行分类和系统排列。

(2)主题语言：用词语来表达各种概念，将各种概念按字顺进行排列。

(3)代码语言：用某种符号代码系统来标引文献信息特征并排列组织文献信息的语言。常用的符号代码有：分子式、元素符号、专利号、标准号、报告号、ISSN 号等。

3. 按标识组配方式划分

(1)先组式语言：这是指文献标识在编表时就固定组配好了的检索语言，如体系分类语言、标题语言等。

(2)后组式语言：文献标识在标引时才组配起来的检索语言，如叙词语言等。

4. 按规范化程度分

(1)规范化语言:这是根据文献信息检索的需要而创制的一种表达文献主题和内容的人工语言。其优点是规范性强,能够控制语义含混现象和词间关系,能较好地满足人们扩检、缩检等需要;缺点是文献标引负担重、费用高、易用性差,不能反映最新的学科发展动态。规范化语言包括分类语言、标题语言、单元词语言、叙词语言等。

(2)自然语言:检索用词一般取自文献本身(题名、摘要、全文等),主要依赖于计算机自动抽词技术完成。其优点是在检索时不受控制,符合人们日常表达的习惯,标引简便高效,词汇专指度高,能及时反映学科的发展现状等;缺点是对同义词、近义词、多义词等没有进行规范处理,不能反映概念的一一对应关系,从而影响查全率。

检索语言类型结构如表 3.3 所示。

表 3.3　检索语言类型结构

- 检索语言类型结构
  - 表达文献信息外部特征的语言
    - 题名
    - 责任者
    - 号码
    - 引文
  - 表达文献信息内容特征的语言
    - 主题
      - 关键词语言
      - 标题语言
      - 单元词语言
      - 叙词语言
    - 分类
      - 体系分类法
      - 组配分类法
    - 其他

3.3.3　分类语言

1. 分类语言的基本原理

分类语言是以学科体系为基础,用分类号和类名来表达文献信息的内容主题概念的一种检索语言。分类语言主要可分为体系分类法、组配分类法等。

体系分类法语言的构成原理,它按学科、专业来集中文献,直接体现知识分类,采用了概念的划分与概括的逻辑方法,对概念进行系统排列,是一种等级制的概念标识系统。目前,国内外常用的分类法《中国图书馆分类法》(简称《中图法》)、《中国科学院图书馆图书分类法》(简称《科图法》)、《美国国会图书馆图书分类法》(Library of Congress Classification, LC)、《杜威十进制分类法》(Dewey Decimal Classification, DDC)、《国际十进制分类法》(Universal Decimal Classification, UDC)等主要是以等级体系分类法为主。

分类语言的优点是系统性很强,能够很系统地组织和检索一个学科和专业的文献。缺点是按学科、专业集中文献,同一事物不同学科的文献全部分散开来。体系分类属于先组式语言,不太适合新学科、狭窄主题和跨学科主题的文献组织与检索。

2.《中国图书馆分类法》(简称《中图法》)

《中国图书馆分类法》是由国家图书馆为主,联合全国各图书情报机构共同编制的一部大型综合性文献分类法。《中图法》的结构由主类表和复分表两部分组成,其中主类表又由基本大类、简表、详表组成。复分表由通用复分表和专用复分表组成,通用复分表由总论复分表、世界地区表、中国地区表、国际时代表、中国时代表等组成。

主类表由 5 个基本部类，22 个基本大类构成，在此基础上层层展开形成一个有 5 万多类目的严密知识体系。标记符号采用字母与阿拉伯数字相结合的混合号码，即用一个字母表示一个大类，以字母的顺序反映大类的序列。其体系结构如图 3.4 所示[25]。

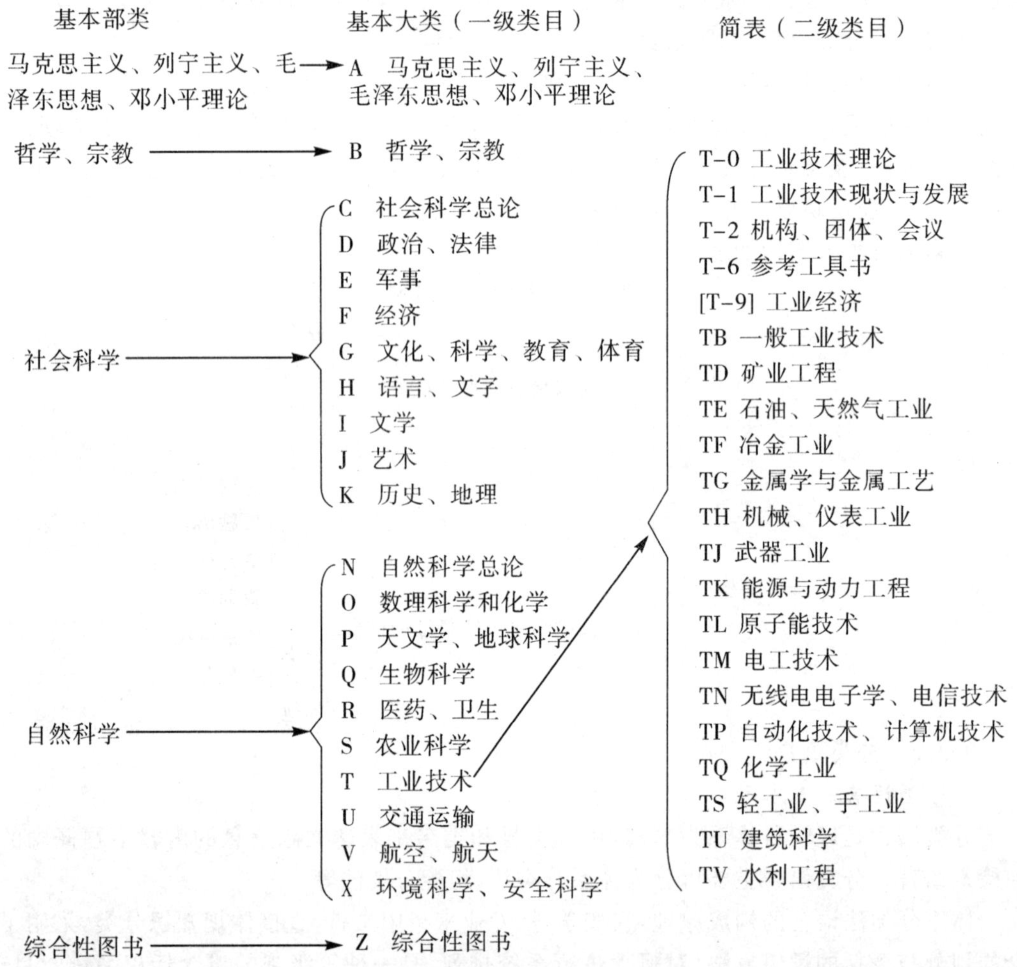

图 3.4 《中图法》体系结构示意图

3.《杜威十进分类法》

《杜威十进分类法》(Dewey Decimal Classification，DDC)是由美国图书馆专家麦尔威·杜威发明的，对世界图书馆分类学有相当大的影响，已翻译成西班牙文、中文、法文、挪威文、土耳其文、日文、葡萄牙文、泰文等出版，并被许多英语国家的大多数图书馆以及使用其他相应译文之国家的部分图书馆采用。不少文摘和索引工具也采用 DDC。在美国，几乎所有公共图书馆和学校图书馆都采用这种分类法。

杜威十进制图书分类法于 1876 年首次发表，历经 22 次的大改版后，内容已有相当程度的修改与扩充。最新的版本为 2004 年版。DDC 由主表、附表、索引和使用手册等组成。以三位数字代表分类码，共可分为 10 个大分类、100 个中分类及 1 000 个小分类，其体系结构如图 3.5 所示。除了三位数分类外，一般会有两位数字的附加码，以代表不同的地区、时间、材料或其他特性的论述，分类码与附加码之间则以小数点“.”隔开。例如 330 表经济学＋.9

表地区别论述＋.04 表欧洲＝330.94 表欧洲经济学[26]。

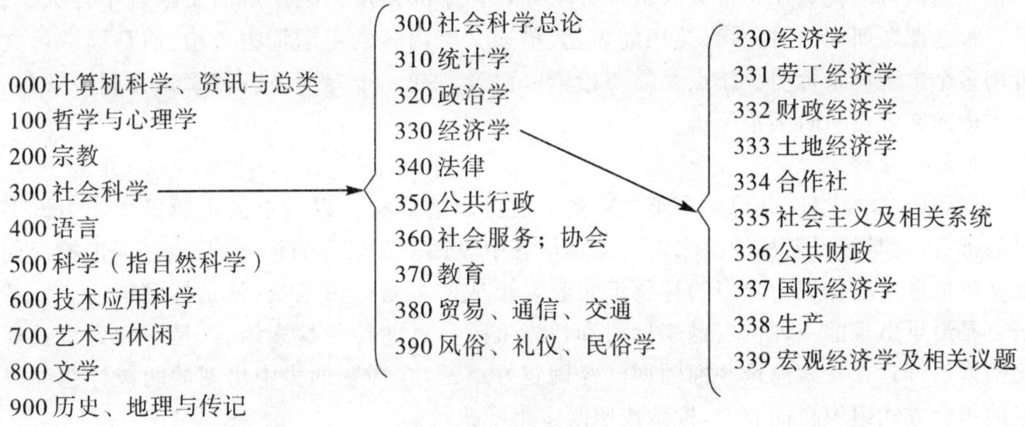

图 3.5　DDC 体系结构示意图

4.《国际十进分类法》

《国际十进分类法》(Universal Decimal Classification，UDC)是在《杜威十进分类法》的基础上发展起来的，为世界各国分类科技文献所通用，也是当今国外图书情报界流行或影响较大的分类法。UDC 包括所有的知识领域，具有普遍适应性，是当前世界分类法中列类最为详细的分类体系。1905 年出版第一版(法文版)，称为《国际文献目录手册》，目前 UDC 已有 23 种语言的版本。UDC 的类目表主要由主表与辅助符号、辅助表组成。UDC 的主表把全部知识分为十大门类，每一类下，按照从整体到部分、从一般到特殊的原则逐级细分为大纲，纲下划分为目，目下划分为分目。它采用阿拉伯数字为主表符号，同时也采用多种符号和数字组成复分号和辅助号。号码编制原则是尽可能地用号码的级位反映类目的隶属关系。一级类目用一位数字表示，二级类目用两位数字表示，三级类目用三位数字表示，依此类推。UDC 基本分类如下表 3.4 所示：

表 3.4　UDC 一级类目

类号	类目名	类号	类目名
0	总论	5	数学、自然科学
1	哲学、心理学	6	应用科学、医学、工学、农学
2	宗教、神学	7	艺术、美术、摄影、音乐、娱乐、竞技
3	社会科学、法律、行政	8	语言学、文学
4	语言学	9	地理、传记、历史

3.3.4　主题语言

主题检索语言是另一种从内容角度标引和检索信息资源的方法。它不像分类法以学科体系为中心，而是以信息的主题为依据选择语词作为概念标识，将概念标识按照一定规则排列，概念之间的相互关系通过一套参照系统指引等方法间接显示。具体地说，是指以自然语言的字符为字符，以规范化或未经规范化的名词术语为基本词汇，以概念之间的形式逻辑作为语法和构词法，用一组词语作为信息检索标识而构成的一种检索语言。主题语言包括标题词语言、单元词语言、叙词语言、关键词语言等[27]。

主题语言的优点在于检索人员不必从知识体系的角度去判断所需文献属于什么学科，只要根据课题研究的对象，直接用能表达、描述文献内容的主题词去查检，而且同一篇文献可用多个主题词来标引。缺点是需要检索一门学科或一个专业及各种事物在同一学科、专业方面的文献资料时则很困难。

1. 标题词语言

标题(Subject Headings)在英文中是主题标目的简称。以一书的主题概念作为该书著录的标目，就是标目名称的由来。将文献信息中表达主题概念的标题词，经过词汇控制而形成文献信息主题标识。众多的标题汇集起来形成的主题标识系统，就是标题语言。标题词语言是最早出现的一种按主题来标引和检索文献信息的传统检索语言，是一种先组式规范化检索语言。在检索前这些标题词已经固定好组配，在标题词表中出现的两级标题词以固定的组合方式组织在词表中，检索按照既定组配执行。

标题词是来自于自然语言中比较定型事物的名称，并经规范化处理的能表达文献主题内容的词、词组或短语。所谓规范化处理主要指对词义、词形及词组的组合方式进行处理，使之达到检索语言的要求。包括对一个主题概念的同义词、近义词、相关词、多义词及缩略词等进行规范。标题词都集中在一个标题词表之中，它一般分为一级标题词(主标题词)和二级标题词(副标题词)。副标题词对主标题词起限定和细分的作用。在标题词下有注释，标题词之间用参照符号来指引标题词之间的关系，指导检索者选择合适的标题词，并帮助扩大检索范围。

《美国国会图书馆标题表》(Library of Congress Subject Headings，LCSH)是目前使用最广泛的标题表。其在 1986 年前有四种参照，使用的符号是："see"(见，其后为标题词)、"see also"(参见，其后为下位标题)、"see from"(见自，其后为非标题词)、"see also from"(参见自，其后为上位标题词或相关标题词)。例如：规定用 aircraft 作为"飞机"的规范标题词，检索 airplane、plane、aeroplane 时采用 aircraft。又如：

Mouse

    See mice

Farm equipment

    See also agriculture machinery

标题词表是将标题词按字母顺序排列编制的词表，即用标题词语言编写的词表称标题词表。通过字母顺序直接提供按主题检索文献的途径。检索词表的作用是让标引人员和检索人员按表中规范化的词语进行标引和检索，使双方具有共同语言，达到最大的查全率和查准率。

标题词语言具有较好的通用性、直接性和专指性，是一种适合从事物概念进行特性检索的语言，因为标题词以规范化处理的名词或词组为标识，能将与该事物有关的文献集中，而不需判断文献的主题内容所属的学科，并以标题词的等级和字序构成排检系统。标题词语言的不足之处是：a. 对复杂的主题概念难以进行有效的检索。b. 族性检索能力差。由于标题词语言以文献主题内容进行排检，相应地就必然缺乏按专业或学科进行族性检索的能力，而且不能按事物具有的多种特征，通过任意组合达到充分反映事物的复杂概念，也不能用更多的相关主题概念的标识进行自由组配。c. 标题词表修订年限长，不能及时收录学科专业发展过程中所产生的新概念和术语。

2.单元词语言

单元词语言是主题法系统中的一种后组式语言。后组式语言是指检索标识到检索时才组配起来的一种语言，单元词语言源于标题语言，发展为叙词语言。

单元词是指从文献信息中抽取出来的，能表达文献信息主题的最基本、不能再分的单元词语，又称元词。它从文献信息内容中抽出，经过规范，能表达一个独立的概念，具有灵活的组配功能，在检索时可将某些单元词组配起来使用。单元词是不能再分解的概念单元的规范化词，用来标引文献的主题概念。它具有组配性，但是字面的组配不是概念的组配。如："国际贸易"不是单元词，只有"国际"和"贸易"才是单元词，在英语中单元词常是一个单词。

单元词语言的基本原理：任何一个具体的、完整的复合概念都可以分解为若干个更为一般的、单一的概念，而每个单元概念一般只需用一个单词即可表达。因此，可以用一些单词、单元词的组配来表达标题语言的词组标题、倒置标题、复合标题的多级标题等所表达的任何一个复杂的文献信息主题或概念。

单元词表是用单元词语言编写的词表。

例如：《WPI——规范化主题词表》("WPI—List of Standard Thesaurus Terms")是德温特公司对专利信息进行著录时的依据。

单元词语言解决了标题词语言中每个标题只能选择一种标题形式作为正式标题的问题，它不需要考虑单元词的词序，组成标题的每个单元词都是检索词，能提供更多的检索途径，扩检、缩检或改变检索范围时比较灵活。但单元词语言的最大缺点是严密性不足。

3.叙词语言

叙词语言是以自然语言词汇为基础，以概念组配为基本特征，适应现代信息需求而发展起来的一种信息检索语言类型。叙词语言基本构成要素是叙词。叙词又称主题词、描述词等，是从文献信息内容中抽出来，能概括表达文献信息内容基本概念的并经过规范化的名词或术语。

(1)基本原理

叙词语言通过概念组配来表达主题，两个或两个以上的叙词组配在一起，形成一个新概念，数量不多的叙词可组成许多概念，便于提高标引专指性和检索的灵活性。叙词语言是多种检索语言的原理和方法的吸收和综合。它吸取并改进了单元词语言的后组配特点，由单元词的字面组配变为概念组配，更能准确地表达文献主题内容；采用了组配分类法的概念组配以及适当采用标题法的预先组配的方法；吸收和继承了分类法的基本原理编制范畴索引和词族索引；借鉴了关键词语言的轮排方法；采用了标题词语言的参照系统并加以完善，以及直接引入体系分类表或分面分类表。

(2)概念组配形式

叙词语言的概念组配形式主要有概念相交、概念并列和概念限定三种类型。

i.概念相交：例如，"时钟"和"收音机"是同级词，谁也不属于谁，组配后则得"时钟收音机"。可见，两个或多个同级词组配后，由于不同概念相交，就会形成一个新概念，这个新概念是组配前各概念的下位概念。

ii.概念并列：两个或多个同级词组配后，由于不同概念并列，也会形成一个新概念。如："文学理论"和"美学理论"这两个概念并列后，得到"文艺理论"这个新概念，它是组配前各概念的上位概念。

iii. 概念限定："刀具"和"热处理"可以组配成"刀具热处理"。这两个词不是同级词，"刀具"是事物名词，"热处理"是该事物的某一方面，称为方面词，它对事物起限定作用。因此，将表示事物的叙词和它的方面词组配后，由于方面词对概念的限定作用，就会形成一个新概念，它能说明事物的某一方面。

(3)主要特征

叙词语言具有直观、专指性强、组配性高、结构严谨和标引能力强等优点，其主要特征概括有以下三点：

i. 概念性：叙词语言选用那些能有效表达相应学科领域所应用的各种科学概念的基本名词术语作为叙词，因此具有很强的概念性。

ii. 规范性：叙词语言对叙词采用了严格的规范化措施，如对同义词的优选，对多义词和词义含糊的词的注释等，以达到一个叙词与一个概念严格对应的要求。

iii. 组配性：叙词的组配属概念组配，也就是概念的分析与综合，并不是简单地把词分拆和组合。例如，"教育实验研究法"，这一概念，可以用"教育研究"和"实验研究法"的概念组配来表达。如检索"河北梆子"，如用概念组配应该是"河北地方剧"+"梆子"，而不是简单地拆分为"河北"+"梆子"。

叙词语言标引文献信息精度高，有深度，能实现多因素和多途径检索，其编制和使用标准化，叙词表兼容性高，适应计算机编制、管理和检索，且检索效率高，是现代信息检索系统使用的一种比较理想的检索语言[28]。

(4)叙词表

叙词语言的典型性文本是叙词表(Thesaurus)，我国又习惯称为主题词表、检索词典等。叙词表是提供用于标引和检索的语词，并显示其语义关系的词汇集合。在叙词表中，一方面是通过词间关系的揭示来表达其语义关系，如等同关系、属分关系、相关关系和等级关系等，同时运用字顺、分类、范畴和等级(词族)等方法予以全面显示，因此，一部叙词表就是一个联系密切的语义网络。不同的叙词表其编制内容和方式都不同，如 INSPEC 叙词表有字顺表(Alphabetic display of thesaurus terms)和词族表(Hierachic display of thesaurus terms)。

《汉语主题词表》是"汉字信息处理工程"(著名的"748"工程)的配套项目，由原中国科技情报研究所和北京图书馆主持编制，1975 年开始编制，1980 年出版。分为社会科学、自然科学和附表 3 卷，共 10 个分册，全表收录主题词 108 568 个。其中正式主题词 91 158 个，非正式主题词 17 410 个，词族数 3 707 个，一级范畴数 58 个，二级 674 个，三级 1 080 个。1991 年自然科学部分出增订本，增补新词 8 221 条，删除不适用词 5 434 条[29]。

国外的检索工具大都采用了叙词表，如 EI、EBSCO、INSPEC 等数据库。对于叙词表，其参照系统所使用的符号及其语义关系，见表 3.5。

表 3.5　汉语和英语叙词表常用参照符号及含义说明

参照关系	术语名称	汉语符号	英文符号	英文名	作用
等同关系	用	Y	USE	use	从非叙词指引到叙词
	代	D	UF	used for	叙词的同义词
属分关系	分	F	NT	narrower terms	叙词的下位词(狭义词)
	属	S	BT	broader terms	叙词的上位词(广义词)
	族	Z	TT	top terms	叙词的族首词
相关关系	参	C	RT	related terms	叙词的相关词

EBSCO 数据库包含有 11 个数据库，其中提供主题词表的有 7 个，分别是 ASC-Subject Terms，ASP-Subject Terms，Business Thesaurus，ERIC-Thesaurus，Green Thesaurus，Library Information Science & Technology Thesaurus 和 MEDLINE-MeSH(2012)[30]。下面以 EBSCO 的“学术期刊全文数据库”(Academic Search Premier)中的叙词表为例进行讲解[31](据 2012 年数据)(图 3.6)。

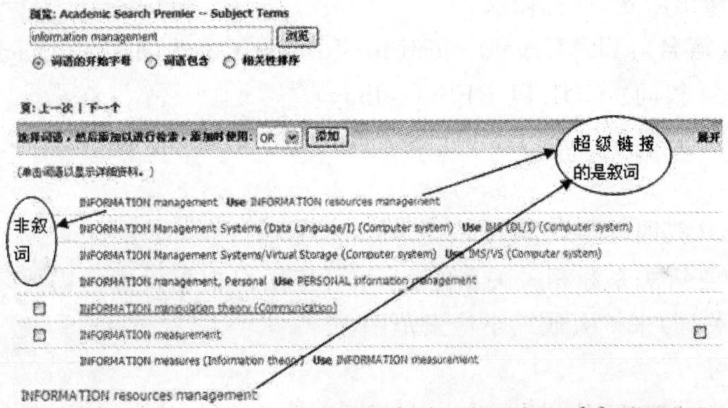

图 3.6　EBSCO 叙词表

说明：①上位词，这是指概念上外延更大的主题词。例：“虎”是“东北虎”的上位词，“动物”是“虎”的上位词。

②下位词，指概念上外延更小的主题词。例：“鲜花”是“花”的下位词，“花”是“植物”的

下位词,“苹果”是“水果”的下位词。

③相关词,指有相互关联的主题词。例:“孙中山”与“辛亥革命”。

使用叙词检索的优点:

i. 等同关系词加以规范统一,并且显示等同关系,检索时可达到较高的查全率。如:现在要检索电子商务方面的文献,电子商务的英文翻译有:E-business、E-commerce、Electronic Commerce,我们可以检索叙词 ELECTRONIC commerce 来达到较高的查全率。如:

文献一 title(篇名):Social E-business and the Satellite Network Model: Innovative Concepts to Improve Collaboration in Construction

检索时通过查询 subject terms(叙词)表,通过“E-business Use ELECTRONIC commerce”信息,获得“ELECTRONIC commerce”作为入口词进行检索。

文献二 title(篇名):E-commerce and Government Policy Initiatives for Malaysian SMEs: the Need for Assessment

检索时通过查询 subject terms(叙词)表,通过“E-commerce Use ELECTRONIC commerce”信息,获得“ELECTRONIC commerce”作为入口词进行检索。

ii. 对多义词、同形异义词进行限定说明,检索时可达到较高的查准率。

例如:cultures 既可以指文化的意思,在生物学上还指培养的意思,为了提高查准率,则应对其所属范围作出限定,即加限义词。

文献一 title(篇名):The Urgent Need for Robust Coral Disease Diagnostics

subject terms(叙词):CULTURES(Biology)

文献二 title(篇名):The Global Struggle for Human Rights: A Dialogue among Cultures

subject terms(叙词):CULTURES

iii. 叙词表中等级关系和相关关系的显示,可使用户根据检索的需要,选择合适的词(上位词、下位词、相关词)来扩大或缩小检索范围。

4. 关键词语言

关键词语言是直接选用文献信息中的自然语言作基本词汇,并将那些能够揭示文献信息题名或主题意旨的关键性自然语词作为关键词进行标引的一种检索语言。关键词是直接选自文献信息的标题、文摘、正文和参考文献,是对表达文献主题具有实质意义并在揭示和表达文献信息主题内容上起关键作用的词或词组。关键词语言属于自然语言,未经规范化处理,即对同义词、近义词等不进行严格优选,甚至对同一个词的单数、复数等词形不加统一,即可以保持原形。关键词语言采用轮排方式编制索引,即从文献信息中抽取的每个关键词都能作为查找该文献信息的检索入口词。通常一篇文献信息可以选取 3~5 个关键词。

关键词索引有不同的排法,常见的索引有普通关键词索引(Keywords Index)、题内关键词索引(Keywords in Content Index)和题外关键词索引(Keywords out Content Index)。普通关键词索引的关键词来源于文献信息题名、文摘和正文,每个词按字顺轮流排在首位,作为检索入口词,其他的词则排列在检索入口词的后面或下面作为限定词或说明语。它反映文献信息主题内容较为充分,且编排简单,篇幅较小。题内关键词索引也称为上下文关键词索引,它是将文献信息题名中的关键词和非关键词都保留,并保护题名原文的词序,使之准确表达文献的主题内容,每个关键词都有一次机会轮流排列作为检索词的固定位置,将处于检索词地位的关键词按字顺排列起来，每条款目附文献信息地址，这样的索引与文献信息题录结合起来便成为一种检索工具。它不能充分反映文献信息的主题内容，并且编排复杂，篇幅大。题外关键词索引是将文献信息题名中有实际意义的词抽出来轮流排列于首位，并在各个关键词下面列出该文献信息的题名及所在页码，用这种方法编制的索引称为题外关键词索引。

关键词索引适用于计算机自动化编排，可以加速文献信息的标引速度和缩短检索工具和系统收录和发布的滞后时间。如美国《化学文摘》的期关键词索引，就是在卷主题索引出版前提供了一条迅速、便利的关键词检索途径。但由于关键词未经规范化处理，存在明显的检索质量较差的缺点；关键词大多数取之于文献信息题名，难以表达文献信息的主题内容；在机编索引的情况下，由于机械地抽词和轮排，其中不少关键词款目是不起检索作用的，因此可能会在标引和检索之间造成歧义或误差，从而导致漏检或误检。

例如：在中国知网的《中国学术期刊网络出版总库》使用关键词语言检索2004年发表的有关北京大气细粒子成分测定研究方面的文章[32]。

文献一　篇名：北京市大气气溶胶PM2.5中极性有机化合物的测定

关键词：大气细粒子(PM2.5)；极性有机化合物；衍生化；GC-MS；

文献二　篇名：北京市大气气溶胶PM2.5中水溶性有机酸的测定

关键词：PM2.5；水溶性有机酸；毛细管电泳；来源特征；

文献三　篇名：北京市大气PM2.5中矿物成分的污染特征

关键词：矿物成分；地壳元素；土壤尘；PM2.5；污染特征；北京；

大气细粒子、PM2.5两个词为等同关系，若要保证一定的查全率，检索时应采用“KY=(‘大气细粒子’+‘PM2.5’+‘极性有机化合物’) and PT=‘2004’”来进行检索。

思考题

1. 为什么说信息检索活动是科学研究工作的组成部分？

2. 简述信息检索的原理、类型和方式。

3. 常用的信息检索语言有哪些？其在信息组织和检索需求表达方面的优缺点分别是什么？

4. 简述信息检索的途径、方法和步骤。

5. 国内外的检索工具主要有哪些提供了自身的叙词表？

6. 信息检索的发展趋势是什么？

参考文献

[1]吴丹，齐和庆. 信息检索模型及其在跨语言信息检索中的应用进展[J]. 现代情报，2009，29(7)：215-216.

[2]谭巍. 高校图书馆如何培养学生的信息检索能力[J]. 老区建设，2010(24)：53-54.

[3]黄倩. 浅谈信息检索前沿发展的几个问题[J]. 大众文艺(理论)，2009(19)：228-229.

[4]徐厚峰. 关于建构大学生信息检索能力的文献综述[J]. 当代教育论坛，2011(9)：77-78.

[5]关于进一步加强住房保障改善居民住房条件的若干意见的通知[EB/OL]. [2012-

04-09]. http://www.whrea.org/show.asp?id=2323.

[6]关于《芜湖市人民政府印发关于进一步加强住房保障改善居民住房条件的若干意见的通知》暂缓执行的通知[EB/OL].[2012-04-09]. http://www.dinju.com/news/news_show_38521.html.

[7]郑贵宇.网络环境下《中图法》应用研究[J].图书馆理论与实践,2004(4):24.

[8]曾建勋,常春.网络时代叙词表的编制与应用[J].图书情报工作,2009,53(8):10-11.

[9]2012年度教育部哲学社会科学研究重大课题攻关项目招标公告[EB/OL].[2012-04-12]. http://www.cssn.cn/news/449743.htm.

[10]王轶珺.图书馆外文网络资源元数据描述[J].图书馆工作与研究,2007(6):25-27.

[11]林绮屏.数字资源互操作协议OAI与OpenURL之比较研究[J].情报杂志,2004(7):12-13.

[12]中国学术文献网络出版总库[EB/OL].[2012-04-12]. http://epub.cnki.net/grid2008/index/ZKCALD.htm.

[13]梁平.网络信息资源配置的问题与对策[J].现代情报,2009,29(11):9-10.

[14]百链云图书馆建设方案[EB/OL].[2012-04-12]. http://wenku.baidu.com/view/82234cef6294dd88d0d26bf0.html.

[15]夏立新.复合图书馆:数字图书馆建设的新战略[J].华中师范大学学报:人文社会科学版,2011,50(5):122-123.

[16]邹振环,中国图书分类法的沿革与知识结构的变化[J],复旦学报:社会科学版,1987(3):86-90.

[17]文献著录 第1部分:总则[EB/OL].[2012-04-16]. http://www.sac.gov.cn/SACSearch/search?channelid=160591&templet=gjcxjg_detail.jsp&searchword=STANDARD_CODE='GB/T 3792.1—2009'&XZ=T.

[18]CALIS联合目录公共检索系统[EB/OL].[2012-04-16]. http://opac.calis.edu.cn/showDetails.do?recIndex=1&recTotal=1&fullTextType=1&dbselect=all.

[19]蒋永光.中医药文献信息获取与利用[M].北京:人民卫生出版社,2009:25-28.

[20]吴平.学术论文关键词标引的问题剖析与质量控制[J].黔东南民族师范高等专科学校学报,2006,24(2):119-120.

[21]张群,陈瑞红.议如何把握文献主题标引的深度[J].科技创新导报,2012(5):233-234.

[22]刘红军.信息管理基础[M].北京:高等教育出版社,2009:81-82.

[23]马文峰.信息检索教程[M].北京:北京图书馆出版社,2009:8-12.

[24]吴贤奇.现代文献信息检索[M].南京:东南大学出版社,2007:13-19.

[25]中国图书馆分类法[EB/OL].[2012-04-22]. http://www.ztflh.com.

[26]杜威十进制图书分类法[EB/OL].[2012-04-25]. http://zh.wikipedia.org/wiki/%E6%9D%9C%E5%A8%81%E5%8D%81%E8%BF%9B%E5%88%B6%E5%9B%BE%E4%B9%A6%E5%88%86%E7%B1%BB%E6%B3%95#300_—_.E7.A4.BE.E4.BC.9A.E7.A7.91.E5.AD.A6.

[27]彭奇志.信息检索与利用教程[M].北京:中国轻工业出版社,2006:18-21.

[28]李琳,华薇娜.受控语言在国内网络数据库中的应用与展望[J].中国索引,2010,8(4):14-15.

[29] 汉语主题词表[EB/OL].[2012-04-26]. http://baike.baidu.com/view/608618.htm.

[30]杨丽.EBSCO科技期刊主题检索方式研究[J].科技管理研究,2009(6):544-547.

[31] EBSCOHost[EB/OL].[2012-04-23]. http://web.ebscohost.com/ehost/thesaurus?sid=5e5b1c89－38d3－4b64－9e1c－1f8a6d8f18ce%40sessionmgr11&vid=3&hid=24.

[32]中国学术期刊网络出版总库——专业检索[EB/OL].[2012-04-24]. http://acad.cnki.net/Kns55/brief/result.aspx?dbPrefix=CJFQ.

第4章 检索工具

为了从海量信息中及时获得所需要的信息，解决庞大的信息量与人们特定信息需求之间的矛盾，检索工具应运而生。随着现代信息技术的发展及其与信息检索理论的结合应用，检索工具的功能不断完善，应用领域不断拓展。从文献书目型检索工具到参考工具书，从手工检索工具到计算机检索工具，联机检索、光盘检索、网络数据库等计算机检索系统的出现，检索工具为人们查检信息日益带来便捷。

4.1 信息检索工具

4.1.1 信息检索工具概念

检索工具指用以报道、存储和查找文献信息线索的工具。检索工具的古代形态可以追溯到我国汉代刘歆编撰的《七略》，现代意义的检索工具是伴随世界信息的增加和科学技术的发展，于19世纪逐步兴起的，以期刊式文摘和索引为主，包括各种工具书和计算机检索系统。

检索工具有广义和狭义之分。广义的检索工具是指用来报道、存储和查询文献信息的一切工具与设备，可分为手工检索工具、机械检索工具和计算机检索工具。广义检索工具与检索系统的含义是一致的，彼此并没有严格的区分界定，只是在手检中习惯称检索工具，在机检中多数称为检索系统或数据库。狭义的检索工具则主要指手工检索工具，也称印刷型检索工具或书本式检索工具。我们这里所提到的检索工具是广义的检索工具，任何具有信息存储和检索功能的工具或设施均可称为检索系统或检索工具。在手工检索的时候，多使用检索工具一词，而在计算机检索时则更多使用检索系统一词[1]。

一般来说，检索工具应具备以下五个条件：一是有明确的收录范围；二是有完整明了的文献特征标识；三是每条文献条目中必须包含多个有检索意义的文献特征标识，并标明供检索用的标识；四是全部条目必须科学地、按照一定规则组织成为一个有机整体；五是提供多种必要的检索途径[2]。

随着网络技术的进一步发展，网络信息检索工具更加完善，检索工具都在朝多元化、智能化、综合化与专业化方向发展，为用户提供全方位的服务。

4.1.2 检索工具的类型

检索工具种类繁多，不同的检索工具各有特点，可以满足不同的信息检索需求。检索工具有不同的分类方法，常见的有以下几种。

1. 按著录内容划分[3]

(1)目录

目录(Catalogue)又称为书目，是著录一批相关文献，并按照一定次序编排而成的一种揭示与报道文献的工具。目录通常以一个完整的出版或收藏单位(如文献的种或册)为基本的著录对象，著录项目包括书名或刊名、作者、出版者、出版年、价格、页码等，揭示文献的外表特征，用以提供书刊的出版信息和收藏信息。

目录在我国具有悠久的历史，汉代刘歆编撰的《七略》就是我国第一部目录，以后各朝代都编有《艺文志》或《经籍志》著录该朝代的主要文献典籍，清代纪昀等人编纂的《四库全书总目》最具代表性，是我国古典目录的典范。

目录的种类繁多，根据目录编制的目的、收录范围和内容的不同，分为国家书目、馆藏目录、联合目录、专题书目。其中，馆藏目录、联合目录反映的是一个或多个图书馆文献的收藏情况。除传统的印刷本的目录工具外，还有光盘版和网络版的目录数据库。

(2)题录

题录(Title)是以单篇文献为基本的著录单位，描述文献的外表特征，快速报道文献信息的检索工具，著录项目包括篇名、作者、出处等。它是在目录基础上发展起来的一种检索工具。题录与目录的主要区别在于著录的对象不同，目录著录的对象是一个完整的出版物即一种或一册文献，题录著录的对象则是整册书中的一个独立知识单元即单篇文献。从名称上看，题录型检索工具无统一的名称，有的叫作"题录"，有的叫作"目次"，有的叫作"索引"。特点是报道速度快，覆盖面较大，多用于查找最新文献。常作为文摘性检索工具的先导和补充。在揭示文献内容的深度方面，比目录做得深入些，但又比文摘款目浅。如《中国社会科学文献题录》、美国的《化学题录》都是典型的题录型检索工具[4]。

(3)索引

索引(Index)是根据一定的需要，将特定范围内的某些文献中的有关知识单元或款目，如书报刊中的篇名、著者、地名、人名、字词句等，按照一定的方法编排，并指明出处，为用户提供文献线索的一种检索工具。索引不仅是一种独立的检索工具，还能作为其他检索工具的辅助部分，附在这种检索工具的后面，提供多种检索途径，使其检索功能得到增强。

与目录相比，索引所著录的是某一出版物中的知识单元，如篇名、著者、字词句等，揭示的内容更为深入、具体，目录则是以一个完整的出版物为著录对象；与题录相比，索引在揭示信息的广度和深度上要比题录专、深、具体，索引的功能主要是用来检索，常从属于某种出版物或文档，独立性差，题录则以报道为主，检索为辅，独立性强。

索引的类型是多种多样的，根据文献信息外表特征编制的索引有篇名索引、著者索引、号码索引、引文索引(如美国的《科学引文索引 SCI》《社会科学引文索引 SSCI》)等，根据文献信息内容特征编制的索引有分类索引、主题索引、关键词索引。

(4)文摘

文摘(Abstract)是以精炼的语言把文献信息的主要内容、学术观点、数据及结构准确地摘录下来，并按一定的方式编排起来供用户使用的一种检索工具。文摘是二次信息的核心，是索引的延伸。它以单篇文献为报道单元，全面反映文献的外表特征和内容特征。文摘在我国通常称为文摘、摘要、内容提要，在国外常用 abstract、digest、summary、quotation 等词表示。

根据对文献内容揭示的深度、报道的详细程度以及用途等角度，文摘分为指示性文摘、报道性文摘和评论性文摘三种。

指示性文摘(Indicative Abstract)，也称为简介性文摘，主要揭示文献的研究对象、范围、方法等，一般不包含具体的数据、结论等内容。它简明扼要，概括性强，字数一般控制在100字左右。

报道性文摘(Informative Abstract)，也称为详细性文摘，主要报道原文的主题范围、基本观点、结论，记录原文中的研究方法、实验数据、实验结果等核心内容。报道性文摘是对原文内容的浓缩，读者不需要阅读原文便可了解文献信息的主要内容。报道性文摘反映的内容具体、客观，不加以评论，字数一般 300～500 个，有时更多。

评论性文摘(Critical Abstract)中包括文摘员的分析与见解。

实际上，有许多文摘性检索工具，并不仅仅采用一种著录方式，而是几种兼用。凡内容比较重要、新颖的资料，采用报道性文摘的方式；凡内容次要的，采用简介的方式；凡是从篇名便可了解基本内容的，便采用题录的方式。

文摘是在题录的基础上发展起来的。因此文摘除具有与题录内容相同的著录项目外，还有揭示文献内容的著录项目：文摘正文与文摘员、检索标识(主题词、关键词等)。

文摘的用途有通报最新的科学文献，深入揭示文献内容，引导读者阅读原文；节约阅读时间，一般不需查看原文即可了解文献的内容轮廓；确定原文内容与查找课题的相关程度，帮助读者选择文献，决定取舍；帮助科研人员克服语言障碍；作撰写述评文章的重要素材。

文摘的特点在于它是以简练的形式，将某一学科或某一专业的原始文献的主题范围、目的、方法等作简略、准确的摘录。科研工作者能经常翻阅文摘性刊物，用不多的时间，就能保持与新情况、新动向的联系。例如 EI(Engineering Information《工程索引》)、DAI(Dissertation Abstracts International《国际学位论文文摘》)等。

2. 按收录范围划分

按收录范围可划分为综合性检索工具、专业性检索工具和单一性检索工具[5]。

(1)综合性检索工具。其收录范围是多学科领域的文献，如美国的《科学引文索引》、《科学文摘》(SA)、《工程索引》，我国的《全国报刊索引》都是属于综合性的检索工具，收录学科专业范围十分广泛。

(2)专业性检索工具。收录范围仅限于某一学科、某一专业领域，如美国的《数学评论》《生物文摘》《化学文摘》等。

(3)单一性检索工具。收录文献只限于某一特定类型的文献，如《中国专利年度索引》《中华人民共和国国家标准目录》等都是单一性检索工具。

3. 按检索手段划分

检索工具按不同的检索手段，可分为手工检索工具、机械检索工具和计算机检索工具。

(1)手工检索工具

手工检索工具亦称传统检索工具，是指无须借助任何辅助设施即可处理和查询的检索工具，多指那些传统的印刷型检索工具[6]。如：我国的《全国总书目》、《全国新书目》、《中国工具书大辞典》(福建人民出版社，1991 年版)，国外的《国际在版书目》(*International Books in Print*)、《美国工具书年鉴》(*American Reference Books Annual*)等。手工检索工具主要通过“手翻、眼看、大脑判断”方式进行浏览、检索，因此检准率高，但检索速度慢、效率低。

(2)机械检索工具

这是指利用某种机械装置查找情报的机械化系统，如卡片检索机、缩微胶卷快速检索机、微型胶片检索系统等。该种检索工具的使用，开始于 20 世纪四五十年代，其主要有机电信息检索系统和光电信息检索系统两种形式，前者主要是使用诸如打孔机、验孔机、分类机等机电设备记录二次文献，用电刷作为检索元件的信息检索系统；后者是指使用缩微照相记录二次文献，以胶卷或胶片边缘部分若干黑白小方块的不同组合做检索标志，利用光电检索元件查找文献的检索的系统。机械检索工具是手工检索工具阶段向计算机检索工具阶段的过渡阶段[7]。

(3)计算机检索工具

计算机检索工具就是计算机检索系统。计算机检索系统主要由计算机检索设备(联机检索设备、光盘检索设备、网络数据库等)、检索语言和文献库等构成。计算机检索系统具有检索效率高、响应速度快、引用便捷等优点,但是成本和检索费用也较高。

随着计算机技术的发展和该技术在信息检索领域的逐步应用,具体的检索形式发展到今天,概括起来主要有联机检索、光盘检索和网络检索三种[8]。

①联机检索

所谓联机检索,就是指用户使用终端设备(用通信线路与计算机连接的、可发送和接受信息的装置,包括显示终端、调制解调器和打印机),直接查询检索系统数据库的过程。用户可以与数据库及负载该数据库的计算机直接通信即"联机"。计算机以实时方式响应用户的检索询问和指令,自动输出检索结果即为"检索"。联机检索可有两种检索方式:一种是用户远离检索中心,用户的终端通过远程通信线路与检索中心连接,向中心提问并取得检索结果。国内用户采用此种方法查找国外机读数据库系统中的信息被称为国际联机检索。另一种是在检索中心所在地通过终端(不经远程通信线路)当场检索。

联机检索首先出现在美国。1962年,美国麻省理工学院的M. M.凯塞利用IBM709电子计算机和IBM2741多通道控制台进行了世界首次联机检索试验。数据库包括3.5万篇物理学方面的论文。1965年,美国系统发展公司(System Development Company,SDC)为美国空军研制用于检索国外技术的文献检索系统,即举世闻名的ORBIT/SDC系统[9]。

1964年,美国洛克希德公司研制了Converse联机检索系统,对内部图书馆馆藏文献进行联机检索试验,随后进一步研制了为NASA全系统提供正规服务的联机检索系统,即RECON系统,这一系统以后为欧洲航天局和美国能源部采用。在这些系统的基础上,洛克希德公司又创建了DIALOG联机检索系统。

1972年,DIALOG系统开始投入商业运营,并发展为世界上最大的综合性商业联机检索系统。它原为美国洛克希德公司所有,1986年转归Knight-Ridder公司所有。DIALOG集成了900多个数据库,提供14亿条以上的检索记录信息。涵盖了全球大多数学术和商用数据库资源,是专业化信息查询工具[10]。目前提供Web访问,其地址为http://www.dialogweb.com。

除此之外,世界上比较著名的联机检索系统还有欧洲科技信息联机检索网络EURONET、欧洲空间组织的ESA/IRS系统、美国医学图书馆的MEDLINE系统、日本科技信息中心的JICST系统等。

联机检索无须委托,直接面对最终用户。在检索过程中是"人机对话"方式,具有较强的交互功能,而且能及时取得检索结果,但指令复杂,需要依赖专业检索人员。

联机检索主要由终端设备、通信网络(或通信线路)及计算机三个部分构成,如图4.1所示[11]。

a.终端设备

它是用户与检索系统传递信息的装置,用以进行"人机对话",即供机检人员在其键盘上输入检索式,显示检索结果,并由联机打印机打印。它由打印机、调制解调器、检索终端三部分组成。

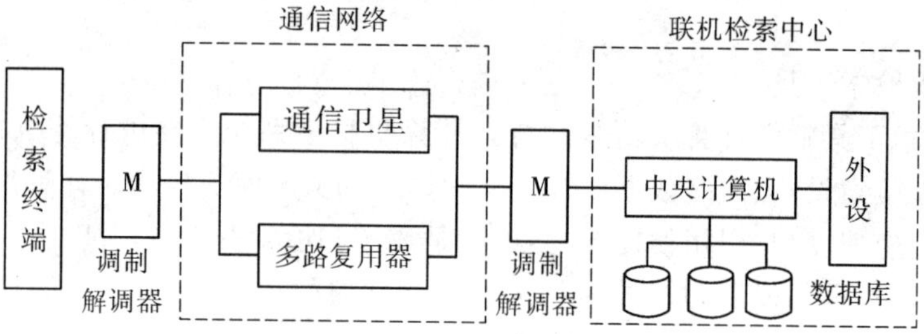

图 4.1 联机检索网络系统构成示意图

b. 通信网络(通信线路)

它是计算机信息传输网络,以大型信息单位的计算机为网络节点,各节点之间依靠电信线路、通信卫星或光缆电视技术互相连接,而每个节点又可连接多个终端,从而构成纵横交错、互相利用的信息检索网络。

c. 中央计算机

这是机检系统的核心部分,统一管理整个系统的运行。计算机由硬件和软件组成。硬件是指计算机主机(运算器、存储器、控制器)和外围设备(输入/输出设备)。软件是指计算机系统中程序的总和,而程序就是用于处理数据库的各种指令系统。联机检索系统的软件可分为管理软件(操作系统、联机控制系统)、数据库管理系统和应用程序等。

②光盘检索

光盘检索是采用计算机作为手段、以光盘作为信息存储载体和检索对象进行的信息检索系统。

20 世纪 80 年代以来,随着计算机技术和数字化计算机的发展,光盘开始应用于文献信息领域。由于光盘技术具有易用、存储容量大等独特的特点,因而受到了人们的普遍欢迎,并很快发展成为一种新的检索系统——光盘检索系统。20 世纪 90 年代初期,光盘数据库检索系统以它存储数据量大、操作简单、检索效率高、成本低廉、运行环境要求简单等特性,在文献情报中心得到了广泛的应用,并与网络技术结合,逐渐发展为光盘网络检索系统,达到了它的顶峰时期。

随着网络技术和硬盘存储技术的进一步发展,网络检索更加方便和快捷,成本也越来越低,逐步占据了信息检索的主导地位,光盘检索也越来越少。

③网络检索

进入 20 世纪 90 年代,因特网(Internet)的应用从单纯的科学计算与数据传输向社会应用的各个方面扩展,图书馆、信息服务机构和科研机构以及一些大的专业数据库生产商纷纷加入到因特网上,构建基于 Web 的信息服务系统,为信息需求者提供极其丰富的网络信息资源服务。

该种信息检索形式同联机检索系统的主机和用户终端的主从关系不同,网络检索是基于客户机/服务器的网络支撑环境的,客户机和服务器是同等关系,只要遵守共同协议,一个服务器可被多个客户访问,一个客户也可以访问多个服务器。Internet 便是该系统的典型。网络信息检索是基于 Internet 的分布式特点开发和应用的,用户只要通过网络接口软件,即可在任一终端机上查询世界各地上网的信息资源。随着信息技术的发展,网络将成为信息源传递的主要渠道。并且,最初的联机检索方式,其服务方式和通信线路目前也多已移入

Internet。

网络化的信息检索方式网为我们获取文献信息提供了前所未有的方便,它彻底打破了信息检索的区域性和局限性,用户足不出户就可以获取所需要的文献信息,而且信息形式图文并茂,有声有景。因特网的迅速发展和广泛应用,改变了计算机信息检索的方式和方法,将信息检索拓展到一个更广阔的领域。

4.2　信息检索效果及其评价

信息检索效果是信息检索服务所反映的效率和结果,有技术效果和社会经济效果之分。技术效果主要指信息检索系统的性能和服务质量,以及系统在满足用户信息需求时所达到的程度。社会经济效果是检索系统通过满足用户信息需求所产生的社会效益和经济效益。技术效果和社会经济效果不是对立的,它们是互相联系的统一体。

4.2.1　信息检索效果评价指标

信息检索效果是通过评价相关信息检索过程的各种指标来衡量的。英国情报学家克莱维登(C. M. Cleverdon)首先提出评价信息检索效果的指标主要有六个:收录范围、查全率、查准率、响应时间、用户负担和输出形式[12]。收录范围是信息检索系统(信息存储)所能提供的文献信息的数量和范围。查准率和查全率指信息检索系统的效率。响应时间是从提交检索课题到查出文献所需的时间。用户负担是用户在检索过程中所耗费的物力、财力乃至精力的总和。输出形式则指检索系统所提供的检索结果和形式(可能是文献号、题录、文摘或全文等)。上述六种指标,其中查全率和查准率两项指标最为重要。

用 2×2 表(表 4.1)来表示查全率和查准率,可从两方面描述检索的结果:纵向方面是系统的相关性评估,可将检索系统中的文献分为检出部分 $a+b$ 和未检出部分 $c+d$;横向方面是用户对检索系统中全部文献所做的相关性判断,也可分为相关文献 $a+c$ 和非相关文献 $b+d$ 两部分。经多年实践证明,查全率和查准率呈逆相关关系,也就是说,若提高查全率则查准率必然下降,反之亦然。

表 4.1　检索结果矩阵表

项　目	相关文献量	非相关文献量	总计
被检出文献	a	b	$a+b$
未检出文献	c	d	$c+d$
总计	$a+c$	$b+d$	$a+b+c+d$

查全率(Recall Ratio,简称为 R)是从信息检索系统中检出的相关文献量 a 与检索系统中相关文献总量 $a+c$ 的比率,即

$$R=\frac{a}{a+c}\times 100\%$$

它是用来描述系统检出相关信息能力(检索的全面性)的测度。

查准率(Precision Ratio,简写为 P)是检索系统检出的相关文献量 a 与检出的文献总量 $a+b$ 的比率,即

$$P=\frac{a}{a+b}\times 100\%$$

它是用来描述系统拒绝无关信息的能力(检索的准确率)的测度。

从检索要求来说,希望查全率和查准率都同时达到 100%,即系统中存储的所有相关信息都被检索出,这是最为理想的效果。但事实上很难达到全部检出和全部检准的要求,而只能达到某个百分比,总会出现一些漏检和误检。其漏检和误检的比率也可用公式表示。

漏检率(Omission Ratio,简写为 O)即未检出的相关文献量与文献库内相关文献总量的比率,即

$$O=\frac{c}{a+c}\times 100\%$$

误检率(Noise Ratio,简写为 N)即查出的非相关文献量与检出文献总量的比率,即

$$N=\frac{b}{a+b}\times 100\%$$

其他评价指标还有新颖率和覆盖率,但处于探讨中,不太成熟。

新颖率是指从检索系统中检出来的对用户而言含有新颖信息的文献量与文档中总相关文献量、检出的总文献量或检出的总相关文献量之比。

覆盖率是指在某一特定时间里,从某一检索系统中检索到的涉及特定主题领域的所有文献量与该主题领域相关的实有文献总量之比。这一指标反映某一文献库提供专门主题文献的范围大小,覆盖率越高,文献库包含的信息量越大,漏检的可能性也就越小。

4.2.2 查全率的估计

为了计算出查全率,必须确定 $c+d$ 的值,但是 c 和 d 的值难以确定,所以实际上很难计算出查全率。目前还没有一种能够找出漏检多少相关文献的准确办法,计算不出绝对查全率,只能"估算"。如果非要确定 $c+d$ 的值,也只能有一个办法,即由用户心甘情愿地逐个判断未检出文献的相关性,区分出哪些是相关的,哪些是不相关的。准确的 c 和 d 的值填入 2×2表的空白处。然而,这个办法对于实验系统或小型系统是可行的,而对于任何一个大型的实际运行的系统来说,则是不可行的。

实际上,未检出文献 $c+d$ 的数量非常之大,用户无法逐一判定。此外,不相关文献一般也比相关文献多,所以,即使采用一般的随机抽样办法来选取未检出文献的试验样本,并以此来判定查全率,也是不现实和不可靠的。这是因为,如果想使样本中哪怕含有一篇相关文献,就也可能从 $c+d$ 中抽出一批数量极大的样本。因此,评价运行系统必须抛弃计算"纯"查全率和"绝对"查全率的打算,而力争得到最为接近的查全率,代之以尽可能好的估计值。

4.2.3 检索性能评价曲线

评价检索系统单独使用查全率和查准率都没有多大意义。这是因为仅用一个测度不能全面描述检索效果,所以,通常成对地使用它们,共同表达系统的过滤能力(对相关文献放行且阻止不相关文献的能力)。单独使用一个测度叫作"单测度"(如查全率或查准率),成对使用两个测度叫作"双测度",若将两个测度结合成一个单测度(如同时反映查全率和查准率)则称为"符合测度"。

就用户对系统的每个提问而言,都能构造出一个对应的二维表。根据各表可计算出 $R-P$ 值。若检索策略随着某一参数(如组配级别,即构成检索策略的检索词数)而变化,则由不同参数值可得到不同的二维表,随之产生不同的 $R-P$ 值。设 λ 为参数,R_λ、P_λ 分别为该参数下的查全率和查准率,有序对(R_λ, P_λ)表示 $R-P$ 值,而有序对的集合组成了 $R-P$ 图(如

图 4.2 所示)，以某种方法将有序对的点连接起来，便产生了 $R-P$ 曲线。每个检索提问的检索性能可用一条 $R-P$ 曲线表示。

一条曲线只代表一个检索提问的性能，并不代表系统的综合性能。为了得到系统的综合性能，必须设法将一簇曲线(一个提问对应一条曲线)组合成一条平均性能曲线。

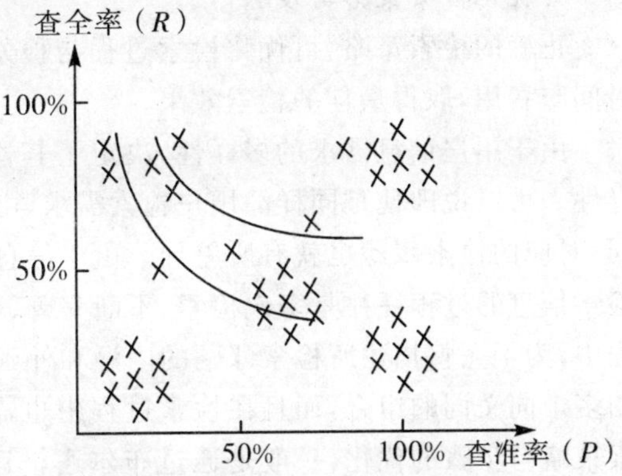

图 4.2　检索性能评价曲线

理论上，我们无法同时得到高 R 和高 P，只能依具体情况，采用折中的办法，达到较为理想的查全率和查准率，使得每次提问都能得到满意的结果[13]。

4.2.4　提高检索效果的方法

用户在信息检索时，如何才能在最短的时间内以最少的经济开支，获取到有用信息，达到一个满意的检索效果，着重应从提高检索人员素质、优选检索工具、选择合理的检索途径和方法等方面入手。

1. 提高检索人员素质

无论是手工检索或计算机检索，都是由人来操作的，人的因素占支配和主导地位。因此，必须提高检索人员的素质。

(1)提高检索人员的知识素质

检索人员的知识素质包括知识、技能和能力。知识指除了检索课题要求的学科知识之外，还要具备信息学、信息组织与检索、信息获取与数据挖掘、计算机应用、外语等与信息检索密切相关的知识；技能是指咨询解答、信息整序、语言与文字表达等技能；能力是指捕捉信息的能力、超前思维的能力、综合分析的能力等。知识、技能和能力，三者是相辅相成的，其中知识是基础，技能是关键。只有具备一定的检索知识和广博的学科专业知识内涵，并掌握一定的检索技能，才能形成一定的检索能力，从而提高检索效果。

(2)提高检索人员的思想素质

思想素质是关系到检索人员全面素质提高的重要因素，并影响着检索效果。主要体现在检索人员具有敬业精神和谦逊的从业态度、检索结果的辨别分析、检索观点的公正等。因此，提高检索人员的思想素质，就是要避免人为因素的影响，进而保证检索效果的提高。

2. 优选检索工具和数据库

根据用户具体的检索目的要求，选择最恰当的检索工具是保证检索效率的重要环节之一，因为检索工具类型多种多样，而各种检索工具都有自己的特色，即收录文献学科范围，收录文献的类型范围，收录文献的国别、语种范围均各有侧重。同时，各种检索工具之间又存在着严重的重复交叉现象。因此，对某一课题的检索，可供选择的检索工具不止一种。

这就要求检索人员必须全面地了解有关检索工具的知识，包括收录范围、标引语言、排检方式等特征，然后才能根据用户课题检索的要求，选择恰当、便利、专业对口强的检索工具。检索工具选定后，检索途径选择就基本限定，它取决于该检索工具的排检方式和辅助索引的种类。因此，为提高检索效果，必须进行检索工具与数据库的优选[14]。

3.优化检索策略与步骤

正确的检索策略,可优化检索过程与检索步骤,有助于提高查全率和查准率,节省检索时间与费用,取得最佳的检索效果。

由于用户信息需求的多样性,决定了其检索目的、检索策略、检索方法与检索步骤的差异性。可以说即使是同样的用户检索需求,由于检索目的不同,其检索策略的制订也有所不同,对应的检索步骤也就有所差异。由于信息量的巨大和信息描述的不规范,利用检索工具检索信息的过程往往是多次检索、不断完善、不断优化的过程。优化检索过程就是在检索过程中,为了完整描述所检索课题的内涵和外延,往往要进行几个概念的组合和表达同一概念的多个同义词的组合,而且在检索过程中也需要根据检索结果随时调整检索策略。实现检索策略与步骤的优化,一般是通过布尔逻辑运算符(or,and,not)、位置运算符(with,near)、逻辑优先级等方法和策略进行的[15]。

4.优选检索词

使用检索工具进行信息检索时,关键词的选择也是一个重要问题。每一类检索工具都有自己的专指和特点,不存在全能的检索工具。因此,在选择检索词时必须参阅检索工具的使用说明,合理选择检索词,对于提供叙词表的检索工具,最好采用叙词进行检索。在选择检索词方面,着重考虑以下几方面[16]。

(1)不使用常用词

不使用常用词是指不使用太泛的词,或曝光率太高的词。因这些词太常见,几乎出现在所有的检索工具或网页中,这样不能帮你找到任何有用的信息。如:“程序”“网络”“管理”等,在检索工具中与之相匹配的信息太多。

(2)避免使用多义词

检索时严格避免使用多义词,因为检索工具是不能理解辨别多义词的。解决的办法是使用短语、多个检索词或使用其他的词语来代替多义词作为检索关键词。

(3)避免使用错别字

在检索某种信息时,如果检索不到结果,而感觉这种检索工具中肯定有不少这种信息时,就应该先检查是否使用了错别字。

(4)学会使用截词

对于计算机检索系统来讲,一般都支持截词检索。截词检索(Truncation、Wildcard Symbols)是指在检索词的合适位置进行截断,使用截词符代替处理。主要是利用检索词(关键词、主题词)的词干或不完整词形进行查找的过程。它可以起到扩大检索范围,提高查全率,减少检索词(关键词、主题词)的输入量,节省检索时间。尤其在英文检索系统中检索时,若遇到名词的单复数形式,词的不同拼写法,词的后缀变化时,均可采用此方法。

(5)使用大小写字母

大多数检索工具在检索中是区分大小写的。也就是说,如果用户的检索全部用小写,检索工具既匹配大写也匹配小写字符。但如果用户使用大写字符,检索工具认为用户确实指定了大写,就会检索那些与用户键入的输入项完全相符的结果。

(6)尽量使用专指性强的词或短语

开始检索时,可以选择专指性强的词、短语或句子编制检索式,然后再根据检索结果逐步扩检。例如:要查找“工程装备”方面的文献,主题太抽象、模糊不清,难以入手检索。应该把它具体化，找出各个单一的检索概念，比如是架桥作业车、道路机械、装甲战斗推土机、野战工程机械等。只有明确这些具体概念才有实际检索意义。

5.巧构检索提问式

运用逻辑运算符、位置运算符、限定符、通配符及相关的检索技巧来巧构检索表达式，是提高检索效果的有效途径。例如，选用“火箭”、“固体”和“推进剂”等检索词。若组配检索式为：固体 and（火箭 or 推进剂），其表达“固体火箭或固体推进剂”的含义；若组配检索式：固体 and 火箭 and 推进剂，则表达的含义为“固体火箭推进剂或固体推进剂火箭”。

再如利用搜索引擎检索对话框中输入能表达检索概念的词，可以查到含有该词的网址等信息，但产生的误检率很大，查准率也不高，要查到需要的信息需反复翻定、反复查询，这样既浪费时机又消耗了精力。

6.熟悉检索代码与符号

检索代码与符号，又称为检索标识，其选取是否恰当，将直接影响检索效果。检索代码与符号是进入检索工具的语言保证，是检索与系统相匹配的关键。因此，检索人员必须利用相应的分类表、词表，选取与检索工具相匹配的正确代码与符号。此外，检索代码与符号的选取要得当，过多或过少都不利于取得满意的检索效果。

7.鉴别检索结果

一次成功的检索主要由两部分组成：正确的检索词和有用的检索结果。在输出任何一条检索结果之前，快速地分析一下检索结果的标题、网址、摘要，有助于从中选出更准确的结果，从而节省大量的时间。到底哪一条结果是所需要的内容，取决于查找的内容。评估信息资源或网络内容的质量和权威性是检索的重要步骤，也是鉴别检索结果的重要依据。检索结果的鉴别分为印刷型资源和电子资源，对印刷型资源可以从版权页上的出版者、书名页上的作者、序跋中的作者及相关信息介绍等进行鉴别；而电子资源具有内容丰富、形式多样、结构复杂、分布广泛、信息动态、传播交互等特点，对其鉴别具有复杂性，可以从信息来源与出版、权威性、用户、网站内容、时效性等方面进行鉴别。

现今传统的印刷型检索工具在数字化的同时，也利用计算机技术、通信技术、网络技术实现了对其内容的深入揭示与开发，从而达到了高速度、全方位检索的目的。随着计算机网络技术在图书情报领域里的广泛应用，检索工具的功能也发生了深刻的变化。它在原有的报道、存储和查找文献线索功能的基础上，衍生出了定题服务（Selective Dissemination of Information，SDI）、引文跟踪服务、文献分析、个人参考文献管理等许多新的功能[17]。质量是生命，用户是上帝，检索工具必定在社会发展需要的推动下，以集科学性、权威性、高效率、高质量、多功能于一身的全新姿态快速发展。

思考题

1.简述信息检索工具的概念，其作用是什么？

2.按照著录格式的不同，信息检索工具可划分为哪几种？

3.计算机信息检索经历了几个发展阶段？它们各自有哪些优缺点？

4. 检索系统评价标准有哪些？

5.检索效果的评价指标有哪些？分别如何定义，作用是什么？

6.提高检索效果主要有哪些方法？

参考文献

[1]李炳汝,王军红,高霞.文献信息检索工具的发展及其质量评价指标[J].医学信息学杂志,2009,30(10):78-79.

[2]夏南强.文献信息检索工具选择[J].华中师范大学学报:人文社会科学版,1999,38(4):76-78.

[3]张俊慧.信息检索教程[M].北京:科学出版社,2010:29-31.

[4]高一箴.美国《化学题录》及其使用方法[J].图书馆论坛,1995(1):71.

[5]靳小青.医学文献检索[M].北京:人民邮电出版社,2010:20-22.

[6]刘英华,赵哨军.信息资源检索[M].北京:科学出版社,2010:8-23.

[7]郭金亭,罗尊礼,朱孟华,等.理科文献检索系统教程[M].天津:天津人民出版社,1994:54-55.

[8]王林.信息检索[M].北京:人民邮电出版社,2010:20-22.

[9]ORBIT 系统[EB/OL].[2012-05-28].http://baike.baidu.com/view/861825.htm.

[10]Dialog and the invention of online information services[EB/OL].[2012-05-25].http://www.dialog.com.

[11]余致力.医药信息检索技术与资源应用[M].南京大学出版社,2009:195-196.

[12]周智佑.信息检索系统的评价与理论——国外进展述评[J].情报科学,1993,14(5):47-49.

[13]邓汉成,王敏芳,王瑛.查全率与查准率之间关系的理论研究[J].情报学报,2000,19(4):359-362.

[14]隗德民.检索策略与检索效率[J].山东图书馆季刊,1997(4):30-31.

[15]鄢百其.信息检索策略优化分析[J].武汉科技大学学报:社会科学版,2011,13(2):237-239.

[16]李创业,曾昕琳,李燕,等.影响全文检索效果的主要因素及改善方法[J].情报理论与实践,2002,25(6):449-450.

[17]陈大辉.检索工具功能的延伸与扩展[J].图书馆杂志,2006,25(9):49-50.

第5章　计算机信息检索技术

计算机信息检索(Computer Information Retrieval)是在发挥计算机系统有效存储和快速查找信息能力基础上发展起来的一种计算机应用技术。随着计算机在信息处理领域应用的日益深入,计算机信息检索技术也得到了快速发展,在信息的存储查询方面也形成了自己独特的方式方法。为了培养读者良好的信息检索能力,特别是在利用计算机高效查询有用信息的能力,很有必要让读者对计算机信息检索技术的基础知识有个全面的掌握。

5.1　技术基础

计算机信息检索是信息检索理论与计算机、网络与数据库技术的结合。从资源的收集、数字化、著录存储到检索使用,必须遵循一定的规范。下面介绍一下关系比较密切的数据库技术以及信息检索的原理实现的相关技术知识。

5.1.1　数据库的基本概念

数据库、数据库管理系统和数据库系统是与数据库技术密切相关的几个基本概念[1]。

1. 数据库

数据库(Database,DB)是一组相关数据的集合,它按一定组织结构存储在计算机中,能为多个用户共享,并与应用程序彼此独立。它具有较小的冗余度、较高的数据独立性和易扩展性。其中数据结构类型有:关系型结构、层次型结构和网络型结构。应用最多的是关系型数据库结构。

数据库中的数据分为用户数据和系统数据。用户数据由用户自己定义和使用,系统数据由数据库系统定义和使用,也称为数据字典(Data Dictionary,DD)。

2. 数据库管理系统

数据库管理系统(Database Management System,DBMS)是数据库系统的核心软件,是为数据库的建立、使用和维护而配备的软件,它介于操作系统和用户之间,在操作系统的支持下负责对数据库进行统一的管理和控制,是一种系统软件。用户发出的或应用程序对数据库的各种操作命令,包括定义、查询、更新及各种控制,都要通过数据库管理系统来执行。数据库管理系统还要对数据库进行维护,并保证数据库的安全性和完整性、多用户对数据的并发使用以及发生故障后的系统恢复。

数据库管理系统是位于用户和操作系统之间的数据管理软件,其构建了数据间的联系并对数据进行管理。它具有数据定义,数据操纵,数据库运行管理以及数据库的建立与修改、查询、模式修改等功能。

在计算机软件系统的体系结构中,数据库管理系统位于用户和操作系统之间,主要是实现对共享数据进行有效的组织、管理和存取。

(1)数据库管理系统的体系结构。图5.1是DBMS的基本体系结构。

(2)数据库管理系统的组成模块。按功能划分,DBMS的程序模块如表5.1所示。

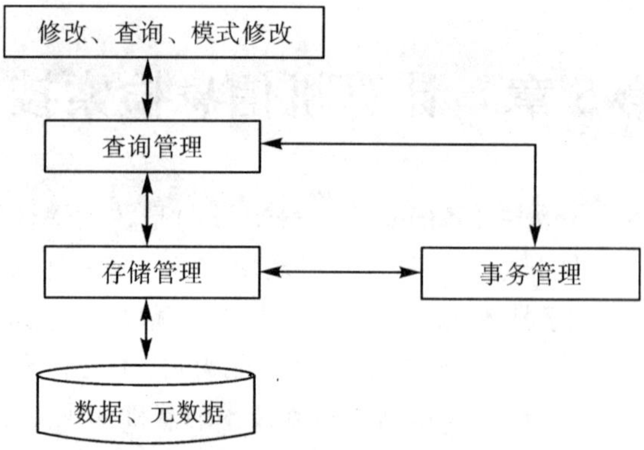

图 5.1 DBMS 的体系结构

表 5.1 DBMS 的模块结构

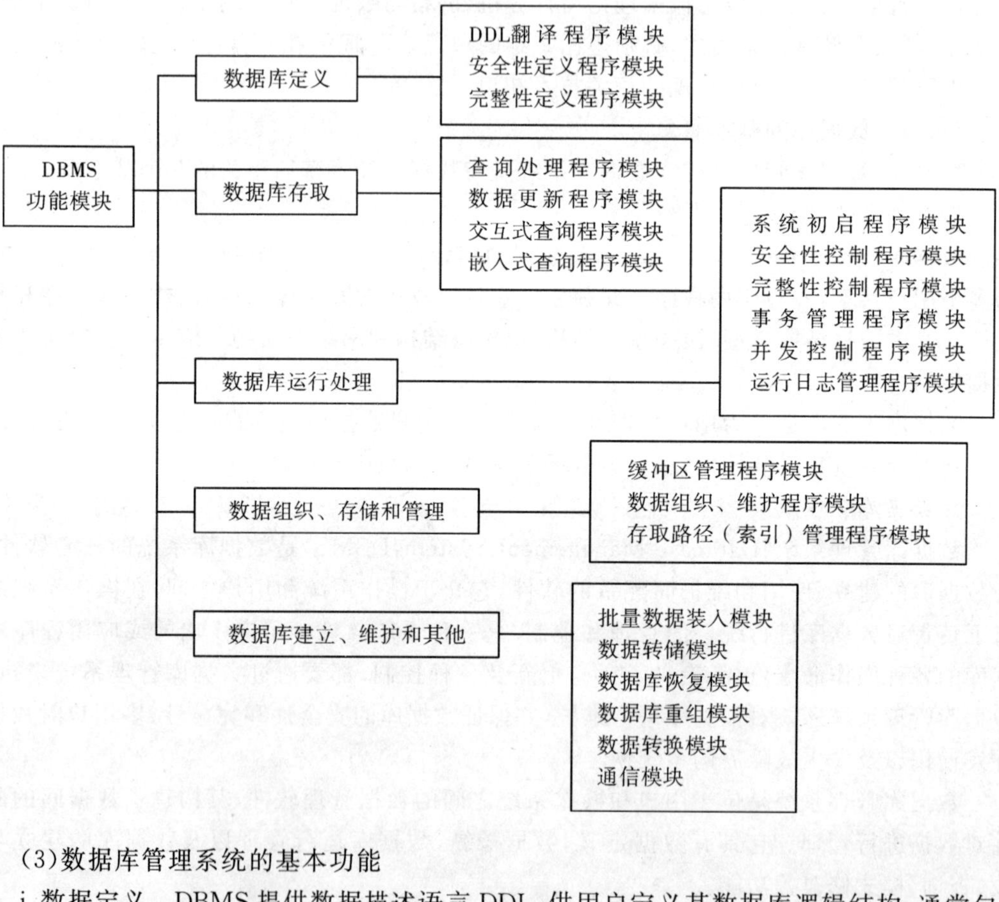

(3)数据库管理系统的基本功能

i. 数据定义。DBMS 提供数据描述语言 DDL，供用户定义其数据库逻辑结构，通常包括定义记录类、数据项类型、长度、记录间的联系、完整性、安全性约束等，并将所描述的内容从源形式转换为目标形式存入数据字典中。

ii. 数据操纵。该功能提供用户对数据的操纵功能，可以实现对数据库数据的检索、插入、修改和删除。数据存取功能可以通过数据操纵语言(DML)来实现。

iii. 数据库运行控制管理。主要是指 DBMS 运行控制和管理功能。包括多用户环境下的事务管理和自动恢复、并发控制及死锁检测、安全性检查和存取控制、完整性检查和执行、数据库内部维护、运行日志的组织和管理等。

iv. 数据库的组织、存储与管理。主要包括数据库的物理组织、存储结构、索引及存取方法和数据字典的管理。

v. 数据库的维护。主要是初始数据的装载、数据转换、数据库性能监视与分析、在数据库性能变坏或需求变化时重构造与重组织、数据库的备份及故障时的恢复等。

vi. 数据通信。提供与其他软件系统通信的接口，例如与操作系统、其他 DBMS 的数据通信等，负责处理数据的传递，通常要协同完成。

3. 数据库系统

数据库系统(Database System，DBS)是数据库、软件、硬件和人员组成的一个集合体。图 5.2 给出数据库系统组成的示意。

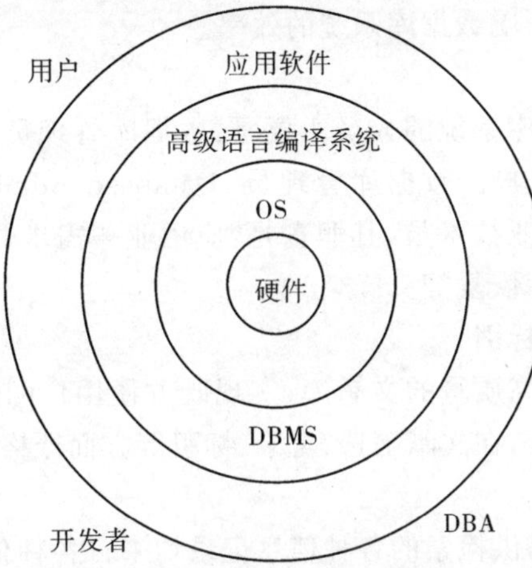

图 5.2　数据库系统组成

(1)数据库

数据库包含了一个企业所有应用所需的数据，是用户操作的对象，也是企业的宝贵资源。它存储于计算机系统中，通常数据量大，一般只能存储在外部设备(如磁盘)上。库中包含多种类型的数据，以及数据间的复杂联系，按应用需求采集的数据将按特定的数据结构存储，随着数据库的运行，数据量将不断扩大，故要求外存容量较大，有的则需根据应用将数据分散到多个计算机系统中。

(2)软件资源

数据库系统用户要将自己的数据处理要求变成对物理数据的存取，需要一系列软件的支持，主要包括以下几个。

i. 数据库管理系统。DBMS 是数据库系统中的核心软件，用于处理所有用户对数据库存取的请求，通常它是由操作系统支持工作的。

ii. 操作系统。OS 是 DBMS 最重要的支持软件，DBMS 对于数据的存取最终要通过 OS 来执行。因此 OS 的性能，尤其是 OS 的 I/O 性能直接影响数据库系统的效率。另外其功能也直接影响数据库系统的功能。

iii. 程序设计语言及其编译系统。DBMS 通常提供最基本的数据操作命令，提供与某些高级程序设计语言的接口。利用高级语言的这类强大的程序设计功能，协同完成较复杂的数据处理。

ⅳ. 辅助或配合 DBMS 工作的软件。这些软件因 DBMS 不同而不同，并非 DBMS 的必备功能，主要有数据库应用开发工具、数据库辅助设计工具、数据转换设施等。它们为用户高效、简单灵活地开发应用提供有力的支持，已成为一种重要的数据库软件资源。

ⅴ. 应用软件。应用软件是为特定用户的业务开发的专用软件系统，通常由高级语言和 DBMS 提供的数据操纵语言编写而成。

(3)硬件资源

数据库系统的硬件资源包括主机、外存及外部设备等。通常要求较大内存和外存空间，在数据库系统下，除了 DBMS 外，还有操作系统、应用程序、系统缓冲区、工作区、系统通信单元及数据库的各种表格、目录等，很多都要常驻内存，外存是存放数据库的，如果太小，装不下数据将使整个系统无法运行。同时要求有较高的通道能力，因为数据交换频率高、量大，如果能力较低，则直接影响数据库系统的效率。

(4)数据库用户

开发、管理和使用数据库系统的人员主要是：数据库管理员、系统分析员和数据库设计人员、应用程序员和最终用户。数据库管理员(Database Administrator，DBA)是建立、使用、管理和维护数据库的专业技术员，其职责是：应用业务需求分析、数据库设计、决定用户使用权限、系统维护、数据库恢复等。

5.1.2 信息的著录与标引

一般来说，要建成一个高质量的文献库，实现既方便用户的使用，又要具备开放性的目标。应尽可能采用国家标准，在文献筛选、著录、标引等方面严格按照标准实施建库工作。

1. 信息源收集

信息检索系统向用户提供检索的各种信息记录均来自各种信息源。各检索系统根据本系统的服务目的选择不同的信息源，并以此为基础建立数据库。在信息源收集阶段主要进行以下工作[2]：

(1)确定入选信息的学科专业范围，采集数据要达到“全”和“新”的目标，应包括特定范围的全部信息源，应力求保持系统完整。要保证学术水平高、适用性强的内容尽可能收录完备，保证质量。

(2)确定信息的文献类型。如期刊、会议录、学位论文、标准等。

(3)确定入库信息的数据格式。收集的数据载体形态各异，如印刷品、缩微制品、光盘、磁带、磁盘、网络下载的信息，要依据所建数据库的平台规划，数据的格式要规范。如文档可以统一转换为 PDF 格式，视频可采用 FLV 格式等。

(4)确定信息的加工深度。对于文献数据库而言，加工深度表现为三个层次：题录、文摘、全文。

(5)确定信息的起始时间。收集的信息时间跨越范围需要根据信息的特点合理选择，回溯年限长，信息时效性就差，但历史性就越强。

2. 著录与标引

收集入库的内容，要进行著录和标引。为了保证文献库的先进性、通用性、兼容性和互换性，只有采用标准著录。著录方面相关的国家标准主要有：世界各国和地区名称代码、文献类型与文献载体代码、文献著录总则、文献检索期刊条目著录规则、连续出版物著录规则、世界语种代码、文献保密等级代码等，在规划库时应参阅最新标准。同时，还要遵守数据存取方面的国际、国内标准，如机读目录(Machine Readable Catalog，MARC)标准、都柏林核心集(Dublin Core，DC)标准、可扩展标识语言(Extensible Markup Language，XML)标准、资源描述框架(Resource Description Framework，RDF)标准、Z39.50 标准等[3]。

标引方面也要进行质量控制，制定完善的标引规则，最好配备叙词表。具体实现上，可采用人工标引、计算机辅助标引和自动标引三种方式。

人工标引是指文献标引人员根据自身的专业知识水平、信息处理能力，对文献进行分析判断后给出主题词的过程。一般步骤为：分析主题、主题概念提取、选择主题词。标引人员通过阅读、浏览文献全文，形成主题概念，按照标引规则，进行主题概念的转换，选取叙词表中给定的主题词，并填入书面工作单中相应的项目(如主题词项)中。一篇文献一般给出 3～5 个主题词。

计算机辅助标引是指文献标引人员借助计算机对文献进行主题概念分析，选定反映主要主题概念的检索标识的过程。计算机辅助标引是在保留人工标引中人工参与的基础上，将计算机的快速、准确和人脑的智慧结合起来进行的标引。其实现的基本方法是：在计算机中存放规范的、具有一定结构的叙词库，词库主要是用来帮助标引人员寻找合适的叙词进行标引，只起到帮助寻找、提供显示选择的作用，由标引人员判断选定。

自动标引的方式主要有两种：自动抽词标引和自动赋词标引。

自动抽词标引是指利用计算机直接从文献全文、文摘或标题中抽出能表达文献主题的关键词作为标引词，并自动生成关键词索引或倒排文档。

自动赋词标引是指计算机根据某种特定的标准，从预选编制的词表中选取标引词，用于表示某一文献的主题概念。

3. 信息检索数据库的类型

计算机检索系统所用的数据库，在类型的划分上有多种标准，从不同的角度出发可得出不同的分类。目前图书情报界大多从记录类型的角度将数据库分成以下几种类型[4]。

(1)书目型数据库(Bibliographic Databases)

数据库中存放的是某些学科领域发表的原始文献的书目信息，如文献的篇名、著者、文献出处、文摘、主题词等，是一种机读版的二次文献。大多数是印刷本检索工具的机读版，如美国工程索引数据库(EI Compendex)，英国科学文摘数据库(INSPEC)，美国化学文摘数据库(CA Search)等。

(2)词典型数据库(Dictionary Databases)

这类数据库又可称为名录数据库或指南数据库。在数据库中主要存放的是关于一些公司、机构、企业或名人的简要描述，也可以是化学物质名称、结构、俗称等指南性信息，如产品目录数据库、商情数据库等。

(3)数值型数据库(Numeric Databases)

数值数据库是专门提供以数据形式表示信息的一种源数据库。主要记录科学研究中试验、测量、计算、工程设计、经济分析和工业规划等方面的数据。这类数据库主要包含数值数据，有的也包含文字，文字是用来定义数据所需的最小量的文字，有时称为文本－数值数据库(Textual-numeric Databases)。

(4)全文数据库(Complete Text Databases)

全文数据库是存储文献内容全文或其中主要部分的数据库,简称全文库。它是将经典著作、学术期刊、重要的会议录、法律法规、新闻报道以及百科全书、手册、年鉴等的全部文字和非文字内容转换成计算机可读形式。在我国,已有《中国学术期刊全文数据库》《书生之家数字图书馆》和《超星数字图书馆》等图书、期刊全文数据库建成投入使用。

除了上述四种基本的数据库类型之外,还有多种混合型的数据库形式,如数值－全文型数据库,书目－数值－全文型数据库等。特别是随着多媒体技术的迅速发展和广泛应用,多媒体数据库的数量越来越多。

4.信息检索数据库的记录格式

数据库中存放的是一系列文档,每个文档都是由许多条记录组成的,而每条记录又由不同的数据项(或称字段)组成,每一个字段都有标识符,字段中所含的真实内容叫作数据(或称字段的属性值)。因此可以这样说,多个字段构成一条记录,多条记录构成一个文档,多个文档共同组成计算机检索系统完整的数据库。

不同类型的数据库,尽管其标引的内容和形式有很大差别,但它的每一条记录基本上都是由三种字段组成的,即存取号字段(Access Number)、基本索引字段(Basic Index)和辅助索引字段(Additional Index)。

(1)存取号字段

计算机检索系统为数据库中的每一条记录规定了一个特定的号码,用于识别这条记录。在同一个数据库中,每一条记录只能有一个存取号。一般情况下,该存取号出现在记录的开头位置。

(2)基本索引字段

基本索引字段也可称为主题性字段,主要是指那些用来表达文献记录的内容特征的字段。它包括以下几种字段。

篇名字段(Title):也称题名字段,描述的是原始文献的名称,如一篇论文的题目或一本图书的书名等。

文摘字段(Abstract):存放的是有关原始文献主要内容的简明摘要。在书目型数据库中,文摘字段比较常见。

叙词字段(Descriptor):存放的是能代表原始文献主题内容的叙词或其他规范的主题词。这些规范词都是文献标引人员在标引文献时,依据原始文献的主题内容,参照规范化词表而选用的。不同的数据库一般有不同的规范化词表,如 EI Compendex 数据库的《主标题词表》、INSPEC 数据库的《INSPEC 叙词表》等。

自由词字段(Identifier):该字段的内容也是由文献著录标引人员根据原始文献的主题内容标引的能够代表文献主题内容的语词,但它们不是规范词,不一定出现在规范化词表中。

除了上述四种字段外,还有其他字段也属于基本索引字段,如全文数据库的正文字段等。

一般而言,基本索引字段都是从不同角度描述原始文献的主题内容。叙词字段和自由词字段一般经过文献标引人员的再加工,通常能够准确地表达文献的主题内容;而篇名字段、文摘字段或正文字段都是用自然语言对文献主题的描述,这些字段从整体上是可以准确表达文献的主题的，但选用其中的某些词语则不一定能够确切表达文献的真正内涵。

(3)辅助索引字段

辅助索引字段也可称为非主题性字段，主要表达文献的外表特征，例如文献的著者字段、期刊名称字段、语种字段等。但某些辅助索引字段也可以部分表达文献的内容特征，如CAS 数据库的化学物质登记号字段等。在计算机检索系统中，基本索引字段通常都是可检索字段，辅助索引字段一般不单独使用，它们通常与基本索引字段配合使用，起一种限定检索范围的作用。

不同种类的数据库，记录中包含的基本索引字段和辅助索引字段的种类、数量都有很大差别，即使是同一种数据库，比如书目型数据库，也会因不同的数据库而有所不同，如表 5.2 和表 5.3 所示[5][6]。

表 5.2 中国期刊全文数据库记录部分字段格式

【篇名】知识价值及其增值的量化研究
【英文篇名】A Quantitative Research on Knowledge Value and Its Increment
【作者中文名】徐扬
【作者英文名】Xu Yang(Department of Information Management;Peking University;Beijing 100871)
【作者单位】北京大学信息管理系
【文献出处】情报杂志，Journal of Intelligence，编辑部邮箱 2012 年 04 期 期刊荣誉：中文核心期刊要目总览 ASPT 来源刊 CJFD 收录刊
【关键词】知识管理；知识价值；增值；量化分析
【英文关键词】knowledge management knowledge value increment quantitative analysis

表 5.3 工程索引数据库记录部分字段格式

Accession number	20101812907302
Title	A new computer vision based polygraph system
Authors	Xiaogang, Pan1; Luyuan, Cai2; Zhaobin, Wang1; Xiao, Bai1
Author affiliation	1 Computer Science School, Beihang University, 37 Xueyuan Road, Beijing, China 2 Computer Science School, China University Geoscience, 388 Lumo Road, Wuhan, China
Corresponding author	Xiao, B. (baixiao@buaa. edu. cn)
Source title	Recent Patents on Computer Science
Abbreviated source title	Recent Pat. Comput. Sci.
Volume	2
Issue	2
Issue date	June 2009
Publication year	2009
Pages	156-161

续表

Language	English
ISSN	18744796
Document type	Journal article (JA)
Publisher	Bentham Science Publishers B. V. , P. O. Box 294, Bussum, 1400 AG, Netherlands
Abstract	In this paper, we describe a new polygraph system which is based on computer vision technologies. The underpinning idea is to detect pupil size variation from a sequence of images. Based on the variation of the pupil size, we can detect for truth or deception. We have experimented with our system and proved its effectiveness. Compared with traditional polygraph techniques, this is the best computer vision based system to date. It is much simpler compared to old systems and is easier to implement. ©2009 Bentham Science Publishers Ltd.
Number of references	11
Main heading	Feature extraction
Controlled terms	Computer vision-Navigation
Uncontrolled terms	Computer vision technology-Image feature extractions-Pupil size-Sequence of images-Shape analysis
Classification code	741. 2 Vision-741. 1 Light/Optics-731. 6 Robot Applications-723. 5 Computer Applications-751. 1 Acoustic Waves-716. 3 Radio Systems and Equipment-655. 1 Spacecraft, General-434. 4 Waterway Navigation-431. 5 Air Navigation and Traffic Control-716 Telecommunication; Radar, Radio and Television
DOI	10. 2174/1874479610902020156
Database	Compendex Compilation and indexing terms, © 2012 Elsevier Inc.

5. 信息检索数据库的编排结构

所谓数据库的编排结构，就是计算机检索系统中数据库的每条记录数据项的编排方式，有顺排文档和倒排文档两种。

(1)顺排文档

将全部文献记录按存取号的大小顺序排列而成的记录集合称为顺排文档。顺排文档各记录之间的逻辑顺序和物理顺序是一致的，也可称为线性文档。书目数据库中的主文档通常是顺排文档，它与手工检索工具中的主体部分相对应，需要有索引文档的配合共同完成检索。顺排文档结构如表 5.4 所示(假设只有一个字段主题词。A、B、C、D 分别代表不同的主题词)。

表 5.4　顺排文档示例

存取号	主题词
1	A,B
2	C,D
3	A,C
4	B,D

如果在顺排文档中进行检索，计算机就要对每个检索逐一扫描数据库中的每一条记录，存储的记录越多，扫描的时间越长，检索效率就会很低。

(2)倒排文档

倒排文档是把记录中的可检索字段及其所含数据提取出来，把这些数据按某种顺序再组织起来，成为可用作索引的文档，因而倒排文档也可称为索引文档。不同属性的字段可以组成不同的倒排文档，比如著者字段，可将其所含的数据(著者名)提取出来，将著者名按字母顺序排列组成倒排文档(著者索引)，用来指引与特定著者有关的记录在主文档中的地址。可以说，主文档以文献的全记录为处理和检索单元，而倒排文档则以文献记录的字段为处理和检索单元。倒排文档的结构如表 5.5 所示(主题词索引)。

表 5.5　倒排文档示例

主题词	存取号
A	3,1
B	4,1
C	3,2
D	4,2

i. 基本索引倒排文档：顾名思义就是从数据库全部记录的基本索引字段中，抽取全部单元词和标引的多元词词组，并按一定顺序排列而形成的一个倒排文档。这些抽取的词可以是叙词字段和自由词字段中的全部标引单元词和标引多元词；也可以是题名、文摘和正文字段中的全部自由单元词；还可以是其他基本索引字段中的标引多元词或组成标引多元词的自由单元词。

在基本索引文档中，抽取的索引词按字母顺序排列，每个索引词单元后面都有相应的存取号和字段位置标识符，如表 5.6 所示(其中 AB 表示文摘字段，DE 表示叙词字段，TI 表示篇名字段等)。检索时，计算机根据这些存取号和字段位置标识符识别索引单元所处的具体记录和字段位置。

表 5.6　基本索引倒排文档示例

索引单元词	存取号	字段标识符
Air	199910	AB
Aircraft	199901	AB
Behavior	199955	DE
Body	199934	TI
⋮	⋮	⋮

ii. 辅助索引倒排文档：就是抽取辅助索引字段中的单元词、多元词、数字或代码加上相应的辅助索引字段前缀代码，组成一个按字段前缀代码的字母顺序排列的倒排文档。

在辅助索引文档中，每个索引单元后面只标注相应的记录存取号，如表5.7所示（AU表示著者字段，JN表示刊名字段，LA表示语种，PY表示出版时间等）。实际上，不同辅助索引字段的索引单元可以构成不同的倒排子文档，如著者索引子文档、期刊名称索引子文档等。

表5.7 辅助索引倒排文档示例

AU＝Zhang，Hua	199950
JN＝Computer Review	199922
LA＝English	201122
PY＝1998	199901
⋮	⋮

在许多计算机检索系统中，为了提高检索速度，分别把基本索引倒排文档和辅助索引倒排文档再分成索引词典文档和存取号倒排文档，它们之间彼此通过指针相连，因此每个数据库实际上存在以下五种相互关联的文档：

- 文献记录顺排文档（主文档）。
- 基本索引词典文档。
- 基本索引存取号倒排文档。
- 辅助索引词典文档。
- 辅助索引存取号倒排文档。

有了以上这些文档，就能够快速查找需要的文献。比如要查找含有“网络”这个主题词的文献，系统首先查基本索引词典文档，找到含有“网络”这一主题词的文献篇数及存取号的存放地址，然后根据该地址去查基本索引存取号倒排文档，将含有该主题词的所有文献记录的存取号找到，最后根据存取号从顺排文档中找到正确的文献记录，完成整个检索过程。这里需要说明的是，读者在实际检索过程中是感觉不到这一计算机内部工作过程的。

5.2 信息检索模型和实现技术

5.2.1 信息检索模型[7]

信息检索模型定义为：信息检索模型是描述文档和用户查询的表示形式以及它们之间的关系的框架，可以用四元组[D，Q，F，R(q_i，d_j)]形式化地表示信息检索模型。式中出现的各符号含义如下：

- D：文档集的机内表示。
- Q：查询的机内表示。
- F：文档表示、查询表示和它们之间的相关度表示的模型框架。
- R(q_i，d_j)：查询 q_i，和文档 d_j 相关度大小的评价。

建立具体的信息检索模型本质上取决于以下三个方面：

第一，如何表示文本和查询。主要是确定从什么样的视角去看待查询和文档，怎样确立和组织检索单元，怎样将文本表示成文本描述符，怎样表示用户需求等问题。

第二，如何看待和判断查询和文档是否相关。这个问题实际上就是比较各文本与用户需求之间的匹配程度，这是一个检索模型必须解决的问题。

第三，如何计算查询和文档之间的相似度。在给定了查询和文档的机内表示以及表示它们之间相关度大小的准则之后，利用排序算法计算各个文档与用户查询的相关度，按照所定义的相关度规则进行排序。

可以根据以上三个决定因素来对信息检索模型分类。信息检索模型按照理论基础的不同可以划分为布尔模型、向量空间模型、概率模型以及基于知识的模型等，常见分类如图5.3所示。

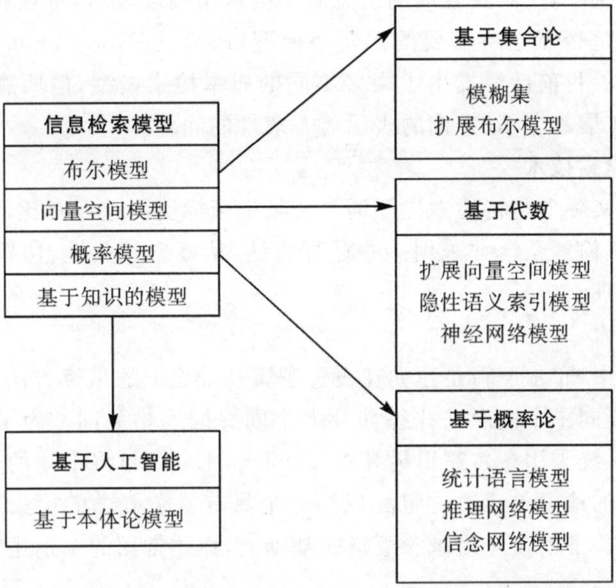

图5.3 信息检索模型分类图

当前应用最多的还是布尔模型、向量空间模型和概率模型三种经典的模型，对其简要介绍如下：

1. 布尔模型

布尔模型(Boolean Model)是最简单的信息检索模型。这种模型的理论基础是集合论。在布尔模型中，文档和查询都被表示为索引项的集合。用户可以根据检索项在文档中的布尔逻辑关系提交查询，检索系统根据事先建立的倒排文件结构，确定查询结果。为了克服布尔模型查询结果的无序性，可以规定按一定的优先次序来排列查询结果。

布尔模型最大的优点是理论简单、使用方便。但它只能给出精确匹配的结果，因此，检索结果有可能因查询词在大量文档中出现而数量太多，或者由于找不到与查询词完全匹配的文档而使结果太少。

2. 向量空间模型

向量空间模型(Vector Space Model)由Salton等人于20世纪60年代末提出，是一种简便、高效的文本表示模型，其理论基础是代数学。向量空间模型把用户的查询要求和数据库文档信息表示成由检索项构成的向量空间中的点，通过计算向量之间的距离来判定文档和查询之间的相似程度。然后，根据相似程度排列查询结果。向量空间模型的关键在于特征向量的选取和特征向量的权值计算两个部分。

向量空间模型最主要的优点在于：该模型的权重计算方法能够提高系统的检索性能，模型中使用的部分匹配方法能检索出与用户的查询输入条件"近似"的文档，在模型中可以根据检索出的结果与查询条件的相关程度对结果进行排序。另外，向量空间模型计算简单，检索速度快。

向量空间模型认为，所有的索引项之间是相互独立的。这样，在权重计算公式中就没有考虑索引项之间的相互关系。

3. 概率模型

在信息检索系统中，所需要查询的信息既不能被精确地表示，也没有一个清晰的过程来判别一个数据对象是否就是所需要的。概率模型(Probabilistic Model)就是处理这种不确定性最成功的方法。目前已经提出了很多不同的概率检索模型，但所有的概率模型都存在着参数估计，查询扩展和文档、查询的表示等一般性的问题。

5.2.2 基本检索技术

信息检索过程实际上是将检索提问词与文献记录标引词进行对比匹配的过程。为了提高检索效率，计算机检索系统常采用一些运算方法，从概念相关性、位置相关性等方面对检索提问实行技术处理。

1. 布尔逻辑检索

信息检索过程中，布尔逻辑是建立在概念逻辑基础之上的运算方法，检索提问涉及的概念往往不止一个，而同一个概念又往往涉及多个同义词或相关词。为了正确地表达检索提问概念，信息检索系统采用布尔逻辑运算符(Boolean Logical)将不同的检索词组配起来，使一些具有简单概念的检索单元通过组配成为一个具有复杂概念的检索式，用以表达用户的信息检索概念要求。下面在介绍概念逻辑的基础上，详述常用的布尔逻辑运算符。

(1)概念逻辑

概念逻辑是一种揭示事物本质属性及各种事物之间联系与区别的科学思维方式，它反映概念之间的关系，确定概念的类型、内涵和外延等。文献信息内容特征和外部特征的标引，文献主题概念之间关系的显示，用户检索需求的表达等都需要运用概念逻辑的方法。

概念是表达事物对象的特有属性或本质属性的思维形式，是检索系统交流的内容。概念通常包括内涵和外延两个方面：内涵是指概念的含义，即概念所反映对象的本质属性的总和；外延则是指只有该属性的事物对象，即所包括的范围。

概念之间按照其是否存在共有的外延，可以分为相容关系和不相容关系两类。相容关系是指至少有一部分外延相同的概念之间的关系，包括同一关系、包含关系、交叉关系、整体与部分的关系、全面与某一方面的关系等；不相容关系是指不存在共有外延的概念之间的关系，具体又包括矛盾关系、反对关系和并列关系等。

概念的内涵和外延成反变关系。一个概念的内涵越浅，其符合概念对象的范围就越广；反之，概念的内涵越深，其符合概念对象的范围则越小。例如，"学校＞中等学校＞普通中等学校"，这一概念系列就是随着概念内涵的加深，范围随之逐步缩小的。因为在学校这一概念中增加了"中等"这一属性，就构成了"中等学校"这一较为专指的、内涵较深的概念，其范围也相应缩小；再在这一概念上增加"普通"这一属性，构成"普通中等学校"这一更加专指、内涵更深的概念，运用这一概念的对象又再一次被缩小。以上加深内涵、缩小外延的过程称为对概念的限制；反之，减小内涵、扩大外延的过程则称为对概念的概括。

在信息组织工作中，可以依据概念的限制和概括以及概念之间的关系，可以通过概念的划分、概念的分析和综合，展开检索语言系统或进行检索演算。其中，对概念的划分一般可以依据明确的划分属性，将一个母项分为若干子项，从一个属概念分出若干子概念，如此连续进行就可以建立起等级分类体系。对概念的分析和综合则可以根据概念的构成，将复合主题概念分解成若干个子概念，并通过对子概念的组配，表达复合主题概念，进行概念逻辑运算。概念的划分、概念的分析与综合是信息组织和检索语言中使用非常普遍的逻辑方法。信息资源分类表的建立、逻辑检索方法的使用就是这一方法的实际应用[8]。

(2)布尔逻辑运算符

常用的布尔逻辑运算符主要有逻辑与、逻辑或和逻辑非[9]。

①逻辑与

逻辑与运算符一般用 AND 或“*”表示。逻辑与是一种用于交叉概念或限定关系的组配。它的基本作用是对检索词进行限定。逐步缩小检索范围，提高检索结果的查准率。若查询同时含有概念 A 和概念 B 的文献，则表示为“A AND B”或“A * B”，即被检索的文献记录中必须同时含有 A 和 B 才算命中，如图 5.4 所示。

②逻辑或

逻辑或运算符一般用 OR 或“+”表示。逻辑或是用于并列概念的一种组配。

若 A OR B。则表示在一篇文献记录中。只要含有 A 和 B 中的任何一个即算命中，如图 5.5 所示。这种组配可以扩大检索范围，防止漏检。有利于提高查全率。

例如，检索含有检索项 A 或检索项 B 的文献，可表示为：“A OR B”或“A+B”。检索结果是将含有检索项 A 的文献集合与含有检索项 B 的文献集合相加，形成一个新的集合。

③逻辑非

逻辑非运算符一般用 NOT 或“-”表示。逻辑非组配是用于从原来的检索范围中除去不需要的概念或者影响检索效果的概念的一种组配，如图 5.6 所示。例如，在含有概念 A 的文献集合中，排除同时含有概念 B 的文献，可表示为：“A NOT B”或“A-B”，即在一篇文献记录中，只含有 A 而不能含有 B 才算命中。

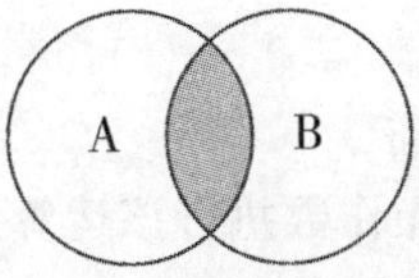

图 5.4　逻辑与

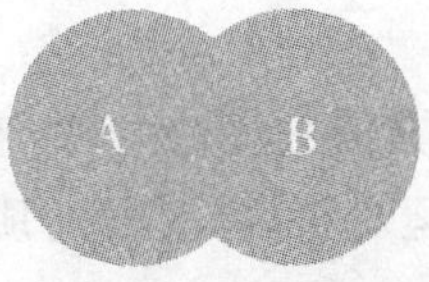

图 5.5　逻辑或

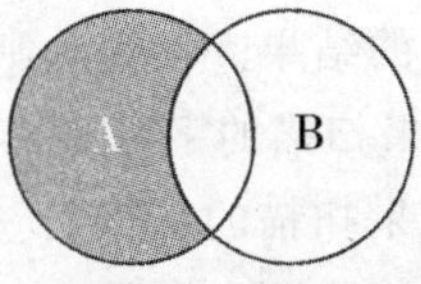

图 5.6　逻辑非

④布尔逻辑运算符的运算次序

用布尔逻辑运算符组配检索词构成的检索提问式，逻辑运算符 AND、OR 和 NOT 的运算次序，在不同的检索系统中有不同的规定。在有括号的情况下，括号内的逻辑运算先执行；在无括号的情况下，有下列几种处理顺序：

i. NOT 最先执行，AND 其次执行，OR 最后执行。

ii. AND 最先执行，NOT 其次执行，OR 最后执行。

iii. OR 最先执行，AND 其次执行，NOT 最后执行。

iv. 按自然顺序，AND、OR 和 NOT 谁在先就先执行谁。

一般情况下以 NOT 为最先，AND 其次，OR 最后执行，有括号的先执行括号内的逻辑运算。例如，(A OR D) AND B，表示先执行“A OR D”的检索，再与 B 进行 AND 运算。

在使用不同的检索系统时，需阅读一下使用帮助，了解检索系统的具体规定，避免由于逻辑符号和逻辑运算次序处理不当而造成错误的检索结果。因为，对同一个布尔逻辑提问式来说，不同的运算次序会有不同的检索结果。

(3)布尔逻辑表达式的逆波兰转换

逆波兰表达式(Reverse Polish Notation，RPN)是波兰逻辑学家 J. Lukasiewicz 于 1929 年提出的另一种数学式表示法。它有两种形式：把运算符写在操作数之前，称为波兰表达式，如＋ AB；把运算符写在操作数之后，称为逆波兰表达式，如 AB＋。其中，逆波兰表达式在编译技术中有着普遍的应用，计算机检索系统的逻辑表达式的实现，要转化为逆波兰表达式，以加快检索速度[10]。

①逆波兰表达式的语法规则

严格地按照从左至右顺序扫描的逆波兰表达式，其书写应符合下列规则：

i. 逆波兰表达式中操作数出现的顺序与中缀表达式中操作数出现的顺序相同。

ii. 在逆波兰表达式中，运算符不分优先级，一律按照计算顺序从左至右出现。

iii. 逆波兰表达式中的运算符紧跟在运算对象(操作数)的后面出现。

下面是一些例子：

正常的表达式	逆波兰表达式
a－b	a，b，－
a＋(b－c)	a，b，c，－，＋
a＋(b－c) * d	a，b，c，－，d，*，＋
a＝1＋3	a，1，3，＋，＝
http＝(smtp＋http＋telnet)/1024	http，smtp，http，telnet，＋，＋，1024，/，＝

②逆波兰表达式的运算法则

利用一个栈(Stack)，单纯地从左至右扫描逆波兰表达式中各个字符，就能计算出它的值。栈中保存的是未被使用的全部运算对象，它们或者是已经扫描过的，或者是作为某种运算所产生的结果。运算法则如下：

i. 如果扫描的字符是操作数，则其值进栈，并扫描下一个字符。

ii. 如果扫描的字符是一个二目运算符，则对栈的顶上两个操作数执行该运算，并用运算的结果代替这两个元素。

iii. 如果扫描的字符是一个一目运算符，则对栈的最顶上的操作数执行该运算，并用运算的结果代替该运算对象。

2. 位置检索

逻辑组配只能解决某一记录中含有或不含有某一检索词的情况，但不能解决检索词间的位置关系。然而，检索词间的位置关系恰恰决定了文献的内容。例如检索式 colour AND television 输入以后。其命中文献中可能既含有 colour television 又含有 television colour，显然出现了误检。位置组配就是为了解决这一问题而产生的。

位置检索(Position Search)也叫邻近检索(Proximity Search)。位置组配依靠位置运算符来实现。位置运算符又称为邻接运算符。其主要的作用是限定检索词间的间隔距离或前后顺序。从而提高检索深度和准确性,避免误检。不同的检索系统有不同的位置限定运算符。如 ISI Web of Knowledge 平台的位置运算符有 With、Near。UMI 公司的 ProQuest 检索系统的位置运算符有 W/n、PER/n。另外,很多检索系统用“”或()来表示短语,检索出与“”或()内形式完全相同的短语,以提高检索的准确度。

该功能最为详尽的当推美国的 DIALOG 国际联机检索系统。现将其位置运算符及相应的功能介绍如下。

(1)(W)

(W)运算符中的 W 含义为 With。该运算符表示在它两侧的两个检索词之间不能插入任何检索词(空格或标点符号除外),且前后检索词的位置不能颠倒。(W)运算符还可以使用其简略形式()表示。利用(W)或()往往可以代替空格或标点符号。

例如:检索 x-ray 方面的有关文献。我们就可输入以下检索式:

x(W)ray 或 x()ray

(W)更多的时候是用于词组的检索。例如,要想检索太阳能方面的有关文献,就可输入以下检索式:solar(W)energy 或 solar()energy

该式表示要在数据库中检索 solar energy 这个词组。

(2)(nW)该运算符为(W)运算符的扩展,表示在(nW)前后两个检索词之间最多可插入 n(n=1,2,3,…)个词(包括禁用词如 AN、AND、BY、FOR、FROM、OF、THE、TO 和 WITH 等),但前后两个检索词之间的位置不能颠倒。它与(W)的区别是,允许在两个词之间插入 n 个词。因而,严密性略逊于(W),但它往往可以代替一些禁用词。

例如:recovery(2W)economy 就可以省略两个禁用词 of the,代替检索 recovery of the economy。

(3)(N)

(N)运算符中 N 的含义为 Near。该运算符表示(N)前后的两个检索词之间不能插入任何检索词(空格及标点符号除外),但其位置可以颠倒,而且(N)两旁的两个检索词可以完全相同,而(W)运算符两旁的两个检索词则不允许相同。

例如:protein(N)protein 就可以代替检索 protein-protein。

(4)(NN)

该运算符为(N)运算符的扩展,表示(NN)前后的两个检索词之间最多可插入 n 个检索词(包括禁用词),并且位置可以颠倒。

例如:输入 economy(2N)recovery 检索式,可检索出:economy recovery、recovery of the economy 和 recovery from economy 等词组。

(5)(F)

(F)运算符中 F 的含义为 Field。表示(F)两侧的两个检索词必须同时出现在同一篇文献的同一个字段里才算命中,它们之间的位置关系不限,而且中间还可以插入若干个检索词。

例如:输入检索式 pollution(F)control 就代表要查找在同一字段中同时含有这两个词的有关文献。如可检索出 control and management of industrial pollution 等表达方式。

(6)(S)

(S)运算符中 S 的含义为 Sentence。表示(S)两侧的两个检索词必须同时出现在同一个句子里或同一子字段才算命中。两个检索词的前后位置不受限制，且中间可以插入若干个检索词。

例如：输入检索式 electric(S)plant 代表要查找同一句子中同时含有这两个词的有关文献。如可检索出 electric power plant 等表达方式。

在检索式中，布尔逻辑运算符与位置逻辑运算符可以结合起来使用。计算机检索系统的执行顺序是：位置逻辑运算符在先，布尔逻辑运算符在后。同样可用括号规定或改变执行顺序。

3. 截词检索

在拉丁语系等西方语言文字中。一个词可能有多种形态，而这些不同的形态。多半只具有语法上的意义。但从用户的角度来看，它们在意义上却是相同的。因此，大多数计算机检索系统都采用将检索词截断的方法来进行检索匹配，从而在一定程度上避免了漏检。

所谓截词是指检索者将检索词在他认为合适的地方截断。截词运算符的作用就是使计算机保留检索词中与词干相同的部分，允许检索词有一定的变化范围。这种功能可以减少输入步骤，简化检索程序，扩大查找范围，从而达到提高查全率，节省时间，降低费用的目的。

截词的处理方式可分为四种形式，即前方截断、后方截断、前后方截断和中间截断。所谓前方截断是指允许词头有所变化，后方截断是指允许词尾有所变化，前后截断是指词头词尾均允许变化，中间截断是指词中允许变化。其中前方截断、后方截断和前后方截断又分为无限截断和有限截断两种情况。不同的数据库所应用的截词运算符也有所不同。如 DIALOG系统的截词符为"?"。而 INSPEC 系统的截词符为"*"或"?"。

(1)无限截断：在检索词词干前后只加一个"?"或"*"，表示可以在该检索词词干前后变化无限多个字符，称为无限截断。

例如：

?computer 或 * computer 可检索出 microcomputer 和 minicomputer 等。

?computer?或 * computer * 可检索出 computer、computers 和 computerize 等。

?computer?或 * computer * 可检索出 microcomputer、minicomputer、computer、computers 及 computerize 等。

(2)有限截断：表示在检索词词干后最多只允许添加有限个字符。

例如：

system??表示在 system 后最多只能加一个字符，可检索出 system 和 systems 等。

theat???表示在 theat 后最多只能加两个字符，可检索出 theater 或 theatre 等。

(3)中间截断：表示在检索词中间可变化的字符数。

例如：wom?n 可检索出 woman 和 women。

t??th 可检索出 tooth 和 teeth。

4. 限定检索

限定检索泛指检索系统中提供的缩小或约束检索结果的检索方法。主要有以下几种方式。

(1)字段限定检索

字段限定检索是指限定检索词在数据库记录的一个或几个字段范围内查找的一种检索方法。在 DIALOG 检索系统的命令检索模式中使用字段检索时，基本索引字段采用后缀表示，即由“/”与字段代码组成，放在检索词或检索式的后面，例如，boiler/ti，ab 表示将检索词限定在篇名字段(ti)和文摘字段(ab)中；辅助字段用前缀表示，即由辅助字段代码与“＝”组成，放在检索词或检索式的前面，例如，要查找 SmithT. 发表的有关文献，检索式可表示为 AU＝SmithT.。

计算机检索系统对文献记录进行字段划分，原因在于如果一个检索指令没有字段限制，计算机检索系统会在整个文献记录中进行查找。这样既浪费时间和费用又不准确。而加上字段限制，计算机检索系统则只在指定的字段中进行查找，既提高了检索的准确性，又提高了检索效率。

(2)二次检索

二次检索是在前一次检索的结果中进行另一概念的检索，大部分通用检索系统中均提供二次检索功能。

(3)范围限定检索

人们进行检索时，往往需要查找某一特定范围内的有关文献。如在 DIALOG 检索系统的命令检索模式中，计算机检索系统可以通过范围运算符“:”对文献年限、文献记录存取号和分类号的范围等进行限制。例如：

PY＝2000:PY＝2007

CC＝723:CC＝731

范围运算符还可以使用“＞”“＜”“＞＝”和“＜＝”等符号。例如

PY＞2000　　　　PY＜2007

PY＞＝2000　　　PY＜＝2007

5.扩展的检索技术

所谓查询扩展，就是在用户输入查询的基础上，依照一定的规则加入一些相关的词，从而得到比用户的查询长很多的新的查询，然后再用这个新的查询来进行检索。查询扩展最主要的目的就是提高查全率，即避免相关文档被漏掉。

(1)加权检索

加权检索是某些检索系统中提供的一种定量检索技术，是一种判断检索词或字符串在满足检索逻辑后对信息命中与影响程度的度量，是对相关性的一种检测。加权检索同布尔检索、截词检索等一样，也是文献检索的一个基本检索手段，与它们不同的是，加权检索的侧重点不在于判定检索词或字符串是不是在数据库中存在、与别的检索词或字符串是什么关系，而是在于判定检索词或字符串在满足检索逻辑后对文献命中与否的影响程度。加权检索的基本方法是：在每个提问词后面给定一个数值表示其重要程度，这个数值称为权，在检索时，先查找这些检索词在数据库记录中是否存在，然后计算存在的检索词的权值总和。权值之和达到或超过预先给定的阈值，该记录即为命中记录。

运用加权检索可以命中核心概念文献，因此它是一种缩小检索范围提高检准率的有效方法。但并不是所有系统都能提供加权检索这种检索技术，而能提供加权检索的系统，对权的定义、加权方式、权值计算和检索结果的判定等方面，又有不同的技术规范。

如检索词 A、B、C 分别对应的权值是 5、3、2，如果我们设定阈值为 6，则根据检索要求，只有包含有“A、B、C”，“A、B”，“A、C”的三组信息被命中可以检出。

(2)根据词义的扩展

这种查询即向查询中加入与查询词意相关的词,比如同义词、概念蕴含的词等。一般来说这需要一个词典,词典可以是人工编制的,从中可以查出每个词的同义词。这里的同义词可以是同一事物的不同名称,比如“计算机”与“电脑”,或特定的指代关系,如“首都”与“北京”,甚至公认的简称,如“中国”与“中华人民共和国”。更进一步,词典中还应该给出词之间的概念蕴含关系,如“艺术”包括“绘画”“音乐”“电影”“戏曲”等。

(3)根据统计信息的扩展

通过研究,人们发现有时意义上没有明显关系但在实际中经常被人们连用的词也会给检索带来帮助。例如,“改革”和“开放”这两个词并不是同义词,但它们经常被连在一起使用,这就表示它们之间有比较密切的联系。一般来说,这将给检索带来好处,而这种联系可以通过对大量的语料库进行统计得到。

(4)根据相关反馈的扩展

相关反馈是一种提高检索精确度的方法,其基本思想是:根据初始查询检索出相应的结果;然后从结果中选出一部分相似性比较高的文档,从理论上说,这些选出的文档的主要特征项应能很好地表示查询内容;再根据这些文档选取一些特征项,修改初始查询,然后对新生成的查询重新进行检索,并给出最终结果。

从最初的结果集合中选取相关文档的方法可以有手工选取和自动获取两种。手工选取相关文档就是让用户自己来选择究竟哪些文档是他们想要的,这样得到的文档显然是满足用户需求的,但这对用户来说非常不方便。自动获取相似性高的文档的方法则基于这样一个假设:把结果文档集按照相似性程度递减地排序后,排在前面的就是相关的文档。于是,可以设计使系统自动地选取一定的文档及其一定的特征项。

在向量空间模型中,相关反馈可以分为增加新的查询项、删除部分查询项和修改已有的查询项权值三种情况。在概率模型中,相关反馈只是通过重新评价查询项权值来进行,而没有增加新的查询项的含义。因此,使用什么样的相关反馈的方法,是由使用什么样的检索方法直接决定的。

5.2.3 其他检索技术

基于 www 的搜索引擎技术,一直是一个非常重要的研究课题,在此技术领域中的信息采集、分析存储和信息检索形成了完整的搜索引擎,其中信息检索是其最重要的组成部分,具有代表性的文本检索模型主要有布尔模型、向量空间模型、概率模型等,这些模型从不同角度使用不同的方法处理特征加权、类别学习和相似计算等问题[11]。

由于布尔模型在前面已经介绍过了,在此,我们主要介绍其他模型。

1.向量空间方法

用向量空间模型计算向量距离时,一般采用向量的夹角余弦来表示,两个文档之间相同的词越多且这些词的权重越高,则其距离越近。计算权重的目的是要正确突出每个索引项在文章中的重要程度,一般来讲,某个词在某文本中经常出现且在其他文本中不常出现,就说明该词对该文本或该类文本更具有代表性,应具有更高的权重。另一方面,如果一个索引项在很多文档中都出现,那么这个索引项则不能很好地代表某一类文档,其权重应较小。

一个向量空间是由一组线性无关的基本向量组成的,向量维数与向量空间维数一致,并可以通过向量空间进行描述。

文档 D(Document)：泛指文档或文档中的一个片段(如文档中的标题、摘要、正文等)。

特征项 t(Term)：指出现在文档中能够代表文档性质的基本语言单位(如字、词等)，也就是通常所指的检索词，这样一个文档 D 就可以表示为 $D(t_1, t_2, \cdots, t_n)$，其中 n 就代表了检索字的数量。

特征项权重 W_k(Term Weight)：指特征项 t_n。能够代表文档 D 能力的大小，体现了特征项在文档中的重要程度。这样文档 D 的向量可以表示为 $D(w_{n1}, w_{n2}, \cdots, w_{nm})$，其中 W_1，W_2，$\cdots$，W_m 分别代表文档 D 特征项 $t_1, t_2, \cdots, t_n$ 的特征项权重。在 WWW 索引文件中，每一个向量对应一个 URL，当用户检索查询一个文档内容时，如果匹配，则向量 D 对应的特征项 t 值为 1，否则值为 0。

相似度 S(Similarity)：指两个文档内容相关程度的大小，当文档以向量来表示时，可以使用向量文档向量间的距离来衡量，一般使用内积或夹角 θ 的余弦来计算，两者夹角越小说明相似度越高。

2. 模糊检索方法

在传统的信息检索领域，最流行的查询是：精确的查询条件和满足查询条件的结果。而在实际使用中，有许多查询条件不能精确定义，查询结果却是一组与查询条件近似匹配的对象。其中包含了模糊概念，这就是模糊查询。因此，在模糊查询中，查询条件是不确切的，查询结果是近似的。模糊检索即根据检索对象的模糊特征来查找所需内容。

(1)模糊数据库模型

关系模型是传统数据库使用最多的数据模型。显然，传统关系模型难以适应基于内容的图像数据库的模糊查询。为适应基于内容的图像检索，同时最大限度地利用关系数据库的优点，应该对关系模型的概念进行扩展。其数据结构是一张由基本属性和超属性组成的二维表，即超关系构成。

(2)模糊查询过程

模糊查询就是根据模糊特征来查找所需内容，由于检索中查询要求往往是根据人的主观性所决定的，因此很大程度上带有模糊性，我们用图 5.7 所示的查询体系结构来说明具有模糊特征的基于内容检索的基本方法。

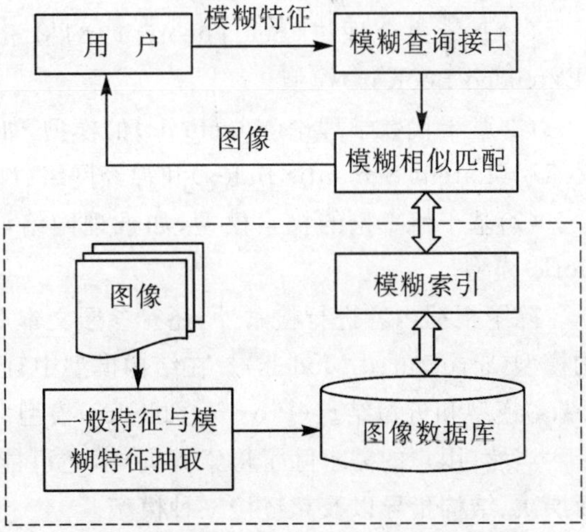

图 5.7　基于内容的模糊查询体系结构

模糊查询接口是用户输入模糊查询条件的人机交互接口。模糊特征的描述实际上往往由用户的主观性所决定，对于图像纹理，习惯于用“很粗”“中等”“弱”等这样的一些模糊概念来描述；形状一般用“几何形的”“立体形的”或“似长方形的”“正方形的”等概念描述；颜色特征通常用“很艳”“一般”“暗淡”或“大红”“紫红”“红”这样的模糊概念来描述。系统将复杂的多维特征经过模糊分类简化为有限的几个特征集上，数字化表示成模糊特征向量(Q_j，$j=1,\cdots,M_j$，$i=1,\cdots,q$)。

要使用户模糊查询描述更精确，还需进行模糊特征的调整。用户用模糊概念输入特征，计算机通过用相似性计算公式求得库中一些与用户输入特征相近的对象，返回给用户，然后由用户从这组相似对象中选择一个对象作为目标对象，并用模糊术语，如“更窄”“更暗”等调整参考对象的每个特征，这些模糊术语又被转化为一定的数值，经过相似性匹配求出更相似的对象。

模糊相似性度量是实现模糊相似匹配的核心，常用模糊相似距离来作为检查模糊查询向量和模糊图像向量之间的相似性的度量标准。为讨论方便，我们以模糊年龄的相似性度量为例，来定义模糊查询向量 $Q_j, j=1,2,\cdots,q$ 和模糊图像向量 $B_j, j=1,2,\cdots,q$ 之间的相似性度量。Q_i、B_j 是相同的模糊空间里的模糊子集。在多维模糊空间中对 Q 和 B 之间的距离 dis 定义为：

$$\mathrm{dis}(Q,B)=\sqrt{\sum_{j,k}\mid Q_j-B_j\mid \mathrm{cor}(A_j,A_k)\mid Q_k-B_k\mid}$$

card(A)表示模糊集的基数，定义为：

$$\mathrm{card}(A)=\int m_A(x)\mathrm{d}x \quad 或 \quad \mathrm{card}(A)=\sum_x m_A(x)$$

3. 概率方法

在信息检索系统中，所需要查询的信息既不能被精确地表示，也没有一个清晰的过程来判别一个数据对象是否就是所需要的。概率模型就是处理这种不确定性最成功的方法。目前已经提出了很多不同的概率检索模型，但所有的概率模型都存在着参数估计、查询扩展和文档、查询的表示等一般性的问题。

实际上，大多数检索系统往往将上述各种模型混合在一起，以达到最佳的检索效果。

近几年中，在这三种基本模型的基础上还发展出了许多新的模型方法，主要可分为以下三类：

(1)基于集合理论(Set Theoretic)的检索模型，如模糊(Fuzzy)集合方法和扩展布尔(Extended Boolean)模型。

(2)基于代数学理论(Algebraic)的模型，如生成向量模型(Generalized Vector)、隐含语义索引(Latent Semantic Index)和神经网络(Neural Networks)模型。

(3)基于概率论的检索模型，如推理网络(Inference Network)和信任网络(Belief Network)模型。

除了根据内容进行检索外，还有参照文本所用的框架结构来建立检索模型的方法，即结构模型(Structured Models)。在结构模型中，已有的方法包括非覆盖列表(Non-overlapping Lists)模型和近似结点(Proximal Nodes)模型。

当然，用户的需求除了检索查询外，还可能是浏览。在基于浏览的用户任务中，还有平面层次、结构指导以及超链接三种模型。

信息检索涉及数据库技术、图书和情报科学、人工智能、自然语言处理、机器学习等众多知识和学科领域，随着这些学科领域的发展，在应用需求的拉动下，计算机信息检索技术逐步在向实现信息检索服务的可视化、多媒体全文检索、个性化方向前进[12]。相信在当今云计算技术和理念的推动下，云检索系统的研究，必将为更加高效、便捷、智能的多媒体深层次信息检索服务的实现提供保障[13]，令人更加满意的计算机检索系统会陆续产生。

思考题

1. 简述计算机检索的原理、组成和类型。

2. 常用的计算机信息检索模型有哪些?

3. 常用的计算机信息检索技术有哪些? 计算机信息检索有哪些服务方式?

4. 简述常用的扩检技术与缩检技术。

5. 如何进行计算机信息检索评价?

参考文献

[1]潘卫华,张丽静,张锋厅,等.大学计算机基础[M].北京:中国电力出版社,2009:93-96.

[2]吴家柱. 文献库质量控制初探[J].情报探索,1996,3(1):8-9.

[3]杜治波.图书馆数字资源标准化探析[J]. 现代情报,2008,3(3):96-98.

[4]王梦丽,杜慰纯.信息检索与网络应用[M].北京:北京航空航天大学出版社,2009:86-88.

[5]知识价值及其增值的量化研究[EB/OL].[2012-06-17].http://dlib.edu.cnki.net/kns50/detail.aspx? dbname=CJFDTEMP&filename=QBZZ201204031.

[6]Engineering Village—Record 11 from Compendex for:(((computer) WN KY) AND ((vision) WNKY)),2009-2012[EB/OL].[2012-06-25].http://www.engineeringvillage.com/controller/servlet/Controller? SEARCHID = 10deb5f13807df95a45650prod3data1&CID = quickSearchDetailedFormat&DOCINDEX=11&database=1&format=quickSearchDetailedFormat.

[7]刘挺,秦兵,张宇等.信息检索系统导论[M].北京:机械工业出版社,2008:13-14.

[8]周鹏,张秀兰.论知识组织的概念逻辑基础[J]. 情报探索,2009,9(9):19-20.

[9]周晓兰,金声,谢红.科技信息检索与利用[M].北京:中国电力出版社,2008:23-27.

[10]周丰.逆波兰表达式及其算法实现[J].武汉交通职业学院学报,2004,6(2):60-61.

[11]赵泉,郭常红,龙江.信息检索[M].北京:机械工业出版社,2008:46-50.

[12]王晓波.基于信息检索及发展趋势的研究[J].河南图书馆学刊,2011,31(1):7-9.

[13]安俊秀.基于服务器集群的云检索系统的研究与示范[J].计算机科学,2010,37(7):179-181.

第6章　文献信息分析方法

要想从海量的文献信息源中迅速准确地获取决策和研究所需的有用信息，只掌握文献检索的基本原理和方法远远不够。面对一课题，检索前需要对课题进行深入分析，首先从总体上把握；检索实施过程中，鉴别筛选，离不开信息分析。信息分析是一种知识创造性活动，是人类生存与发展的基本技能，是信息资源开发利用的关键环节。要培养良好的信息检索能力，信息分析的基本方法和基本技能必须掌握。

随着社会经济的发展及市场竞争的日益激烈，在社会对信息分析人才需求的拉动下，有关信息分析的研究也日趋活跃。在各学科发展的基础上，作为交叉学科的信息分析研究，也归结出很多成熟的方法，如文献计量学三大定律、逻辑思维分析法、专家调查法、时间序列分析法、回归分析法、层次分析法、引文分析法、内容分析法和聚类分析法等。在商业上使用的信息分析方法常用的就有170多种，因篇幅的限制，在这里无法详述，只从培养读者良好信息检索能力的角度，简要介绍几种有助于信息检索的文献信息分析方法，为读者培养信息分析意识和能力打下一个基础。

6.1　信息分析基础

6.1.1　信息分析概念

信息分析是根据用户的现实或潜在需求，广泛系统地搜集与之相关的各种原生信息，进行定向的筛选和整序，通过逻辑思维过程对其内容进行去伪存真的鉴定、由表及里或由此及彼的推理，运用科学的理论和方法对原生信息进行分析处理和提炼，以得出有助于解决实际问题的情报，揭示研究对象的内在变化规律及其与周围环境的联系，满足用户的信息需求。

6.1.2　信息阅读方法

信息检索过程中，对于通过一定的检索式获取的初步检索结果，还要通过阅读，才能比较鉴别出有用的信息，掌握合理的阅读方法，可以有效提高信息分析效率。为了帮助读者掌握合理高效的信息阅读方法，有必要对阅读的基本知识作一概述[1]。

1. 阅读的基本知识

阅读是一种通过书面语言、符号而获取知识和信息的行为和心理过程，是人们间接地获得知识和经验的重要手段。

(1)阅读过程

阅读是一个主动的生理、心理过程，一般可分为感知、理解、表述、评价等四个阶段。感知阶段主要是抓住文献的筋骨脉络，从而对信息资料有一个整体印象。理解阶段主要是弄懂信息资料的概念、原理及体系，并把它们与自己原有的知识结合起来。表述阶段是对文献进一步加深理解并能用语言和数字加以表达，这一阶段可能产生新的知识和联想。评价是在理解和表述的基础上对信息的内容观点等做出自己的分析和判断。在整个阅读过程中，思维是至关重要的，没有正确的主动思维，就不会有成功的阅读。

(2)阅读速度

阅读速度是阅读能力的重要标志，一般用单位时间内的阅读量表示。通过训练可提高阅读速度，但这种提高是有限度的。根据实验研究和实践，专家们对阅读速度有以下分析：一是阅读速度是天然不均匀的，不必过分焦虑阅读速度而造成心理压力，这反而会影响理解率和阅读速度的提高。二是文献性质不同、难度不同、目的不同，其阅读速度自然不同，一般来说，减少回视和眼睛停顿可提高阅读速度，但不可一味追求提高速度。最佳的读者不是一味求快，而是能快能慢、主动掌握速度的人。三是阅读速度达到一定极限时，会影响理解和记忆，因为眼睛在接收到书面符号后，还要有一连串的感觉和知觉活动，脑中还有一个"短时记忆"，如果速度过快，就可能出现前边的还未记住，后边的就将其覆盖了，产生一种"眼中虽有，心中却无"的现象。所以，阅读速度的训练应与理解和记忆统一协调起来。

(3)阅读效率

美国阅读专家 G. R. 古道弗博士在《快速学习》(*Speed Learning*)一书中提出了检查阅读效率的公式：$E=R\times C$，其中 E 代表阅读效率(Reading Efficiency)，R 代表阅读速度(Reading Rate)，C 代表理解率(Comprehension，即阅读后答对问题与受试问题之比)。阅读速度和理解率是相互制约的，为达到一定的阅读效率，速度过快理解率就下降；过于追求理解率，速度又会大大降低。一般情况下，理解率低于 70%，表示速度过快，高于 90%则说明读得太慢；理解率保持在 70%～80%表示阅读速度适中。

2. 阅读的主要方法

通过大量实践和研究，人们总结出许多行之有效的阅读方法，如目标阅读法、分层阅读法、比较阅读法、3W 阅读法、全息阅读法、序跋阅读法、文摘阅读法、科技论文阅读法、强记阅读法、快速阅读法等。下面仅对常用的几种阅读方法做一介绍。

(1)目标阅读法

这是一种在阅读时直接捕捉目标的阅读方法，阅读时要调动一切力量去搜寻和捕捉目标，不要在无关紧要的外部知识和次要信息上停留，必须绕过或跳过那些与目标无关的内容而直接命中目标。

(2)分层阅读法

现代社会需要更多的通才，也就是说对横向知识有一般了解，对纵向知识(专业知识)有深入的掌握。信息检索者的知识可分为三个层次：一是反映其基本知识素养的"一般社会知识层"，它体现着一个人受普遍教育的程度和时代感，因此要读普通书刊文献、新闻摘要和畅销书。二是反映学科渗透、交叉和大科学的"一般学科知识层"，这主要是指有关学科之间的交叉渗透趋向和进展，学科研究的方法论及不同文化、不同专业的总体研究等。因此要读学科文摘和学科史，读综合性书刊和方法论的有关著作。三是反映专业学科知识和成果的"专业学科知识层"，这主要是指专业知识、专业基础研究、专业应用研究、专业前沿研究、专业渗透和辐射方向、发展趋势等，因此要注意阅读专业文摘、年鉴、综述、述评、核心书刊及本专业著名专家、学者的论著等。

(3)抓"点"阅读法

阅读时，确定重点，抓住要点，攻破难点，消除疑点，了解特点，这种方法就是抓"点"阅读法。确定重点时，一是抓住特别精彩、特别突出、特别有分量的部分。二是抓要点时，要努力剔除那些不着边际的文字。攻破难点是指弄通那些难以理解的地方，这种难点可以采用分割解决法、请教良师益友、翻阅参考资料等方法解决。检索到的每一条信息尤其是高质量信息都有自己的特点，即与同类资料相比在某一方面有独到之处，读者对读物的特点能有所了解，就能学到更多的东西。

(4)快速阅读法

在检索任务完成后，我们可能得到大量的信息，如何迅速掌握这些信息，快速阅读法不失为一种重要的方法。

从文字材料中迅速接收有用信息的阅读方法，简称“快读法”或“速读法”。快读法所指的快读不是泛泛浏览，而是在注意力高度集中下以获取有价值的信息为目的的一种积极的、创造性的理解过程。运用快读法，有三项基本要领：

①阅读时不要出声：无声阅读可以排除阅读中的潜语内听现象，使理解材料的思维过程大大简化，从而加快阅读的速度。无声阅读的技能可以经过训练来获得。

②科学用眼：阅读时，要尽力扩大视读广角，尽可能地摄入较大的语言单位，即采用面式阅读法，以整句、整段甚至整页的文字作为一个阅读单位，一瞥之间就掌握其要点。阅读时眼脑并用，注意力高度集中，尽量避免回视，要看完一遍全文后再考虑是否重读。

③要灵活运用多种筛选信息的方法：利用自己具备的有关知识，从整体上理解材料的内容。阅读时抓住材料的思路，根据上文判定下文，大胆猜读，不要消极地等待下一个语句出现；只选取主要的信息供大脑编码，次要信息和无关信息尽量排除。浏览式阅读、选择式阅读、排外式阅读、鉴别式阅读均是快读法中筛选信息的有效方法，可结合运用。

(5)科技论文阅读法

科技论文是一种重要的检索信息源，由于其具有专业性，阅读时往往比较困难。阅读科技论文，首先应了解其结构和段落的特点。一般来说，科技论文由篇名、摘要、引言、本文、结论、谢词、附录等部分组成，阅读时要先看篇名和文摘，由此抓住文献的核心；全文阅读时应将主要精力集中在本文和结论两部分，本文阅读要注意理论和实践两个方面的阐述；理论方面应注重所提出的理论、假说及其逻辑论证，注意与内容有关的各个方面；如有讨论或对不同见解的评论，也应重视。对于实践的阐述，无论是观察、调查，都要了解其方法、过程和结果。至于论文的结论，虽然在本文中已有表述，但结论部分的概述更精练、更集中、更典型、更有价值，所以应予以特别注意。科技论文在段、句的结构上要求统一、完整。统一指集中表达一个意思，完整指一个意思要叙述完整。

科技论文还十分讲究主句的运用。主句显示本段的宗旨，阅读时应抓住主句，如此由句到段再到篇，由论点到论据到论证，就容易读懂科技论文了。阅读科技论文应注意的第二点是必须具备一定的条件，这些条件大致是：掌握学科的基本知识，了解学科的发展情况，熟悉学科的研究方法。第三点应注意的是，科技论文除文字表达外，还广泛使用各种图、表、公式、照片等，要把这些与正文结合为一个统一体来阅读。

此外，在阅读过程中，还应当注意阅读的顺序技巧。对于检索到的信息资料，阅读的一般顺序为：主题相同的中外文资料，先阅读中文资料，后阅读外文资料，有助于理解内容，也能加快速度；同一篇文献既有文摘又有原文，先阅读文摘，后阅读原文，根据文摘提供的信息，决定是否需要索取原文，以节省精力和时间；同一类文献既有综述性文献，又有专题性文献，先阅读综述性文献，后阅读专题性文献，有助于在全面了解课题的基础上对专题文献做出选择；同一主题文献发表时间上有先后的，先阅读近期的，后阅读早期的，这样有助于了解最新水平及发展前景。

6.1.3　信息分析过程的基本步骤

信息分析(Information Analysis)是分析人员根据用户的特定信息需求,利用各种分析方法和工具,对搜集到的零散、大量的原始信息进行识别、鉴定、筛选、浓缩等加工和分析研究,挖掘出其中蕴涵的知识和规律,并且通过系统的分析和研究得到有针对性、时效性、预测性、科学性、综合性及可用性的结论,以供用户决策使用的过程。信息分析的整个过程复杂,没有统一的规章可循,依据不同的课题要求及可获取的材料,可采用不同的分析研究方法。归纳起来,信息分析操作过程一般遵循以下六个步骤[2]。

(1)浏览、阅读获取的原始信息

首先,通过浏览原始信息,总体把握它的内容和价值所在。其次,仔细阅读原始材料,不仅要寻找原始资料的内在联系和外在联系,还要留意可能出现的矛盾或错误,更要注意文献的观点与自己想法的联系和矛盾之处,以找出思考问题、解决问题的突破口。最后,依据课题任务的进展程度,进行更深入的分析研究。这一步可能发现之前被忽略的有用信息,也可能对原有的想法和观点进行否定或深化。

(2)创建最初的假设

最初的假设是指从原始资料中抽象出来的、以解决问题或解释现象为目的、有待证明或反驳的理论,可表达为“5W1H”,即关键人物(Who)、关键事物(What)、时间(When)、地理位置(Where)、操作方法(How)、动机(Why)。最初的假设是进行深入推理的基础,并不是最终答案。

创建最初假设常用的方法包括:

①推理方法,通过学习大量的案例来形成结论。

②比较方法,通过对以前类似事件的比较分析,得出当前事件与以前类似事件之间的关联处,从而推断出当前事件可能出现的结果。

③信息淹没法,即让信息分析人员完全沉浸在与研究课题相关的信息资料之中,通过阅读和分析,信息分析人员自发地、本能地形成假设。

(3)再搜集、整理和评价信息

再搜集、整理和评价信息的最终目的是验证最初的假设。这个过程突出两个方面的特点:其一,行为上更具目标性和指导性。其二,内容上更具专指性和准确性。再搜集、整理和评价信息不是一蹴而就的,随着分析研究的进展,可能需要一次又一次地进行搜集、整理和评价信息。

(4)确定前提

前提是隐含于信息中或与其他前提信息相关联的观点,用于证明或反驳假设的推论或推断。首先,从最初假设的各个子假设出发,再结合搜集的信息和已经阅读信息的心得体会,针对每个子假设,从信息中提取支持或反驳,或与子假设相关联的信息。其次,根据提取的信息确定假设前提,或是支持假设的论据,确定与子假设相对应的观点。最后,在已经设立的问题树后罗列出支持或反驳子假设的前提或事实,形成了有一定假设前提的问题树,也就是证明或反驳子假设的事实基础。

(5)确定并拓展推论

推论就是前提信息支持的,或从前提信息中提炼出来的结论。在这个环节可以借助多种信息分析方法来形成推论和拓展推论。

(6)验证假设并形成最终的结论

结合假设的判断结果和可能性分析，形成信息分析的最终结论，并阐述证据。在此需要考虑以下问题：

①最初的假设是可能设计的最佳假设吗？

②是否已经把关于假设的所有问题都想到了？

③是不是已经考虑到关于这个问题的所有关键驱动因素？

④最终结论是不是都是可行的、可证明的？

6.2 文献计量学三大定律

布拉德福定律、洛特卡定律、齐普夫定律一起并称为文献计量学的三大定律。它们研究的对象分别是期刊上刊载的论文、科学工作者的著述、文章中每个词的出现频次；分析的单元分别是期刊数、著者群、单词量；计量的方法都是通过对文献的调查和统计，取得数据并进行分析归纳来定量地认识文献情报流。这三个定律最初都是按照某一具体事项在其主体来源中的出现频率排序而导出来的，然后通过数学工具来进一步求出其分布函数。布拉德福定律在前面第二章详述过，在这里不再赘述，主要讲述其余两大定律。

6.2.1 著者分布定律——洛特卡定律

1.洛特卡定律的产生

洛特卡选取能够全面反映化学领域发展的《化学文摘》，以及当时作为参考工具书使用的《物理学史一览表》作为研究的基本对象。其中，只选用了《化学文摘》1907—1916 年 10 年累积索引中的部分作者。经过统计分析，洛特卡发现，科学领域的论著数量与著者频率存在一定关系。并创造性地提出了“科学生产率”(Scientific Productivity)的概念，用来测量科研人员撰写科学文献的能力和工作效率。1926 年，他在《华盛顿科学院院报》上发表《论科学生产率的频率分布》(*The Frequency Distribution of Scientific Productivity*)，提出描述这两者关系的公式。这一研究结论被后人称为“洛特卡定律”(Lotka’s Law)，为文献计量学的诞生和发展做出了创造性的贡献。

2.洛特卡定律的描述

洛特卡定律主要是研究著者分布的规律。在洛特卡定律中，设论文数为 x，撰写这 x 篇论文的作者数占作者总数的百分比为 $y(x)$，则 x 与 $y(x)$ 之间存在以下关系：

$$x^2 \cdot y(x) = c \tag{6.1}$$

式中，x 为论文数量；$y(x)$ 为写 x 篇论文的作者数占作者总数的百分比，$y(x)<1$；c 为某主题领域的常数。

文字表述为：某一时间段内。撰写 x 篇论文的作者数占作者总数的百分比 $y(x)$，与其所撰写的论文数 x 的平方成反比，故洛特卡定律也称为平方反比定律。

对于 c 值，可以通过以下方法来推导。

式(6.1)变形为：$y(x)=\frac{c}{x^2}$

取 x 值为 1,2,3,…，则有：

$$y(1)=\frac{c}{1^2}$$

$$y(2)=\frac{c}{2^2}$$

$$y(3)=\frac{c}{3^2}$$

$$\cdots$$

$$y(n)=\frac{c}{n^2}$$

通过级数求和，可以得出 c 的值约为 0.6079，在数值上等于 $y(1)$ 的值，即撰写 1 篇论文的作者数占作者总数的 60%左右。所以，洛特卡定律也可以表示为：

$$y(1) = \frac{y(1)}{x^2} \tag{6.2}$$

式中，$y(x)$ 为写 x 篇论文的作者数；$y(1)$ 为写 1 篇论文的作者数。

这样的表示跟前面的表述是一致的。

3. 洛特卡定律的发展

进一步的研究表明，洛特卡定律中 x 的指数并不总是精确为 2，而是在 2 附近上下波动，经过修正后，洛特卡定律一般表示为：

$$x^a \cdot y(x) = c \tag{6.3}$$

式中，x 为论文数量；$y(x)$ 为写 x 篇论文的作者占作者总数的比例；a 和 c 为参数，它们在特定的学科领域是一个常数。

在众多的研究者中，做出较大贡献的当数普莱斯(Derek John de Solla Price，1921—1983 年)。他在洛特卡定律的基础上继续深入进行研究。得出了新的量化关系式，可以表述为：

全部科学家总人数的平方根，等于撰写了全部科学论文的 50%的那些高产科学家的人数。这 推论被称为“普莱斯定律”(Price's Law)。

洛特卡定律及由其推出的普莱斯定律，在文献计量及信息分析中有着广泛的应用价值和指导意义，但是在使用过程中同样存在着局限性。由于统计的数据量大，时间跨度长，往往不够全面。因而也不能充分反映真实的著述情况。另外，洛特卡在研究中排除了部分高产作者。主要适用于低产的作者，这不能不说是一个重要的局限。实际使用中，只是在一些学科中近似符合平方反比规律，而在有些学科中，洛特卡定律并不适用。从信息分析与预测的角度看，洛特卡定律及由其推出的普莱斯定律，可以帮助我们鉴别学科研究发展的学者分布情况，并从中获得有价值的启示。

6.2.2　词频统计定律——齐普夫定律

1. 齐普夫定律的产生

语言、文字是人们交流思想的重要工具，尽可能地将语言文字中所隐含的意义分析和揭示出来，便是词频统计分析的目的所在。一种语言所包含的词汇量总是很大，但经常使用的词汇却只占一小部分，这些词被称为“常用词”。最先对此进行研究的是德国语言学家凯迪(F. W. Keading)，他在 1898 年编著的《德语频率词典》标志着词频统计选词方法的诞生。

随着文献计量学的产生和发展，美国语言学家齐普夫(Z. K. Zipf)通过对大量词汇使用频率的统计分析，在 1935 年提出了文献计量学中的一个与词频统计相关的重要定律——齐普夫定律(Zipf's Law)。

2. 齐普夫定律的描述

设有一包含 N 个词的文献($N \geqslant 5\,000$),统计其中每个词的出现频次(n),按频次递减顺序将它们排列起来,并用自然数给这些词编上等级序号(r),那么每个词的等级 r 与相应的频次 n_r 之积为一常数,表示为:

$$n_r \cdot r = K \tag{6.4}$$

式中,$r=1,2,3,\cdots,n$;K 为常数。

这就是齐普夫定律。

若 N 为文献中总词数,用 $f(r)$表示等级为 r 的词的出现频率。则 $f(r)=n_r/N$,齐普夫定律就可以表示为:

$$f(x) = \frac{C}{r} \tag{6.5}$$

式中,$r=1,2,3,\cdots,n$;$C=K/N$。

式(6.4)与式(6.5)是等价的。

3. 齐普夫定律的发展

实际上,在齐普夫定律中,只有中频区的统计数据较好地符合齐普夫公式,过高和过低的频次都不符合。为了描述更广泛区域内的等级频次关系,不少学者对齐普夫定律做了进一步的研究。其中,最重要的是朱斯(Joos)和芒代尔布罗(Mandelbrot)的修正。

1936 年,朱斯指出,齐普夫公式中不仅只有 C 一个参数,还有一个不确定参数——r 的指数,即

$$f(r) = \frac{C}{r^b} \tag{6.6}$$

式中,$b > 0, C > 0$,并要满足 $r = 1,2,3,\cdots,n$ 时,$\sum_{r=1}^{n} f(1) = 1$,这就是朱斯双参数修正式。

这个公式比齐普夫公式更抽象,也更具有普遍性,是对齐普夫公式实质性的修正。

20 世纪 50 年代初期,芒代尔布罗运用概率论和信息论的方法来研究文献中的词的序号分布规律,通过严格的数学推导,从理论上又提出了词频的三参数序号分布规律,被称作芒代尔布罗三参数修正式,其形式为:

$$f(r) = \frac{C}{(r+a)^b} \tag{6.7}$$

式中,$0 \leqslant a < 1, b > 0, C > 0$,并满足 $r = 1,2,3,\cdots,n$ 时,则 $\sum_{i=1}^{n} f(x) = 1$。

事实上,齐普夫公式与朱斯双参数修正式只是分别当 $a=0, b=1$ 和 $a=0$ 时芒代尔布罗修正式的特例。芒代尔布罗三参数修正式使齐普夫定律的适用面变得更为宽广,但对于研究出现频率很低的一些词仍然有一定的局限性[3]。

6.2.3 三大基本定律的联系及应用

1. 三大基本定律的联系

洛特卡定律、布拉德福定律和齐普夫定律被称为文献计量学中的三大基本定律。这三大基本定律具有内在的一致性:它们几乎在相同时期,以不同的表达方式,描述了相似的分布规律;其计量分析单元是有共性的,如杂志量、单词数、作者群;计量方法也大致相同,都是通过对这些分析单元的调查和统计,取得数据并进行分析归纳来定量地认识文献情报流;最

初都是由经验观测得到,都是按某一具体事项在其主体来源中的出现频率排序而导引出来的,分布函数也彼此相似;其数学表达式属于同一类型,都可转化为负指数式,由于考虑了人为的倾向性因素,一般服从双曲线分布;其情报分布模型相似,都是一个变量随另一个变量的变化而变化[4]。

2. 三大基本定律的应用

布拉德福定律的最基本的应用是确定核心期刊,用以作为图书情报机构选购期刊、指导阅读和优化馆藏等,利用"核心"分布这一概念作为信息研究与服务机构想问题、做事情的依据。另外,还可以利用布拉德福定律考查专著的分布、测定核心刊物、测定检索工具完整性、确定核心出版社、维护动态馆藏、比较学科成熟度等。这一定律对于信息分析工作者掌握高效的信息检索手段具有参考价值[5]。

洛特卡定律给出了著者与论文间的数量关系,运用这一定律,只要测知某一学科的论文数量,就能大致掌握其著者的数量分布层次,据此可以处理有关著者的诸多问题,如编制著者索引、以著者为线索进行检索等。从广义上来说,洛特卡定律揭示了"科学生产率"的问题。对于信息分析预测中的关于个人与组织有关情况的研究具有实用价值。在人才学和预测学等方面也有一定的指导意义。

齐普夫定律的主要应用是阐明构成文献的语言规律,以及依照这一规律指定各种文字处理方法,还可以用于文献标引原则的确定,检索词汇的控制及组织检索文档等。其中,比较成熟的应用有编制词表、自动标引、文档的组织和加权标引等。信息检索者可以借助相关软件系统,利用齐普夫定律快速定位某主题内的热点问题,对于分析跟踪研究热点有非常大的价值[6]。

6.3　引文分析

1. 引文分析的概念

引文分析是利用各种数学、统计学以及逻辑方法,对科技期刊、论文、著作等各种分析对象的引用或被引用现象进行分析研究,以便揭示其数量特征和内在规律,达到评价、预测科学发展趋势目标的一种文献计量研究方法[7]。

在科学文献体系中,文献并不是孤立存在的,而是相互引用、相互联系的。可以看到,在一篇文献的末尾通常会附有参考文献,在文中也会出现脚注、尾注等,这篇文献和它的参考文献便形成了引用与被引用的关系,如图 6.1 表示。

图 6.1　文献引用表示图

B 文献称为 A 文献的"引文"或称"参考文献"(Citation)。文献 B 的著者称为引文著者(Cited Author)。文献 A 称为"来源文献"(Source Item),因它提供了引文。文献 A 的著者称为来源著者(Source Author)。刊登文献 A 的出版物称为来源出版物(Source Publication)。

来源文献与参考文献存在的这种简单逻辑关系,吸引了不少文献学家致力于引文分析理论和技术的研究,主要有格罗斯、布朗、普莱斯、尤金·加菲尔德等。普莱斯于1956年发表重要著作《科学论文的网络》,为引文分析奠定理论基础,尤金·加菲尔德于1953年受法律业务工具书《谢泼德引文》的启发,1955年提出编制引文索引的设想,然后进行了数年小规模试验。1960年,创办了科学信息研究所(Institute for Scientific Information,ISI)。1961年开始编制《科学引文索引》,1963年编成出版,成为文献检索和引文分析的重要工具,为文献计量学和科学的发展做出了重要贡献,为现代引文分析奠定了基础,使引文分析获得了强劲的生命力[8]。加菲尔德在引文分析研究方面的代表作为《引文索引法的理论和应用》,最初于1979年出版[9]。

2. 引文分析的基本假设

引文分析主要采用数学方法和逻辑方法进行研究,而这两种方法都需要基本假设,这些假设是引文分析有效性的前提。归纳起来,引文分析的基本假设主要有以下几点:

①文献被引用意味着文献被引用者利用。

②文献的被引用与该文的质量有某种正向(肯定)的联系。

③所引用的文献都是最适于作者所用的。

④被引文献在内容上与引用文献相关。

⑤所有被引文献在引文分析研究中具有同等的地位。

⑥这种引用与被引用的联系具有简单可加性。

⑦作者参考、借鉴的早期文献均被列入引文,即引文包括了作者参考、借鉴的全部文献。

3. 引文的引证结构

文献之间的引用与被引用关系,看似比较简单,但是从不同的角度,对大量文献按照这种关系形成相应的分布结构图,就能很直观地进行分析预测[10]。

(1)引文链

引文链(Citation Link)是由引用关系形成的文献之间的一种链状关系。如文献B引用了文献A,文献C引用了文献B,文献D引用了文献C。我们以箭头指向被引文献、而箭尾为引用文献,则文献A、B、C、D由引用关系所构成的链状关系可以表示为:D→C→B→A。

(2)引文网络

文献的引用不仅仅是简单的线性结构,往往在时间上先后相继、在学科专业中相互交叉。通常将这种文献群体及由其相互引用关系形成的结构称为引文网络(Citation Network)(图6.2)。有了引文网络,哪怕我们对它们所对应的学科专业如何隔膜,也可以直观而初步地了解其中文献的相对重要性,以及文献之间联系的相对密切程度。

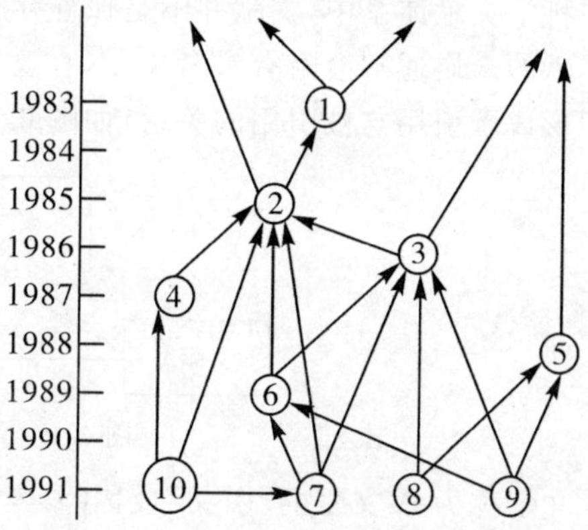

图6.2 引文网络示意图(带编号的圆圈代表文献)

4. 引文分析的测度指标

引文分析有很多测度指标,如期刊载文量、被引文量、高频被引论文占有率等,在具体研究中,应该根据不同的目的选择或者设置适合的指标。在这里,我们只介绍下面几种最常用的指标[11]。

(1)期刊被引频次：这是指在一定时期内，某种期刊被引用的绝对次数，即被引总次数。该指标可以客观地说明该期刊总体被使用和受重视的程度，以及在学术交流中的作用和地位。

(2)引文率：指某时间段内，每篇论文平均占有的参考文献数。引文率是衡量研究对象吸收情报能力的一个指标。根据研究对象不同可分为期刊引文率、著者引文率、学科引文率、机构引文率、国家引文率等。对期刊而言，引文率等于该刊中参考文献总数除以载文量，即每篇论文平均占有的参考文献数。

期刊引文率＝该刊中参考文献总数/期刊载文量

(3)期刊载文量：指某种(类)期刊在某段时间内的载文量。这是一个与时间长短和期刊种类有关的量。

(4)被引文量：指对象含参考文献的数量。实际应用时，根据不同的研究需要，对被引文量还可以按照不同的学科、地区、部门、语种等加以细分。

(5)被引次数：指被所有文献引用过的次数，使用时需冠以特定范围。

(6)影响因子

一般情况下，普遍认为论文在其发表一两年后即可达到被引用的峰值阶段，因此，加菲尔德在20世纪70年代提出了影响因子(Impact Factor)这一评价期刊影响力的指标，其定义为：

某期刊第 k 年的影响因子＝第 k 年对该期刊在第 $k-1$ 年和第 $k-2$ 年发表文献的引用数量/该期刊第 $k-1$ 年和第 $k-2$ 年发表的文献数量。

例如，在1998年曾引用某刊在1997年、1996年所发表论文的次数分别为140次和100次，又知该刊在1997年、1996年所发表的论文数分别为120篇和80篇，则1998年该刊的影响因子为：Impact Factor(1998)＝(140＋100)/(120＋80)＝1.2。

引入影响因子，可以消除由于载文量不同和质量不等的论文所造成的对期刊被引率的影响，抵消较大或较老的期刊在被引率上所占的优势。这样就能对不同期刊的引用次数和质量进行比较，以说明其利用效率和在科学上的重要性。

显然，影响因子的值越大，该刊在科学发展和文献交流过程中的作用就越大，也可以认为其质量就越高。作为引文分析的重要指标，得到了研究者们极大的关注，产生了各种变形和推广。比如，将影响因子的概念推广到某一学科领域，即得学科影响因子，可将其定义为某刊中论文被某一学科的核心期刊所引用的平均次数。

(7) H 指数

H 指数(也叫 h-index)是一个混合量化指标，其计算方法为一个人在其所有学术文章中有 N 篇论文分别被引用了至少 N 次，他的 H 指数就是 N。如美国耶鲁大学免疫学家理查德·弗来沃(Richard Flavell)发表的900篇文章中，有107篇被引用了107次以上，他的 H 指数是107。

该指标最初是由美国加利福尼亚大学圣地亚哥分校的物理学家乔治·赫希(Jorge Hirsch)在2005年提出来的，其目的是量化科研人员作为独立个体的研究成果。H 指数被认为是对先前众多衡量指标的一大改进；先前的衡量指标都倾向于关注科研人员在其发表论文的期刊，因而，它们都假定作者的贡献等同于期刊的平均值。如果一位科学家的出版成果以它们被引生命周期的数字进行排序的话，那么 H 指数就是一个最大值。

(8)自引率

在引用文献的过程中，限于主体本身范围内的引用称之为“自引”，包括同一类学科文献的自引、同一期刊文献的自引、同一著者文献的自引、同一机构文献的自引、同一种文献的自引、同一时期文献的自引、同一地区文献的自引。自引率就是对主体本身范围内文献引用的次数与主体引用的文献总数的比值。

自引率＝主体的自引次数/主体引用的文献总数

(9)即年指标

主要描述期刊当年发表的论文在当年被引用的情况，用于测度期刊被引用速度的指标，也是衡量期刊载文质量的及时性和有用性一种判断依据。其计算公式为：

即年指标＝ 某年度对该期刊当年发表论文的引用次数/当年发表论文的总数

(10)耦合强度

当两篇文章同时引用一篇或多篇相同的文献时，这种现象称为引文耦合(Bibliographic Coupling)，这两篇文献就具有耦合关系。引文耦合的文献之间总存在着这样或那样的联系，其联系的程度(共同引用的文献数)称为耦合强度(Coupling Strength)。

(11)共引文强度

当两篇(多篇)论文同时被别的论文引用时，则称这两篇论文具有“共引文”(Co-citation)关系，引用它们的论文的多少，称为共引文强度(Co-citation Strength)。

(12)引证系数和被引证系数：这是度量科学文献间引用关系的指标，可以从引用和被引用的角度反映出科学文献相互引用的分类结构和关系。其计算公式为：

引证系数＝某一部分引证量/引证总量

被引证系数＝某一部分被引量/被引证总量

引证系数和被引证系数在具体应用的时候还可分为期刊引证系数和期刊被引证系数，学科引证系数和学科被引证系数，自引证系数和被引证系数等。

5.引文分析的主要类型

通过引文分析，可以研究文献结构和科学结构、文献的动态规律、用户行为特征和需求特点、科学发展史；评价科学发展水平，科学研究人才、机构和成果；测定某一学科的影响和某一国家某些学科的重要性；探索学科情报源分布、评价和选择期刊和文献；反映科学交流和情报传递规律；揭示文献老化和情报利用规律；指明科学家之间的交流情况；分析预测学科进展、动向与趋势等。在实施过程中主要有以下几种类型。

(1)将引文款目作为独立计量单位的引文分析

这类研究是以引文款目中任一著录事项或某些著录事项间的组合作为计量单位进行的统计，主要有引文量的分析、引文量按被引作者的分布、引文量按文献类型的分布、引文量按语种的分布、引文量按时间的分布以及文献自引(Self-citation)分析。

(2)将款目之间的联系作为计量单位的引文分析

文献之间除了存在直接的引证关系外，尚存在通过第三篇文献建立起来的两篇文献之间的间接联系。根据引文分析的基本假设，也可将这种联系作为计量单位。

i.引文耦合与共引文分析。引文耦合是 20 世纪 60 年代开斯勒(M. M. Kessler)首次加以研究的。最初作为一种全新的检索工具，后来还被用来研究学科的内部结构、学科之间的关系，以及当前学科研究的热点，而且对文献的主题相似性、不同学科文献之间的交流等研究也有重要意义。

引文耦合是引用文献之间的联系，因此是一种固定不变的关系，其耦合强度永远是一个常数。为了能研究文献之间的动态联系，美国人斯莫(Henry Small)和苏联人马尔莎柯娃(I. V. Marshakova)于 1973 年分别引入了共引文的概念。大量的共引文和引文耦合分析表明，尽管学科专业可以千差万别，却都可以从这种引用关系中得到以下的结论：从统计意义上讲，对给定的文献群体，当共引文强度(或文献耦合强度)的值超过了一定的阈值时，必定会反映出文献的学科内容相似性以及它们在学术思想上的紧密联系。

ii. 文献的聚类分析(Cluster Analysis of Literature)。文献的聚类分析是指以耦合强度或共引强度等为基本的计量单位，对一定的引用文献集合或被引文献集合中，学科或专业内容上所存在的或疏或密的联系进行分类的定量研究方法。

通过聚类分析，可以将在内容上有密切关系的论文聚合为一个一个的文献簇，并且还能定量给出各文献簇之间的联系，从而勾勒出一幅幅疏密不均的学科或专业网络图或树状图。

6. 引文分析的工具

目前，利用率较高的引文分析工具，主要是网络版的数据库。国外的主要有《科学引文索引》(*Science Citation Index*)、《社会科学引文索引》(*Social Sciences Citation Index*)、《艺术与人文科学引文索引》(*Arts & Humanities Citation Index*)等。国内主要有《中国科学引文数据库》(*Chinese Science Citation Database*, CSCD)，《中国科技论文与引文数据库》(*Chinese Scientific and Technical Papers and Citations Database*, CSTPCD)，《中文社会科学引文索引》(*Chinese Social Sciences Citation Index*, CSSCI)，《中国学术期刊网络出版总库》(*China Academic Journal Network Publishing Database*)[12]。每个数据库的收录内容、具体功能等方面不尽相同，各有特色，读者要结合自己的实际需求进行选择。这些数据库较为详细的信息将会在后面章节介绍。

6.4　计算机辅助信息分析

随着计算机技术的发展及其在人类信息知识活动中的广泛应用，计算机辅助信息分析(Computer Aided Information Analysis, CAIA)作为一种崭新的方法和手段，于 20 世纪 70 年代以来在信息分析领域兴起，显著提升了信息分析的水平和效率，越来越受到人们的重视，日益成为信息分析的主流方法和手段。

6.4.1　计算机辅助信息分析工作框架

为了从总体上明确 CAIA 的构成要素及其工作流程，这里在一般的意义上给出 CAIA 的工作框架(图 6.3)。

1. CAIA 工作流程的四个要素

CAIA 系统由数据库、信息分析方法、信息分析软件和信息分析人员四大要素构成。数据库是基础，数据库系统中的数据资源是信息分析的对象；信息分析方法是手段，选择先进合理的方法是信息分析取得实质性成果的桥梁；信息分析软件是工具，应在功能上保证信息分析目标和方法的实现；信息分析人员是主体，决定数据库、方法和软件的建设与选择。信息分析的质量在很大程度上取决于信息分析人员对上述要素的有效运用，取决于信息分析人员对课题的理解及其所表现出来的智慧。

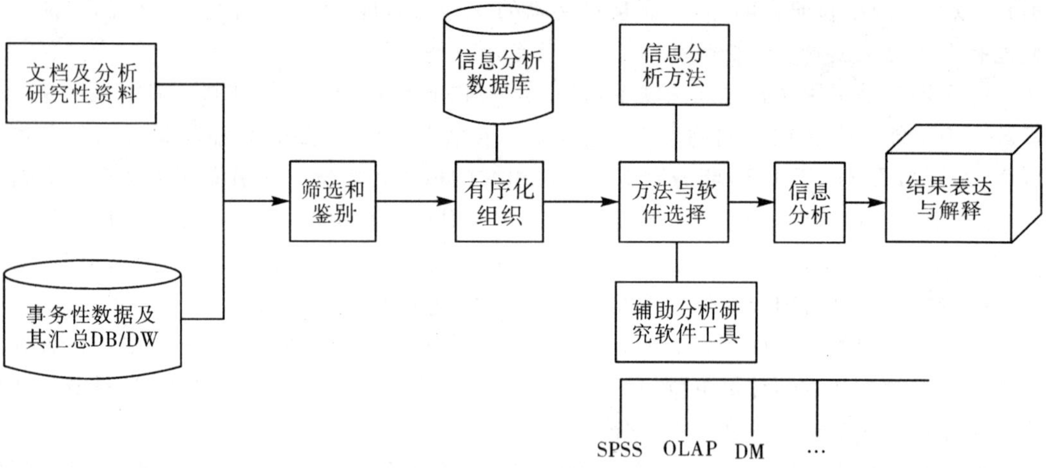

图 6.3 CAIA 工作流程

CAIA 系统中上述四个要素是否具有相关性，即要素之间的相互结合能否产生新质，是 CAIA 能否产生系统整体功能大于各个要素功能之和的关键所在。换句话说，对特定的信息分析课题，数据资料完整准确，方法选择得当，软件工具具有与之相匹配的先进功能，信息分析人员能按照课题要求将这些要素进行有效的整合，并在此基础上进行创新性的研究，则该 CAIA 系统就是一个富有效能的系统。

2. CAIA 工作流程的主要步骤

(1)信息采集

按照信息分析课题需要，系统采集与课题相关的尽可能完整的信息资源。确定信息来源和信息收集渠道是两个关键的问题。一般来说，信息源应尽可能广泛，并在信息的准确性、权威性方面有一定的保证。信息收集渠道应是多方面的，以企业信息分析为例，信息收集渠道包括企业各部门的信息、企业外部信息、企业 Web 站点信息、Internet 资源、联机数据库、人际网络等。经过数据采集，形成信息分析的原始数据集合。

(2)信息有序化组织

信息有序化组织包括两个子步骤：数据筛选与鉴别，数据的有序化组织。对所收集的原始数据，首先要进行筛选和鉴别，剔除虚假的、错误的信息，提高信息的准确性和有效性。一般来说，需要建立相应的信息评价体系，根据所收集信息的基本特征或特点，分别置入评价体系进行价值评价，做适度筛选以利于信息的针对性使用。在筛选与鉴别的基础上，按照某种统一的数据格式，将多文件或多数据库环境中的数据进行合并处理，建立信息分析的专用数据库。

(3)研究方法与辅助分析软件的选择

信息分析方法从性质上看，有定性方法、定量方法、拟定量方法；从功能上看，有相关分析方法、预测方法、评估方法、综合分析方法等。方法的选择及其组合应保证信息分析各项目标的实现。辅助分析软件作为一种工具，是为方法功能的实现和课题任务的完成服务的，一般来说，需要综合运用多种分析软件和工具。在建立信息分析专用数据库的情况下，除利用有关软件完成数据的统计、计算和分析之外，可结合运用联机分析处理和数据挖掘工具，以相互验证分析结论和有关事实，提高信息分析的效率和质量。

(4)信息分析

在专用数据库的支持下，利用所选择的软件工具和方法，展开具体的信息分析过程。信息分析要受到目标的支配，无论分析的目标是非常具体的，还是比较抽象的，都应该首先明确。必要时可建立起相应的假设，一部分假设由信息分析人员自己提出，一部分假设由信息分析工具产生或建立。经过统计、计算、比较分析、验证或证明假设，得出分析结论。

(5)结果表达和解释

按用户要求提供信息分析结果，指出分析结果的适用范围和边界。在决策支持系统中，要按决策者的要求来描述知识。如用挖掘出的知识建立决策树，或集成发现的规则到决策支持系统的知识库中。同时，要把已描述的知识输入到知识库中，成为知识库的新的构成要素。

6.4.2　计算机辅助信息分析的主要软件和工具

1. Excel 简介

Microsoft Excel 是美国微软公司 Microsoft Office 桌面办公软件的重要组成部分，它是一个快速制表、将数据图表化以及进行数据分析和管理的工具软件包。它可以管理、组织纷繁复杂的数据，并对数据进行分析处理，最后以图表、图形的形式给出分析结果。尤其重要的是 Excel 提供的统计分析程序，范围涵盖了最基本的统计分析[13]。

2. SPSS 简介

SPSS 是目前世界上最著名的数据分析软件之一，和 SAS(Statistical Analysis System，统计分析系统)、BMDP(Bio-Medical Data Processing，生物医学数据处理)并称为国际上最有影响的三大统计软件。1968 年，美国斯坦福大学 H. Nie 等三位大学生开发了最早的 SPSS 统计软件，并于 1975 年在芝加哥成立了 SPSS 公司。SPSS 原意为 Statistical Package for Social Science，即"社会科学统计软件包"，2000 年正式更名为 Statistical Product and Service Solutions，意为"统计产品与服务解决方案"，标志着其应用领域的拓展加深。目前广泛应用的新版本为 SPSS 21.0。从 1968 年由美国斯坦福大学开发使用至今，已经拥有大量的用户。分布在通信、医疗、银行、证券、保险、制造、商业、市场研究、科学教育等众多领域和行业，成为世界上应用最广泛的专业统计软件。

SPSS 的基本功能包括数据管理、统计分析、图表分析、输出管理等。SPSS 统计分析过程包括描述性统计、均值比较、一般线性模型、相关分析、回归分析、对数线性模型、聚类分析、数据简化、生存分析、时间序列分析、多重响应等几大类，每类中又分好几个统计过程，如回归分析中又分线性回归分析、曲线估计、Logistic 回归、Probit 回归、加权估计、两阶段最小二乘法、非线性回归等多个统计过程，而且每个过程中又允许用户选择不同的方法及参数。SPSS 也有专门的绘图系统，可以根据数据绘制各种图形。SPSS for Windows 的分析结果清晰、直观、易学易用，而且可以直接读取 Excel、Lotus、dBase 系列、纯文本格式数据及 Systat数据文件(*.syd)等格式数据文件，现已推广到多种各种操作系统的计算机上。和国际上几种统计分析软件比较，它的优越性更加突出。在众多用户对国际常用统计软件 SAS、BMDP、GLIM、GENSTAT、EpiLog、MiniTab 的总体印象分项的统计中，其诸项功能均获得最高分。在国际学术界有条不成文的规定，即在国际学术交流中，凡是用 SPSS 软件完成的计算和统计分析，可以不必说明算法，由此可见其影响之大和信誉之高。

虽然 SPSS 的功能比较强大，但是其统计分析功能与其他软件如 SAS 和 BMDP 相比仍有一定欠缺。虽然如此,SPSS for Windows 由于其操作简单,已经在我国的社会科学、自然科学的各个领域发挥了巨大作用,在高等教育研究领域亦取得了显著应用成果[14]。

3. SAS 软件简介

统计分析系统(Statistical Analysis System,SAS)是由美国 North Carolina 州立大学 1966 年开发的统计分析软件。1976 年 SAS 软件研究所(SAS Institute INC.)成立,开始进行 SAS 系统的维护、开发、销售和培训工作。期间经历了许多版本,并经过多年来的完善和发展,SAS 系统在国际上已被誉为统计分析的标准软件,已广泛应用于医学、社会学、市场学、经济学和自然科学各个领域的信息处理、定量研究和科研数据分析中,是国际上公认的标准软件。

SAS 是一个模块化、集成化的大型应用软件系统。它由数十个专用模块构成,功能包括数据访问、数据储存及管理、应用开发、图形处理、数据分析、报告编制、运筹学方法、计量经济学与预测等。SAS 系统基本上可以分为四大部分:SAS 数据库部分、SAS 分析核心、SAS 开发呈现工具、SAS 对分布处理模式的支持及其数据仓库设计。SAS 系统主要完成以数据为中心的四大任务:数据访问、数据管理、数据呈现、数据分析。

SAS 在涉及智能化战略的组织中享有非常高的声誉,2011 年 7 月 SAS 软件研究所推出的最高版本为 SAS 9.3。但要注意一点,SAS 的数据管理功能并不很出色,而是数据分析能力强大所以常常用微软的产品管理数据,再导成 SAS 数据格式,要注意与其他软件的配套使用。

4. BMDP

BMDP 全名是 Bio-Medical Data Processing(生物医学数据处理),顾名思义,其最先是专门用来作生物、医学、生化、护理、药学等生命科学的统计分析和数据处理的,软件内有许多生命科学常用的生物统计分析,如存活分析、类别数据分析、阈值模式等。BMDP 第一版诞生于 1961 年,由加州大学洛杉矶分校研发,是由一个名为 BIMED 的生物医学应用软件修改而来。起初是免费使用的,应用于生化、医药、农业等领域的统计分析。1968 年 BMDP 公司发行,它是最早的综合专业统计分析软件,与 SPSS、SAS 被并称为三大统计软件包,在国际上影响很大,它方法全面、灵活,早期曾有很多独具特色的分析方法,而且其应用范围也从生命科学拓展到自然科学的其他领域,并改进应用于社会科学、人文科学的研究领域。

进入 20 世纪 90 年代以后,BMDP 发展路途不畅,从 1991 年的 7.0 版以后就没有新版本。但 BMDP 统计软件作为一方霸主,在国外仍然影响巨大,国外许多大学的统计学网站均对其关照有加,几乎所有著名大学统计学系开设的多变量分析课程当中都有 BMDP 软件的教学内容,而且大型学术研究机构的服务器上也通常安装着 BMDP for Unix 软件供终端用户使用。

最后 BMDP 被 SPSS 公司并购,并且收购之初 SPSS 公司在开发与推广 BMDP 统计软件方面的积极性也不大。如今,可能是由于要与 SAS 竞争专业统计领域的市场份额,BMDP 的停滞状况才有所改变。目前最新的版本是 BMDP 2007。

BMDP 为常规的统计分析提供了大量的完备的函数系统,如:方差分析(Anova Analysis)、回归分析(Regression Analysis)、非参数分析(Nonparametric Analysis)、时间序列(Times Series)等。此外,BMDP 特别擅于进行出色的生存分析(Survival Analysis)。许多年来,一大批世界范围内顶级的统计学家都曾经参与过 BMDP 的开发工作。这不仅使得

BMDP 的权威性得到了保障，更使 BMDP 能够为全世界的同行提供质量极高的统计分析服务。

5. STATA

STATA 是一个用于分析和管理数据、功能强大又小巧玲珑的实用统计分析软件，由美国计算机资源中心（Computer Resource Center）研制。从 1985 至 1998 的 14 年时间里，已连续推出 1.1、1.2、1.3、1.4、1.5 及 2.0、2.1、3.0、3.1、4.0、5.0、6.0 等多个版本，目前提供的最新版本为 STATA12.0。

通过不断更新和扩充，内容日趋完善。提供许多功能，除了常用的统计、作图、矩阵运算、程序设计等功能外，还包含线性混合模型、均衡重复反复、多项式普罗比模式，以及数据管理（Data Management）、基本统计（Basic Statistics）、线性模式（Linear Model）、广义型线性模式（Generalized Linear Model）、Panel 数据/交叉组合时间序列（Panel Data/Cross-sectional Time-sery）、无母数方法（Nonparametric Method）、多变量方法（Multivariate Method）、模型检定及事后估计量支持分析（Model Testing and Post-estimation Support）、群集分析（Cluster Analysis）、图形（Graphics）、调查方法（Survey Method）、生存分析（Survival Analysis）、流行病学工具（Tool for Epidemiology）、时间序列（Time Sery）、最大概似法（Maximum Likelihood）、转换及常态检定（Transforms and Normality Test）、其他统计方法（Other Statistical Method），包含样本范例（Sample Session）和再抽样及模拟方法（Resampling and Simulation Method）。

STATA 同时具有数据管理软件、统计分析软件、绘图软件、矩阵计算软件和程序语言的特点，又在许多方面别具一格。STATA 融汇了上述程序的优点，克服了各自的缺点，使其功能更加强大，操作更加灵活、简单，易学易用，越来越受到人们的重视和欢迎。

STATA 的突出特点是只占用很少的磁盘空间，输出结果简洁，所选方法先进，内容较齐全，制作的图形十分精美，可直接被图形处理软件或文字处理软件如 Word 等直接调用[15]。

6. DM 流行工具

数据挖掘（Data Mining，DM）工具主要有两类：特定领域的数据挖掘工具和通用的数据挖掘工具。特定领域的数据挖掘工具针对某个特定领域的问题提供解决方案。在设计算法时充分考虑到数据、需求的特殊性，并作了优化。对任何领域，都可以开发特定的数据挖掘工具。例如，IBM 公司的 AdvancedScout 系统针对 NBA 的数据，帮助教练优化战术组合。通用的数据挖掘工具不区分具体数据的含义，采用通用的挖掘算法，处理常见的数据类型，挖掘什么、用什么来挖掘都由用户根据自己的应用来选择。

（1）QUEST

QUEST 是 IBM 公司开发的一个多任务 DM 系统，目的是为新一代决策支持系统的应用开发提供高效的数据开采基本构件。系统提供了专门在大型数据库上进行各种开采的功能：关联规则发现、序列模式发现、时间序列聚类、决策树分类、递增式主动开采等。各种开采算法具有近似线性计算复杂度，可适用于任意大小的数据库。

（2）MineSet

MineSet 是 SGI 公司和美国斯坦福大学联合开发的多任务数据挖掘系统，集成多种数据挖掘算法和可视化工具，帮助用户直观地、实时地发掘、理解大量数据背后的知识。Mine-

Set 以先进的可视化显示方法闻名于世，支持多种关系数据库，可以直接从 Oracle、Informix、Sybase 的表格中读取数据，也可以通过 SQL 命令执行查询。该系统具有多种数据转换功能，操作简单，支持国际字符，可以直接发布到 Web。

(3)DBMiner

DBMiner 是加拿大 SimonFraser 大学开发的一个多任务数据挖掘系统，它的前身是 DBLearn。该系统设计的目的是把关系数据库和数据开采集成在一起，以面向属性的多级概念为基础发现各种知识。DBMiner 能完成泛化规则、特性规则、关联规则、分类规则、演化知识、偏离知识等多种知识的发现，综合了面向属性的归纳、统计分析、逐级深化发现多级规则、元规则引导发现等多种数据开采技术，提出了一种交互式的类 SQL 语言——数据开采查询语言 DMQL，能与关系数据库平滑集成，实现了基于客户/服务器体系结构的 Unix 和 PC(Windows/NT)版本的系统。

此外，还有 Competitive Intelligence Spider、Market Signal Analyzer、Corporate Intelligence Service 等竞争情报分析软件，它们大多支持网络环境下的信息自动搜寻和分析。

SAS 公司的 EnterpriseMiner，IBM 公司的 IntelligentMiner，SPSS 公司的 Clementine，Sybase 公司的 WarehouseStudio、MicrosoftDataMiner、OracleDataMiningOption、TeradataWarehouseMiner等数据挖掘软件。

除了上述提到统计软件和工具外，世界各国还有一些在某些专业领域优势明显的统计分析软件，包括已经商业化的和未商业化的，在此不一一赘述。

6.5 知识图谱[16]

科学知识图谱是一种以科学知识为研究对象，以可视化的方式显示科学知识的结构关系与演进规律，揭示科学知识及其活动规律的图形。科学知识图谱是引文分析和信息可视化相结合的产物。近年来，随着计算机技术的迅猛发展及应用，引文分析和可视化领域都取得了长足的进步，许多新的技术被广泛应用于文献、专利、基因和其他信息类型的可视化分析，产生了许多新的研究成果，为科学知识图谱的绘制提供了新的、可靠的理论、方法和技术支持。其中，最引人注目的是信息可视化、知识可视化和引文分析可视化及其应用研究。将知识可视化和科学知识图谱的重要应用前景展现在人们眼前，备受信息管理界、科学界和科研管理界的关注和青睐。

通过科学知识图谱的手段实现信息可视化开始于 20 世纪 80 年代，创始于美国德雷克塞尔大学信息科学与技术学院，该学院被誉为“共被引分析的摇篮”。科学计量学家怀特、麦肯恩等学者首先通过绘制科学知识图谱的方法对学科领域的知识结构进行可视化分析，掀起了科学计量学与情报计量学等学科的信息可视化研究，这种直观的展现学科知识结构的方法迅速得到了广泛传播和深入发展。

利用计算机软件绘制科学知识图谱是近年来信息可视化技术发展的重要手段，在权威的检索数据库中(如 SCI、SSCI)下载特定学科领域的相关文献信息，通过运行计算机程序绘制科学知识图谱。陈超美创造性地把信息可视化技术和科学计量学结合起来，把对科学前沿的知识计量和知识管理研究推进到以知识图谱与知识可视化为辅助决策重要手段的新阶段，开创了知识单元的可视化技术与应用领域，推进和推广了科学前沿图谱及可视化分析。

6.5.1　知识图谱的原理与方法

1. 引文分析法

一篇文献的被引频次可以在一定程度上反映该文献的影响度，而影响度的大小又在一定程度上反映了该文献质量和水平的高低。目前引文分析大致有三种基本类型：

①从引文数量上进行研究，主要用于评价期刊、论文、机构、作者及地区的科研水平。

②从引文间的网状关系或链状关系进行研究，主要用于揭示学科的发展与联系，并展望未来前景等。

③从引文反映出的主题相关性方面进行研究，主要用于揭示科学的结构和进行文献检索等。

2001年，加菲尔德和他的同事们推出了HistCite软件。该软件与SCI数据库结合使用，可以自动地对搜索出的某一学科的被引文献按照被引频次的高低进行排序，并且按照这种引用关系和年份顺序生成关于这一学科的引文编年图。HistCite还可以把所查到的文献按照期刊名称、著者、年份分别进行排序。加菲尔德等人应用这一软件已经先后对有关数字图书馆、情报科学、信息计量学、共焦显微镜、实验胚胎学、基因组测序等专题研究以及某一段时期有关某一专题研究的杂志的发文情况进行了引文分析，分别生成了引文编年图。

2. 共被引分析法

所谓文献共被引，就是指两篇(或多篇)论文同时被后来的一篇或多篇论文所引证，则称这两篇论文(被引证论文)具有“共被引”关系。换言之，如果两篇文献具有“共被引”关系，则意味着这两篇文献有相似的学科背景。如果将共被引分析的对象延伸至与文献相关的各种特征对象，如文献、期刊、著者、学科，那么就形成了相应的文献共被引分析、期刊共被引分析、著者共被引分析和学科共被引分析。

共被引分析的技术手段已经比较成熟，在国外它多被用于作者共被引分析和期刊共被引分析。如美国Drexel大学的霍华德以SPSS为工具，采用聚类分析、多维定标(Multidimensional Scaling)和因子分析(Factor Analysis)描述了情报科学1972—1995年的作者共被引情况，用图表揭示了对情报科学影响比较大的机构和单位、学科发展结构以及作者关系情况的变化等。1999年陈超美把路径寻找网络尺度分析(Pathfinder Network Scaling, PFNET)技术引入著者共被引分析，并生成了超文本的共被引图。

3. 共词分析法

共词分析属于内容分析法的一种。它的原理主要是对一组词两两统计它们在同一篇文献中出现的次数，以此为基础对这些词进行聚类分析，生成共词文献簇，进而分析这些词所代表的学科和主题的结构变化。利用共词分析法及其相关的可视化方法，可以进行深入的主题分析，系统、全面、直观地了解学科结构和发展状况，并进行学科发展预测。

摩纳尔西曾对共词分析进行过研究，他指出共词分析技术就是通过对相关文献的代表性术语之间的连接强度的分析，得到某一学科领域研究发展的方式和趋势。共词分析的一个主要途径是确定这些代表性术语之间的概念图谱或知识网络结构，通过一系列类似图谱就可以相当详细地描述某一学科领域的主题。目前，共词分析的主要可视化方法包括包容图(Inclusion Map)、临近图(Proximity Map)、战略坐标图(Strategic Diagram)等。

4. 词频统计分析法

词频是指一个词在文章或者讲话中出现的次数。通过对主题词出现的频率进行分析，可以找到某一领域或学科的研究热点,并有可能发现研究热点的转移趋势。词频分析法是利用能够揭示或表达文献核心内容的关键词或主题词在某一研究领域文献中出现的频次高低来确定该领域研究热点和发展动向的文献计量方法。由于一篇文献的关键词或主题词是文章核心内容的浓缩和提炼,因此,如果某一关键词或主题词在其所在领域的文献中反复出现,则可反映出该关键词或主题词所表征的研究主题是该领域的研究热点。

例如,使用 Wordsmith Tools 软件,根据 Wordlist 和 Concordance 两种工具所提供的单词或词组,从中发现和选取能够表达一定完整意义的词或词组,并参照这些相关词出现的频次来确定学科的研究热点。

5. 社会网络分析法

社会网络分析源于 20 世纪 50 年代,它最初用于心理学研究,后被应用于社会学、人类学、经济学、生命科学等众多领域。社会网络分析是一种分析工具,它将被分析对象视为社会行动者和他们之间的关系的集合。也就是说,一个社会网络是由多个点(社会行动者)和各点之间的连线(行动者之间的关系)组成的集合。在社会网络中,每个行动者都与其他行动者有或多或少的关系。社会网络分析正是基于这种关系,建立各种数学分析模型,然后利用计算机技术将行动者及其关系的结构以图形的方式展示出来。将其应用于文献计量学研究,可以通过社会网络分析中的 K 核、中心性和中介性等概念,找寻出具有重要地位的作品作者或者是关键词。

6. 多维尺度分析法

多维尺度分析通过低维空间(通常是二维空间)展示作者(文献)之间的联系,并利用平面距离来反映作者(文献)之间的相似程度。在科学知识图谱中,作者(文献)的位置显示了他们之间的相似性,有高度相似性的作者(文献)聚集在一起,形成科学共同体(学科前沿)。并且处于中间位置的作者(文献)与其他作者(文献)的联系越多,在某学科里的位置也越核心,反之越孤独则越处于外围。因此通过多维尺度分析,某研究领域、思想流派或其他学术共同体在学科里的位置就很容易判断。同因子分析相比,多维尺度分析的图形显示结果更加直观和形象,但在确定各个学术群体的边界和数目时,它则无法与因子分析抗衡,因此,通常需要同时借助因子分析的结果,进行共被引知识图谱的绘制。

6.5.2 知识图谱实例

科学知识图谱最大的优点就是利用可视化技术将知识和信息中令人瞩目的最前沿领域或学科制高点,以多维图像直观地展现出来,以期使专业或非专业研究人员可以高屋建瓴地从宏观上快速把握学科进展及发展趋势、核心作者群以及学科研究热点等。目前常用的绘制软件有 Bibexcel、SPSS、WordsmithTools、Pajek、Ucinet、CiteSpace 等。CiteSpace 这个软件是目前唯一一款专门用于科学知识图谱绘制而开发的免费软件。它是陈超美博士基于引文分析而开发的一个 Java 系统,在追踪研究领域的热点和发展趋势上优势非常明显。通过这个软件,用户可以了解感兴趣领域的研究前沿及其演进的关键路径,以及该领域比较重要的文献及作者,还可以了解到这个领域的突现词汇等。

下面就以 CiteSpace 工具为例,简要介绍一个知识图谱制作过程[17]。

1. 数据来源

研究主题"竞争情报"。所使用的数据,来源于 Web of Science(简称 WOS)数据库。检索日期为 2011 年 10 月 8 日。整个检索过程与结果如表 6.1 所示。

表 6.1　检索基本参数设置

数据库	Web of Science
检索方式	主题 =（competitive intelligence）OR（competition intelligence）OR（competitive information）OR（competition information）
时间跨度	1999—2012 年
Web of Science 类别	information science library science
文献类型	article
学科类别	information science library science
引文数据库	sci-expanded
检索结果	436 篇期刊论文

2. 数据整理

由于竞争情报在国际图情领域期刊中最早发表时间为 1999 年，所以把时间跨度设为 1999—2012 年，共 14 年。在 WOS 中检索得到有效文献记录为 436 条，总引文频次为 5 859，去除自引的引证文献为 3 891 篇，每篇论文平均引用次数为 13.44。每条记录主要包括作者(Authors)、标题(Title)、摘要(Abstract)、出版日期(Date)、文献(Descriptors and Identifiers)引文。

3. 研究热点分析

在 CiteSpaceⅡ软件中，NodeType 选 Keyword，其他参数设置同表 6.2。

表 6.2　主要参数设置

Time Slicing	Term Source	Node Type	Threshold Interpolation	Pruning
1999—2012，1	Burst Term	Country Institution	(2,2,20)(2,2,20)(2,2,20)	Pathfinder

运行 CiteSpaceⅡ，以 ClusterView 方式显示结果，我们就可以看到一个直观的以“关键词”为网络节点的共词网络图谱(见图 6.4)。在图 6.4 中，年轮代表这个关键词的历史，年轮颜色的深浅代表相应的关键词出现的时间，一个年轮的厚度与某个时间分区内关键词出现的数量成比例，节点中心旁的数字代表整个时间跨度内关键词的出现次数。仔细研读图谱，我们得出了 14 年来出现次数在 30 以上的关键词(见表 6.3)。

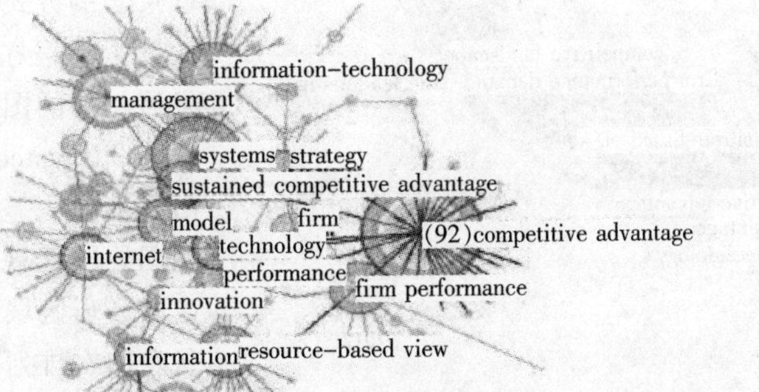

图 6.4　前沿关键词的网络知识图谱

表 6.3 高频关键词

序号	频次	关键词	序号	频次	关键词
1	92	competitive advantage	11	41	strategy
2	71	systems	12	39	sustained competitive advantage
3	57	management	13	39	technology
4	52	information-technology	14	38	perspective
5	46	resource-based view	15	37	firm
6	45	firm performance	16	37	information technology
7	45	model	17	36	information
8	45	competition	18	35	business
9	44	performance	19	35	business value
10	41	internet	20	33	organizations

从图 6.4 和表 6.3 中可以清晰地看出，1999—2012 年这 14 年间，出现频次最高的关键词是 competitive advantage(竞争优势)，达 92 次，其次是 systems(系统)、management(管理)、information-technology(信息科技)、resource-based view(资源基础观点)、firm performance(公司绩效)、model(模型)等。这表明竞争情报已经成为企业战略管理的一个不可或缺的部分，是提高企业核心竞争能力，保持企业竞争优势，促进企业可持续发展的基础，这也是竞争情报的核心价值所在。竞争优势的培育和保持与合理的系统、高效的管理、先进的科技、便捷的互联网、高质量的信息、协调的组织机构等是分不开的，因此，systems，management，information-technology，internet，information，organizations 也必然受到图书情报领域竞争情报研究者的关注。

4. 发展趋势分析

竞争情报的发展趋势是利用 CiteSpaceⅡ软件中的膨胀词探测技术和算法，通过探究主题词词频的时间分布，将频次变化率高的词从大量的词中探测出来，依靠词频的变化趋势来确定的。同样把 436 篇文献数据输入到 CiteSpaceⅡ软件中，设置适当的参数，运行软件，结果以 Timezone(时区)的方式显示，就得到了可以描绘竞争情报在国际图书情报领域的发展趋势的图谱(见图 6.5)。

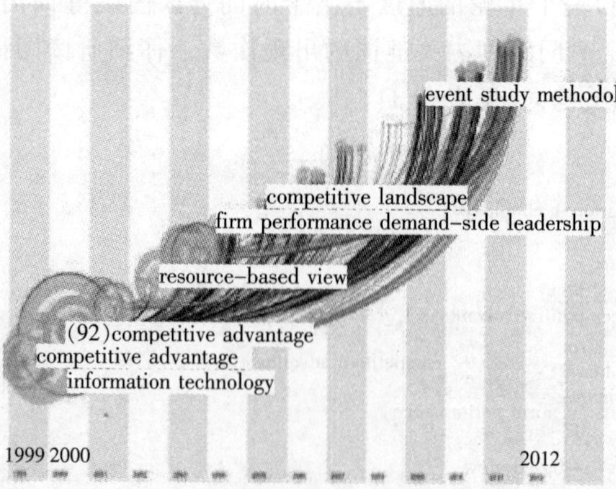

图 6.5 竞争情报发展趋势的时区视图

CiteSpace 可以生成强调研究前沿和其知识基础间的顺时模式时区视图。时区视图是由一系列表示时区的条形区域组成，时区按时间顺序从左向右排列，因而研究前沿指向知识基础。图 6.5 右上角显示的是由一组最新热点构成的研究前沿，它代表着一个研究领域的思想现状，从该图可以看到竞争情报 14 年来的发展脉络，以及研究前沿与当前的研究热点之间千丝万缕的联系。构成国际图书情报领域竞争情报的研究前沿主要有 competition（竞争）、factor-analysis（关键分析）、business-value（商业价值）、electronic-markets（电子市场）、value chain（价值链）等。

此外，利用 CiteSpace 工具还可以方便地统计出研究主题每年出版的文献数、每年的引文数、关键节点文献被引频次，对研究领域进行国别和机构分析，构建研究领域的时间序列图谱等。通过分析，十分方便科研人员从科学文献中识别出科学发展新趋势和新动态，会给自己的研究带来极大的帮助。

思考题

1. 信息阅读方法有哪些？如何提高阅读效率？
2. 简述信息分析的概念？信息分析过程的基本步骤如何？
3. 文献计量学的三大定律分别是什么？了解它对信息检索者来说有何意义？
4. 简述引文的定义？引文分析的基本假设是什么？有哪些分析指标？
5. 常用的计算机辅助信息分析工具有哪些？优缺点如何？
6. 什么是科学知识图谱？其原理和方法是什么？构建知识图谱有哪些工具？

参考文献

[1]王怀诗.信息检索与利用教程[M].兰州:兰州大学出版社,2007:281-284.

[2]王伟军,蔡国沛.信息分析方法与应用[M].北京:清华大学出版社,2010:8-11.

[3]江三宝,毛振鹏.信息分析与预测[M].北京:清华大学出版社,2008:145-150.

[4]游红.论布拉德福定律 齐普夫定律 洛特卡定律的关系[J].情报杂志,1995,14(6):68-69.

[5]岳一凡,张锦顺.布拉德福定律应用现状研究综述[J].学理论,2009(19):179-180.

[6]杨波,阎素兰.齐普夫定律的汉语适用性研究及其在自动标引中的应用[J].情报理论与实践,2004,27(3):254-255.

[7]刘君玉.引文分析的评价[J].情报理论与实践,1998,21(2):87-89.

[8]东江,真集.美国科学情报研究所创办人——尤金·加菲尔德[J].图书与情报,1982(2):83.

[9]尤金·加费尔德.《引文索引法的理论和应用》中文版序言[EB/OL].侯汉清,译.[2012-09-06]. http://www.cnindex.fudan.edu.cn/zgsy/2003n1/yinwensuoyinfa.htm.

[10]沙勇忠,牛春华,任立肖,等.信息分析[M].北京:科学出版社,2009:143-146.

[11]邱均平,于琦.引文测度指标的应用及局限性分析[J].现代情报,2006,11(11):2-3.

[12]曹志梅,王凯.我国四大引文数据库比较分析[J].情报学报.2008,21(4):481-482.

[13]袁加军,朱建平.统计基础实验[M].厦门:厦门大学出版社,2010:1.

[14]朱枫.外语教学研究与科研设计[M].南京:南京大学出版社,2010:140.

[15]刘六生,冯用军.高等教育研究中的数学方法[M].北京:科学出版社,2009:146-149.

[16]邱均平,文庭孝,赵蓉英,等.评价学:理论·方法·实践[M].北京:科学出版社,2010:213-218.

[17]王萍,支凤稳,沈涛,等.基于知识图谱的国际竞争情报研究的可视化分析[J].情报科学,2012,30(6):925-929.

第7章　书刊信息检索

图书和期刊是学习和进行科学研究要参阅的重要文献。随着社会的进步，科技日新月异，图书和期刊的出版发行日益增多，其数量呈现指数增长。为了方便读者的使用，从书刊的发行到保存，一般都会构建相应的检索工具，来方便读者了解认识它，为有效获取它提供便捷途径。

7.1　图书信息检索

根据检索工具对图书揭示的深度不同，一般有两种类型的工具。一种是图书目录检索，包括纸本工具书，网上书刊题录数据库，以及网络书店、出版社网站等的书目检索系统，通过图书目录检索，获得所需要图书的详细介绍信息和获取地址信息，方便进一步获取全文。另一种是全文检索，包括全文图书数据库以及一些网络图书在线阅读网站。

7.1.1　联机公共目录检索系统

联机公共目录查询(Online Public Access Catalog，OPAC)是一种基于网络的书目检索系统，指图书馆将自己馆藏的书目记录装载到计算机网络上的快速存取设备中，使用户能够通过计算机网络联机检索图书馆系统的书目数据。

联机公共目录查询包括单一馆藏目录和联合目录：单一馆藏目录是某一个图书情报机构的书目检索系统，如合肥学院图书馆(http://lib.hfuu.edu.cn)、兰州大学图书馆(http://lib.lzu.edu.cn)、中国国家图书馆(http://www.nlc.gov.cn)、上海图书馆(http://www.library.sh.cn)、美国国会图书馆(http://www.loc.gov)的OPAC；联合目录是多个图书情报机构合作建立的书目检索系统，如中国高等教育文献保障系统(China Academic Library & Information System，CALIS)、面向中国的高校建设的CALIS联合目录公共检索系统(http://opac.calis.edu.cn)、美国OCLC公司(Online Computer Library Center，联机计算机图书馆中心)、面向世界范围图书馆的联合书目系统WorldCat(http://www.worldcat.org)等[1]。

联机公共目录检索系统揭示了文献的自身描述信息，馆藏地点、可借阅情况等馆藏信息，其通常提供题名、著者、分类号、出版社等多种检索途径和检索方式，用户可以方便灵活地查询书目信息，了解图书、期刊的收藏情况。联合目录公共查询系统还是进行馆际互借和文献传递的基础。

下面对国内外一些比较有代表性的联机公共查询目录系统介绍如下：

1. 中国国家图书馆联机公共目录查询系统(地址：http://opac.nlc.gov.cn)

国家图书馆历史悠久，其前身是筹建于1909年9月9日的京师图书馆，1912年8月27日正式开馆接待读者，馆舍设在北京广化寺。1916年正式接受国内出版物的呈缴本，标志着开始履行国家图书馆的部分职能。之后，馆名几经更迭，馆舍几经变迁。1931年，文津街馆舍落成(现为国家图书馆古籍馆)，成为当时国内规模最大、最先进的图书馆。

新中国成立后，更名为北京图书馆。1975年兴建北京图书馆新馆，1987年落成。1998年北京图书馆更名为国家图书馆，对外称中国国家图书馆。2004年12月28日，国家图书馆二期工程暨国家数字图书馆工程奠基,2008年9月9日接待读者。

国家图书馆馆藏宏富,古今中外,集精撷萃。截至2009年底,馆藏文献已达2 778万多册(件),尤以典藏古籍善本闻名,共有善本古籍27万多册(件),普通古籍164万多册(件)。馆藏殷墟甲骨、敦煌遗书、赵城金藏、《永乐大典》、《四库全书》等极为珍贵;外文善本中最早的版本为1473—1477年印刷的欧洲“摇篮本”。国家图书馆全面入藏中文图书,115种文字的外国文献资料占馆藏的50%,是国内外国文献的最大藏家。馆内还设有名人手稿、革命历史文献、中国博士论文等专藏,是联合国与外国政府出版物的指定收藏馆。随着信息载体的变化,还入藏了大量电子出版物,截止到2008年底,数字资源总量达250TB。作为全国馆际互借中心,与全国558家文献信息提供单位建立馆际互借关系,年均受理量超过3万件。已与117个国家和地区的557家机构开展文献交换合作[2]。其联机公共目录查询系统(http://opac.nlc.gov.cn)首页如图7.1。

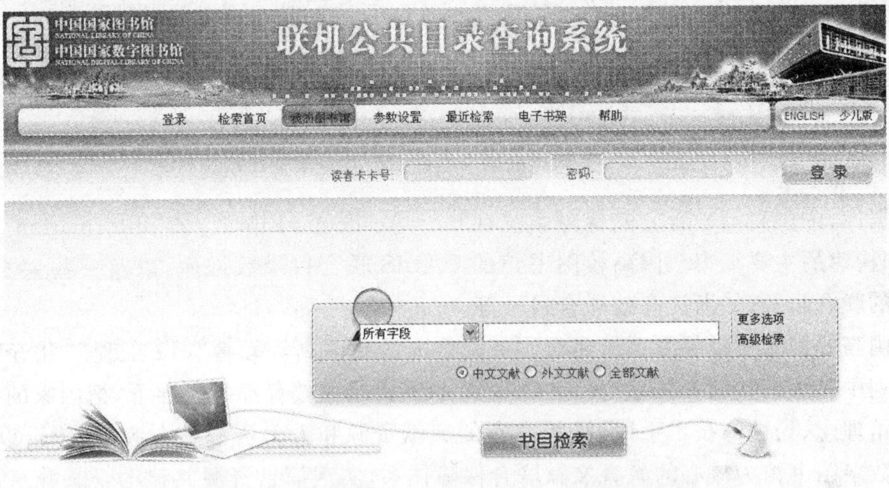

图7.1　中国国家图书馆联机公共目录查询系统

2.美国国会图书馆联机公共目录查询系统(地址:http://catalog.loc.gov)

美国国会图书馆(Library of Congress)建于1800年,是美国的四个官方国家图书馆之一,也是全球最重要的图书馆之一。美国国会图书馆是在美国国会的支持下,通过公众基金、美国国会的适当资助、私营企业的捐助及致力于图书馆工作的全体职员共同努力建成的。它是美国历史最悠久的联邦文化机构,已经成为世界上最大的知识宝库,是美国知识与民主的重要象征,在美国文化中占有重要地位。馆藏3 000多万种书籍,涵盖了470种语言,各类收藏近1.21亿项,超过2/3的书籍是以多媒体形式存放的。超过5 800万份手稿,是美国最大的稀有书籍珍藏地点,当中包括了《古登堡圣经》等[3]。美国国会图书馆联机公共目录查询系统(http://catalog.loc.gov)首页如图7.2。

3.CALIS联合目录公共检索系统(http://opac.calis.edu.cn)

联合目录(Union Catalogue)是指一种联合两个以上图书馆馆藏目录的数据库。使用者只需从单一窗口来检索多个图书馆的馆藏,通过联合目录检索,使读者知道哪个图书馆收藏自己所需要的馆藏资源。

目前国内主要的联合目录数据库有中国科学院文献情报中心(中国科学院国家科学图书馆的前身)牵头研建的主要汇集中科院系统图书馆的全国期刊联合目录数据库、图书联合

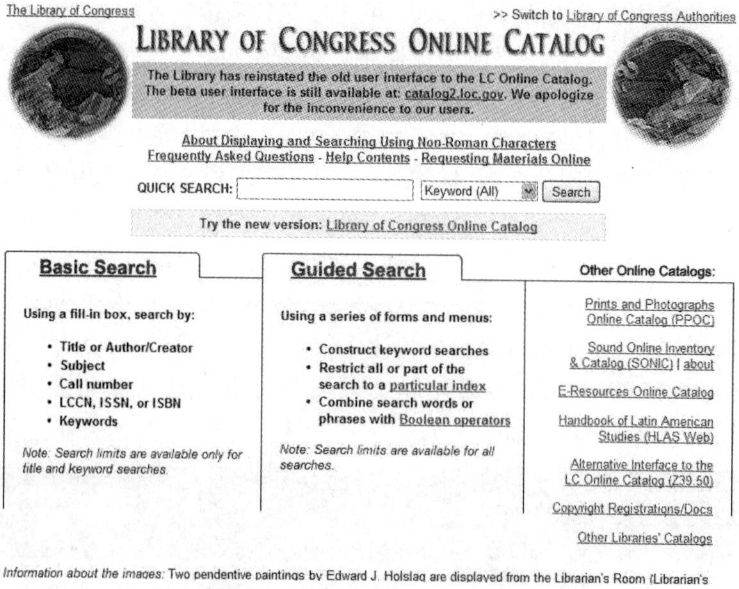

图 7.2　美国国会图书馆联机公共目录查询系统

目录数据库，中国高等教育文献保障系统(China Academic Library & Information System，CALIS)构建的主要汇集全国高校图书馆的 CALIS 联合目录数据库，以及一些主要汇集地方高校的联合目录，如浙江高校联合目录等。

中国高等教育文献保障系统是经国务院批准的我国高等教育“211 工程”“九五”“十五”总体规划中三个公共服务体系之一。CALIS 的宗旨是在教育部的领导下，把国家的投资、现代图书馆理念、先进的技术手段、高校丰富的文献资源和人力资源整合起来，建设以中国高等教育数字图书馆为核心的教育文献联合保障体系，实现信息资源共建、共知、共享，以发挥最大的社会效益和经济效益，为中国的高等教育服务。CALIS 联合目录数据库始建于 1997 年，2000 年 3 月 CALIS 联机合作编目系统正式启动。截止到 2012 年 9 月，联合目录中图书、连续出版物和古籍的记录总数已达 545 万多条，包括中文、西文、日文和俄文四种语种[4]。其检索界面如图 7.3。

CALIS 联合目录数据库提供简单和高级两种检索方式。首页面是简单检索，默认在全部字段检索，可以选择在题名、责任者、主题、ISBN、ISSN 等精确字段检索。高级检索界面可以同时对多个字段进行组配限定，如图 7.4。

检索结果，点击所选图书条目的题名链接，显示该书的详细信息；点击该条目“馆藏”列链接，显示该书的收藏信息，如图 7.5。如果要进行馆际互借，在开通权限的基础上可直接通过页面提供的“请求馆际互借”按钮下单申请，也可以通过 CALIS 提供给成员馆的馆际互借系统(地址：http://gateway. cadlis. edu. cn)由成员馆下单申请借阅，如图 7.6。

4. OCLC WorldCat 联机联合目录(http://www. worldcat. org)

OCLC(Online Computer Library Center，联机计算机图书馆中心)公司是一不以营利为目的，由成员组成的图书馆服务和研究组织，其宗旨是在加强公众对世界上各种信息检索的同时减少成本。WorldCat 是 OCLC 的在线联合目录，是世界范围图书馆和其他资料的联合编目库，同时也是世界最大的联机书目数据库，目前可以搜索到 112 个国家的图书馆，包括

图 7.3　CALIS 联合目录公共检索系统

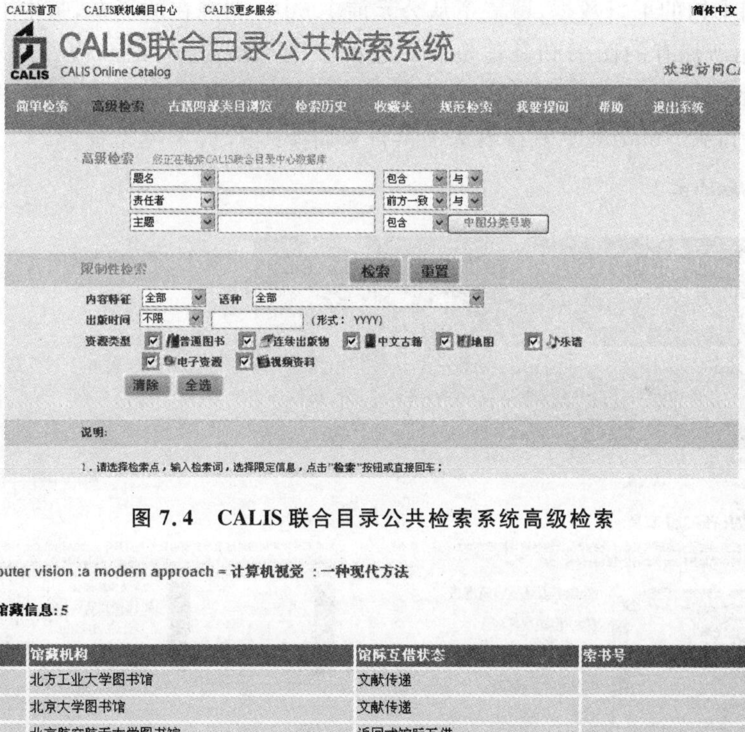

图 7.4　CALIS 联合目录公共检索系统高级检索

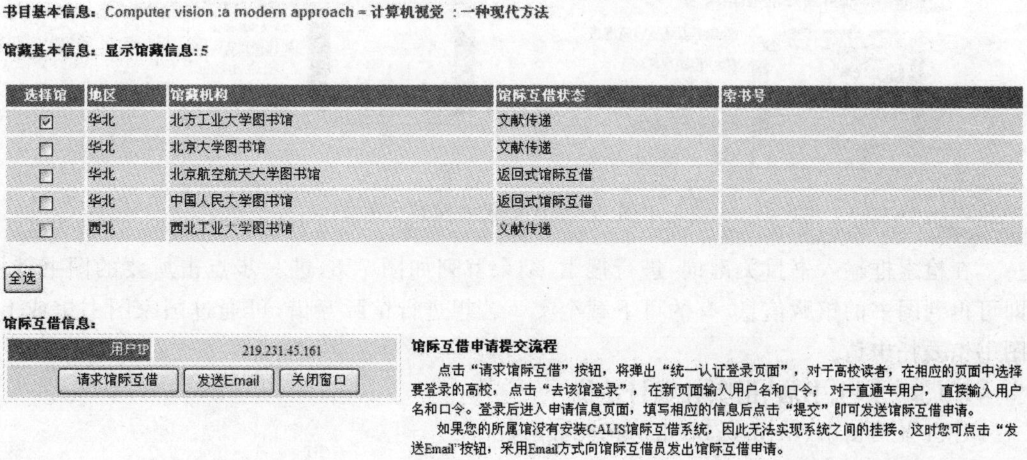

书目基本信息： Computer vision :a modern approach = 计算机视觉 ：一种现代方法

馆藏基本信息：显示馆藏信息：5

选择馆	地区	馆藏机构	馆际互借状态	索书号
☑	华北	北方工业大学图书馆	文献传递	
☐	华北	北京大学图书馆	文献传递	
☐	华北	北京航空航天大学图书馆	返回式馆际互借	
☐	华北	中国人民大学图书馆	返回式馆际互借	
☐	西北	西北工业大学图书馆	文献传递	

全选

馆际互借信息：

用户IP　219.231.45.161

请求馆际互借　发送Email　关闭窗口

馆际互借申请提交流程

点击“请求馆际互借”按钮，将弹出“统一认证登录页面”，对于高校读者，在相应的页面中选择要登录的高校，点击“去该馆登录”，在新页面输入用户名和口令；对于直通车用户，直接输入用户名和口令。登录后进入申请信息页面，填写相应的信息后点击“提交”即可发送馆际互借申请。

如果您的所属馆没有安装CALIS馆际互借系统，因此无法实现系统之间的挂接。这时您可点击“发送Email”按钮，采用Email方式向馆际互借员发出馆际互借申请。

图 7.5　CALIS 联合目录公共检索系统检索馆藏信息显示

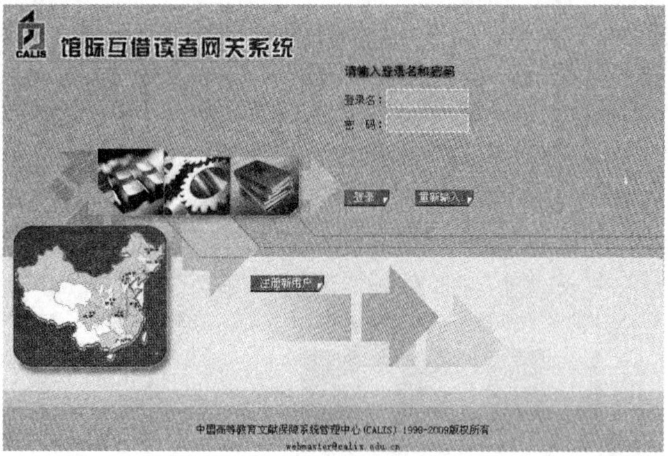

图 7.6 CALIS 馆际互借系统

近 9 000 家图书馆的书目数据，覆盖了从公元前 1000 年到现在的资料，基本上反映了世界范围内的图书馆所拥有的图书和其他资料。它的主题广泛，每年记录增长速度 200 多万条。该库每天更新，如果你要常常搜索的话可以创建一个免费账户，它可以让你建立一个个人列表，写下观感和从 Amazon 上直接购买。其首页面如图 7.7。

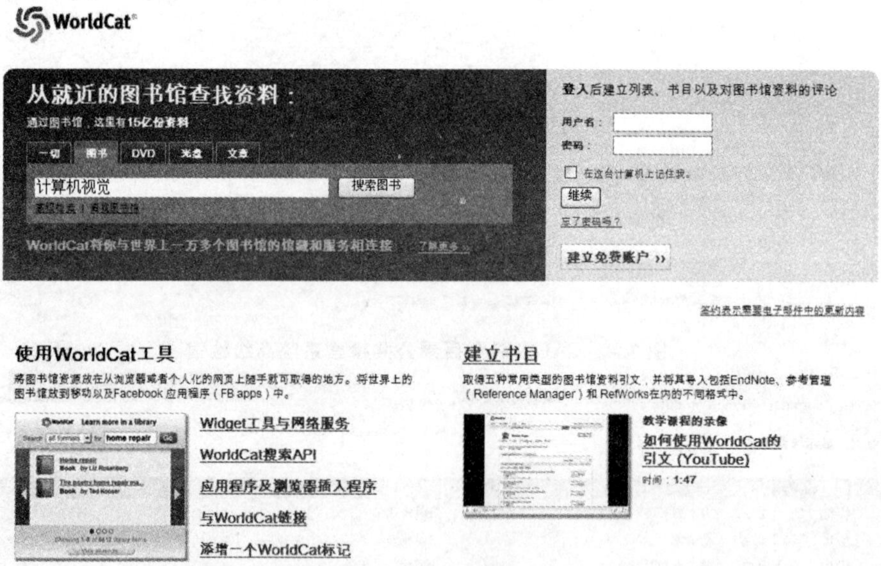

图 7.7 WorldCat 检索示例

在检索框输入书目关键词，进行搜索，结果罗列如图 7.8，进一步点击所要的图书链接，即可得到图书的馆藏信息，有的可下载全文。若想进行馆际互借，可通过国家图书馆或上海图书馆委托申请。

7.1.2 网上书店、出版社书目系统

1. 当当网图书(http://book.dangdang.com)

当当网由国内著名出版机构科文公司、美国老虎基金、美国 IDG 集团、卢森堡剑桥集团、亚洲创业投资基金(原名软银中国创业基金)于 1997 年共同投资成立。1999 年 11 月，当

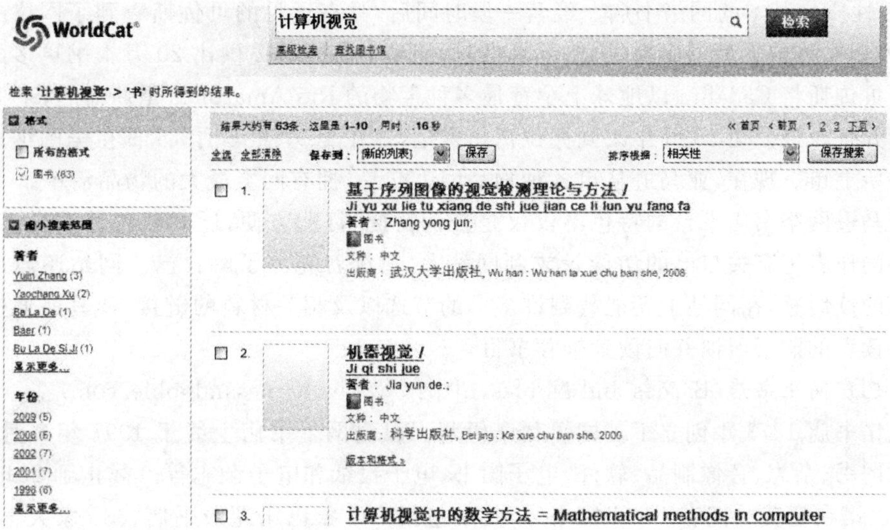

图 7.8　WorldCat 检索结果列表

当网(www.dangdang.com)服务平台正式开通。

目前当当网在线销售的商品包括图书、音像、美妆、家居、母婴、服装和 3C 数码等几十个大类，超过 100 万种商品，在库图书近 60 万种，百货近 50 万种，是全球最大的综合性中文网上购物商城。当当网于美国时间 2010 年 12 月 8 日在纽约证券交易所正式挂牌上市，成为中国第一家完全基于线上业务、在美国上市的 B2C 网上商城[5]。

在当当网上订购图书非常方便，读者注册账号即可下单订购，支持网上在线费用支付，一些城市提供货到付款服务。

2. 卓越亚马逊(http://www.amazon.cn)

卓越网成立于 2000 年 5 月，2004 年 8 月被亚马逊全资收购，成为亚马逊中国全资子公司，2011 年 10 月更名为亚马逊中国。目前，亚马逊中国为消费者提供图书、音乐、影视、手机数码、家电、家居、玩具、健康、美容化妆、钟表首饰、服饰箱包、鞋靴、运动、食品、母婴、户外和休闲等 28 大类、超过 500 万种的产品，通过“货到付款”等多种支付方式，为消费者提供便利、快捷的网购体验[6]。

3. 中国互动出版网(http://www.china-pub.com)

中国互动出版网隶属于北京奥维博世图书发行有限公司，成立于 2000 年 7 月。主营各类专业技术、教育类图书，与国内外数百家出版社建立了供货关系，目前网站图书品种近 240 万种，专业中英文可供图书品种市场覆盖率超过 90%[7]。

4. 蔚蓝网(http://www.wl.cn)

蔚蓝网于 2000 年 3 月创始于清华大学，以服务于校园的经营理念，从考试、计算机、教材教辅等学生、教师们重点关注的图书做起。经过数年发展，积累了丰富的网站运营、管理经验，发展成为今天大型的社会化的网上书城。

目前在线销售的图书达 80 万种，期刊杂志 1 万多种，超过 500 万的用户遍及中国及海外地区，每天约十万人在蔚蓝网查询图书信息和购买图书[8]。

5. 亚马逊网上书店(http://www.amazon.com)

亚马逊公司最初叫 Cadabra，于 1994 年在华盛顿州登记，创始人杰夫·贝佐斯(Jeff

Bezos),性质是基本的网络书店。经营一段时间后,具有远见的贝佐斯看到了网络的潜力和特色,发现实体的大型书店提供 20 万本书时,网络书店能够提供比 20 万本书更多的选择给读者。贝佐斯将 Cadabra 以地球上孕育最多种生物的 Rio Amazonas 重新命名,于 1995 年 7 月重新开张。该公司 1996 年改到德拉瓦州登记,并在 1997 年 5 月 15 日在美国纳斯达克证券交易所上市。现在,亚马逊从事各种物品网上交易,拥有网上最大的物品清单。

亚马逊网络书店平台的特色不仅仅是查询快捷、订购方便,还刊载各种媒介上的书评。许多书的作者把有关自己的访谈录放到网站上,让读者充分了解自己。网站还邀请读者撰写自己的读后感,在网站上还能找到许多书的节选以及相关材料的链接,亚马逊通过这些途径分析读者的购书习惯并向读者推荐书目[9]。

6. 巴诺网上书店(Barnes and Nobles,http://www.barnesandnoble.com)

巴诺书店 1873 年创立于美国伊利诺伊州。巴诺网上书店上线于 1997 年 3 月,主要销售纸质图书、杂志、音像制品、软件、电子图书、电子报纸和电子杂志等。截止到 2011 年 4 月 30 日,巴诺在全美共拥有 1 341 家书店,其中包括 705 家巴诺超级书店、636 家大学书店,堪称实体书店领域的“麦老大”。通过持有约 36%的巴诺网上书店的股份,巴诺成为美国最大的网上书籍销售商之一[10]。

7.1.3 全文电子图书数据库及在线读书

在计算机技术、通信技术、网络技术等现代信息技术飞速发展与不断融合的今天,纸质图书的数字化表现形式越来越丰富,网络出版已经形成比较成型的市场,从最初的萌芽状态进入加速增长阶段。与印刷型图书相比,电子图书具有高密度存储、快速检索、体积小、出版周期短、制作简单、引用方便等特点,受到人们的广泛关注,并取得了快速的发展。同时,一些读书网站也搜集了大量的资料,可以供读者免费在线阅读,成为获得图书的重要来源。

1. 超星数字图书馆

超星数字图书馆(http://www.chaoxing.com)是国家“863”计划的中国数字图书馆示范工程项目,由成立于 1993 年的北京世纪超星信息科技有限责任公司建设,2000 年 1 月在互联网上正式开通。该数字图书馆是目前世界上最大的中文在线图书数据库,收录包括哲学宗教、社会科学、经济管理、文化艺术、语言文字、文学、历史地理、教育、自然科学、数理化、医学、工业技术、建筑交通、计算机通信、综合性图书 15 个大类数百万种全文电子图书[11]。

阅读和使用超星数字图书馆的图书需要安装该公司提供的专用阅读器——超星浏览器(SSReader)。超星阅读器是超星公司推出的一款超星网电子书阅读及下载管理的客户端软件。通过软件可以方便地阅读超星网的图书(支持文件格式有 PDG、PDZ、PDZX、PDF、HTM、HTML、TXT 等多种常用格式),并可以下载到本地阅读,软件集成书签、标记、资源采集、文字识别、手动导入导出图书(包括其他图书资料导入阅读)、多种个性化设置等功能。该阅读器不仅提供有应用于 PC 机上的 Windows 版(最新版为 V4.1),还提供超星阅读 iPad 版(最新版为 V2.4)、超星阅读 AndroidPad 版(最新版为 V1.5.5),以适应多种终端设备的阅读需求。

超星数字图书馆主要提供公众个人和高校科研机构的团体访问两种服务方式。对于公众用户,阅读超星电子图书登录网址 http://book.chaoxing.com(也可通过超星网 www.chaoxing.com 主页的“读书”链接进入),页面如图 7.9 所示。

用户可以通过分类浏览或查询图书,目前提供 30 多万种图书,可以免费阅读站点提供

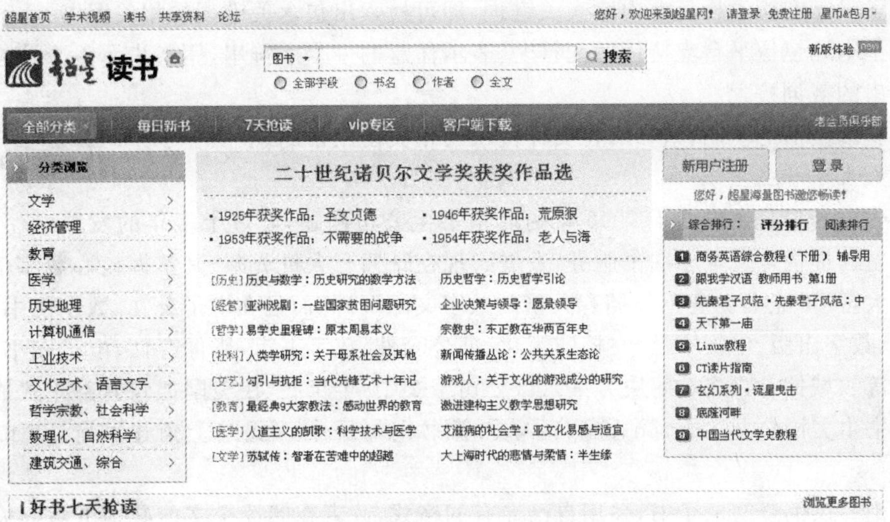

图 7.9　超星读书网络服务页面

的免费读物，对于收费的图书，读者可以注册付费阅读。

高校或科研等机构团体用户，购买了超星数字图书馆的服务，用户可以通过各自的局域网，在 IP 地址范围内或注册用户管理下通过镜像站或远程包库的方式使用。图 7.10 是超星数字图书馆在合肥学院的镜像站点首页面。

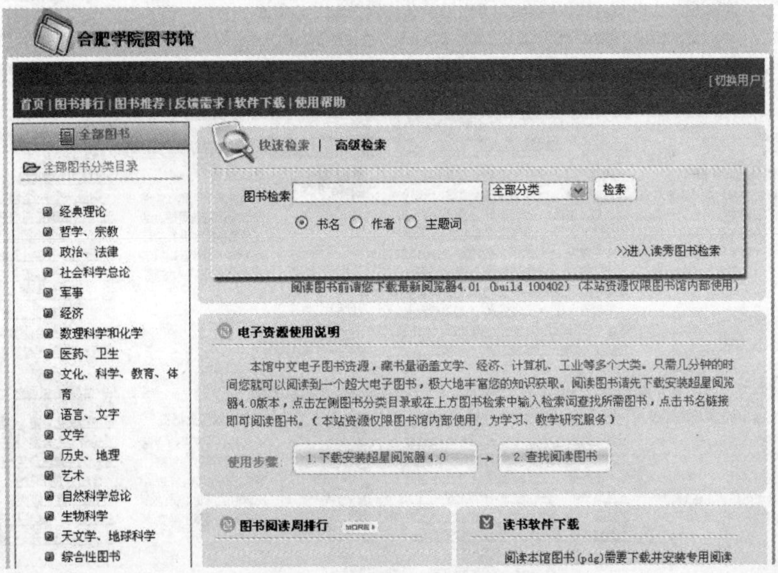

图 7.10　超星数字图书馆镜像服务页面

超星数字图书馆镜像站提供了分类检索、快速检索和高级检索三种途径。分类检索利用提供的中图分类法类目，从大类到小类层层展开显示相关类目的图书。快速检索可以一次提供一个关键词从书名、作者或者主题词途径检索图书，在检索结果中还可进行二次检索（一次和二次检索之间是“与”的逻辑关系）。高级检索可以同时输入三个关键词，限定在书名、作者或者主题词字段检索，逻辑关系支持“与”和“或”，出版时间也可以限定范围。

检索只需在检索栏目框内输入关键词，即可检索出包含关键词的相关图书。

超星本地镜像平台支持用通配符“?”表示任意的一个字符串，用%表示一个或多个任意的字符串的截词检索。

超星阅读器的使用，请参阅首页面提供的相关使用帮助。

2. 书生电子书

书生电子书是由成立于1996年的北京书生公司构建，经过十多年的发展，该公司也从最初的主营提供全文电子图书服务，发展到现在既拥有大量资源，又掌握核心数字信息服务技术的大型IT企业。它不仅拥有大量的数字文献资源，而且在电子公文、数字图书馆、文档服务器、数字出版、申报审批、文档数字化、办公套件、数字书市、影像存储、电子图书交换、档案管理等领域拥有领先的解决方案。该公司于2010年年底，在美国加州硅谷正式成立分公司——书生美国公司(Sursen Corp)，标志着书生电子书正式踏上角逐国际IT市场的征程[12]。

书生提供的全文电子书，采用自己专有的格式，读者在阅读全文前必须下载与安装书生阅读器(最新版书生阅读器V7.2)。

书生在全文电子图书服务上主要提供两种服务形式，即公众在线阅读和机构团体用户的镜像服务。书生提供的面向公众的电子书平台叫“读吧”(http://www.du8.com)，首页面如7.11。

图7.11 书生读吧首页面

该平台是一个集电子书查找、阅读、销售和交流的多功能平台。读者可以注册，利用多种在线费用支付形式下载阅读图书。作者利用该平台发表著作，出版机构可以通过它在线出版，也是作者、读者、出版机构之间资讯沟通的桥梁。

对于机构用户来讲，书生也提供面向团体读者的镜像服务模式，通过IP授权供其局域网内的用户使用，其首页面如图7.12。

图 7.12　书生本地镜像首页面

书生本地镜像提供图书分类、图书检索和高级检索三种主要查询方式，支持组合和全文查询。

3. 方正阿帕比(Apabi)电子图书

该电子图书由方正集团旗下北京方正阿帕比技术有限公司(简称“方正阿帕比公司”www.apabi.cn)提供。该公司 2001 年起进入数字出版领域，在继承并发展方正传统出版印刷技术优势的基础上，自主研发了数字出版技术及整体解决方案。目前提供数字资源和数字书刊软件两大类产品，是专业的数字出版技术及产品提供商。数字资源主要包括电子书、数字报、工具书、年鉴、特色资源(艺术博物馆图片数据库、国学要览、中医古籍等)，其中电子图书资源是方正阿帕比数字内容资源的核心部分，截止到 2012 年 10 月，在销电子图书累计达 60 多万种，其中 2006 年后出版的新书占到了 70%，涵盖了社科、人文、经管、文学、科技等分类，已经形成最大的文本电子图书资源库。

方正电子书采用 OEB(Open Ebook)文本电子书格式，矢量文字，在其提供的电子书阅读器(最新版 Apabi Reader 4.4.3)下保持原版原式，可任意比例的放大缩小均能保证高清晰度，图像质量好。该公司已与全国 500 多家出版机构全面合作，彻底解决版权，部分出版物已经实现与出版社同步出版[13]。

方正电子书主要通过本地镜像模式向机构用户提供服务，其平台登录页面如图 7.13 所示。

apabi 数字资源平台提供分类、快速查询和高级检索三种检索方式。分类检索根据页面左侧的《中国图书馆图书分类法》类目表，分类浏览查找；快速查询提供书名、责任者、摘要、出版年等途径，按需选择途径进行检索；高级检索可以输入比较复杂的检索条件，在一个或多个资源库中进行查找，各检索条件之间可以使用“并且”或“或者”逻辑算符进行连接。

检索到所需图书后，可以在线阅读，也可以点击“借阅”按钮，下载到本地，进行离线阅读，阅读时可以进行批注、圈注、画线、加书签、拷贝文字等操作。下载的图书有一定的使用期限(依系统设定)，到期系统自动归还。

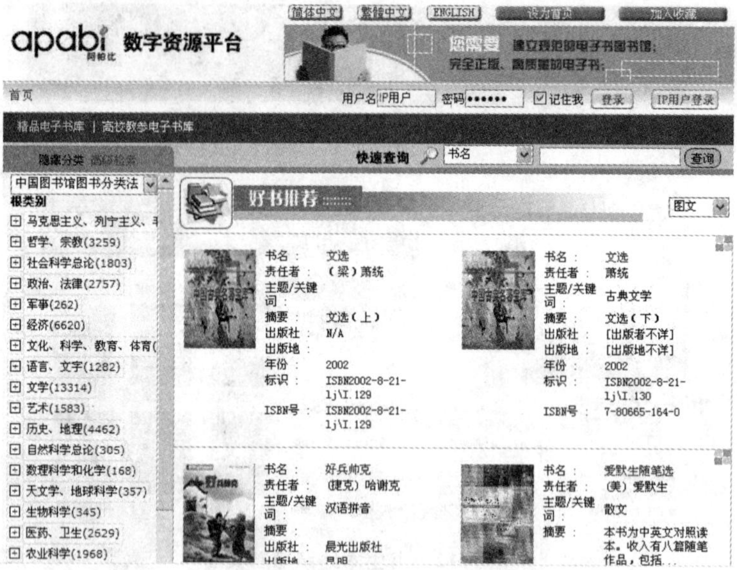

图 7.13　方正阿帕比电子图书首页

4. 读秀中文学术搜索

读秀中文学术搜索(www.duxiu.com)是北京世纪超星有限责任公司开发的一个完整的文献搜索及获取服务平台，在其海量全文数据及资料基本信息组成的超大型数据库[330万种中文图书、10亿页全文资料、元数据19亿条(其中中文期刊5 000多万条，中文报纸近3 000万条)等]基础上，提供一站式集馆藏纸质图书、电子图书、学术文章、报纸、学位论文、会议论文等各种异构资源在同一平台的统一检索和知识获取服务。

读秀最初的重点在于对图书内部知识的挖掘(检索深入到章节目录，任何一句话、一句诗词都能检索到)，后来深入到期刊、学位论文等类型文献，以及外文文献。

读秀主要通过IP地址控制的方式为高校、研究机构等团体用户提供服务，主页面如图7.14所示。

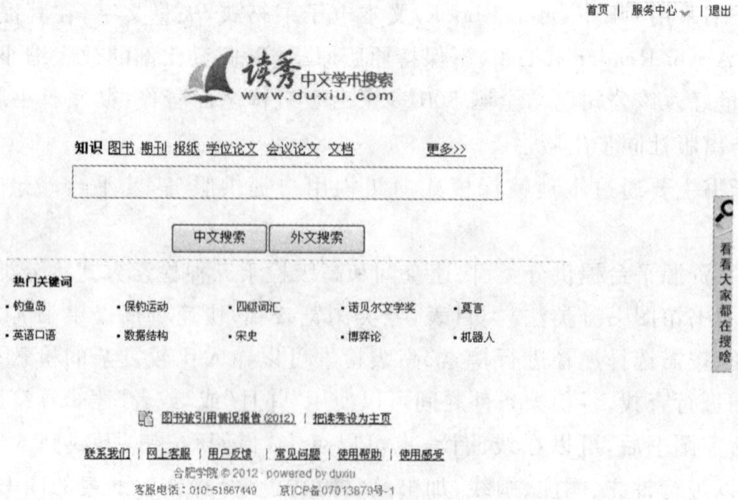

图 7.14　读秀中文学术搜索登录页面

对于检索到的图书结果，可以查看印刷型馆藏信息和电子书信息。对于电子书有全文使用权的可以阅读全文，没有全文使用权，可以阅读版权页、章节目录、部分内容(15 页左右)和封底等信息。对于没有全文阅读权的电子图书，可以在图书详细信息页面(如图 7.15)，点击“图书馆文献传递”按钮，进入“图书馆参考咨询服务”页面(如图 7.16)。

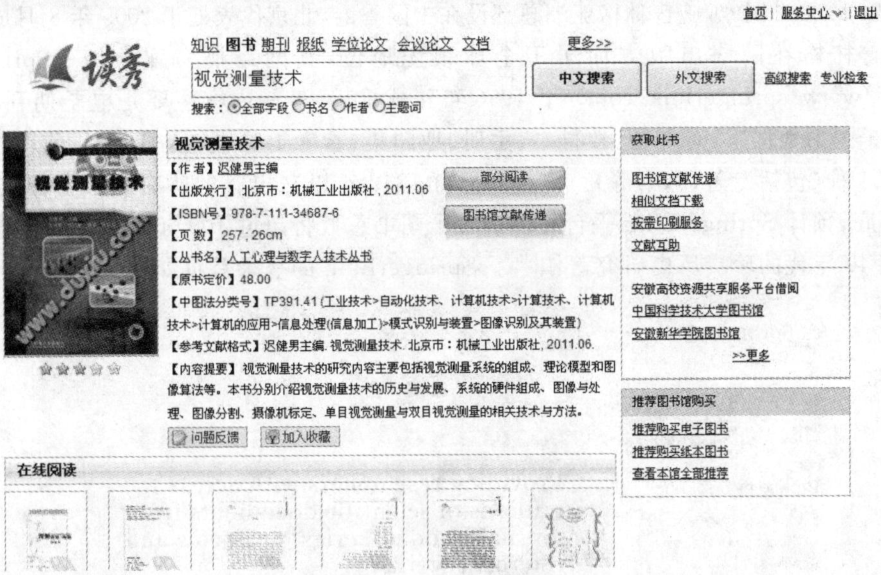

图 7.15　图书详细信息显示

在该页面按要求仔细填写相关信息，确认无误后，点击“确定”即可。

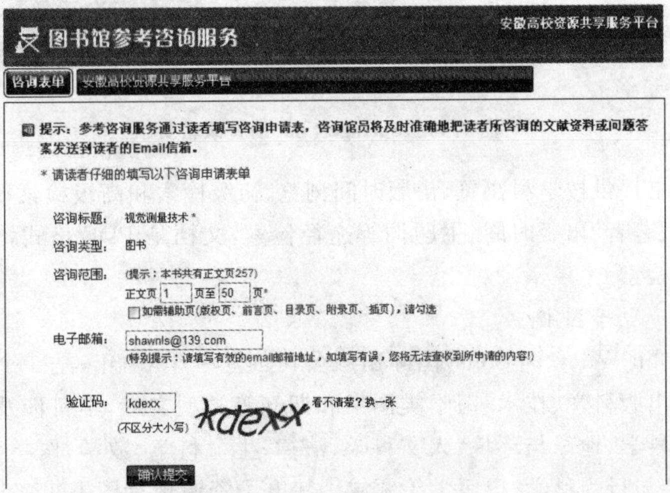

图 7.16　图书馆参考咨询服务

进入提交的 E-mail 邮箱，打开收到的相应链接地址，即可阅读您所需文献。目前的电子图书传递咨询服务限制为每本图书单次咨询不超过 50 页，同一图书每周的咨询量不超过全书的 20%；所有咨询内容有效期为 20 天，到期链接失效无法打开相应内容[14]。

5. 施普林格电子图书

施普林格(Springer-Verlag)出版社于 1842 年创立于德国柏林，20 世纪 60 年代建立了其国际性科技出版公司的地位。目前，施普林格是全球第一大科技图书出版公司和第二大科技期刊出版公司，每年出版 6 500 余种科技图书和 2 000 余种科技期刊。出版范围包括自然科学、社会科学、医学以及建筑等各个学科领域。

施普林格的出版业务遍及全球，除了在美洲地区的出版和发行业务外，其余 70 多所分社遍及全球 20 多个国家，施普林格亚洲总部设在中国香港，北京代表处于 2005 年 8 月成立。

施普林格在网络出版方面居于全球领先地位，其网络服务平台——SpringerLink（http://www.springerlink.com）于 1996 年正式推出，最初内容主要是电子期刊，2006 年推出电子图书数据库，有专著、教科书、手册、地图集、参考工具书、丛书等，目前在线电子图书 57 751 种（包括专著、丛书等）。该计划把自 1842 年以来出版的所有图书全部数字化，至 2012 年底，预计 SpringerLink 平台提供的电子图书总数将超过 100 000 部，其中包括回溯到 19 世纪 40 年代的珍贵历史研究著作[15]。SpringerLink 的登录首页如图 7.17 所示。

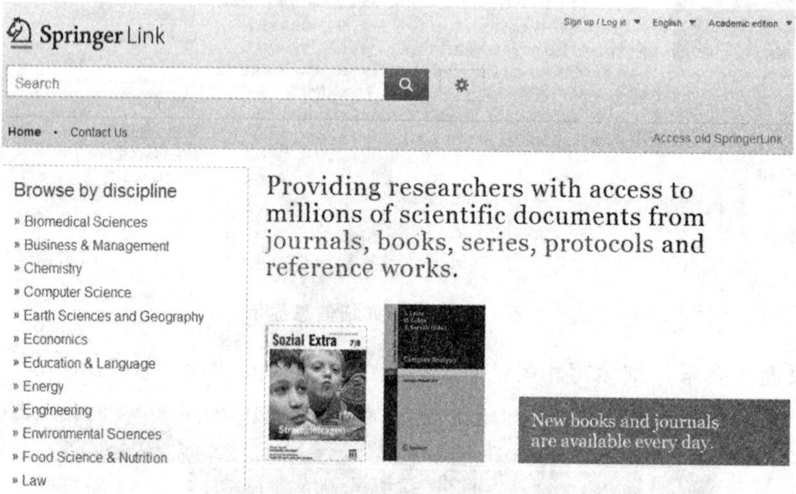

图 7.17 SpringerLink 的登录首页

平台对电子书提供按学科浏览、出版时间浏览、初级检索和高级检索四种查找方式。读者可以通过题名、著者、出版时间、主题词等途径检索，文档是 PDF 格式，检索阅读方便，但目前不支持全文检索。

6. John Wiley 电子图书

约翰威立（John Wiley & Sons）国际出版公司创立于 1807 年，是一个公开交易的家族控股企业。主要出版科学、技术、医学类图书和期刊等类型文献，学科涉及农业、建筑学、艺术、商业、计算机科学、地球与环境、人文科学、法律、生命科学、数学、医学与护理学、物理科学与工程学、社会与行为科学、兽医学等领域。其电子资源现有图书 12 518 种、丛书 25 种、实验室指南 18 种、期刊 2 173 种及一些专题数据库，通过其网络服务平台——WILEY ONLINE LIBRARY（http://onlinelibrary.wiley.com）对外服务，如图 7.18。

该平台提供题名浏览、一般检索和高级检索三种检索方式，能从书名、著者、主题词、出版时间等多种检索途径查找图书，支持全文搜索，便于读者获取知识[16]。

7. 剑桥图书在线

剑桥大学出版社是世界上最大和最有权威的学术出版商之一，主要出版图书和期刊等

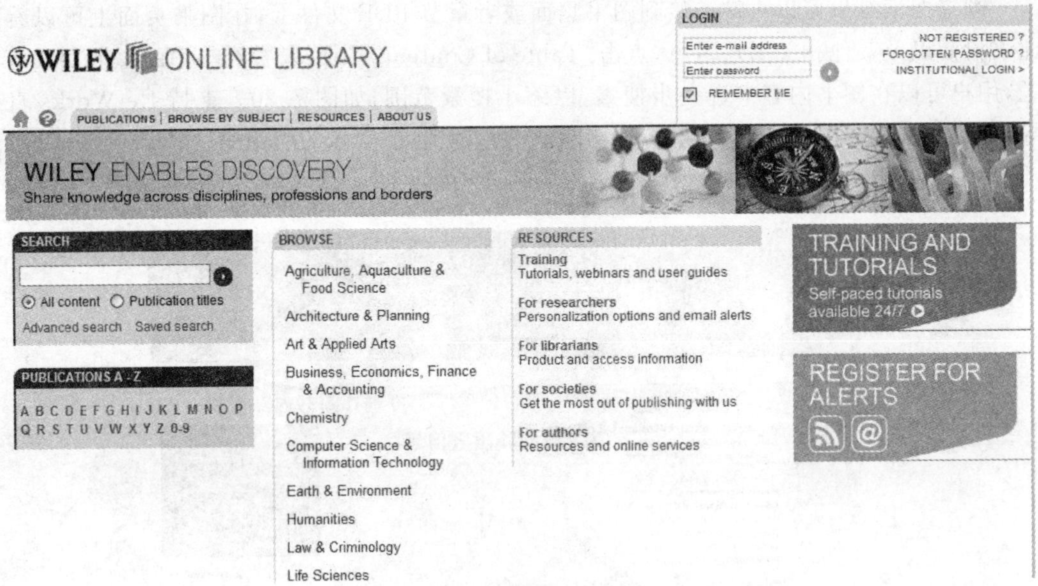

图 7.18　WILEY ONLINE LIBRARY 首页

文献，涵盖人文社科、理工以及医学和法律等学科。其电子资源网络服务平台为剑桥图书在线(Cambridge Books Online，地址：http://ebooks. cambridge. org)，登录页面如图 7. 19。目前有电子图书 19 545 种，都是 2009 年以后出版图书。有超过 50 位在文学、经济、物理、化学、医学等领域获诺贝尔奖的作者先后在剑桥大学出版社出过书，其中大部分图书都已在线出版[17]。

图 7.19　剑桥图书在线首页

该平台提供学科浏览、快速搜索和高级搜索功能。快速搜索，可通过如书号(ISBN)、书名、作者等关键词进行搜索，实现快速定位某本书，或生成一个搜索结果列表；高级搜索，多种搜索参数可供选择，使搜索更加直观精确。

图书搜索结果可以直接链接到图书页面或者章节 PDF 文件上，在图书页面上可以看到此书封面以及其他相关书籍信息，点击“Table of Contents”则可以看到本书的章节和段落标题，用户可以在图书内容中进一步搜索，以缩小搜索范围，如图 7.20。支持 RefWorks 直接导入，具有“Cited by Google Scholar”功能，方便查看谷歌学术的引用等。

图 7.20 剑桥图书在线图书书内搜索

8. NetLibrary 电子书数据库

NetLibrary 是电子图书的提供商之一，创建于 1999 年，2002 年 NetLibrary 被 OCLC（在线计算机图书馆中心）收购，2010 年 OCLC 和 EBSCO 签订协议，EBSCO 将收购 OCLC NetLibrary 的资产，NetLibrary eBook 和 eAudiobook 将继续由 NetLibrary 提供。EBSCO 现已把 NetLibrary eBook 装载到电子平台 EBSCOhost 上，实现了创建一个全面综合的电子图书、期刊等多种类型文献数据库统一检索的服务系统目标。截至 2012 年 9 月底，EBSCOhost 上可访问的电书 10 000 多种，涉及商业与经济、计算机科学、教育、工程与技术、历史、法律、数学、哲学、心理学、政治学、社会学、艺术与建筑等学科。

EBSCOhost 上可对所有资源进行一站式检索，也可对图书直接搜索，可以按照目录分类浏览。所有电子图书都内嵌了在线字典功能，方便查询词义和读音。

9. 在线读书网站

随着网络的发展，网络公开资源的日益丰富，出现很多从事在线读书服务的网站，如在线读书网（http://ds.eywedu.com/）、白鹿书院（http://www.oklink.net）、天涯在线书库（http://tianyabook.com）、新浪读书（http://book.sina.com.cn）等。这些在线读书网主要提供免费的文学、诗词歌赋、宗教、历史、哲学等人文社科图书在线阅读，也有部分经济管理等专业书籍。读者不仅可以注册登录相关站点在线阅读，甚至可以发表评论和自己的作品，有些网站还提供电子书下载。

7.2 期刊信息检索

期刊是学术思想交流的最基本文献形式，是科研人员利用最多的文献类型，许多新的成果、观点、方法往往先在期刊上发表。据统计，科研人员所获信息的70%～80%来源于期刊。下面从期刊发行和论文查询两个角度详述相关信息的检索途径和方法。

7.2.1　期刊名称检索

1. 印刷型期刊目录

(1)检索新中国成立前出版的期刊

报道新中国成立前期刊出版情况的检索工具有：《(1833—1949)全国中文期刊联合目录》(全国图书联合目录编辑组编，书目文献出版社，1981年)；《中国近代期刊篇目汇录(1857—1918)》(上海图书馆编印，上海人民出版社，1980—1984年)；《辛亥革命时期期刊介绍》(中共中央马恩列斯著作编译局研究室编，人民出版社，1958—1959年，1980年重印)。

利用《(1833—1949)全国中文期刊联合目录》还可以了解新中国成立前中文期刊的收藏情况，该书收录了50多个省市级以上图书馆所收藏的新中国成立前出版的中文报刊20 000多种。1994年，书目文献出版社又出版了《(1833—1949)全国中文期刊联合目录补编本》(北京图书馆、上海图书馆编著)，该书补收了清末至民国时期的期刊16 400多种，与《(1833—1949)全国中文期刊联合目录》一起，基本反映了新中国成立前我国的期刊出版和收藏情况，是查考这一时期期刊出版和收藏的重要工具。

(2)当代期刊目录检索

新中国成立后，期刊事业发展很快，1950年，全国出版的期刊为295种，1999年底，公开出版的期刊为8 187种。根据中华人民共和国新闻出版总署的统计信息，2005年全国共出版期刊9 468种，2010年全国共出版期刊9 884种，2011年为9 847种(其间有注销和撤销的期刊)。检索期刊出版信息的工具主要是《中国报刊总目》(原名《中国邮发报刊大全》《中国报刊大全》，人民邮电出版社出版)，收录全国每年公开发行的报刊。

(3)检索国内西文期刊

西文期刊检索的主要工具书是《全国西文期刊联合目录》(原北京图书馆1959年出版，1964年出续编)和《全国西文连续出版物联合目录(1978—1984)》(书目文献出版社，1989年出版)，两者在时间上基本先后相连，是检索国内西文期刊收藏的印刷型重要工具。

2. 电子期刊目录

(1)馆藏期刊目录

检索图书馆期刊收藏情况主要利用本馆联机书目数据库(OPAC)和期刊联合目录查询。

图书馆的联机公共书目数据库(OPAC)，除了可以检索本馆印刷型图书书目信息之外，也可以检索期刊目录和收藏信息。

期刊联合目录是同时检索多馆期刊收藏信息的工具，如CALIS西文期刊篇名目次数据库和国家科技图书文献中心学术期刊浏览。CALIS西文期刊篇名目次数据库(http://ccc.calis.edu.cn，CALIS Current Content of Western Journal，简称CCC)，提供1999年至今的24 000种西文学术期刊的现刊目次数据，提供了全国三大图书馆系统(高校图书馆、公共图书馆和科学图书馆)订购的80%以上的纸质西文学术期刊的馆藏信息。中国高校人文社会科学文献中心(China Academic Social Sciences and Humanities Library，简称CASHL)提供的开世览文库，目前收录包括高校图书馆和其他人文社会科学研究机构600多家成员单位订购的11 796多种国外人文社会科学领域的核心期刊和重要期刊的目次和论文题录信息，为论文的查询和传递提供服务。国家科技图书文献中心(http://www.nstl.gov.cn)提供了成员单位馆，如中国科学院文献情报中心、机械工业信息研究院等的学术期刊浏览，同时提供检索服务，该系统提供的学术期刊按语种分为：西文期刊、俄文期刊、日文期刊、中文期刊。

(2)专业期刊数据库与国家新闻出版总署网站

为了方便用户查询和验证国内的合法期刊出版信息，中华人民共和国新闻出版总署新闻报刊司网站上提供了"媒体查询"栏目(http://www.gapp.gov.cn/cms/html/43/index.html)，用户可以通过该功能查询国内期刊的出版详细信息(媒体名称、单位地址、刊号、联系电话、主管单位、主办单位等)，验证其合法性。

国内的专业期刊数据库，如中国知网、维普、万方等期刊库提供国内期刊导航功能，可以方便地检索期刊的名称、出版单位、通信地址，以及数据库收录该刊各期的论文全文等信息。维普期刊资源整合服务平台的期刊导航还增加了"国内外数据库收录导航"，可检索该数据库收录期刊在CSSCI、SCI、EI、PubMed、BP、INSPEC等数据库中的收录或引用情况。国外的学术期刊数据库如：ElsevierScienceDirect、EBSCO等提供了收录期刊的字顺浏览、刊名检索等功能。美国ISI期刊引证报告数据库(Journal Citation Reports，JCR)收录了世界上自然科学和社会科学各学科最具影响力的7 000多种期刊，涵盖了200多个学科门类，是对权威期刊进行检索和系统评价的重要工具。

(3)中图公司的"中图链接服务"(cnpLINKer)

中国图书进出口(集团)总公司提供，地址：http://cnplinker.cnpeak.com，教育网内用户访问地址：http://cnplinker.cnpeak.edu.cn。cnpLINKer目前收录36 129种国外期刊(其中Open Access期刊22 446种)的目次和论文链接信息。提供期刊检索(期刊名称、学科、出版社和直接刊名途径查询)；针对论文提供简单检索、高级检索、专家检索三种方式查询期刊论文的目录，每篇论文提供文摘、全文、馆藏信息和购买链接。

另外，中图公司为了方便图书馆、科研院所等信息机构查询订购海外期刊，提供了电子期刊导航系统eJnavor(Electronic Journals Navigator，地址：http://cnplinker.cnpeak.com/nav/)，方便用户对国外期刊的查询订购。

7.2.2 期刊论文检索

查找期刊论文的主要检索工具是：题录型检索工具和记录有原文的期刊全文数据库。

1. 题录型检索工具

题录型检索工具根据相关学科主题内容将来源期刊的论文逐篇加工成文摘或题录，按照一定的方式编排，并提供多种检索途径，如ISSN号、篇名(Title)、关键词(Keyword/Topic)、摘要(Abstract)、作者(Author)、单位或机构(Corporate)、刊名(Journal name/Publication Title)等。

目前，中文综合类题录型期刊检索工具使用最广泛的是《全国报刊索引》。上海市图书馆在1955年3月创刊，1973年正式改名为《全国报刊索引》(月刊)，1980年开始分成《哲学社会科学版》与《自然科学技术版》两刊，出版至今。

《全国报刊索引》收录了各类报刊近万种，几乎包括了国内所有的中文报刊资源，涉及所有哲学、社会科学、自然科学以及工程技术领域。《全国报刊索引》的正文均采用分类编排，后附有个人著者索引、团体著者索引、题中人名索引以及收录期刊名录。2000年起正式采用中国图书馆图书分类法编排。

电子版《全国报刊索引》综合数据库从1993年开始编辑发行，2000年起分哲学社会科学版和自然科学技术版两个版本发行。同时为了全面报道国内中文报刊资源，编辑部在原《全国报刊索引数据库》基础上通过流程整合，陆续出版了《全国报刊索引数据库——目次库》《全国报刊索引数据库——篇名库》《全国报刊索引数据库——会议库》《全国报刊索引数据库——西文库》等新产品库。目前《全国报刊索引数据库——篇名库》数据库数据已回溯至 1833 年，年更新量在 50 万条左右，是目前国内唯一揭示中文报刊资源时间跨度最大(近一个半世纪)，报道报刊品种最多(16 000 余种)的报刊数据库产品[18]。

其他题录性检索工具，综合类有：中国科学院国家科学图书馆的集成期刊系统(http://www.las.ac.cn)、国家科技图书文献中心(NSTL)的学术期刊库(http://www.nstl.gov.cn/NSTL/)、CALIS 联合目录公共检索系统(http://opac.calis.edu.cn)、UniCat 全国期刊联合目录、E-UniCat 网络电子期刊集成目录、现期期刊篇名目次数据库(Current Contents)、OCLC 联合目录等。题录型专业期刊检索工具有：《中国生物学文摘》《CA》《CSA》《MathSciNet》等。这些题录数据库，特别是国内的该类数据库，一方面便于读者查询期刊信息和论文信息，同时也提供了原文的馆藏链接地址，便于读者通过文献传递获取全文。

2. 期刊全文数据库

期刊全文数据库一般分为综合型和专业型两种，综合型如中国知网(CNKI)的 KDN 知识发现网络平台、维普期刊资源整合服务平台、EBSCO 等；专业型如 IEL、美国物理研究所(AIP)电子期刊全文数据库等。

期刊全文数据库按语种分为中文和外文。一般来说，中文期刊数据库只收录国内期刊信息，外文期刊数据库兼收世界各国有影响的期刊信息，也包含部分有学术价值的中文期刊信息。而且，中文期刊数据库往往只收录期刊一种文献类型，外文检索工具除了收录期刊信息外一般还有其他类型文献信息，如专利、科技报告、图书等。此外，同一外文数据库会出售给多个检索系统使用：如美国《生物学文摘》(Biological Abstracts，BA)可通过 DIALOG、OVID 和 SPIRS 进行检索。

期刊全文数据库的著录信息特征主要包括 ISSN 号、篇名(Title)、关键词(Keyword/Topic)、摘要(Abstract)、作者(Author)、单位或机构(Corporate)、刊名(Journal name/Publication Title)、参考文献、全文(Full Text)等。数据库中的字段代码：AB(Abstract)、AU(Author)、CS(Corporate Source)、DE(Descriptor/Subject)、DT(Document Type)、FT(Full Text)、ISSN、JN(Journal Name/Publication Title)、KW(Keyword/Topic)、LA(Language)、PY(Publication Year)、TI(Title)。读者一般可以使用这些字段利用其提供的检索方式进行检索。

(1)中国学术期刊网络出版总库

中国学术期刊网络出版总库是中国知网知识资源总库的一个子库。CNKI(China National Knowledge Infrastructure)是中国国家知识基础设施的简称，由清华大学、清华同方发起，始建于 1999 年 6 月。中国知识资源总库是 CNKI 一个大型的系列全文数据库，由清华大学主办，中国学术期刊(光盘版)电子杂志社出版，清华同方知网(北京)技术有限公司发行，目前主要包括期刊、学位论文、报纸、会议论文等全文库，以及年鉴、专利、标准、科技成果、行业知识、国外数据库题录信息等数据库。

中国学术期刊网络出版总库以学术、技术、政策指导、高等科普及教育类期刊为主。收录自1915年至今出版的期刊，部分期刊回溯至创刊。内容覆盖自然科学、工程技术、农业、哲学、医学、人文社会科学等各个领域。截至2012年10月，收录国内学术期刊7 900多种，其中创刊至1993年3 500余种，1994年至今7 700余种，全文文献总量3 500多万篇。核心期刊收录率96%；特色期刊(如农业、中医药等)收录率100%；独家或唯一授权期刊共2 300余种，约占我国学术期刊总量的34%。

目前，中国学术期刊网络出版总库整合在KDN知识发现网络平台上通过WEB版(网上包库)、镜像站版、光盘版、网络流量计费等多种方式为读者提供服务。其登录首页面如图7.21所示。

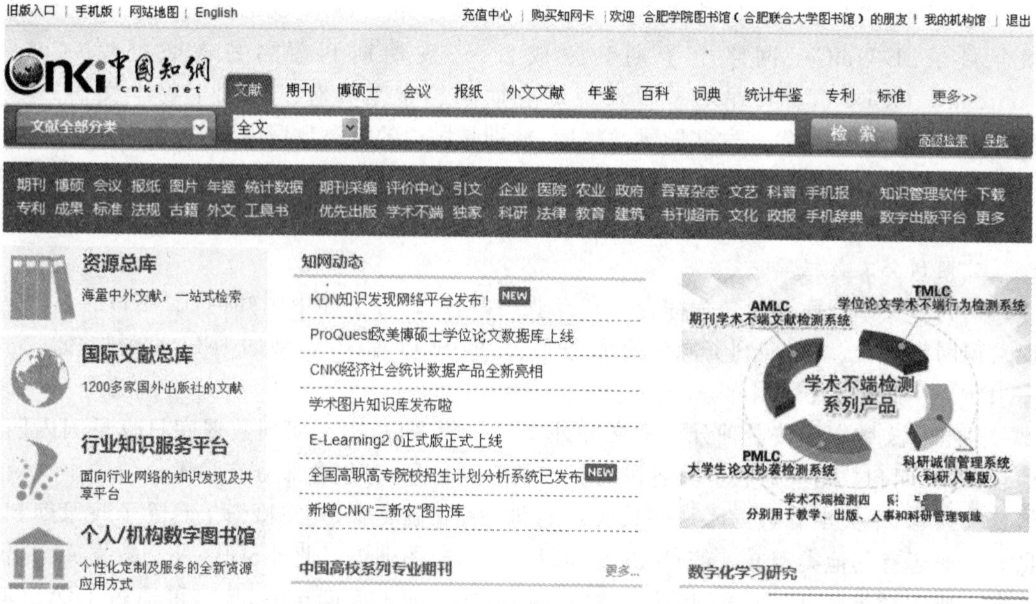

图7.21 中国知网KDN知识发现网络平台首页

平台提供一般、高级、专业、句子、文献来源等多种检索方式；检索结果通过知网节将期刊论文及其他文献(学位论文、会议论文等)之间的引证关系展示出来，便于读者发现知识发展脉络；全文提供CAJ和PDF两种格式，两种格式都可通过CAJViewer阅读器阅读。具体使用方法详参平台上的客服中心[19]。

(2)万方学术期刊

万方学术期刊库由万方数据股份有限公司提供，该库2000年11月镜像系统全面推出。目前主要有学术期刊、学位论文、会议论文、外文文献、学者、专利技术、中外标准、科技成果、图书、政策法规、机构、科技专家等数据库。期刊论文目前收录自1998年以来国内出版的各类期刊7 000多种，2 000余万篇文章全文，分为哲学政法、社会科学、经济财政、教科文艺、基础科学、医药卫生、农业科学、工业技术8大类100多个类目。

万方的资源库通过万方数据知识服务平台对外提供服务，主要提供远程在线服务费和本地镜像两种方式。其登录首页面如图7.22所示。

平台提供一般、经典、高级、专业和跨库检索方式，检索结果提供参考文献、引证文献、相似文献及相关博文链接分析，全文为PDF格式。具体检索使用方法请参阅平台上提供的帮助[20]。

图 7.22　万方数据知识服务平台首页

(3)维普的中文科技期刊数据库

中文科技期刊数据库由重庆维普资讯有限公司提供，是我国比较著名的数字期刊库。该库从 1989 年开始建设，目前收录 1989 年(部分期刊回溯至 1955 年)以来的期刊种数 12 000余种(包括一些未公开发行的内刊)，核心期刊 1 957 种，全文总量达 3 000 余万篇，内容涵盖社会科学、自然科学、工程技术、农业科学、医药卫生、经济管理、教育科学和图书情报等学科领域。中文科技期刊数据库现通过维普资讯有限公司推出的专业化中文科技期刊资源深度整合服务平台——维普期刊资源整合服务平台对外服务，登录首页如图 7.23。

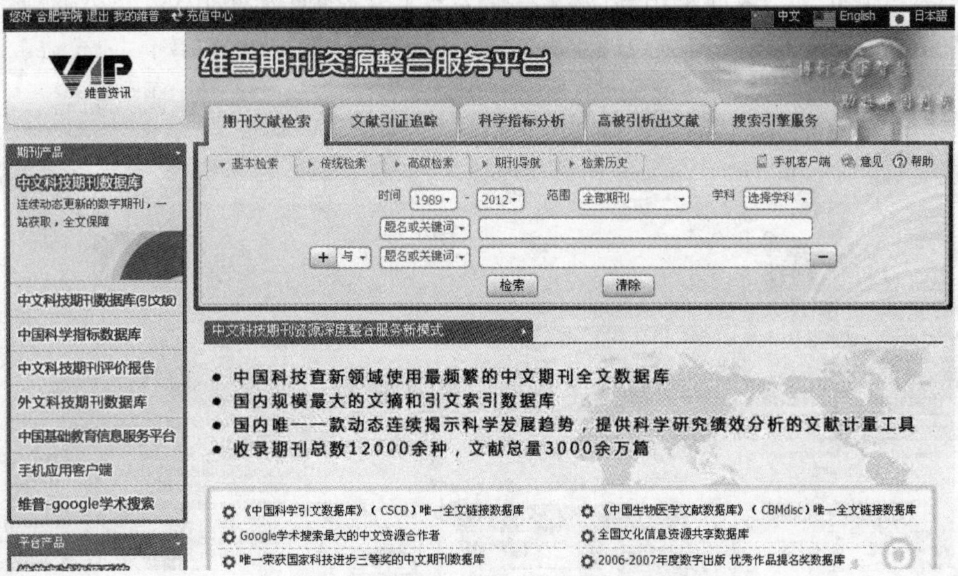

图 7.23　维普期刊资源整合服务平台登录首页

该平台主要包含“期刊文献检索”“文献引证追踪”“科学指标分析”“高被引析出文献”和

"搜索引擎服务"五个功能模块，分别实现期刊论文查询、论文之间的引证分析、文献计量科学指标统计分析、分析统计高被引用文献以及提供基于 Google、Baidu 引擎个性化的期刊文献搜索延伸服务等。提供本地镜像和远程在线支付等多种服务模式。

对于期刊论文的检索，提供期刊导航，基本、传统和高级检索方式；检索结果提供在线阅读、全文下载、原文传递、开放链接等多途径的全文获取模式，全文采用国际通用的高清晰 PDF 数据格式[21]。

(4)爱思唯尔(Elsevier)期刊全文数据库

荷兰的爱思唯尔(Elsevier)出版社是世界上知名的出版商，创建于 1580 年，是欧洲历史上最悠久、规模最大的出版集团之一。自 1997 年开始，该公司推出名为 ScienceDirect 的电子期刊计划，将其全部印刷型期刊转换为电子刊，通过网络服务平台对外提供服务，现最新网络平台为 SciVerse ScienceDirect，该平台整合了该出版集团的电子期刊和电子图书。目前，爱思唯尔的电子期刊有 3 148 种，涵盖自然科学与工程学(Physical Sciences and Engineering)、生命科学(Life Sciences)、健康科学(Health Sciences)、社会科学及人类学(Social Sciences and Humanities)等学科领域，二级类目有 Chemical Engineering、Computer Science、Environmental Science、Medicine and Dentistry、Arts and Humanities 等 24 个。Elsevier 公司出版的期刊是各学科领域当中公认的高品质期刊，SCI2004 年收录的 7 973 种期刊中，有 1 379 种是 Elsevier 公司出版的。

自 2000 年 1 月开始，Elsevier 通过中国高等教育文献保障系统(CALIS)以联合采购的方式引进，在清华大学和上海交通大学图书馆建立了它的 SDOS 镜像服务器，向国内用户提供 Elsevier 1998 年以来的电子期刊服务，现在的联合采购牵头单位是高校图书馆数字资源采购联盟(DRAA)。

SciVerse ScienceDirect 平台提供国内镜像站(清华大学和上海交通大学图书馆两个)和远程(公司主站)在线支付费用两种服务方式，公司主站登录首页如图 7.24 所示。

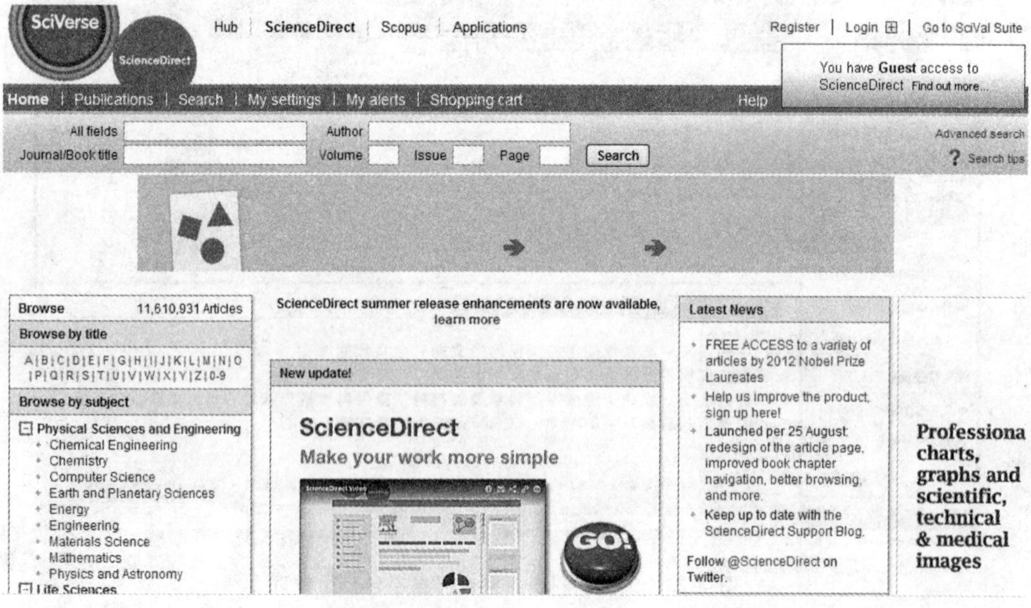

图 7.24　爱思唯尔 SciVerse ScienceDirect 平台首页

对于期刊提供浏览、一般检索（首页面）、高级检索（Advanced search）和专家检索（Expert search）四种查找方式，支持全文检索；检索结果显示题录、Related articles、Related reference work、全文链接等信息，有访问权可下载阅读，若无使用权限则显示单篇支付费用信息，可在线支付阅读；全文是通用的 PDF 格式；平台支持截词、位置算符等检索技术[22]。

(5)EBSCO 数据库

EBSCO 公司（EBSCO Industries Inc.）成立于 1984 年，公司名字源于创始人 EltonB. Stephens 名称首字母加上公司（Company）前两个字母缩写而成。EBSCO 是世界上最大的提供期刊、文献订购及出版服务的专业公司之一。从 1994 年开始提供 WEB 版，实现了网上数据库检索。目前 EBSCO 提供的数据库达 60 多个，其中全文数据库 10 余个。包括期刊（1 万多种）、图书、报纸等文献类型的题录和全文。涉及自然科学、社会科学、人文和艺术等各类学术领域。其中两个主要全文数据库是：

①Academic Search Premier（ASP，学术期刊全文数据库），包括生物科学、工商经济、咨询科技、通信传播、工程、教育、艺术、医药学等领域的 8 000 多种期刊，其中 3 000 多种有全文。

②Business Source Premier（BSP，商业资源数据库）包括经济学、经济管理、金融、会计、劳动人事、银行以及国际商务等领域的 3 000 多种期刊的全文信息，是行业中使用最多的商业研究数据库之一。EBSCO 公司的数字资源通过其网络服务平台——EBSCO HOST 提供整合检索服务，首页如图 7.25 所示。

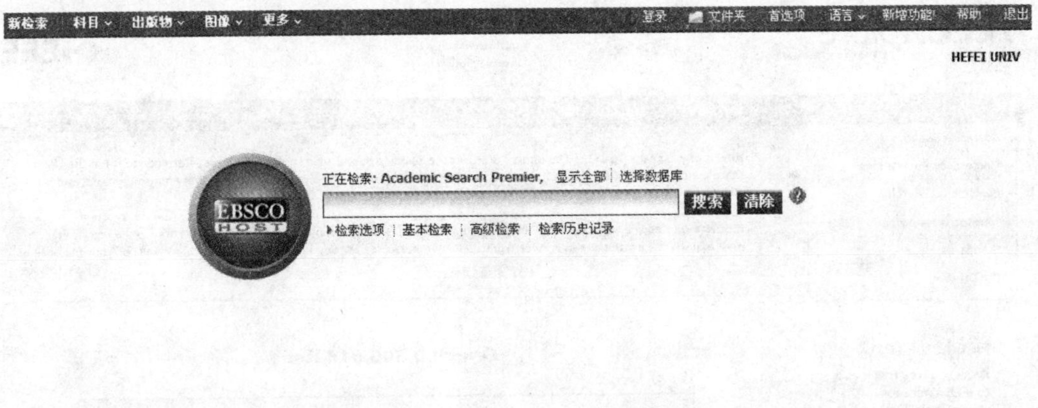

图 7.25　EBSCO HOST 登录首页

平台提供出版物的浏览（按字母顺序、主题和说明、任意关键字），检索方面提供基本和高级检索两种方式，基本检索文本输入框中支持任意词或者检索式（逻辑关系支持“and”、“or”、“not”，支持位置算符和截词符，检索式也可通过系统提供的索引功能和叙词表选词构建），可以进行图像检索、智能文本检索等。全文信息是 PDF 或者 HTML 格式。操作疑问可以点击按钮边的“?”（检索帮助）进行咨询。

(6)IEL 数据库及其他学协会的期刊

IEL 是 IEEE/IET Electronic Library 的简称，IEL 数据库收录 IEEE（Institute of Electrical & Electronics Engineers，美国电气电子工程师学会）和 IET（The Institution of Engineering & Technology，英国工程和技术学会）所有出版物的电子版全文数据库，包括 IEEE 和 IET 编辑出版的全部学术期刊 260 多种，1 310 多种电子图书，科技会议录 5 650 多

种和 1 680 多种工业标准。

IEEE 和 IET 是国际公认的电气电子、计算机、信息技术等领域内两大学术机构。由它们编辑出版或由它们与其他学/协会合作出版的各类文献要占世界各国出版的有关电气电子和计算机文献的 32%以上,它们的出版物几乎都是相关领域的核心文献。

IEEE 的前身是成立于 1884 年的 AIEE(American Institute of Electrical Engineers,美国电气工程师协会)和 IRE(Institute of Radio Engineers,无线电工程师协会)。1963 年初 AIEE 和 IRE 正式合并为 IEEE。目前它是世界上最大的非营利性专业技术学会,拥有分布于 175 个国家的 39 万多名会员,下设多个专业学会及技术委员会。

IET 创建于 1871 年,最初名称为电报工程师协会(Society of Telegraph Engineers),1880 年改为电报工程师和电机师协会(Society of Telegraph Engineers and Electricians),1888 年改为电气工程师学会(简称 IEE),2006 年 3 月改名为英国工程和技术学会[IET—The Institution of Engineering & Technology,由英国电气工程师学会(IEE)和英国应用工程师学会(IIE)合并而成]。IET 学会在全球 127 个国家拥有 15 万以上会员,是学会所涉及的领域范围内,欧洲规模最大、全球第二的国际专业工程学会。

这两个学会是从 1996 年 1 月开始共同合作制作的 IEL 全文光盘数据库(VCD)。目前的网络版服务平台——IEEE Xplore(2010 年 2 月 13 日全新改版),整合了两个学会出版的所有数字资源,各类全文信息 330 多万条。登录首页如图 7.26 所示。

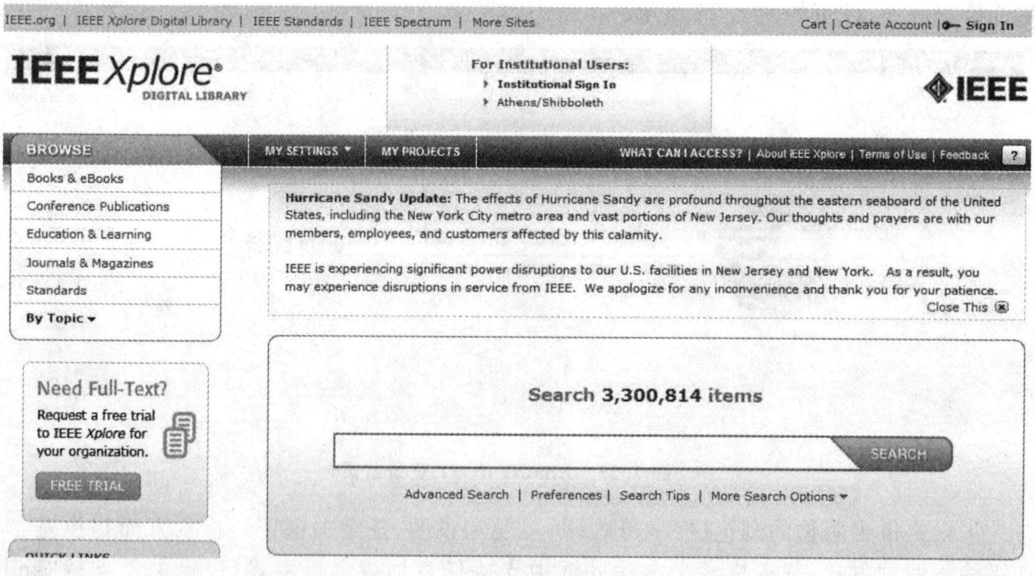

图 7.26 IEEE Xplore 登录首页

平台提供刊物浏览,提供基本、高级和专业检索模式,支持位置算符和截词符等检索技术,提供个性化的信息推送服务等。各种检索方式的操作方法,平台配有详细的帮助(Search Tips 和 More Search Options)。

其他学/协会的期刊,学科专指度都比较高,论文质量在相应领域影响都比较大,多数被 SCI、EI 等权威检索刊物收录。如:美国的化学学会(American Chemical Society,ACS)全文期刊、美国物理联合会(American Institute of Physics,AIP)全文电子期刊、美国物理学会(American Physical Society,APS)全文电子期刊、美国计算机学会(Association of Computing Machinery, ACM)全文数据库、美国机械工程师学会(American Society of Mechanical Engineers, ASME)全文电子期刊、英国土木工程师协会(Institution of Civil Engineers, ICE)全文电子期刊、英国皇家物理学会(Institute of Physics, IOP)全文电子期刊及 BioOne 数据库(生物科学研究领域具有高影响力的数据库,目前收录该领域166种期刊)等。

这些学/协会出版发行的电子全文期刊,基本都有自己的网络服务平台,浏览和检索功能基本相似,读者主要依据自己的需求,有方向性地选择数据库查找获取所需文献。

思考题

1. 图书的检索途径有哪些?如何获取图书的全文?
2. 什么是联机公共目录检索系统(OPAC)?国内外有哪些著名的 OPAC 系统?
3. 目前常用的国内外电子书数据库有哪些?收录内容特点分别如何?
4. 简述国内与国外期刊论文数据库的异同点?
5. 利用中国知网平台中的期刊导航功能,查询收录本专业的核心期刊有哪些?
6. 检索合肥学院发表的有关"垃圾处理"方面的相关研究论文有哪些?
7. 检索钱伟长在清华大学以外的机构工作期间发表的,题名中包含关键词"流体"和"力学"的文章。
8. 在外文数据库中一般如何实现对词组的"精确检索"?
9. EBSCO HOST 数据库中最著名的两个数据库是什么?简述其收录文献的学科范围。
10. 国内外哪些数据库平台支持在线付费全文下载功能?

参考文献

[1]许丽丽. 网络信息资源检索与利用[M]. 哈尔滨:黑龙江人民出版社,2008:113-117.

[2]中国国家图书馆简介. 中华人民共和国文化部[EB/OL]. [2012-10-09]. http://www.ccnt.gov.cn/xxfb/jgsz/zsdw/gt/.

[3]国会图书馆(美国). 维基百科[EB/OL]. [2012-10-09]. http://zh.wikipedia.org/wiki/國會圖書館_(美國).

[4]CALIS 联合目录公共检索系统[EB/OL]. [2012-10-09]. http://opac.calis.edu.cn/opac/simpleSearch.do.

[5]当当简介. 当当网[EB/OL]. [2012-10-11]. http://static.dangdang.com/topic/2227/176801.shtml.

[6]关于亚马逊中国. 亚马逊中国[EB/OL]. [2012-10-11]. http://www.amazon.cn/mn/article/ref=ft_about?_encoding=UTF8&pageIdent=aboutamazonchina.

[7] 网站简介. 互动出版网[EB/OL]. [2012-10-11]. http://www.china-pub.com/temporary/faq/2007FAQ/guanyu.asp? yoururlname=liaojie_1.htm.

[8]企业简介. 蔚蓝网[EB/OL]. [2012-10-11]. http://www.wl.cn/info/aboutwl.aspx.

[9]Overview. Amazon Media Room[EB/OL]. [2012-10-12]. http://phx.corporate-ir.net/phoenix.zhtml?c=176060&p=irol-mediaKit.

[10]美国第一实体书店巴诺:迎接互联网时代的挑战. 美股[EB/OL]. [2012-10-12].

http://news.imeigu.com/a/1311848249339.html.

[11]关于我们. 星途——超星官方博客[EB/OL]. [2012-10-15]. http://blog.chaoxing.com/index.php/about.

[12]书生公司简介. 北京书生公司[EB/OL]. [2012-10-18]. http://www.sursen.com/?p=136.

[13]北京方正阿帕比技术有限公司介绍. apabi 阿帕比[EB/OL]. [2012-10-19]. http://www.apabi.cn/apabi.shtml.

[14]使用帮助. 读秀中文学术搜索[EB/OL]. [2012-10-22]. http://www.duxiu.com/help/help.html.

[15]施普林格在线电子图书数量超过 50000 种. 科学网[EB/OL]. [2012-10-22]. http://news.sciencenet.cn/htmlnews/2012/2/259819.shtm.

[16] About Us. Wiley online library [EB/OL]. [2012-10-23]. http://news.sciencenet.cn/htmlnews/2012/2/259819.shtm.

[17] About Cambridge Books Online. Cambridge Books Online [EB/OL]. [2012-10-23]. http://ebooks.cambridge.org/about.jsf.

[18]产品与订购. 全国报刊索引. [EB/OL]. [2012-11-01]. http://www.cnbksy.com/ShanghaiLibrary/SearchLibCategoryActionFM.do.

[19]中国知网. [EB/OL]. [2012-11-01]. http://www.cnki.net.

[20]万方数据知识服务平台. [EB/OL]. [2012-11-01]. http://www.wanfangdata.com.cn.

[21]维普期刊资源整合服务平台. [EB/OL]. [2012-11-02]. http://lib.cqvip.com/index.aspx.

[22] SciVerse ScienceDirect. [EB/OL]. [2012-11-02]. http://www.sciencedirect.com.

[23]IEEE Xplore. [EB/OL]. [2012-11-07]. http://ieeexplore.ieee.org.

第 8 章　专利与标准文献检索

自从 16 世纪世界上第一个专利问世以来，专利制度就发挥着不可或缺的作用。它既保护专利持有人的权益不受侵害，又促进了人类的新发明、新成果的产业化和交流。专利文献以其同时拥有技术性信息和法律性信息而成为人类生产活动、商业活动的重要依据。标准是技术标准、技术规范和技术法规的总称，是从事生产、建设工作的共同依据，而且是国际贸易合作、商品质量检验的依据。为了在学习、研究、生活中用好这两种非常重要的信息资源，我们很有必要充分认识专利及标准，了解专利及标准文献的分布情况，掌握获取这类信息的方法和技能，才能适应信息社会的需要。

8.1　专利文献及其检索

专利文献是专利制度的产物。由于它是对申请专利的发明创造及授予专利权的专利技术成果及相关信息的专门记录，所以与其他类型的文献相比较，它不仅是一种十分重要的科技文献，同时蕴涵了大量可信度高的经济信息，而且在规定的时空中还具有权威的法律时效[1]。

8.1.1　专利基础知识

专利是指享有法律保护，在规定期限内对发明创造及其制造、使用和销售等进行独占的一种权利。专利制度是随着人类科学技术发明的进步及商品经济的发展而逐步形成和发展起来的，是指运用法律(《专利法》)手段和经济手段，将发明创造作为一种知识产权实行法治的一种管理制度。通常所说的专利是专利权的简称。发明者所申请的专利应具备三个基本条件(俗称专利三要素)：

(1)新颖性。申请专利前，必须确证本发明为前所未有。

(2)先进性。必须确证实施本发明的技术有独创之处。

(3)实用性。能转化为产品，取得较好的经济效益。

根据我国《专利法》的规定，中国专利分为发明专利、实用新型专利和外观设计专利三种类型，基本情况如表 8.1。

表 8.1　中国专利三种类型

名称	发明专利	实用新型专利	外观设计专利
要求	对产品、方法及其改进提出的新的技术方案	对产品的形状、构造或者其结合所提出的实用的新的技术方案	对产品的形状、图案或者其结合以及色彩与形状、图案的结合所作出的富有美感并适于工业应用的新设计
特点	具有突出的实质性特点和显著进步	具有实质性特点和进步	与现有设计或者现有设计特征的组合相比，应当具有明显区别
专利权时限	授权专利自申请之日起，保护期限 20 年	授权专利自申请之日起，保护期限为 10 年	授权专利自申请之日起，保护期限为 10 年

8.1.2 专利文献

广义的专利文献是各国专利局及国际专利组织在审批专利过程中产生的官方文件及其出版物的总称。作为公开出版物的专利文献主要有：专利说明书、专利公报、专利索引等。狭义的专利文献仅指专利说明书。

1. 专利文献的特点

(1)内容广泛，数量庞大

全世界90多个国家、地区和组织用约30种官方文字每年出版专利文献数百万件，约占世界每年科技出版物的1/4。目前，全世界专利文献累计已达8 000万件以上。这数以千万计的文献汇集了极其丰富的科技信息，从日常生活用品到尖端科技，几乎涉及人类生活、生产、科技、经济等的所有技术领域。据世界知识产权组织统计，目前世界上每年发明成果的90%～95%都记载在专利文献上，全世界发明成果的70%～90%仅仅出现在专利文献上，而不会出现在其他期刊论文、会议报告等其他文献形式。专利文献是许多技术信息的唯一来源[2]。

(2)反映最新科技信息

由于世界上绝大多数国家在专利保护中遵循先申请原则，促使发明人在发明构思基本完成时便迫不及待地向专利局提出申请，以防同行抢先申请专利。国外调查表明，2/3的发明是在完成后1年内提出专利申请的，而专利申请早期公开制度的实行使得发明在提出申请半年或1年内便可公开，从而使专利文献对科技信息的传播速度进一步加快，使之能够及时反映最新技术的发展与变化。

(3)著录规范，但内容描述通俗性不佳

为了识别的通用性，各国专利文献的格式基本一致。专利文献的著录项目统一使用国际标准代码标注，使用统一的分类体系，即国际专利分类法，对说明书内容的撰写要求也一致。这就大大方便了人们对世界各地的专利说明书的阅读和使用。但是，专利申请人为了有效地保护其发明创造，在专利文献中往往会用一些繁复晦涩、意义含混的专用术语(或法律术语)，与一般科技论文中的通用技术用词不同，缺乏通俗性。

(4)专利文献可靠性强、质量高，技术描述详尽

专利申请文献在准确性方面超过一般的科技文献，专利说明书必须符合创新性、新颖性和实用性才能通过专利部门的审查。同时也正是因为专利申请要花费很多的时间和金钱，才使得专利申请人在申请专利时会选择那些真正有价值的发明创造去申请，因此具有很高的质量。

专利说明书对专利技术的描述特别详尽，这一方面是专利局审查以确定是否给予专利所必需的，另一方面也是专利申请人为其专利获得完全可靠的专利权所必需的，因为只有写在权项里的内容才受法律保护。据说一件国外的专利，单附图就达1 000多幅，其详细程度可见一斑。当然，有些特殊的技艺，往往是作为“专有技术”保密起来的，这种情况下，就只能通过技术转让才能获得[3]。

(5)存在等同专利，不同文种重复报道

由于专利审查制度程序的规定，以及专利的保护具有地域性，常常会有同一技术发明在多国申请保护，从而出现技术内容完全相同却以不同文字语言形式出现的所谓“重复报道”的专利文献。专利文献的重复报道对检索者在选择适用的语种(版本)方面提供了便利。

(6)专利文献具有地域性

专利权的法律效力是有地域限制的，各国的法律效力只能在其管辖范围内生效。专利的地域性就决定了专利文献的地域性。专利文献的地域性要求科技人员在运用专利文献时，一定要按国别或地区严格区分。

2. 专利文献中的常用名称概念

· 申请人——对专利权提出申请的单位或个人。我国《专利法》第六条规定："执行本单位的任务或者主要是利用本单位的物质技术条件所完成的发明创造为职务发明创造。职务发明创造申请专利的权利属于该单位；申请被批准后，该单位为专利权人。非职务发明创造，申请专利的权利属于发明人或者设计人；申请被批准后，该发明人或者设计人为专利权人。"

· 发明人(设计人)——实际从事发明创造工作的人。

· 专利权人——当专利申请被批准授权以后，一般情况下原申请人就成为了专利权人。只有专利权人，对其专利具有独占、使用、处置的权利。

· 代理人——专利代理人是经过专利培训与考核，并在国务院专利行政部门登记，专门从事专利代理业务的人员。

· 专利代理机构——专利代理机构是经省专利管理局审核，国家知识产权局批准设立，可以接受委托人的委托，在委托权限范围内以委托人的名义办理专利申请或其他专利事务的服务机构。目前我国已有专利代理机构 500 多家，包括涉外代理机构。

· 申请号——申请号是申请人在专利申报时，由国家知识产权局给申请人的受理号，即专利局受理专利时给专利提供的识别代码。三种专利申请号均由 12 位数字组成，按年编排，如 200810000082.4。

其中，第 1 至 4 位数字表示受理专利申请的年号，第 5 位数字表示专利申请的种类：1——发明，2——实用新型，3——外观设计，8——进入中国国家阶段的发明专利的国际申请，9——进入中国国家阶段的实用新型专利的国际申请，第 6 至 12 位数字(共 7 位)表示当年申请的顺序号，小数点后第 13 位数字为计算机校验码。

· 公开号——发明专利公布的编号。发明专利申请公开号自 CN1030001A 开始，发明专利申请审定号自 CN1003001B 开始。

· 公告号——三种专利授权后登载在专利公报上的编号。一般由国别代码 7 位阿拉伯数字及法律状态码构成：CN——代表中国；CN 后的首位数字表示专利种类：1——发明，2——实用新型，3——外观设计；法律状态码：A、C 分别表示发明专利公开号、发明专利授权公告号，Y 表示实用新型专利授权公告号，D 表示外观设计专利授权公告号。

· 专利号——三种专利授权以后的代号，由原申请号之前添加 ZL 后构成，如 ZL 200410022007. X。

· 分类号——全称是"国际专利分类号"(International Patent Classification，IPC)，是国际上公认的按专利文献的技术内容所属体系进行分类的代码。在实际检索中，检索者可以通过各种检索系统所提供的分类体系详细了解或选定所查技术对象的具体分类号，通过分类号检索可以得到系统的同类技术文献。

· 主分类号——同一专利申请中，由于技术内容的复杂性，有时会涉及多个技术领域，则会出现一个申请具有若干个分类号。这时，其中第一个被称为主分类号。

·申请日——申请日是指国家知识产权局专利局收到专利申请文件的日期。申请日既可以是申请时的面交之日，也可以是邮寄申请文件的邮戳日，还可以是申请人通过《专利合作条约》(PCT)规定的途径申请国际专利的国际申请日。该日期非常重要：第一是作为判断提交专利申请先后的唯一法律依据，第二是判断发明创造专利性条件的时间标准，第三是该件专利授权后的权利期限的起始日。

·公开日——发明专利申请公开之日。

·公告日——三种专利授权后在专利公报上的公告之日。

·优先权日——专利申请人就同一项发明在国际专利组织缔约国中的一个国家(一般是申请人国籍所在国)提出申请之后，在规定的期限内又向其他缔约国提出申请时，申请人有权要求以第一次申请日期作为后来提出申请的日期，这一申请日就是优先权日。

·国际公布——作为检索国际申请的专利申请号及申请时间的检索项目[4]。

3.专利说明书

专利说明书是专利文献的主体。专利说明书由扉页和正文两部分组成。

扉页著录项目包括全部专利信息特征。有表示法律信息的特征，如专利申请人、申请日期、申请公开日期、审查公告日期、批准专利的授权日期、专利号等；有表示专利技术信息的特征，如发明创造的名称，发明所属技术领域的专利分类号，发明创造技术内容摘要和典型附图等。

正文包括序言、发明细节描述和权项三部分。序言通常指出发明或实用新型名称、所属技术领域、发明背景和目的。发明细节内容包括技术方案、效果、最佳实施方式和实例，并用附图加以说明。附图为原理图或示意图，一般不反映真实的尺寸比例。权项是专利申请人要求法律保护的范围。权项部分我国以权利要求书的形式单独公布。

4.中国专利说明书的种类

自我国于1985年4月1日《专利法》实施以来，截至2010年12月，中国专利局共受理专利申请7 037 574件[5]。在专利申请受理后的审查程序的不同阶段，出版了大量专利说明书。

中国专利局出版发明专利和实用新型专利说明书。外观设计专利没有说明书和权利要求书，外观设计的图片或者照片及其简要说明，在《外观设计专利公报》中予以公告。根据我国现行的专利审查制度，在审查程序的不同阶段出版三种类型说明书。

(1)发明专利申请公开说明书

专利局对发明专利申请进行初步审查后出版这种说明书。

(2)发明专利说明书

专利局对发明专利申请进行实质性审查并批准授权后出版这种说明书。

(3)实用新型专利说明书

专利局对实用新型专利申请进行初步审查并批准授权后出版这种说明书。

1993年1月1日以前，我国实行授权前的异议程序，因此出版经实质审查的《发明专利申请审定说明书》和经初步审查的《实用新型专利申请说明书》，经异议后如无重大修改，一般不再出版《发明专利说明书》和《实用新型专利说明书》。

5.专利文献的著录项目

专利文献著录项目是各工业产权局为表示专利申请或其他工业产权保护种类申请的技

术、经济信息以及可供查询的信息线索而编制的项目。其通常出现在各国专利说明书扉页、专利公报以及其他检索工具中。

专利文献著录项目所代表的信息包括：技术信息、法律信息和文献外在形式信息。

专利的技术信息是通过专利文件中的说明书、附图等文件部分详细展示出来的。为便于人们从各种角度便捷地了解该发明创造信息，主要包括发明创造名称、专利分类号、摘要等信息。

专利法律信息包括专利保护的范围，主要是专利的权利人、发明人，专利的生效时间，专利申请的标志等。其他法律信息则以法律信息特征的方式反映在专利文件的扉页上，主要是申请人、发明人、专利权人、专利申请号、申请日期、优先申请号、优先申请日期、优先申请国家、文献号、专利或专利申请的公布日期、国内相关申请数据等著录项目。

表示专利文献外在形式信息特征的专利文献著录项目主要是：文献种类的名称、公布专利文献的国家机构、文献号、专利或专利申请的公布日期。

为了消除了专利文献用户在浏览各国专利文献时的语言困惑，世界知识产权组织（WIPO）制定了标准《ST.9 关于专利及补充保护证书著录项目数据的建议》和《ST.80 工业品外观设计著录数据推荐标准》，两标准规定了专利文献著录项目识别代码，即 INID 码[6]。

6. 我国专利说明书编号的变化

中国专利说明书的编号体系，由于 1989 年、1993 年和 2003 年的三次修改而分为四个阶段：1985—1988 年为第一个阶段，1989—1992 年为第二个阶段，1993—2003 年 9 月 30 日为第三个阶段。2003 年 10 月 1 日（含 10 月 1 日）以后为第四个阶段[7]。

（1）1985—1988 年的编号体系，如表 8.2 所示。

表 8.2　1985—1988 年的编号体系

种类	申请号	公开号	公告号	审定号	专利号
发明专利	88100001	CN 88100001 A		CN 88100001 B	ZL 88100001
实用新型专利	88210369		CN 88210369 U		ZL 88210369
外观设计专利	88300457		CN 88300457 S		ZL 88300457

这一阶段的编号体系有以下特点：

①申请号、专利号、公开号、公告号、审定号共用一套号码。

②三种专利（发明专利、实用新型、外观设计）分别编号，其申请号都由八位数字组成，前两位表示申请年份；第三位数字表示专利种类，其中“1”代表发明，“2”代表实用新型，“3”代表外观设计；后五位数字是序号。

③编号每年自 1 号开始，专利号与申请号相同。

④公开号、审定号、公告号是在申请号前冠以字母 CN，后面标注文献种类代码，如 CN88100001B。

（2）1989—1992 年的编号体系，如表 8.3 所示。

表 8.3 1989—1992 年的编号体系

种类	申请号	公开号	公告号	审定号	专利号
发明专利	89100002.X	CN1044155 A		CN 1014821 B	ZL89100002.X
实用新型专利	89200001.5		CN2043111 U		ZL89200001.5
外观设计专利	89300001.9		CN3005104 S		ZL89300001.9

这一阶段编号体系发生了以下变化：

①三种专利申请号由八位数字变成九位，小数点后的第九位数是计算机校验码。

②公开号、审定号、公告号分别采用了七位数字号码，按流水序号重新编排，七位数字的首位仍代表专利种类，后六位数字为文献序号，它为用户索取说明书提供了准确依据，四种新编号的起始号分别是：

发明专利申请公开号 CN1030001A，发明专利审定公告号 CN1003001B，

实用新型申请公告号 CN2030001U，外观设计申请公告号 CN3003001S。

(3)1993—2003 年 9 月 30 日的编号体系，如表 8.4 所示。

表 8.4 1993—2003 年 9 月 30 日的编号体系

种类	申请号	公开号	授权公告号	专利号
发明专利	93100001.7	CN 1089067 A	CN 1033297 C	ZL 93100001.7
进入中国的 PCT 发明专利	94190008.8	CN 1101484 A	CN 1044447 C	ZL 94190008.8
	96180555.2	CN 1242105 A		
	98805245.8	CN 1258422 A		
实用新型专利	93200001		CN 2144896 Y	ZL 93200001.0
进入中国的 PCT 实用新型专利	94290001.4		CN 2402101 Y	ZL 94290001.4
	98900001.X		CN 2437102 Y	ZL 98900001.X
外观设计专利	93200001		CN 3021827 D	ZL 93300001.4

随着《专利法》的修改，专利编号出现新的变化，即发明专利、实用新型专利、外观设计专利的审定公告号或申请公告号改为授权公告号，编号序列沿用原审定号或公告号，但文献种类代码分别改为 C、Y 和 D，如 CN1020584C、CN2131635Y。

(4)2003 年 10 月 1 日以来的编号体系，如表 8.5 所示。

表 8.5 2003 年 10 月 1 日以来的编号体系

种类	申请号	公开号	授权公告号	专利号
发明专利	200310102344.5	CN 1 00378905 A	CN 1 00378905 B	200310102344.5
实用新型专利	200320100001.1		CN 2 00364512 U	200320100001.1
外观设计专利	200330100001.6		CN 3 00123456 S	200330100001.6

由于近年来我国专利申请量增长迅速，使得原来 5 位数字的专利申请流水号已不能适应这种增长的需要，因此，国家知识产权局采用了目前国际上通用的以 12 位阿拉伯数字表

示专利申请的流水号。它包括申请年号、申请种类号和申请流水号三个部分。按照由左向右的次序，第 1～4 位数字表示受理专利申请的年号，第 5 位数字表示专利申请的种类，第 6～12位数字(共 7 位)为申请流水号。2003 年 10 月 1 日(含当日)的发明专利申请、实用新型专利申请和外观设计专利申请，专利申请号的后七位流水号均自 0100001 开始使用，顺序递增，并且自 2004 年起，每一自然年度，三种专利申请号的后七位流水号均自 0000001 开始使用，顺序递增。

8.1.3　国际专利分类法

国际专利分类法(The International Patent Classification，IPC)是一种国际统一化、标准化的专利分类方法。由于其具有完整性、科学性、适用性的特点，现在几乎被世界上所有建立专利制度的国家采用。中国自 1985 年 4 月 1 日实行专利制度以来就采用了这种分类方法。

为了促进欧洲在科学技术上的密切合作和协调，1951 年，欧洲理事会专利专家委员会决定成立专利分类法的专门工作组，并开始进行国际专利分类表的编制。经过三年的研究，1954 年 12 月，英、法、德、意大利等 15 个欧洲国家在巴黎签订了《关于发明专利国际分类法欧洲协定》，并作为协定的附件，产生了一份《国际专利分类表》(European Convention on the International Classification of Patents Invention)，该分类法和分类表(包括其分类号)均被缩写成 IPC(International Patent Classification)。该分类表由上述专利专家委员会修订后，于 1968 年 2 月通过，并于 1968 年 9 月 1 日起公布生效。该分类表为第一版的《国际专利分类表》。

由于在很短的时间内，国际专利分类法就被许多国家采用(包括欧洲理事会的成员国，也包括许多非成员国)，保护知识产权国际局(世界知识产权组织的前身)于 1969 年就开始参与国际专利分类法的管理与修订工作，并于 1971 年 3 月召开了一次专门会议，在这个会议上通过了《关于国际专利分类法斯特拉斯堡协定》。该协定的签字国达到 72 个国家，因此这个会议是国际专利分类法走向世界化的一个重要标志。须注意虽然有许多国家并没有加入斯特拉斯堡联盟，但是仍然采了国际专利分类法，例如中国就属于这种情况。

根据上述协定，《国际专利分类表》每 5 年进行一次修订，目前所使用的第八版于 2006 年 1 月 1 日生效，共包括 8 个部，约 62 000 个细目。现今因为科技发展较快，新技术日新月异，IPC 从 2007 年起，基本每年最少修订一次，目前最新版本是 2013 年 1 月版[8]。

1. 分类原则

分类法是按照文献的技术主题来设立类目的，其设立原则有应用性原则和功能性原则两种。

所谓应用性原则，即按照发明所应用的技术领域进行分类。须注意应用性原则并不注重发明本身的功能，而主要考虑发明应用的部门或者对象。例如小孩用的水枪、汽车车身的冲洗工具、农业用的喷灌设备、工业用喷头喷枪。如果按照功能分类的原则，应该分到一个类目下，因为它们的功能是一样的。但是从应用的角度考虑，它们会被分到各种类目下，例如被分别分到儿童玩具、汽车附属工具、农业机械、相应工业类目下。所谓功能性原则是按照发明的技术作用与功能进行分类。须注意功能性原则不注重发明用在什么地方，而仅考虑其技术作用或者称之为功能。例如上例中的水枪等，按照功能性原则则应当归入同一类——“流体的喷洒和扩散”，因为它们的功能都是将流体通过一个通道向外喷洒和扩散。

国际专利分类法所采用的是功能与应用相结合、以功能为主的原则。

2. 国际专利分类法的结构

国际专利分类法采用等级层叠结构，将所有技术领域按照六个等级一部、分部、大类、小类、大组、小组以及小组中的小圆点的个数逐级分类，组成一个完整的分类体系。例如在第八版中，将所有技术领域分成 8 个部、21 个分部、120 个大类、628 个小类、约 7 000 个大组、约 62 000 个小组。

部(Section)是分类系统的一级类目，分为 8 个部，用大写字母 A－H 表示。部下面还有分部(Sub-section)，分部只有类目，不设类号，是“部”下的一个简单标题划分。8 个部和相应分部的类目名称见表 8.6 所示。

表 8.6　国际专利分类(IPC)简表

<table>
<tr><th>部号</th><th>部名</th><th>分部名</th><th>部号</th><th>部名</th><th>分部名</th></tr>
<tr><td rowspan="4">A</td><td rowspan="4">人类生活必需品</td><td>农业</td><td rowspan="4">E</td><td rowspan="4">固定建筑物</td><td rowspan="2">建筑</td></tr>
<tr><td>食品、烟草</td></tr>
<tr><td>个人或家用物品</td><td rowspan="2">挖掘、采矿</td></tr>
<tr><td>保健、娱乐</td></tr>
<tr><td rowspan="4">B</td><td rowspan="4">作业、运输</td><td>分离、混合</td><td rowspan="4">F</td><td rowspan="4">机械工程、照明、采暖、武器、爆破</td><td>发动机和泵</td></tr>
<tr><td>成型</td><td>一般工艺</td></tr>
<tr><td>印刷</td><td>照明、加热</td></tr>
<tr><td>交通运输</td><td>武器、爆破</td></tr>
<tr><td rowspan="2">C</td><td rowspan="2">化学、冶金</td><td>化学</td><td rowspan="2">G</td><td rowspan="2">物理</td><td>仪器</td></tr>
<tr><td>冶金</td><td>核子学</td></tr>
<tr><td rowspan="2">D</td><td rowspan="2">纺织、造纸</td><td>纺织或未列入其他类的柔性材料</td><td rowspan="2">H</td><td rowspan="2">电学</td><td rowspan="2"></td></tr>
<tr><td>造纸</td></tr>
</table>

大类(Class)是分类系统的二级类目，类号由部的字母符合加两位阿拉伯数字组成。小类(Subclass)是分类系统的三级类目，类号由大类号加上一个大写英文字母组成。大组(Group)是分类系统的四位类目，类号由小类号加上 1～3 位阿拉伯数字(通常 3 位数字为奇数)，然后是一条斜线“/”，斜线后再加两个零表示。小组(Subgroup)是分类系统的五级或五级以上类目，类号是在大组的类号斜线“/”后换上“00”以外的至少两位阿拉伯数字组成。下面以分类号 B64C25/30 为例，说明各级类目之间的等级结构关系，如表 8.7 所示。

所以分类号 B64C25/30 的内容是指飞机上的起落装置，是一种可收放或折叠的，用于应急的操纵或锁定系统。

下表例子也显示了不是所有小组都处于同一等级，小组的组号数字不能表明小组的等级水平，而是取决于组号后小圆点的多少。分类等级中的主题名称是按照小组编号及小圆点的递减顺序往前逐级组合确定。如小组 25/30 的组名应由较高组号 25/26、25/18、25/10、25/08、25/02 逐级隶属来确定。小圆点除表示等级细分外，还有代替紧挨着它的上一级组的组名，避免重复的作用。详细情况请参阅 WIPO 网站(http://www.wipo.int/classifications/ipc/en)上提供 IPC 的详细内容。

表 8.7　分类号 B64C25/30 解释

部	B	作业、运输
大类	B64	飞行器、航空、宇宙航行
小类	B64C	飞机、直升机
大组	B64C25/00	起落装置
一级小组	25/02 ·	起落架
二级小组	25/08 · ·	非固定的、如可抛弃的
三级小组	25/10 · · ·	可收放的、可折叠的或类似的
四级小组	25/18 · · · ·	操作机构
五级小组	25/26 · · · · ·	操纵或锁定系统
六级小组	25/30 · · · · · ·	应急动作的

8.1.4　中国专利信息检索

中国的专利检索工具最初主要是印刷版的《专利公报》，它是中国专利局的官方出版物，分为《发明专利公报》《实用新型专利公报》和《外观设计专利公报》三种。自 1990 年起，三种公报均为周刊。另一种印刷版工具是《中国专利索引》，是《专利公报》中索引的年度累积本，分为分类享年度索引和申请人、专利权人年度索引两个分册。各分册都包括发明专利、实用新型专利和外观设计专利三部分。这些检索工具除印刷版之外，还存在电子版，比如《专利公报》在国家知识产权网站上会及时发布。

除了以上介绍的专利检索工具之外，还存在更加方便检索专利的网络数据库，下面简要介绍几个供大家使用。

1. 中华人民共和国国家知识产权局网站

中华人民共和国国家知识产权局网站(http://www.sipo.gov.cn)是国家知识产权局建立的政府性官方网站，是国家知识产权局对国内外公众进行信息报道、信息宣传、信息服务的窗口。该网站提供多种与专利相关的信息服务，包括概况、专利管理、国际合作、公告、统计信息等栏目。该网站提供了有关专利申请、专利审查、专利保护、专利代理等信息，并建立了与知识产权相关政府网站、国外知识产权网站的链接，是用户通过 Internet 查找专利信息的重要途径。

国家知识产权局网站中的专利数据库收录了 1985 年 9 月 10 日以来公布的全部中国专利信息，包括发明、实用新型和外观设计三种专利的著录项目及摘要，并可浏览到各种说明书全文及外观设计图形，是检索中国专利的权威数据库。其初级检索入口在国家知识产权局网站主页的右侧的“专利检索”栏目，在这里一次只能输入一个条件进行检索。点击高级搜索按钮，就进入专利检索的高级检索界面，其页面如图 8.1 所示。

在该页面下可以从申请(专利)号、名称、摘要、申请日、公开(公告)日、公开(公告)号、分类号、主分类号、申请(专利权)人、发明(设计)人、地址、国际公布、颁证日、专利代理机构、代理人和优先权 16 个途径检索 3 种类型的专利信息。各检索字段之间是逻辑“与”的关系，鼠标置入字段输入框，即提示该字段的文本输入格式。

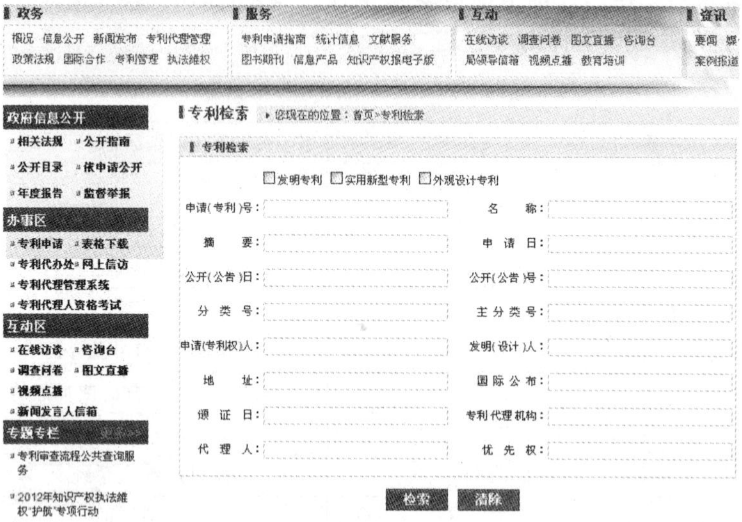

图 8.1 国家知识产权局——专利高级检索界面

检索结果提供专利说明书的全文链接地址，专利说明书全文为 TIF 格式文件，只要计算机上安装了说明书浏览器（站点提供下载）即可打开。

2. 中国知识产权网

中国知识产权网（http://www.cnipr.com）是由国家知识产权局知识产权出版社在政府支持下，于 1999 年 6 月 10 日创建的知识产权类专业性网站，集资讯、专利信息产品与服务于一体，重点为国内外政府机构、企业、科研机构等提供专业、全面的服务平台。收录了 1985 年《中华人民共和国专利法》实施以来公开的全部中国发明、实用新型、外观设计专利和发明授权专利，以及 90 多个其他国家的数据资源。

3. 中国专利网

中国专利网（http://www.cnpatent.com）由中国专利技术开发公司创建，主要从事专利技术与专利产品信息的发布，并为专利供需双方提供全方位服务的权威性中文网站。该网站具有强大的发布信息与展示功能以及完善的网络专利检索功能，并通过与世界最大的搜索引擎公司 Google 合作，利用最先进的网络信息匹配技术，为每一项网上发布的专利都匹配了与之技术或产品相关的生产、科研、贸易、投资、媒体等机构信息，为专利推广与合作提供了更广泛的机遇。

4. 中国专利全文数据库（知网版）

中国专利全文数据库（知网版）（http://www.cnki.net），由同方知网公司建设，收录我国 1985 年以来的发明专利、实用新型专利、外观设计专利。截止到 2012 年 11 月，中国专利全文数据库共计收录专利 737 万多条。

用户可以通过申请号、申请日、公开号、公开日、专利名称、摘要、分类号、申请人、发明人、优先权等检索项进行检索，并一次性下载专利说明书全文。

与通常的专利数据库相比，中国专利全文数据库（知网版）每条专利的知网节集成了与该专利相关的最新文献、科技成果、标准等信息，可以完整地展现该专利产生的背景、最新发展动态、相关领域的发展趋势，可以浏览发明人与发明机构更多的论述以及在各种出版物上发表的文献。

另外可以检索国内的数据库还有万方数据公司提供的专利数据库、江苏佰腾科技公司提供的中外专利库、北京合享新创信息科技有限公司专利检索分析系统等。这些平台都能免费检索到我国专利的题录信息，除了国家知识产权局网站上可以免费下载阅览全文外，其余下载专利说明书全文需要付费。

8.1.5　国外专利信息检索

1. 欧洲专利局网站

欧洲专利局网站(http://www.epo.org/index.html)是由欧洲专利局(EPO)、欧洲专利组织成员国及欧洲委员会共同研究开发的专利信息网上检索系统，为广大公众免费提供在线专利数据库的多种专利检索、全文下载、法律状态查询以及审查过程文档查询等信息服务。

其专利检索系统主要包括专利文献检索系统数据库(esp@cenet)与专利审查过程文档数据库(epoline)。截至 2012 年 11 月底，专利文献检索系统数据库内容涵盖了 80 多个国家超过 7 000 多万条专利信息，最早的专利追溯到 1836 年。这些收录的专利文献范围主要基于世界知识产权组织(WIPO)指定的专利合作条约(Patent Cooperation Treaty，PCT)最低文献量的国家，即八国两组织(欧洲专利局、WIPO、日本、美国、英国、法国、德国、瑞士、俄罗斯、韩国)。专利审查过程文档数据库涵盖了所有的欧洲专利申请在审查员审查过程中发生的一切文件，包括审查意见通知书、检索报告以及答复意见，同时也包括欧洲专利申请的法律状态信息等，因此，不论从时效性、收录范围还是信息的详细程度，欧洲专利局的这两个专利检索系统都是我们在检索国外专利文献时的首选系统。

检索平台提供题名、文摘、公开号、申请号、优先权号、公开日期、申请人、发明人、欧洲分类号、国际分类号等检索途径；支持"与"、"或"、非布尔逻辑运算符和截词检索，专利说明书全文是 PDF 格式[9]。

2. 世界知识产权组织(WIPO)网站

WIPO 于 1967 年 7 月 14 日由"国际保护工业产权联盟"和"国际保护文学艺术作品联盟"的 51 个成员国在斯德哥尔摩共同建立。该组织现有 185 个成员国和来自世界 116 个国家的 1 238 名工作人员，管辖 24 个条约，PCT 是其中的一个条约，有 144 个签约国。1980 年 3 月 3 日，中国加入 WIPO，1980 年 6 月 3 日公约生效。1993 年 10 月 1 日，中国加入 PCT，1994 年 1 月 1 日条约生效。

世界知识产权数字图书馆(Intelectual Property Digital Library，IPDL)(http://ipdl.wipo.int)由世界知识产权组织于 1998 年建立，到 2012 年 3 月底，WIPO 的 PATENTSCOPE 数据库共收录 10 625 086 件专利申请，包括公开的国际专利申请 2 030 348 件。可以检索 PCT 国际专利申请中以图像形式公开的申请文件和著录数据(专利文件前页的各种数据)[10]。

3. 美国专利商标局网站

美国专利商标局网站(http://www.uspto.gov)是美国专利商标局建立的政府性官方网站，该网站向公众提供全方位的专利信息服务，可以查询 1790 年以来的美国各种专利的数据。

其中授权专利从 1790 年至 1975 年的数据只有图像型全文，可检索的字段只有专利号、美国专利分类号和授权日期三个;1976 年 1 月 1 日以后的数据除了图像型全文外,还包括可检索的授权专利基本著录项目、文摘和文本型专利全文数据,可通过最多 31 个字段进行检索。

除此之外,收录专利比较多的外国官方专利数据库网站有日本特许厅工业产权数字图书馆(http://www.jpo.go.jp)、加拿大国家知识产权局网站(www.cipo.ic.gc.ca)、澳大利亚知识产权局网站(http://ipaustralia.gov.au)、韩国专利数据库网站(http://eng.kipris.or.kr/eng/main/main_eng.jsp)、俄罗斯专利商标局(ROSPATENT)、德国专利商标局(DPMA)、英国知识产权局(IPO)、法国工业产权研究所(INPI)等。

8.2 标准文献及其检索

标准是人类文明进程的必然产物,标准的起源可以追溯到远古时代。中国的五帝时代,黄帝设立了度、量、衡、里、亩五个量,夏禹以自己的身长和体重作为长度和质量的标准,治水时还制作了准绳为测量工具。秦始皇统一中国,在全国统一度量衡,标志着我国古代全国范围内标准化的实施。公元前 1500 年的古埃及纸草文献中即有关于医药处方计量方法的标准,是现存最早的标准。

现代意义上的标准产生于 20 世纪初。1901 年英国成立了第一个全国性标准化机构,同年世界上第一批国家标准问世。此后,美、法、德、日等国相继建立全国性标准化机构,出版各自的标准。中国于 1957 年成立国家标准局,次年颁布第一批国家标准。20 世纪 80 年代,已有 100 多个国家和地区成立了全国性标准化组织,其中 90 多个国家和地区制定有国家标准。

8.2.1 标准基础知识

1. 标准概念

《标准化工作指南第 1 部分:标准化和相关活动的通用词汇》(GB/T 20000.1—2002)对标准(Standard)的定义为:在一定的范围内获得最佳秩序,经协商一致制定并由公认机构批准,共同使用的和重复使用的一种规范性文件。并附注说明:标准宜以科学、技术和经验的综合成果为基础,以促进最佳的共同效益为目的。

国际标准化组织(ISO)的标准化原理委员会(STACO)给标准的定义为:标准是由一个公认的机构制定和批准的文件。它对活动或活动的结果规定了规则、导则或特殊值,供共同和反复使用,以在预定领域内实现最佳秩序的效果。

标准化是指为在一定的范围内获得最佳秩序,对现实问题或潜在问题制定共同使用和重复使用的条款的活动。

2. 标准的产生

标准要经过协商一致制定并由公认机构批准。协商一致是指:普遍同意,表征为对实质性问题,有关重要方面没有坚持反对意见,并且按程序对有关各方面的观点进行了研究和对争议经过了协调。协商一致并不意味着没有异议。简言之,协商一致是指有关各界的重要一方对标准中的实质性问题普遍接受,没有坚持反对意见,并不是说所有各方全无异议。为了保证标准的严肃性和权威性,标准需经公认机构批准这是非常必要的。这里指公认机构,自然是权威机构,它一般包括政府主管部门、标准化组织或团体(包括国际组织或区域组织),从事标准化工作的协会或学会等[11]。

3. 标准的类型

(1)按适用范围划分

①国际标准

国际标准是指国际标准化组织(International Standardization Organization，ISO)、国际电工委员会(International Electrotechnical Commission，IEC)和国际电信联盟(International Telecommunications Union，ITU)制定的标准，以及国际标准化组织确认并公布的其他国际组织制定的标准。国际标准在世界范围内统一使用。

②区域标准

区域标准又称为地区标准，泛指世界某一区域标准化团体所通过的标准。通常提到的区域标准，如欧洲标准化委员会(CEN)、欧洲电工委员会(CENELED)、非洲地区标准化组织等地区组织所制定和使用的标准等。

③国家标准

国家标准是根据全国统一的需要，由国家标准化主管机构批准、发布的标准，是对全国经济技术发展有重大意义，需要在全国范围内统一技术要求制定的标准。如中国的国家标准、美国国家标准、英国国家标准、日本国家标准等。

④行业标准

行业标准是指没有国家标准而又需要在全国某个行业范围内统一技术要求所制定的标准。当同一内容的国家标准公布后，则该内容的行业标准即行废止。

⑤地方标准

对没有国家标准和行业标准而又需要在省、自治区、直辖市范围内统一的工业产品的安全、卫生要求制定的标准。在公布国家标准或者行业标准之后，该地方标准即行废止。

⑥企业标准

企业标准是对企业范围内需要协调和统一的技术要求、管理要求和工作要求所制定的标准。企业标准由企业制定，企业标准一般以“Q”作为企业标准的开头。

(2)按标准内容划分

①基础标准

在一定范围内作为其他标准的基础并普遍使用，具有广泛指导意义的标准。包括名词术语、符号、代号、机械制图、公差与配合等。

②产品标准

对产品结构、规格、质量和检验方法所做的技术规定。包括产品客观指标、产品质量指标、产品检测指标、产品储运指标等。

③方法标准

对通用性的方法，如试验方法、检验方法、分析方法、测定方法、抽样方法、工艺方法、生产方法、操作方法等制定的标准。

④安全标准

为保护人体健康、生命和财产的安全而制定的标准，是强制性标准，即必须执行的标准。

⑤卫生标准

以保障各类人群健康为直接目的而正式批准颁布的针对与人的生存、生活、劳动和学习有关的各种自然和人为环境因素及条件所作的一系列量值规定，并为保证实现这些规定所必需的技术行为规定。

⑥环境保护标准

以保护环境为目的制定的标准。包括环境质量标准、污染物排放标准、环境监测方法标准、环境样品标准、环境基础标准等。

⑦管理标准

管理标准是对标准化领域中需要协调统一的管理事项所制定的标准。管理标准按其对象可分为技术管理标准、生产组织标准、经济管理标准、行政管理标准、业务管理标准和工作标准等。

⑧服务标准

服务标准是指规定服务应满足的需求以确保其适用性的标准。服务指为满足顾客的需要,供方和顾客之间接触的活动以及供方内部活动所产生的结果。

(3)按成熟程度划分

①强制性标准

在一定范围内通过法律、行政法规等强制性手段加以实施的标准,具有法律属性。强制性标准一经颁布,必须贯彻执行。否则对造成恶劣后果和重大损失的单位和个人,要使其受到经济制裁或承担法律责任。强制性标准主要是对有些涉及安全、卫生方面的商品规定了限制性的检验标准,以保障人体健康和人身、财产的安全。

②推荐标准

推荐性标准又称为非强制性标准或自愿性标准,是指生产、交换、使用等方面,通过经济手段或市场调节而自愿采用的一类标准。

③试行标准

试行标准指内容还不够成熟,有待在实践中进一步完善修订的标准。

④标准草案

标准草案是指批准发布以前的标准征求意见稿、送审稿和报批稿。它是承担编制标准的单位或个人,根据任务书或工作计划起草的文稿。

8.2.2 标准文献

1.标准文献的概念

标准文献(Standard Literature)是指记录标准的一切载体。它是记录各级、各类标准的特种文献。广义的标准文献还包括检索标准的检索工具及有关标准化的文件等。狭义的标准文献是指带有标准号的标准、规范、规程等技术文件。标准文献内容一般包括标准级别、标准名称、标准分类号、标准编号、标准审批与实施日期等。

2.标准文献的特征

标准文献是科技文献的一个分支,是整个科技文献体系的一个重要组成部分。它具有科技文献的共性特征,但又不同于一般科技文献,具有独特的个性特征。

(1)内容完整、科学可靠、严谨简明

作为必须共同遵守的标准,客观上要求标准文献必须做到信息资料完整,数据科学可靠,文字、图表等表达简明扼要。标准的形成过程必须经过科学论证、严格审定、主管部门批准和发布等一系列的程序。

(2)结构严谨、编号统一、格式一致

标准文献中一般包括标准级别、标准名称、标准号、发布单位、发布日期、实施日期和具体内容。具有严谨的结构体系、一致的封面格式和统一的编号。标准号是区分标准文献和非标准文献的一个重要标志，也是标准文献的一个重要的检索点。

(3)法律约束性

作为共同遵守的准则和依据的标准文献，在一定条件下，具有法律性质效用，尤其是强制性标准，在规定的适用范围内具有约束性和强制性。

(4)时效性

标准文献具有很强的时效性，自标准的实施之日起，到标准的修订或废止时间，称为标准的有效期。通常标准平均时效为 5 年，标准的复审周期为 3～5 年。随着科学技术迅猛发展和全球经济一体化进程的不断加快，标准的平均时效和复审周期会相应缩短。

3. 标准文献的作用

(1)通过标准文献可了解各国经济政策、技术政策、生产水平、资源状况和标准水平。

(2)在科研、工程设计、工业生产、企业管理、技术转让、商品流通中，采用标准化的概念、术语、符号、公式、量值、频率等有助于克服技术交流的障碍。

(3)国内外先进的标准可供推广研究，改进新产品，提高新工艺和技术水平依据。

(4)标准文献是鉴定工程质量、校验产品、控制指标和统一试验方法的技术依据。

(5)可以简化设计，缩短时间，节省人力，减少不必要的试验、计算，能够保证质量，减少成本。

(6)进口设备可按标准文献进行装备、维修配制某些零件。

(7)有利于企业或生产机构经营管理活动的统一化、制度化、科学化和文明化。

4. 标准的编号

标准文献有特定的编号——标准号，它是标准的一个重要标志。通常由国别(组织)代码＋顺序号＋年代组成。

(1)国际、国外标准代号及编号

国际及国外标准号形式各异，但基本结构为“标准代号＋专业类号＋顺序号＋年代号”。其中：标准代号大多采用缩写字母，如“IEC”代表国际电工委员会、“API”代表美国石油协会、“ASTM”代表美国材料与实验协会等；专业类号因其所采用的分类方法不同而各异，有字母、数字、字母数字混合式三种形式；标准号中的顺序号按照标准发布的流水顺序号编排；年代号即标准发布年份。常见国外标准国别代码如表 8.8。

表 8.8　标准文献常见国别代码

代码	国家或组织	代码	国家或组织	代码	国家或组织
ANSI	美国国家标准	CSA	加拿大国家标准	ISO	国际标准化组织
BS	英国国家标准	DIN	德国国家标准	JIS	日本工业标准
CEN	欧洲标准化委员会	GB	中国国家标准	NF	法国国家标准
CENELEC	欧洲电子技术标准委员会	IEC	国际电工委员会	ГОСТ	俄罗斯国家标准

(2)我国标准代号及编号

我国标准的编号由标准代号、标准发布顺序和标准发布年代号构成。

①国家标准

我国国家标准的编号为:GB＋顺序号＋年代,有 3 种类型。

GB × × × ×—× ×	如“GB 7718—1994”	强制性国家标准
GB/T × × × ×—××	如“GB/T 3860—1995”	推荐性标准
GB/＊ × × × ×——× ×	如“GB/＊ 1645—1998”	降为行业标准而尚未转化的原国家标准

②行业标准

我国行业标准的编号为:行业代码＋标准顺序号＋年代。如:

HG × × × ×—× ×	化工行业标准
SY/T × × × ×—× ×	石油行业的推荐标准

行业标准代号由汉语拼音大写字母组成。中国标准代号见表 8.9。

表 8.9 中国标准代号

内容	代号	含义	内容	代号	含义	内容	代号	含义
国家标准	GB	强制性国家标准	行业标准	JB	机械	行业标准	SN	商检
	GB/T	推荐性国家标准		JC	建材		SY	石油天然气
	GB/Z	国家标准化指导性技术文件		JG	建筑工业		TB	铁路运输
行业标准	BB	包装		JR	金融		TD	土地管理
	CB	船舶		JT	交通		TY	体育
	CH	测绘		JY	教育		WB	物资管理
	CJ	城镇建设		LB	旅游		WH	文化
	CY	新闻出版		LD	劳动安全		WJ	兵工民用
	DA	档案		LY	林业		WM	外经贸
	DB	地震		MH	民用航空		WS	卫生
	DL	电力		MT	煤炭		XB	稀土
	DZ	地质矿产		MZ	民政		YB	黑色冶金
	EJ	核工业		NY	农业		YC	烟草
	FZ	纺织		QB	轻工		YD	通信
	GA	公共安全		QC	汽车		YS	有色冶金
	GY	广播电影电视		QJ	航天		YY	医药
	HB	航空		QX	气象		YZ	邮政
	HG	化工		SB	商业	其他标准	DB＋＊	强制性地方标准
	HJ	环境保护		SC	水产		DB＋＊/T	推荐性地方标准
	HS	海关		SJ	电子		Q	企业产品标准
	HY	海洋		SL	水利			

③地方标准

我国地方编号由大写汉语拼音 DB 加上省、自治区、直辖市行政区划代码的前面两位数字(北京市 11、天津市 12、上海市 13 等)。

④企业标准

我国企业标准编号由大写拼音字母“Q”+“/”+ “企业代号”组成。企业代号由大写拼音字母或阿拉伯数字或者两者兼用所组成。

⑤指导性标准

1998 年通过《国家标准化指导性技术文件管理规定》出台了标准化体制改革,即在四级标准(国家标准、行业标准、地方标准和企业标准)之外,又增设了一种“国家标准化指导性技术文件”,作为对四级标准的补充。此类标准在编号上表示为“/Z”。如《集成电路 IP 核测试数据交换格式和准则规范》(SJ/Z 11352—2006)。

5. 标准文献分类方法

(1)中国标准文献分类法

中国标准文献分类法(CCS)是中国标准文献的通用分类方法。中国标准文献分类法的类目设置以专业划分为主,适当结合科学分类。序列采取从总到分、从一般到具体的逻辑系统。本分类法采用二级分类,一级类目的设置主要以专业划分为主,二级类目设置采取非严格等级制的列类方法。一级分类由 24 个大类组成,分类号由 24 个英文字母表示,如表 8.10 所示。每个大类有 100 个二级类目,类号由 2 位数字表示(00～99)。

表 8.10　中国标准文献分类法一级类目表

类号	类目名称	类号	类目名称	类号	类目名称
A	综合	B	农业、林业	C	医药、卫生、劳动保护
D	矿业	E	石油	F	能源、核技术
G	化工	H	冶金	J	机械
K	电工	L	电子元器件与信息技术	M	通信、广播
N	仪器、仪表	P	工程建设	Q	建材
R	公路、水路运输	S	铁路	T	车辆
U	船舶	V	航空、航天	W	纺织
X	食品	Y	轻工、文化与生活用品	Z	环境保护

(2)国际标准分类法

国际标准分类法(ICS)是由国际标准化组织编制的标准文献分类法。它主要用于国际标准、区域标准和国家标准以及相关标准化文献的分类、编目、订购与建库,从而促进国际标准、区域标准、国家标准以及其他标准化文献在世界范围的传播。ICS 包含三个级别。第一级包含 40 个标准化专业领域,各个专业又细分为 407 个组(二级类),其中 134 个组又被进一步细分为 896 个分组(三级类)。国际标准分类法采用数字编号。第一级和第三级采用双位数,第二级采用三位数表示,各级分类号之间以实圆点相隔。如国际单位及其应用的 ICS 号是 01.060.10。国际标准分类表(ICS)一级类目如表 8.11 所示。

表 8.11 国际标准分类表(ICS)一级类目表

类号	类目名称	类号	类目名称	类号	类目名称
01	综合、术语学、标准化、文献	33	电信	71	化工技术
02	社会学、服务、公司(企业)的组织和管理、行政、运输	35	信息技术、办公设备	73	采矿和矿产品
		37	成像技术	75	石油及相关技术
07	数学、自然科学	39	精密机械、珠宝	77	冶金
11	医药卫生技术	43	道路车辆工程	79	木材技术
13	环境和保健、安全	45	铁路工程	81	玻璃和陶瓷工业
17	计量学和测量、物理现象	47	造船和海上建筑物	83	橡胶和塑料工业
19	实验	49	航空器和航天器工程	85	造纸技术
21	机械系统和通用部件	53	材料运输设备	87	涂料和颜料工业
23	流体系统和通用部件	55	货物的包装和调运	91	建筑材料和建筑物
25	机械制造	59	纺织和皮革技术	93	土木工程
27	能源和热传导工程	61	服装工业	95	军事工程
29	电气工程	65	农业	97	服务业、文娱、体育
31	电子学	67	食品技术		

8.2.3 我国标准信息检索

我国的标准化工作自 1956 年制定国家标准开始,产生了大量的各级标准。累计颁布的国家标准近 6 万件,行业标准 10 多万件,地方标准近 3 万件。其中现行国家标准 2 万多件,行业标准 3 万多件,地方标准 l 万多件,企业标准 130 多万件。检索使用标准,印刷版的工具主要有《中国标准化》(中国标准化协会主办的期刊)、《中国标准化年鉴》、《中国国家标准目录》、《中华人民共和国国家标准和专业标准目录》、《中国国家标准汇编》等。除此之外,现今方便的获取标准的工具还是网络版数据库。

1. 国家标准化管理委员会网站

中国国家标准化管理委员会(中华人民共和国国家标准化管理局)是国务院授权的履行行政管理职能,统一管理全国标准化工作的主管机构。该单位构建的网站(http://www.sac.gov.cn),如图 8.2 所示,是国家标准化管理委员会对外服务的重要窗口,通过网络向公众介绍我国标准政策、法规、标准内容、标准目录等信息。网站的“信息查询”栏目为我们提供了比较系统的国家标准检索数据库,主要涉及国家标准公告查询、国家标准全文在线阅读、国家标准目录查询、国家标准计划查询、专业标准化技术委员会查询、行业标准备案公告信息查询、地方标准备案公告信息查询等方面内容的信息的查询。其中标准全文,只提供中华人民共和国强制性国家标准的全文免费在线阅读,其他标准内容全文只提供题录信息,若想获取相关标准全文可到中国标准出版社购买或从其他途径获取[13]。

2. 国家标准文献共享服务平台

国家标准文献共享服务平台(http://www.cssn.net.cn)是国家质量监督检验检疫总局牵头,中国标准化研究院承担,向社会开放服务,提供标准动态信息采集、编辑、发布、标准文

图 8.2　国家标准化管理委员会网站

献检索、标准文献全文传递和在线服务等功能。该网站免费注册会员，会员登录可以获得强制性国家标准全文下载、行业标准信息检索等服务功能。

除此之外，还有北京标科网络技术有限公司构建的中国标准在线服务网(http://www.gb168.cn)、同方知网公司的标准数据库、万方数据公司的标准库以及重庆戴特科技有限公司标准数据库，这些数据库不仅提供我国的标准全文，还提供国外标准的全文，使用要支付费用。

8.2.4　国外标准信息检索

1. 国际标准化组织标准

国际标准化组织(ISO)是一个全球性的非政府组织，是制定国际标准的国际性机构，成立于 1947 年 2 月，于 1951 年发布了第一个标准《工业长度测量用标准参考温度》。国际标准化组织的目的和宗旨是："在全世界范围内促进标准化工作的开展，以便于国际物资交流和服务，并扩大在知识、科学、技术和经济方面的合作。"其主要活动是制定国际标准，协调世界范围的标准化工作，组织各成员国和技术委员会进行情报交流，以及与其他国际组织进行合作，共同研究有关标准化问题。ISO 是联合国经社理事会的甲级咨询组织和贸发理事会综合级咨询组织，此外，ISO 还与 600 多个国际组织保持着协作关系。中国是 ISO 创始成员国之一，也是最初的 5 个常任理事国之一。由于历史原因，1978 年 9 月中国标准化协会代表中国重新成为 ISO 正式会员。2008 年 10 月，中国成为 ISO 常任理事国。

国际标准由技术委员会(TC)和分技术委员会(SC)经过六个阶段形成。包括申请阶段、预备阶段、委员会阶段、审查阶段、批准阶段、发布阶段。若在开始阶段得到的文件比较成熟，则可省略其中的一些阶段。ISO 标准每 5 年重新修订、审定一次，目前 ISO 已经发布了 17 000 多个国际标准。

标准号格式有两种，分别为 1972 年以前为 ISO/R 代码＋顺序号＋年代；1972 年后为 ISO 代码＋顺序号＋年代。如：ISO 7571-1：1982 工业用丙酮的试验方法；ISO/R 1662：1971

冷冻车间安全指标。

获取国际标准化组织的标准，检索工具主要有该组织编辑出版的年刊——《国际标准化组织标准目录》（"ISO Catalogue"），主要用英文、法文对照本形式报导前一年全部现行标准，每年的2月份出版，每年还出4期补充目录。《ISO标准目录补充本》（"ISO Catalogue Supplement"），这是"ISO Catalogue"的季度累积本，收录本季度内公布的正式标准和草案标准。《ISO通报》（"ISO Bulletin"），这是ISO的月刊，及时报道ISO标准的制定情况。网络版检索工具是该组织提供的网站（http://www. Iso. org/iso/home. htm），该平台是国际标准化组织发布ISO信息、检索ISO标准的权威官方网站，标准和相关信息的检索可从主页面在搜索框中直接输入关键词搜索，也可从主页点"搜索"按钮→再点击"Advanced search"，进入高级检索界面搜索，高级界面如图8.3所示。

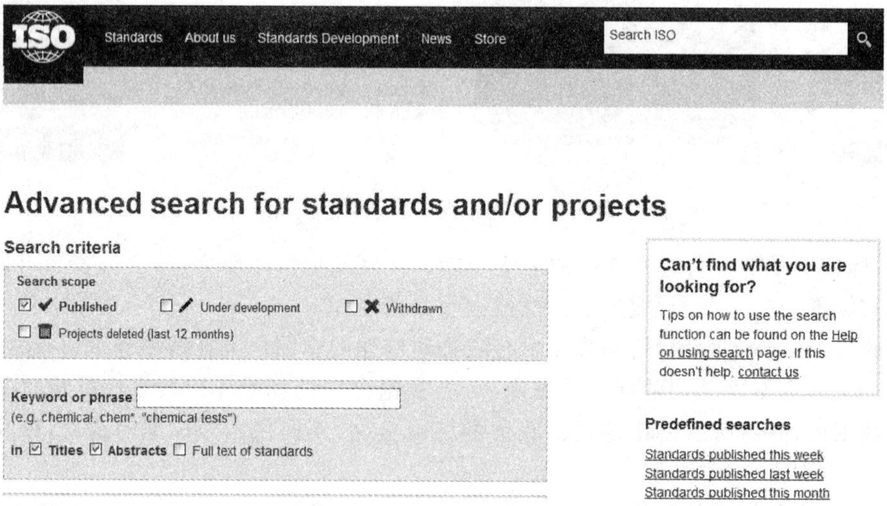

图8.3 ISO主页标准高级搜索页面

该数据库提供关键词或短语（可选择在题名、文摘或全文中）、ISO标准号、国家标准分号、文献类型、语种、补充类型、国家标准分类号（ICS）、标准状态代码、阶段截止日期、其他日期、委员会、分委员会等12个检索字段，各字段间默认为逻辑"与"运算关系。检索结果为题录和文摘信息，全文需要订购[14]。

2. 国际电工委员会标准

国际电工委员会（IEC）成立于1906年6月26日，当时由英国的电气工程师协会（IEE）和美国的电气电子工程师协会（IEEE）以及其他相关组织共同成立。宗旨是促进电气、电子工程领域中标准化及有关问题的国际合作，增进各国间的相互了解。目前IEC的工作领域已由单纯研究电气设备、电机的名词术语和功率等问题扩展到电子、电力、微电子及其应用、通信、视听、机器人、信息技术、新型医疗器械和核仪表等电工技术的各个方面。IEC现在有技术委员会（TC）95个，分技术委员会（SC）80个。我国1957年参加IEC，是IEC理事局、执委会和合格评定局的成员。

IEC至今已有100多年的历史，有超过130个国家参与，其中67个国家是成员，另外69个国家则是以非正式成员的身份加入其分支机构。国际电工委员会的总部最初位于伦敦，1948年搬到了位于瑞士日内瓦的现总部处。它是世界上成立最早的国际性电工标准化机构，负责有关电气工程和电子工程领域中的国际标准化工作。

IEC 标准号的组成：①IEC＋序号＋年号。如 IEC 434(1973)，标准名称为“飞机上的白炽灯的 IEC 标准”。②IEC ＋序号(附加标记)＋年号。如 IEC871—1—1997，附加标记有两种：一是加数字，表示是该标准的分标准；二是加 A、B、C 等标记，以示与原标准有所区别。其他代码与 ISO 相同。

IEC 标准检索工具，主要有《IEC 标准出版物目录》(“Catalogue of IEC Publications”)，年刊由 IEC 中央办公室以英文、法文对照的形式编辑出版；《国际电工委员会年鉴》(“IEC Yearbook”)，记载内容与《IEC 标准出版物目录》一样，其区别在于它是按 IEC 的技术委员会(TC)的编号顺序排列的，是 IEC 标准的分类目录，以技术分类(TC)作为它的检索入口，它是《IEC 标准出版物目录》检索的辅助检索工具；国际电工委员会网站(http://www.iec.ch)，该网站是发布 IEC 信息，检索 IEC 标准的权威官方网站，点击网站首页的“Advanced search”即可进入 IEC 标准的高级检索界面，如图 8.4 所示。

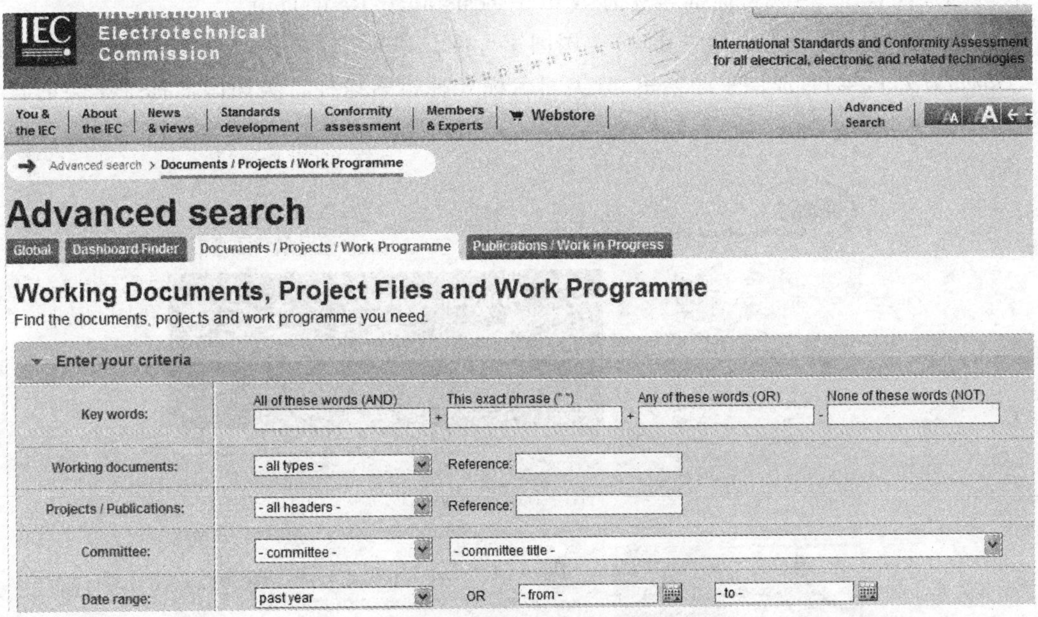

图 8.4　IEC 标准的高级检索界面

该平台上不仅可以检索获取 IEC 各技术委员会制定的标准文献全文，而且还可检索世界各国的标准化管理机构信息等[15]。

3. 美国标准

美国的国家标准由美国国家标准学会(American National Standards Institute，ANSI)负责制定与颁布。该协会建于 1918 年，是一个非营利性的民间标准化团体，但实际上已成为美国国家标准化中心，美国各界标准化活动都围绕它进行。它起着行政管理机关的作用。该学会本身很少制定标准，大约 4/5 的 ANSI 标准是从本国 70 多个专业团体所制定的专业标准中择取对全国具有重要经济意义的标准，经 ANSI 各专业委员会审核后升格为国家标准。已经提升为 ANSI 标准的专业标准也有可能会被取消。

美国国家标准化工作中最有影响的组织与团体有：联邦规范与标准(Federal

Specification&Standards,FS)、美国电子与电气工程师学会(Institute of Electrical and Electronics Engineers,IEEE)、美国保险商实验室(Underwriters Laboratories,UL)、美国材料与试验协会(American Society for Testing and Materials,ASTM)、美国机械工程师协会(American Society of Mechanical Engineers,ASME)、美国机动车工程师协会(Society of Automotive Engineers,SAE)、美国全国防火协会(National Fire Protection Association,NFPA)、美国印刷电路学会(Institute of Printed Circuits,IPC)。

ANSI 标准采用字母与数字相结合的混合标记分类法,目前共分为 18 个大类,每个大类之下再细分若干个小类,用一个字母表示大类,用数字表示小类。

美国国家标准号的格式为:ANSI+分类号+小数点+序号—年份,如:ANSI L1.1—1981,标准名称为“Safety and Health Requirement for the Textile Industry”,“L1”在 ANSI 中代表纺织工程的分类号。

由行业标准升格为 ANSI 标准的标准号形式为“ANSI/原行业标准号—年份”,如:ANSI/AATCC 36—1981,标准名称为“Water Resistance:Rain Tent”。

获取美国标准,检索工具主要有《美国国家标准目录》(*Catalogue of American National Standards*),年刊,提供主题索引、分类和名称 3 种检索途径。美国国家标准学会的官方网站(http://www.ansi.org),如图 8.5 所示,提供标准网络检索,阅读全文需要付费。

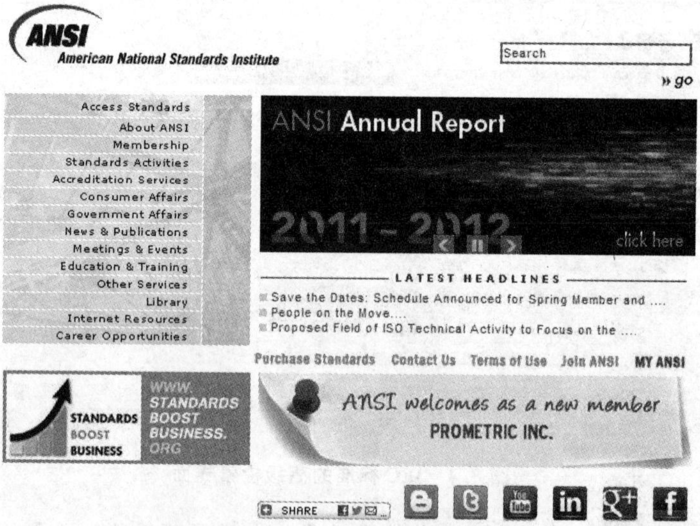

图 8.5　美国国家标准学会的官方网站首页

其他影响较大的还有日本、英国、德国等国家的标准,检索工具除了一般的标准目录年刊外,标准管理的官方网站也是检索获取其标准的重要渠道,如日本工业标准调查会网站(http://www.jisc.go.jp),英国标准学会网站(http://www.bsigroup.cn)和德国标准学会网站(http://www.din.de)。

思考题

1. 专利文献的定义?发明专利说明书一般包括哪几个部分?

2. 专利文献的著录项主要有哪些?国际专利分类法一级类目分别是什么?

3.利用中国国家知识产权网的“专利检索”查询涉及本专业的世界著名厂商(自定)在中国申请的专利有多少件,说明它是职务发明还是非职务发明?

4.检索专利号为012143911.7的专利的法律状态。

5.简述标准文献的特点和作用。

6.检索ISO和IEC国际标准的主要工具有哪些?

7.检索出汽车装饰、耐火材料方面的国家标准,摘录其标准号、标准名称和发布时间。

参考文献

[1]匡松,洪平洲.信息资源检索与利用[M].北京:人民邮电出版社,2008:250-251.

[2]张鲜兰,刘仲徽.浅论专利文献的竞争情报价值[J].企业技术开发,2008,27(7):66-67.

[3]余筱雨.论专利文献分析在企业发展中的作用——以我国汽车产业为例[D].昆明:云南大学,2010:4-7.

[4]朱江岭.网络信息资源检索[M].北京:海洋出版社,2010:187-190.

[5]国内外三种专利申请受理状况总累计表.国家知识产权局——统计信息[EB/OL].[2012-12-26].http://www.sipo.gov.cn/ghfzs/zltj/zljb/201101/t20110110_562647.html.

[6]专利文献的著录项目.专利文献的著录项目——国家知识产权局[EB/OL].[2012-12-26].http://www.sipo.gov.cn/wxfw/zlwxzsyd/zlwxjczs/zlwxyxxmcjs/200909/t20090901_474192.html.

[7]秦建华,刘达武.中国专利说明书的编号体系[J].江西图书馆学刊,2004,34(1):57-58.

[8] About the IPC[EB/OL].[2012-12-27].http://www.wipo.int/classifications/ipc/en/general.

[9]李晓.欧洲专利局数据库检索与使用[J].中国发明与专利,2007(5):44-45.

[10]梁聪久.世界知识产权组织及其网站数据库的利用[J].科技情报开发与经济,2012,22(14):84.

[11]谭福有.标准和标准化的概念[J].信息技术与标准化,2005(3):56-57.

[12]钟月钦.高校图书馆标准文献的管理与创新探讨[J].科技文献信息管理,2010(4):13.

[13]信息查询.国家标准化管理委员会[EB/OL].[2012-12-29].http://www.sac.gov.cn/xxcx.

[14] ISO. Advanced search for standards and/or projects[EB/OL].[2012-12-29].http://www.iso.org/iso/home/search/extendedsearchstandards.htm?revision=0&displayForm=true?formKeyword=&displayForm=true&published=on&title=on&description=on.

[15] IEC. Advanced search[EB/OL].[2012-12-29].http://www.iec.ch/dyn/www/f?p=103:104:0::::FSP_LANG_ID:25.

第9章 学位论文、会议文献和科技报告检索

特种文献(Special Literature)除了上一章详细介绍的专利文献和标准文献之外,还有学位论文、会议论文、科技报告、政府出版物、产品样本及技术档案等。这些类型的文献虽然不像图书期刊那样公开出版发行,但其内容广泛新颖,类型复杂多样,质量可靠,且有特定出版发行方式和传播规律,是科研人员的重要参考信息源,特别是学位论文、会议文献和科技报告,参考价值更大。为了帮助大家对这三种类型的文献有详细的认识,有必要对其加以详细叙述。

9.1 学位论文检索

9.1.1 学位论文定义

根据国际标准化组织(ISO)的定义,学位论文(Thesis Dissertation)是指作者为取得专业资格的学位而撰写的介绍其研究成果的文献。高等院校和科研单位的毕业生在获取博士、硕士及学士学位时,需要在导师的指导下撰写体现其学术研究水平的书面报告,并向学位审定和授予部门提交并须获得批准通过。

学位论文是伴随着学位制度的产生而产生的,是学位制度的产物。学位是标志被授予者的受教育程度和学术水平达到规定标准的学术称号,是评价学术水平的一种尺度。在国外,学位制度是从中世纪开始出现的,它的历史是和文凭、证书密切联系的。1180年后,法国巴黎大学授予了第一批神学方面的博士学位。到19世纪末20世纪初,已有很多国家建立了学位制度。中国古代的科举制度已有类似今日学位制的含义,但是严格说来,中国的学位制是近代才开始建立的。1935年4月,当时的南京国民政府仿效英美等国的学位体制,制定并颁布了《学位授予法》,选择"博士""硕士""学士"三个名词对应欧美学位制度中的Doctor、Master、Bachelor三个级别,但并未能全部实施。1980年2月,第五届全国人大常委会第十三次会议正式通过了《中华人民共和国学位条例》,1981年5月20日,国务院批准《中华人民共和国学位条例暂行实施办法》,沿用1935年既定的博士、硕士和学士名目以形成三级学位制度,并规定学位授予之学科门类与相应的学术标准。1982年6月我国的首批博士产生,至此我国的学位制度才全面趋于完善和成熟[1]。

学位论文要经过考核和答辩,无论是论述还是介绍实验装置、试验方法等都要十分详尽。要求既充分表达作者的研究成果,又反映作者获取知识和进行科学研究的能力,尤其是博士学位论文,具有相当的学术价值。

1. 学位论文的特点

学位论文写作是本科生和研究生从事科学研究活动的主要内容,也是检验其学习效果,考察其学习能力、科学研究能力及学术论文写作能力的重要参照。学位论文开题及写作对于接受高等教育的大学生,尤其是硕士以上的研究生具有极其重要的意义。

学位论文的写作不同于一般的论文写作,它的要求更多、更严谨,而且学位论文写作已经形成一套完整的、规范化的操作程序,比如论文写作之前要做开题报告,写作中应该注意结构、观点、措辞等诸多方面。具体说来,学位论文的特点可以概括为以下几点:

具备一定规模与学术性。学位论文不同于一般的学术论文，一般的学术论文只要有一定的创造性意见，达到几千字的规模即可成文。学位论文则是对本科生或研究生多年学习成果及科研能力的检验，是要体现多年积累的学术科研水平的，所以其选题和规模均有相关规定。这些规定视不同院校而有所差别，不过学术性的要求是共同的、第一位的，而在规模方面，首要的衡量指标是论文字数。以国内大学为例，一般本科生的论文应达到 1 万字左右，硕士研究生论文 2 万～4 万，博士研究生论文则应达到 5 万字以上，当然根据学科不同字数要求也有差别。

结构严谨、观点明确。学位论文一般是经过较长时间的资料收集、经过慎重的选题而确定的观点较为成熟的作品，它不是概况介绍或调查报告、总结及争鸣一类的文章，而一定是作者深思熟虑之作，因而要求学位论文一定要观点明确、结构严谨。观点明确并不一定是正确的，只要鲜明、独立即可；而严谨的结构则体现在章节安排、段落层次以及上下文衔接等方面。

语言规范、措辞得当。学位论文虽属于非正式出版物，但其用语要求却等同于正式的出版物，即一定要规范。对于数字、标点、章节编号等要求均符合书写标准；要尽量使用书面语言，摒除口头用语；要避免出现敏感字眼和毫无根据的绝对性判断句等[2]。

2. 学位论文的出版与收藏

学位论文一般不公开发表或出版，各国收藏方式归纳起来有两种：集中收藏和分散收藏。英国的学位论文统一由不列颠图书馆保存，不外借，只提供原文的缩微胶片；加拿大的学位论文由国家图书馆统一管理；而美国是由 ProQuest Information and Learning 公司收藏学位论文，并开展复制、辑录等服务，它所研制的 PQDD 数据库是目前世界上数据最多和使用最广泛的学位论文数据库；日本国立大学的学位论文由国家图书馆收藏，私立大学的学位论文由本校图书馆收藏管理。

学位论文按我国实行的三级学位制对应分为学士学位论文、硕士学位论文、博士学位论文。学士学位论文由于学术水平一般，参考价值与利用率不高，一般不予收藏。博士、硕士论文由于作者能深入参与研究课题，研究和论文写作时间较长，具有较高的学术价值。我国国务院学位委员会指定了三个学位论文的法定收藏机构：国家图书馆收藏社会科学、自然科学博士论文，中国科技信息研究所收藏自然科学博士、硕士论文，中国社会科学院图书馆收藏社会科学博士、硕士论文[3]。

近年来，随着网络技术迅速发展，国内外涌现了许多学位论文数据库，基本上只收录硕博论文，大都可通过网络方便地进行检索。大多数高校也已建有学位论文数据库。

9.1.2　学位论文检索

学位论文传统的检索方法是查阅印刷型工具书，这些一般是由收藏单位编辑出版的文摘或题录型工具书。报道国内学位论文的主要有国家图书馆学位论文收藏中心编辑出版的《中国博士学位论文提要》、中国科学院编辑出版的《中国科学院博士学位论文文摘》、中国科技信息研究所编辑出版的《中国学位论文通报》；报道国外的学位论文的主要有由美国国际大学缩微复制品公司（UMI）编辑出版的《国际学位论文文摘》（*Dissertation Abstracts International*）。

这些印刷版的检索学位论文的工具，随着网络数据库的发展，陆续停止出版，如《中国学位论文通报》1993 年停止出版印刷本，并以《中国学位论文书目数据库》取代。学位论文的网络版数据库,成了检索获取该类资源的主要渠道。

1. 国内常用学位论文数据库

(1)中国优秀博硕士学位论文全文数据库

中国优秀博硕士学位论文全文数据库是由同方知网公司提供。收录全国 404 家培养单位的博士学位论文和 621 家硕士培养单位的优秀硕士学位论文,论文直接从培养机构获取,时效性非常强。内容覆盖基础科学、工程技术、农业、医学、哲学、人文、社会科学等各个领域。收录年限最早追溯到 1984 年,至 2012 年 12 月,累积博硕士学位论文全文文献 177 万多篇。该数据库是目前国内相关资源收录完备性、质量都非常高的商业数据库。

该数据库依托同方知网公司提供的中国知网(www. cnki. net)平台对外服务,提供初级检索、高级检索、专业检索、科研基金检索和句子检索五种检索模式,可从主题、题名、作者、导师、学位授予单位、关键词、摘要、目录、全文、参考文献、中图分类号、学科专业名称、科研基金名称等途径进行查询。检索界面如图 9.1 所示。

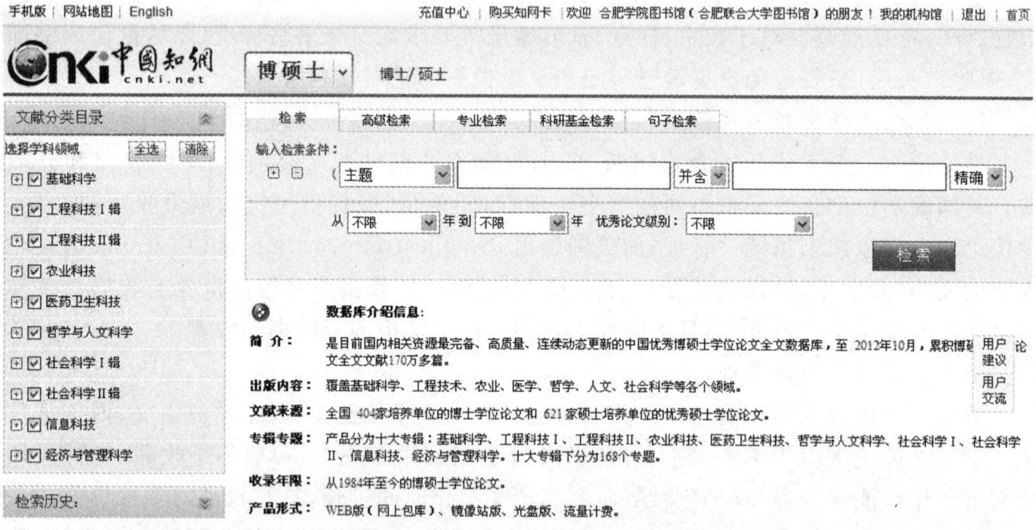

图 9.1 中国优秀博硕士学位论文全文数据库检索页面

检索结果可以通过平台提供的知网节功能,清晰地展示学位论文引用文献之间的脉络,便于研究分析。硕士论文全文为 NH 格式,要使用 CAJViewer 或该公司提供的其他专有浏览器工具才能打开。

(2)万方学位论文库

万方学位论文库是由北京万方数据股份有限公司提供,收录自 1980 年以来我国自然科学领域各高等院校,研究生院以及研究所的硕士、博士以及博士后论文。截止到 2012 年 12 月份,共收录 242 万多篇,其中 211 高校论文收录量占总量的 70%以上,每年增加约 30 万篇。内容涵盖哲学、经济学、法学、教育学、文学、历史学、工学、农学、医学、军事学、管理学等学科。

该数据库通过万方公司提供的万方数据知识服务平台(http://www. wanfangdata. com. cn)对外提供服务,高级检索界面如图 9.2 所示。

平台提供初级检索、高级检索、专业检索三种检索模式,可从主题、题名、关键词、题名、

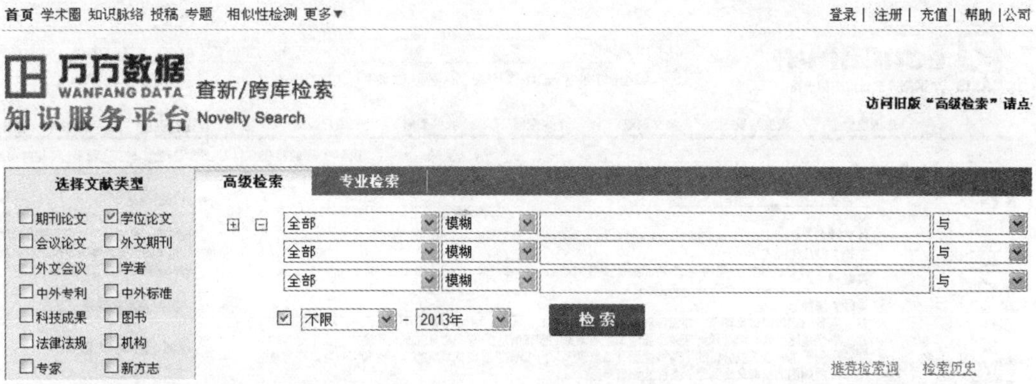

图 9.2　万方数据知识服务平台学位论文高级检索界面

创作者、作者单位、摘要、日期、学位—专业、学位—学位授予单位、学位—导师、学位—学位等途径进行查询。检索结果展示引文情况，全文是 PDF 格式。

(3)CALIS 的高校学位论文数据库

中国高等教育文献保障系统（CALIS）高校学位论文数据库收录子项目由清华大学承建。到目前为止收录了包括北京大学、清华大学等全国著名大学在内的 83 个 CALIS 成员馆的硕士、博士学位论文，有 70 多家建立了本地学位论文提交和发布系统。

该博硕士学位论文库通过 CALIS 学位论文中心服务系统（http://etd.calis.edu.cn）对外提供服务，检索如页面如图 9.3 所示。目前，数据有 384 万多条，其中中文数据 172 万多条，外文数据 212 万多条，数据处于持续增长中。

图 9.3　CALIS 学位论文中心服务系统首页

该系统提供导航浏览、初级检索和高级检索三种查询模式，可从题名、作者、导师、摘要、关键词等途径检索。检索结果先以包含文摘的题录信息显示，若本馆购买了该电子文献全文，可直接下载使用；若无使用权限，则可通过原文传递服务获取，如图 9.4 所示。

图 9.4 CALIS 学位论文中心服务系统检索结果显示

(4)中国国家图书馆(NLC)馆藏博士论文库

中国国家图书馆博士论文库(http://res4.nlc.gov.cn/home/index.trs? channelid=3)是国家图书馆自建数字资源内容的一部分，由国家图书馆学位论文收藏中心制作。20 多年来，国家图书馆收藏博士论文达 18 万多种，此外，还收藏国内部分院校的硕士学位论文和部分海外华人华侨学位论文。该库整合在国家图书馆数字图书馆平台之上，检索页面如图 9.5 所示。

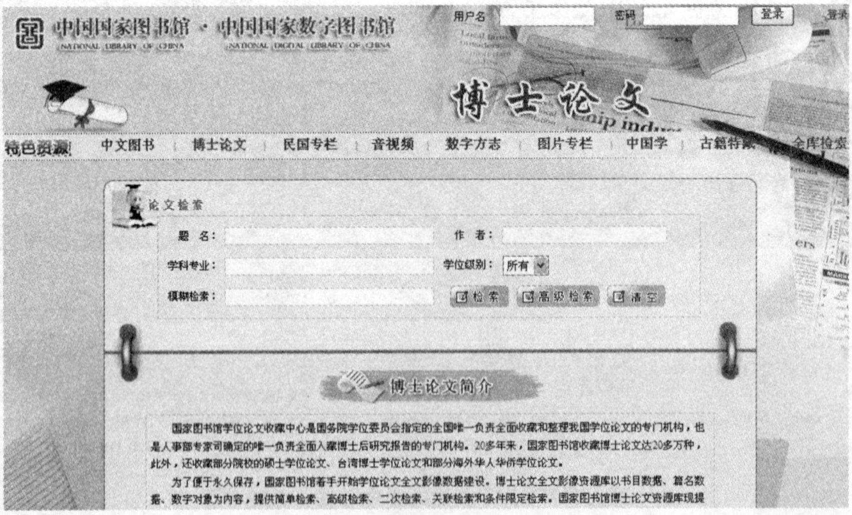

图 9.5 中国国家图书馆博士论文库检索页面

检索结果在提供包含文摘在内详细的题录信息之外，可以查看论文中的目录信息，全文在线可阅读前 24 页，不能下载。全文为 PDF 格式，阅读要求使用 Acrobat Reader7.0 以上版本(中文版)浏览器。若需全文,需要与国家图书馆学位论文采编组论文组联系获取[4]。

国内其他学位论文数据库还有国家科技图书文献中心学位论文库(http://www.nstl.gov.cn/)和一些高校自建的学位论文库。高校自建的学位论文库,数据量和参考价值较大的主要有北京大学学位论文库(http://fulltext.lib.pku.edu.cn/was40/searchbrief.htm)、清华大学学位论文服务系统(http://etd.lib.tsinghua.edu.cn:8001/xwlw/index.jsp)、香港大学在线学位论文(Hong Kong University Theses Online,http://sunzi1.lib.hku.hk/hkuto/index.jsp)等。这些高校建设的学位论文库,一般满足本校参考,校外读者一般只能看到题录信息,无法阅读全文。开放程度较大的主要是中国香港、台湾地区的高校自建学位论文库,基本都能查阅全文。

2. 国外常用学位论文数据库

(1)ProQuest Dissertations&Theses(PQDT)

PQDT 是美国 ProQuest 公司(原名 University Microfilms Int. 简称 UMI 公司)出版的博硕士论文数据库,主要收录了来自欧美国家 2 000 余所知名大学的优秀博硕士论文,是目前世界上最大和最广泛使用的学位论文数据库。ProQuest 公司的博硕士论文文摘数据库(PQDT—A、B)可以提供自 1861 年至今的 160 万多篇博硕士论文的文摘信息,每年新收录的论文数量超过 6 万篇,确保用户可以检索到最新的论文信息。ProQuest 公司还向用户提供这些论文的前 24 页内容免费预览。

为了满足用户对博士论文全文的广泛需求,CALIS 牵头对 PQDT 进行集团采购,建立了 ProQuest 学位论文全文检索系统,并在北京大学图书馆(CALIS 全国文理中心,http://pqdt.calis.edu.cn)、上海交通大学图书馆(http://pqdt.lib.sjtu.edu.cn)和中国科技信息研究所(中信所,http://pqdt.bjzhongke.com.cn)建有三个镜像站。如果参加了 CALIS 团购的用户,通过单位镜像站的链接,或者通过合法身份认证的 IP 地址,就可以进入其主页检索、浏览或下载学位论文全文。截止到 2012 年 1 月 20 日,中国集团可以共享的论文已经达到 354 206 篇,涉及文、理、工、农、医等多个领域,是学术研究中十分重要的信息资源。

ProQuest 学位论文全文检索平台如图 9.6 所示,提供学科导航、一般检索和高级检索

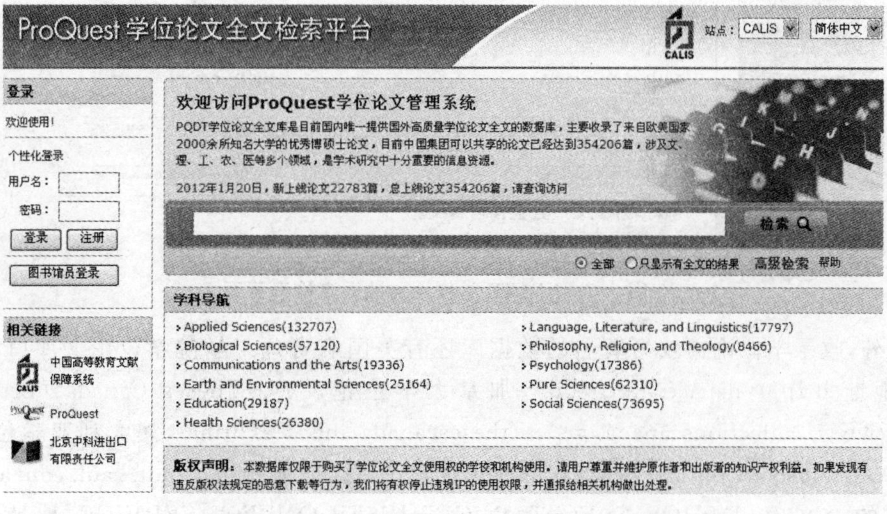

图 9.6　ProQuest 学位论文全文检索平台首页

三种查询模式，可以从标题、摘要、全文、作者、学校、导师、来源、ISBN 和出版号等途径查询，支持“and”“or”“not”逻辑运算符进行组合查询，也支持引号(“”)进行完整搜索。全文为 PDF 格式[5]。

(2)NDLTD 学位论文数据库

NDLTD(Networked Digital Library of Theses and Dissertations，地址：http://www.ndltd.org)是由美国弗吉尼亚科技大学发起、美国国家自然科学基金支持的一个网上学位论文共建共享项目，利用 Open Archives Initiative(OAI)的学位论文联合目录，为用户提供免费的学位论文文摘，还有部分可获取的免费学位论文全文。目前有全球 140 多个成员图书馆加入了 NDLTD，且与 OCLC、VTLS 和 Scirus 等公司的数据对接，目前收集全球学位论文题录信息已达 100 多万条[6]。

和 ProQuest 学位论文数据库相比，NDLTD 学位论文库的主要特点就是学校共建、共享，可以免费获取。另外由于 NDLTD 的成员馆来自全球各地，所以覆盖的范围比较广，有德国、丹麦等欧洲国家和中国香港、中国台湾等地区的学位论文。但是数据量不大，文摘和可获取的全文都比较少，适合作为国外学位论文的补充资源利用。

NDLTD 学位论文数据库的检索页面，登录要从主页，点击“for Researchers: Find ETDs”，在下一页面点击“SCIRUS ETD Search”才能进入。检索页面提供初级检索和高级检索两种模式，集成使用爱思维尔(Elsevier)公司的 SCIRUS 搜索系统进行数据的查询，页面如图 9.7 所示。可以从标题(Title)、作者(Author)、日期(Data)、关键词(Keywords)、出版者(Publisher)、文摘(Abstract)、语种(Language)等途径进行查询，高级检索支持逻辑组配。

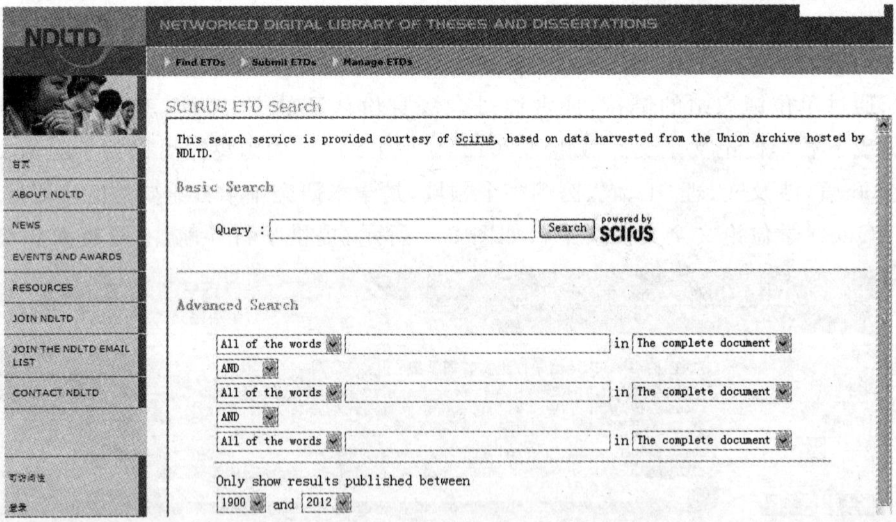

图 9.7 NDLTD 学位论文数据库检索页面

此外，收录学位论文较为著名的数据库还有美国麻省理工学院学位论文库(DSpace@MIT，地址 http://dspace.mit.edu)、加拿大学位论文库(Theses Canada Portal，地址 http://www.collectionscanada.gc.ca/thesescanada/index-e.html)、澳大利亚学位论文数据库(Australasian Digital Theses program，简称 ADT，地址 http://adt.caul.edu.au)、大英图书馆的论文库(ETHOS ELECTRONIC THESES ONLINE SERVICE，地址 http://

ethos. bl. uk/Home. do)、DIALOG 国际联机检索系统的 Dissertation Abstracts Online、OCLC 中的 Dissertation Abstracts Online 以及美国《化学文摘》(*Chemical Abstracts*,简称 CA)、英国的《科学文摘》(电子版为 INSPEC)也都收录有学位论文。

9.2 会议文献检索

9.2.1 会议文献概述

会议是人们交流知识信息的重要渠道之一。学术会议为从事类似研究工作的学者提供了接触和交流的机会和场所,通过在会议上的论文宣读以及参会者之间的讨论交流,加速了信息的传递,许多学科中的新发现、新进展、新成就以及所提出的新研究课题和新设想,往往首先在学术会议上公诸于众。

会议文献(Conference Literature)是指在各类学术会议上形成的资料和出版物,包括会议论文、会议文件、会议报告、讨论稿等。其中会议论文是最主要的会议文献。

会议文献具有以下特点:专业性强、学术水平高;内容新颖、及时;信息量大、专业内容集中;可靠性高;出版形式灵活等。会议文献作为一种主要的科技信息源,其重要性和利用率仅次于科技期刊。

会议文献按照出版时间分为会前文献、会中文献、会后文献。

会前文献(Preconference Literature)一般是指在会议进行之前预先印发与会代表的论文预印本(Preprints),论文摘要(Advance Abstracts)或论文目录、议程和发言提要,会议近期通讯或预告等。有些会议只出版预印本,会后不再出版会议录,在此情况下,预印本就是唯一的会议资料。

会中文献(Literature Generated During the Conference)包括开幕词、讲演词、闭幕词、讨论记录、会议简报、决议,也包括一些在开会期间发给参与者的论文预印本和论文摘要等。

会后文献(Post-conference Literature)主要指会议结束后正式发表的会议论文集,它是会议文献中的主要组成部分。会后文献经过会议的讨论和作者的修改、补充、其内容通常会更完整更准确。常见的会后文献形式有:会议录(Proceeding)、会议论文集(Symposium)、学术讨论论文集(Colloquium Papers)、会议论文汇编(Transactions)、会议记录(Records)、会议报告集(Reports)、会议论文集(Papers)、会议出版物(Publications)、会议辑要(Digest)等。

会议文献按出版形式划分为图书、期刊、科技报告、视听资料等,既有正式出版物,也有各种非正式出版物,可以说涵盖了白色文献、灰色文献和黑色文献这些不同的文献类型。会议文献的表达形式也比较多样化,给检索带来一定的困难[7]。

9.2.2 会议文献检索

目前,世界上各种学术会议日益频繁,仅 ISI 所收录的会议文献,每年就有 38 万篇以上,而 ISI 所收录的会议文献仅占每年世界各地学术会议所产生的会议文献的一小部分。

对会议文献的报道,最初主要是专业机构出版的印刷型刊物,如中国科技信息研究所出版的《国内学术会议文献通报》,ISI 编辑出版的《科技会议录索引》(ISTP)。这些印刷版刊物现已停刊,由相应的数据库所取代。现今查找会议文献主要是采用数据库,其次是通过文献传递的途径获取。另外,也可以到一些专业会议网站或者机构网站查阅。下面介绍几个比较著名的收录会议文献的数据库和网站。

1. 国内会议文献检索

(1)中国知网平台会议论文全文数据库

同方知网公司在其中国知网(http://www.cnki.net)服务平台上提供的会议文献库,收集的是国内外会议主办单位或论文汇编单位书面授权并推荐出版的重要会议论文。包括《中国重要会议论文全文数据库》和《国际会议论文全文数据库》两部分。前者重点收录1999年以来,中国科协、社科联系统及省级以上的学会、协会,高校,科研机构,政府机关等举办的重要会议上发表的文献。其中,全国性会议文献超过总量的80%,部分连续召开的重要会议论文回溯至1953年。截至2012年12月,已收录出版1.2万多次国内重要会议投稿的论文,累积文献总量146万多篇。《国际会议论文全文数据库》收录1999年以来,中国科协系统及其他重要会议主办单位举办的在国内召开的国际会议上发表的文献,部分重点会议文献回溯至1981年。截至2012年12月,已收录出版国内外学术会议论文集2 600多本,累积文献总量39万多篇。

检索页面如图9.8所示。

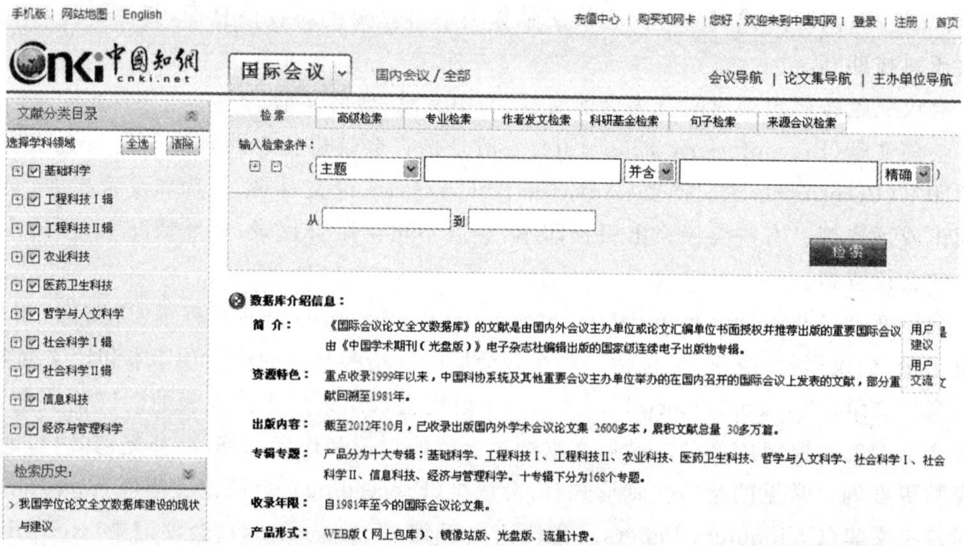

图9.8 中国知网会议文献检索页面

提供初级检索、高级检索、专业检索、作者发文检索、科研基金检索、句子检索、来源会议检索七种检索模式,可以从主题、篇名、关键词、作者、单位、会议名称、基金、摘要、全文、论文集名称、参考文献、中图分类号等途径进行组配检索。另外还可利用平台提供的会议导航、论文集导航、主办单位导航查询。检索时可以从学科角度限定范围,也可从全部、国际会议和国内会议限定。检索结果格式和显示结构与该平台其他类型文献相似。

(2)万方数据知识服务平台会议论文数据库

万方数据公司提供的会议论文库(http://www.wanfangdata.com.cn),收录了由中国科技信息研究所收藏的,1985年至今世界主要学会和协会主办的会议论文,以一级以上学会和协会主办的高质量会议论文为主。中文类有9 000余次会议60多万篇论文,其中具有全文的45万余篇,外文会议论文主要收录在中国召开的国际会议论文上,多为西文,1 000余次会议14万篇论文,其中有全文10万余篇。截止到2012年12月,数据总量218万多条。

该数据库的检索页面如图 9.9 所示。

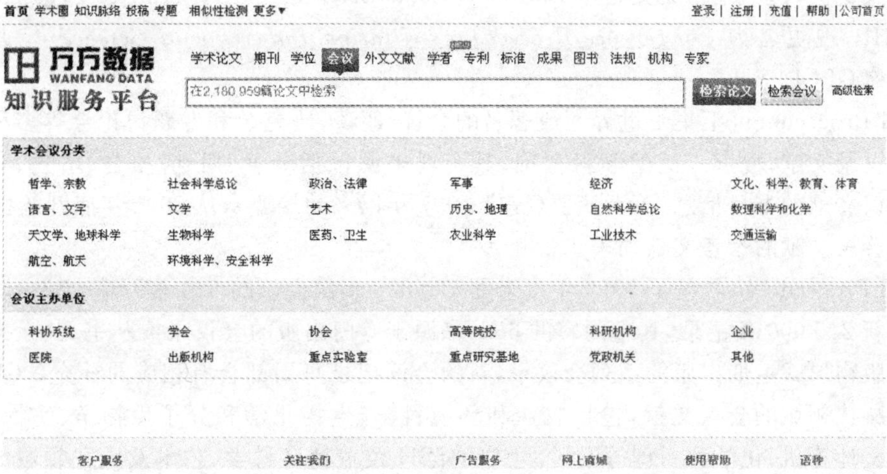

图 9.9　万方数据知识服务平台会议论文检索页面

可以按学科浏览，提供一般检索、高级检索和专业检索三种模式，既可以单独检索会议论文，也可以通过检索会议名称来汇总显示对应会议上发表的文献。

(3)国家科技图书文献中心的会议文献库

国家科技图书文献中心(NSTL)构建的会议文献库(http://www.nstl.gov.cn)包括中文会议和外文会议两部分。中文会议库收录了 1985 年以来我国国家级学会、协会、研究会以及各省、部委等组织召开的全国性学术会议论文。数据库的收藏重点为自然科学各专业领域，每年涉及 600 余个重要的学术会议，年增加论文 4 万余篇，每季度或每月更新。外文会议论文数据库主要收录了 1985 年以来世界各主要学会、协会、出版机构出版的学术会议论文，部分文献有少量回溯。学科范围涉及工程技术和自然科学各专业领域。每年增加论文约 20 新篇，数据每周更新。

(4)中国学术会议在线

中国学术会议在线(http://www.meeting.edu.cn)是经教育部批准，由教育部科技发展中心主办，面向广大科技人员的科学研究与学术交流信息服务平台。该平台将分阶段实施学术会议网上预报及在线服务、学术会议交互式直播/多路广播和会议点播三大功能。为用户提供学术会议信息预报、会议分类搜索、会议在线报名、会议论文征集、会议资料发布、会议视频点播、会议同步直播等。为高校提供了一个较好的学术交流平台。

另外，超星公司的读秀学术搜索平台也可以搜索该公司构建的国内外各种会议论文库，检索可以查看会议文献的题录信息，通过平台提供的文献传递功能可以通过电子邮件获取全文。

2. 国外会议文献检索

(1)ISI 会议录数据库

ISI Proceedings 是美国 ISI(科学信息研究所)著名的学术会议文献索引——《科技会议录索引》和《社会科学与人文会议录索引》的 Web 版数据库。《科技会议录索引》，英文名称

为 *Index to Scientific & Technical Proceedings*，简称 ISTP，其与 EI、SCI 并称为世界三大检索工具，现更名为 *Conference Proceedings Citation Index-Science*，简称 CPCI-S。《社会科学与人文会议录索引》英文名称 *Index to Social Sciences & Humanities Proceedings*，简称 ISSHP，现更名为 *Conference Proceedings Citation Index-Social Science & Humanities*，简称 CPCI-SSH。

ISI Proceedings 汇集了世界上最著名的会议、座谈、研究会和专题讨论会等多种学术会议的会议录文献，覆盖广泛的学科范围，其资料来源包括专著、期刊、报告、增刊及预印本。提供会议文献的书目信息、著者摘要（提供 1997 年以来的摘要），从 2002 年底开始提供 1999 年以来会议文献的参考文献列表。

ISI Proceedings 收录了 1990 年以来的 120 000 多次会议的 520 多万篇会议论文。每年大约更新 225 000 条记录，其中内容的 65％来源于专门出版的会议录或丛书，其余来源于以连续出版物形式定期出版的系列会议录，新的会议记录每周都会有相应的补充。CPCI-S 覆盖所有科技领域的会议文献，包括农业和环境科学、生物化学和分子生物学、生物技术、医学、工程、计算机、化学和物理等学科。CPCI-SSH 覆盖社会科学、艺术及人文领域的所有会议文献，包括心理学、社会学、公共卫生、管理、经济、艺术、历史、文学及哲学等，两种共收录了近 250 个学科。

ISI Proceedings 数据库通过 ISI Web of Knowledge 平台提供检索，每周更新。在 ISI Web of Knowledge 平台的支持下，ISI Proceedings 建立了与许多文献资源的链接，比如 ISI Web of Science、INSPEC、BIOSIS Previews、CAB Abstracts 以及其他出版机构的全文数据库、图书馆馆藏 OPAC 系统等。ISI Proceedings 还提供了论文所引用的参考文献，以及与 ISI Web of Science 整合的参考文献连接与浏览[8]。

在 ISI Web of Knowledge 平台上选择 *Conference Proceedings Citation Index-Science* 和 *Conference Proceedings Citation Index-Social Science & Humanities* 即可进行会议文献的检索，检索页面如图 9.10 所示。

提供基本检索、作者检索、被引参考文献检索、化学结构检索和高级检索等检索方式。支持截词和逻辑运算符的运用，检索结果提供引文链接分析[9]。

（2）美国会议论文索引数据库

《会议论文索引》（*Conference Papers Index*，CPI）由美国数据库快报公司于 1973 年创刊，是题录型检索工具，专门报道世界上已经召开或即将召开的各种学术会议上宣读或递交的学术论文，由会议文献题录和索引两个部分组成。原名为《近期会议预报》（*Current Programs*），1978 年改为现名，月刊。1981 年改由美国剑桥科学文摘社（Cambridges Scientific Abstracts Co.，CSA）编辑出版。从 1987 年起改为双月刊。本索引每年报道约 72 000 篇会议论文，及时提供有关科学、技术和医学方面的最新研究建站信息。《会议论文索引》现刊本包括分类类目表（Citation Section）、会议地址表（Conference Location）、正文和索引等部分。

美国会议论文索引数据库是《会议论文索引》（CPI）的网络版数据库，收录 1982 年以来的世界范围内会议和会议文献的信息，提供会议论文和公告会议的索引。每 2 个月更新 1 次，其学科范围主要涉及农学、生物化学、化学、化学工程、林学、生物学、环境科学、土壤学、生物工艺、临床学等领域，截止到 2012 年 8 月，已收录 380 多万条记录。CPI 数据库是剑桥

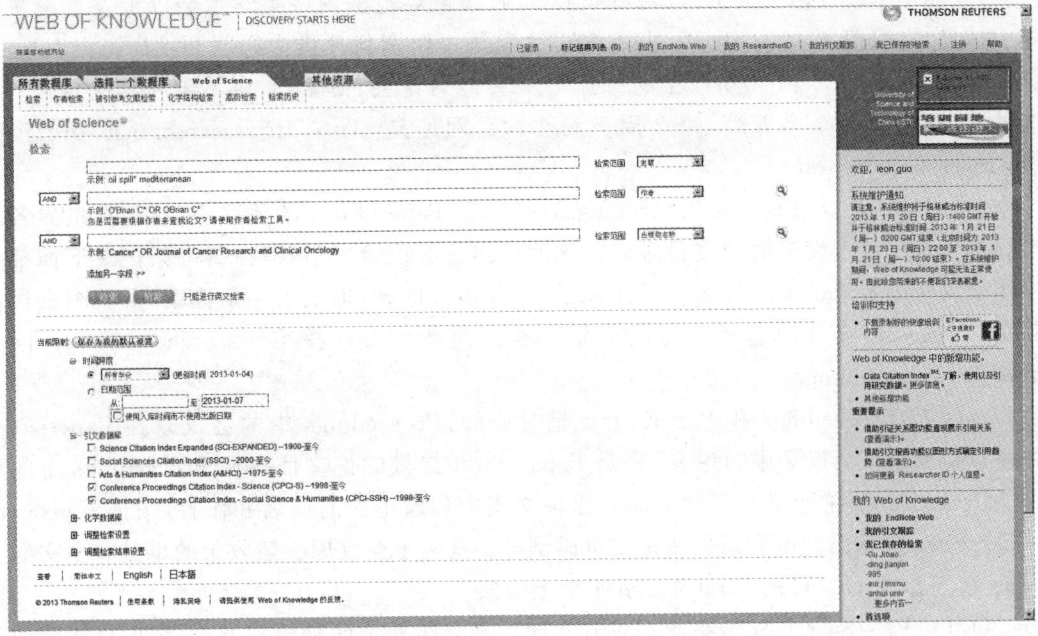

图 9.10 ISI Proceedings 检索页面

科学文摘数据库中的一个子库，网址为 http://www.csa.com，有使用权的用户可以直接进入检索[10]。

CSA 检索平台页面如图 9.11 所示，检索时首先要选择 Conference Papers Index 子库，而后再进行检索。CSA 检索平台提供快速检索、高级检索、检索工具和浏览四种检索方式，支持布尔逻辑运算符(and,or,not)、字段限制符、截词符(*)、位置算符(within)等组成检索式输入。

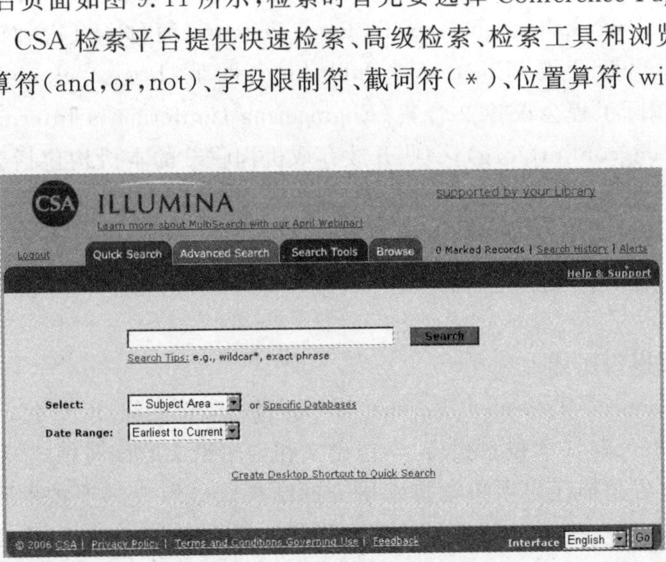

图 9.11 CSA 检索平台页面

(3)OCLC 会议文献数据库

OCLC 会议文献数据库是指 OCLC 公司(Online Computer Library Center, Inc)FirstSearch 检索系统中的两个可供查询世界范围内会议文献检索的数据库——《国际学术会议论文索引》和《国际学术会议录索引》。

《国际学术会议论文索引》(PapersFirst),收录世界范围内各类学术会议上发表论文的索引信息,它覆盖了1993年10月以来在"大英图书馆资料提供中心"(The British Library Document Supply Centre)所收集的所有大会、专题讨论会、博览会、讲习班和其他会议上发表的论文,总量700多万篇,每2周更新1次。网址是 http://firstsearch.oclc.org/fsip;dbname=PapersFirst。

《国际学术会议录索引》(Proceedings),该库是PapersFirst的关联库,包括在世界各地举行的学术会议上发表的论文目录表。该库虽然是会议录索引,但在每一条记录下面都列出了会议录中各篇论文的题名。目前包括20万多条记录,提供了一条检索"大英图书馆资料提供中心"会议录的途径。每周更新2次。网址是 http://firstsearch.oclc.org/fsip;dbname=Proceedings。

实际上,Proceedings和PapersFirst是对应的,Proceedings中的会议录在PapersFirst中可以检索出该会议录中的论文,只是PapersFirst提供的论文信息比Proceedings中的更多。Proceedings在会议录名称下面列出论文集中各篇论文的篇名和作者,按页码顺排,而PapersFirst检索出的论文结果按论文页码倒排。这两个会议库一般收录的也是有全文的会议论文,可以在OCLC的FirstSearch平台上检索。

OCLC FirstSearch检索系统提供基本检索和高级检索两种检索方式,结果只能看到题录信息,全文要通过馆际互借向大英图书馆文献提供中心获取[11]。

此外,在EI、INSPEC、BIOSIS Preview等文摘型数据库中也兼收会议文献。国际上著名的学(协)会如IEEE/IET、SPIE、ASCE、ACM、IOP、ACS、AIP等建立的全文数据库中都收录了很多会议文献。网络上也有一些免费发布会议文献的站点,如对等计算系统国际研讨会(International workshop on Peer-To-Peer Systems,简称IPTPS网址:http://www.iptps.org)、电子出版会议(Electronic Publishing,网址:http://elpub.scix.net/cgi-bin/works/Home)、国际工程会议论文合集(Engineering Conferences International,简称ECI,网址:http://dc.engconfintl.org);一些开放存取机构收藏的本机构包括会议文献在内的研究成果,如美国麻省理工学院的机构收藏库Dspace、剑桥大学机构收藏库Cambridge Dspace等。这些都是获取世界会议文献的重要渠道[12]。

9.3 科技报告检索

9.3.1 科技报告概述

科技报告(Science&Technical Report)最早产生于20世纪20年代,其定义有很多种,国家标准GB7713—87《科学技术报告、学位论文和学术论文的编写格式》中对科技报告的定义为:科学技术报告是描述一项科学技术研究的结果或进展或一项技术研制试验和评价的结果或是论述某项科学技术问题的现状和发展的文件。通俗地讲,科技报告是围绕某个课题的科技活动所取得的阶段性进展或最终性成果的记录与书面报告,是科研生产活动的第一手资料,有时又被称为研究报告。

科学技术报告是为了呈送科学技术工作主管机构或科学基金会等组织,用于向上级、项目赞助机构或其他研究人员传递信息,以积累、传播和交流为目的,由科技人员按照有关规定和格式撰写,真实而完整地反映科研人员所从事科技活动的内容和经验。它不同于科技期刊和科技图书,其成文早于期刊和图书,内容前沿、专深而具体,披露最新的科研进展和发现，时效性强，数据和图表详细，技术含量高，实用性强，具有很高使用价值。

研究显示，科研人员阅读一份科技报告可产生 1 280 美元的效益，科技报告类文献的投入产出比约为 1:26。美国现有的国防部 AD 报告、商务部 PB 报告、航空航天局 NASA 报告和能源部 DOE 报告四大体系每年能够产生科技报告 60 多万件，占到全世界科技报告总量的 80%左右，是支撑美国科技全面领先的重要基础[13]。

9.3.2　科技报告的特点及类型

1. 科技报告的特点

从文献的整体角度来看，科技报告呈现以下几个特点[14]：

(1)内容新颖、专题具体。科技报告报道的题目大都反映的是新兴科学和尖端科学的最新研究成果，对问题研究的论述包括各种技术研究的整个实验过程中，研究方案的选择和比较，各种数据和图表、成功与失败原因的详尽分析等。具体内容翔实、数据完整可靠，技术专深全面，能代表一个国家的研究水平。

(2)对新的科技成果反应迅速。由于有专门的出版机构和发行渠道，科研成果通过科技报告的形式发表通常比期刊早 1 年左右。

(3)种类多、数量大。科技报告几乎涉及整个科学、技术领域以及社会科学、行为科学和部分人文科学。据统计，全世界每年出版的科技报告数量在 100 万件以上。其中最多的是美国，约占 83.5%；其次为英国，占 5%；德国、法国各占 1.5%；日本、俄罗斯、加拿大等国也都有一定数量的科技报告。

(4)出版形式独特。科技报告的出版特点是各篇单独成册，以单行本形式出版发行，统一编号，由主管机构连续出版，有机构名称和统一编号。科技报告一般无固定出版周期，报告的页数不等。除一部分技术报告可直接订购外，多数不公开发行，尤其是属于军事、国防工业和尖端技术成果的科技报告，大多采用保密方式限制发行。

(5)严格的保密性。科技报告作为内部的科研记录，描述的内容技术性很强。有的科技报告的内容专深、具体，往往涉及国防或间断科学技术的研究成果，大多数不公开发表，保密性极强。即使有些科技报告被允许公开发表，但作者必须对关键性的技术和数据等作较大的变更处理，使公布的科技报告控制在保密要求所允许的范围内。

2. 科技报告的类型

依据不同的角度，科技报告可以划分成多种类型[15]。

(1)按照出版形式划分

按照出版形式，可将科技报告分为以下几类：

①报告(Report)。一般公开出版，内容较详尽，是科研成果的技术总结。

②札记(Notes)。内容不太完善，是编写报告的素材，也是科技人员编写的专业技术文件。

③备忘录(Memorandum)。内部使用，限制发行。包括原始试验报告，有数据及一些保密文献等，供行业内部少数人沟通信息使用。

④论文(Paper)。论文指准备在学术会议或期刊上发表的报告，常以单篇形式发表。

⑤译文(Translations)。译自国外有参考价值的文献。

(2)按照研究进度划分，科技报告有：

①初期报告(Primary Report)。研究单位在进行某研究项目的一个计划性报告。

②进展报告(Progress Report)。报道某项研究或某研究机构的工作进展情况。

③中间报告(Interim Report)。报道某项研究课题某一阶段的工作小结以及对下一阶段的建议等。

④最终报告(Final Report)。科研工作完成后所写的报告。

(3)按照保密程度划分科技报告可分为:

①保密报告(Classifical)。按内容分成绝密、机密和秘密三个级别,只供少数有关人员参阅。

②非保密报告(Unclassifical)。分为非密限制报告和非密公开报告。

③解密报告(Declassifical)。保密报告经一定期限的审查解密后,成为对外公开发行的文献。

3.科技报告的编号

科技报告都有一个编号,但各系统、各单位的编号方法不完全相同,代号的结构形式也比较复杂。国外常见的科技报告的代号,一般有以下几种类型。

(1)机构代号。机构代号是科技报告的主要部分,一般以编辑、出版、发行机构名称的首字母在报告代号的首位,例如 DASAI 代表"美国原子能供需处"、AFM 代表"美国空军"。机构代号可以代表机构的总称,也可以代表下属分支机构,如 USAMC、ITC 代表"美国空军器材司令部—内部训练中心"(United States Army Materials Command, Internal Training Center)

(2)分类代号。分类代号用字母或数字表示报告所属的专业门类,如用 P 代表物理学(Physics),用编号 RL-7.6.10 中的 7 代表电气工程。

(3)日期代号和序号。日期代号和序号是用数字表示报告出版发行年份和报告的顺序号,如 PB 89-233597,其中 PB 代表机构,89 代表年份,233597 则表示序号。

(4)类型代号。类型代号主要代表科技报告的类型,一般可以用缩写字母或者数字两种形式表示。如 PR——进展报告(Progress Report)、QPR——季度进展报告(Quarterly Progress Report)、TM——技术备忘录(Technical Memorandum)、TP——技术论文(Technical Papers)。

(5)密级代号。密级代号代表科技报告的保密情况,下面以美国科技报告的密级代号为例说明,如表 9.1 所示。

表 9.1 美国科技报告的密级代号

密级代号	含义
ARR 级	绝密报告(Advanced Restricted Report)
C 级	保密级(Confidential)
S 级	机密级(Secret)
R 级	限制发行(Restricted)
D 级	解密级(Declassified)
U 级	非保密级(Unclassified)

也可以借助一些工具书来查找科技报告代号。例如美国专业图书馆协会出版的《报告代号词典》(*Dictionary of Report Series Codes*),或者美国《工程文献来源指南》(*Directory of Engineering Document Sources*）。

9.3.3　科技报告的管理和收藏

世界上发达国家以及部分发展中国家都有相当数量的科技报告产生，如美国四大科技报告、英国的 UKAEA 和 ARC 报告、法国原子能委员会的 CEA 报告、德国航空航天中心的 DVR 报告、瑞典航空研究中心的 FFA 报告、加拿大的 AECL 报告等。据统计，目前全世界每年产生 80 多万件科技报告，其中美国的科技报告最多，占全世界年发行量的 80%左右。

为了实现对科技报告的有效收集和传播，目前世界上一些发达国家都建立了相应的管理和收藏制度，来保障对其的有效组织和开发利用。如美国 1945 年就建立了科技报告收藏与管理制度，建立了多个国家级科技报告收集、管理和共享中心。国家技术信息服务局(NTIS)负责 PB 报告及公开发行的 DE、NASA 和 AD 报告的集中收藏和服务，美国国防部国防技术信息中心(DTIC)、能源部科学技术信息办公室(OSTI)、国家航空航天局航天航空信息中心 (CASI) 分别负责本部门科技报告的收藏、加工、保存和服务。

欧盟专门设立了欧洲委员会来负责欧盟的科研与管理工作，并资助成立了欧洲灰色文献开发协会(European Association for Grey Literature Exploitation，EAGLE)，于 1981 年建立欧洲灰色文献信息系统(System for Information on Grey Literature in European，SIGLE)，EAGLE 的成员均为负责收集灰色文献的国家中心，这些中心必须保证所有在 SIGLE 数据库中列出的文献的可获得性。目前，EAGLE 有 17 个成员[16]。

而我国由于长期以来对科技报告制度建设工作重视不足，目前尚处于初步建设阶段，虽已初步建立了国防科技报告制度(1963 年开始科研成果的正式报道工作，1964 年在钱学森同志的提议下开始进行科技报告管理的筹备工作，1995 年 12 月 11 日颁布了《中国国防科学技术报告管理规定》，1998 年总装备部才建立起对国防科技报告的管理机制)，对项目执行过程中的调研报告、论证报告、试验报告以及学术论文、专著、会议文献等进行了收集和内部利用，但大量的科技报告还散落在各级政府部门、科研机构甚至科学家手中，对于科技报告管理制度、组织结构、收藏途径、管理模式和共享途径等方面与发达国家相比还存在差距[17]。

9.3.4　科技报告的检索

对科技报告的检索，目前主要是利用专业数据库和相关网站，下面简要介绍一些利用率较高的网络检索工具。

1. 中国科技报告检索

印刷版的检索工具最初主要有国家科委编辑出版《科学技术研究成果公报》刊物和《中国科技成果大全》套书、中国科学技术信息研究所(ISTIC)出版的《中国科技成果》刊物、中国国家统计局编辑出版的《中国科技统计年鉴》等。这些印刷版检索工具现在逐步被相应的数据库所取代。

(1)中国科技项目创新成果鉴定意见数据库

该库由同方知网公司提供，集成在中国知网平台(http://www.cnki.net)上对外服务。中国科技项目创新成果鉴定意见数据库主要收录中国化工信息中心收集的正式登记的中国科技成果。按行业、成果级别、学科领域分类。每条成果信息包含成果概况、立项、评价，知识产权状况及成果应用，成果完成单位、完成人等基本信息。收录年限为 1970 年至今，部分成果回溯至 1920 年。截止到 2012 年 12 月共计收录成果 54 万多项。

中国知网平台对科技成果提供初级、高级和专业三种检索方式，可以通过成果名称、关键词、成果简介、中图分类号、学科分类号、成果完成人、第一完成单位、单位所在省市名称和合作完成单位途径进行组配检索。检索结果每项成果的知网节集成了与该成果相关的最新文献、科技成果、标准等信息，可以完整地展现该成果产生的背景、最新发展动态、相关领域的发展趋势，可以浏览成果完成人和成果完成机构更多的论述以及在各种出版物上发表的文献，如图 9.12 所示，全文需付费使用。

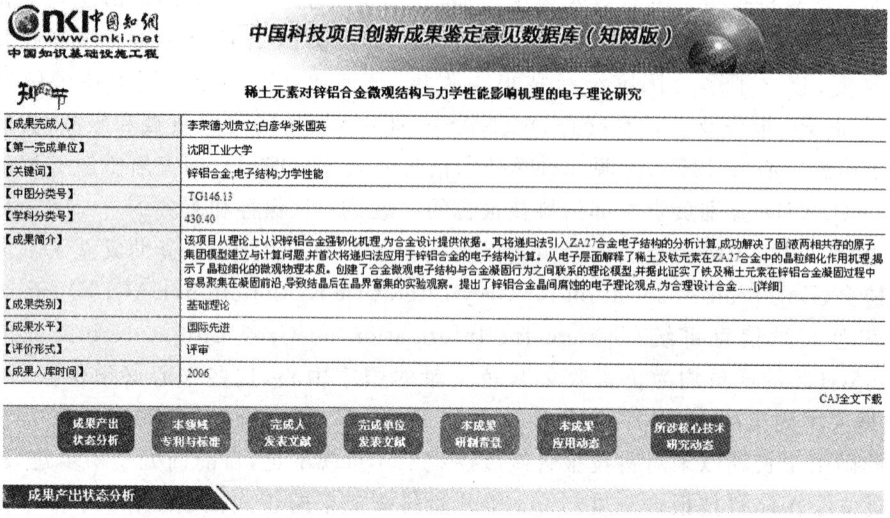

图 9.12　中国知网平台科技成果检索结果单项显示图

(2)万方的科技成果数据库

由万方公司提供，主要收录了国内的科技成果及国家级科技计划项目，内容由中国科技成果数据库等十几个数据库组成，收录的科技成果截止到 2012 年 12 月，总记录 77 万多条，内容涉及自然科学的各个学科领域。

该库是文摘型题录库，平台提供一般、高级、专业三种检索方式，可以从主题、题名、关键词、创作者、作者单位、摘要、日期、成果—省市、成果—类别、成果—成果水平、成果—成果密级、成果—获奖情况、成果—行业、成果—鉴定单位、成果—申报单位、成果—登记部门、成果—联系单位、成果—联系人等途径组配检索。检索结果提供引文链接，若要查看成果的详细题录信息，需要付费。

(3)国研网研究报告数据库

这是北京国研网信息有限公司建设的国务院发展研究中心信息网(简称“国研网”)中的一个子库，收集国务院发展研究中心 1985 年以来的研究成果，是国务院发展研究中心专门从事综合性政策研究和决策咨询的专家不定期发布的有关中国经济和社会诸多领域的调查研究报告，内容丰富，具有很高的权威性和预见性。主要包括行业季度分析报告、行业月度分析报告、金融中国分析报告、宏观经济分析报告、区域重点行业中小企业季报、行业年度分析报告等方面。每年 200 多期，不定期出版，网络版每天在线更新。

国研网检索平台(http://www.drcnet.com.cn)对研究报告提供一般和高级两种检索方式，页面如图 9.13 所示。

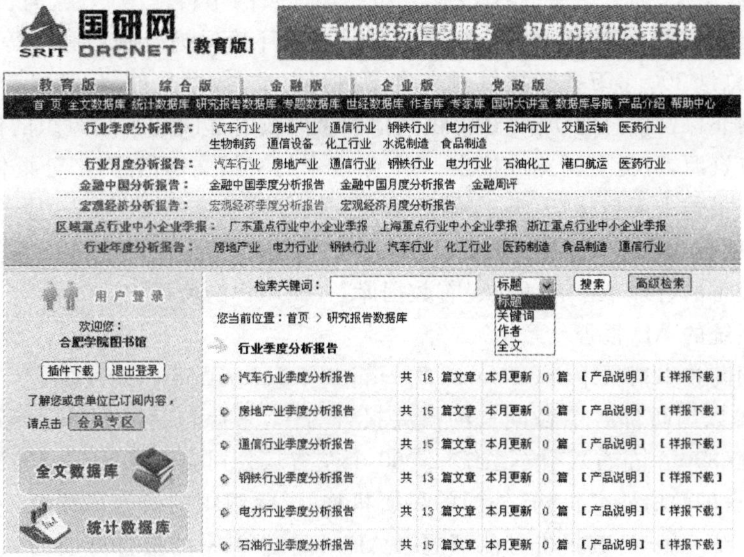

图 9.13　国研网研究报告数据库一般检索页面

可以通过标题、作者、关键词、全文等途径检索；支持布尔逻辑运算符，使用空格、“＋”或“&”表示逻辑“与”的关系；使用字符“—”表示逻辑非的关系；使用字符“|”表示“或”的关系；使用字符“()”表示表达式是个整体单元。检索结果显示题名与摘要。选择欲查看全文的报告，并进一步单击报告的标题名称即可查看文本格式的报告全文(付费使用)。

(4)中国商业报告库

中国资讯行(国际)有限公司提供，收录了经济专家及学者关于中国宏观经济、金融、市场、行业等的分析研究文献及政府部门颁布的各项年度报告全文，主要为用户的商业研究提供专家意见的资讯。本数据库每日更新。截止到 2013 年 1 月 9 日数据总量 380 118 篇。

检索平台地址 http://www.infobank.cn/，提供一般和专业两种检索方式。在平台首页选择指定的数据库即可检索，若点击首页面的“中国商业报告库”超级链接，即可进入专业检索页面。在专业检索页面，可以通过行业分类、地区分类、文献出处、检索范围、日期范围等途径限制检索[18]。

除此之外，检索我国的科技报告，还有国防科工委构建的有关国内航空领域的中国航空科技报告文摘数据库、北京航空航天大学建的 BH 科技报告库(收录该校教师从 1978 年到 1993 年的针对该校的科研项目所写的科研报告)(http://buaalib.com/wxzy/yjbg/buaateh.aspx)等。

2. 国外科技报告检索

(1)美国政府报告数据库(简称 NTIS 数据库)

NTIS 数据库(http://www.ntis.gov)由美国国家技术情报社(The National Technical Information Service)创建，为题录文摘数据库，该库 90%的文献是英文文献，主要收录美国政府立项研究及开发的项目报告，25%的文献是美国以外的文献，收录西欧、日本及世界各国的科学、技术、工程和商业研究的科学研究报告，包括项目进展过程中所做的一些初期报告、中期报告、最终报告等，反映最新的政府项目进展。该库 75%的文献是科技报告，其他文献有专利、会议论文、期刊论文、翻译文献。数据库涉及的学科范围有数、理、化、生物、天文、地理、农、医、工程、航空航天、军工、能源、交通运输、环境保护及社会科学等350个学科领域，目前数据总量300多万条。提供对来自于期刊文章、数据文件、计算机程序和音频视频等多种媒介的非保密信息的访问，还提供其他国家的政府部门和国际组织的信息，是一个重要的政府信息资源，可免费浏览或检索1990年以来的文献文摘信息，部分报告提供原文[19]。

美国政府报告主要包括：军事系统的AD报告、行政系统的PB报告、原子能和能源管理系统的DOE报告和航空与宇航系统的NASA报告四个部分。除了NTIS数据库收藏之外，这四类科技报告的管理单位有的也建有数据库，方便用户的使用。

①军事系统的AD报告

由美国国防技术情报中心(Defense Technical Information Center，DTIC)负责收集整理和出版。报告以国防部各个合同户的研究报告为主，来源包括美国陆军系统(1 000个左右)、海军系统(800个左右)、空军系统(2 000个左右)、公司企业和大学所属研究机构(数千家)和几乎所有的政府研究机构、外国的科研机构、国际组织的研究成果及一些译自前苏联等国的文献。统一编号，其报告号前都冠以AD，其中非保密的报告再加编一个PB号公布，因此早期的PB号和AD号有交叉的现象。自AD254980之后，AD不再以PB号码字样出现，使得每年的PB报告数量也相应减少，更多地转向民用。

AD报告的内容绝大部与国防科技密切相关，涉及航天航空、舰船、兵器、核能、军用电子等领域，是目前国防科研部门使用价值和频率最高的大宗科技文献。目前，AD报告的内容不仅包括军事方面，也广泛涉及民用技术，包括航空、军事、电子、通信、农业等多个领域。

AD报告的密级有四种，机密(Secret)、秘密(Confidential)、内部限制(Restricted or Limited)、非密公开发行(Unclassified)。AD报告根据密级不同，编号也不同。1975年以不同的密级用不同的号码区段区别，可以从编号最高位数字看出密级，最高位是1表示国内公开、秘密、机密混编，2、4、6、7表示公开，3、5表示秘密、机密，8、9表示非密限制发行。1975年以后，在编号前加不同的字母表示不同密级。

目前检索AD报告的专门数据库是AD报告全文检索系统，地址：http://stinet.dtic.mil。

②行政系统PB报告

PB报告是美国政府四大报告中发行最早的一种。1945年，在第二次世界大战结束之时，美国从当时的战败国德、日、意等国获得了一批战时机密资料。美国政府为了系统地整理和利用这批资料，于当年6月成立了美国商务部出版局(Office of the Publication Board)，负责出版这些资料。每件资料都冠以出版局的英文名称的首字母PB，故称为PB报告。

自1970年9月起，由美国商务部的国家技术情报服务处下设的国家技术情报服务处(National Technical Information Service，NTIS)管理这批报告，同时也负责收集、整理、报道和发行美国研究单位的公开报告。PB报告的编号原来采用PB代码加上流水号，1979年底，PB报告号编到PB-301431，从1980年开始使用新的编号系统，即PB+年代+顺序号，其中年代用公元年代后的末2位数字表示。如：PB95-232070。

10万号以前的PB报告主要是来自战败国的资料，内容包括科技报告、专利、标准、技术刊物、图纸及对战败国的科技专家的审讯记录等。当20世纪50年代的战时资料编完后，其机构仍然存在，后来的报告(10万号之后)来源就转向美国政府机构、军事科研和情报部门、公司和国家合同单位、高校、研究所和实验所的科技报告，包括 AD 报告、NASA 报告、AEC 报告的公开部分，这三种报告也冠以 PB 代码，直到 1961 年 7 月。20 世纪 60 年代后，PB 报告的内容逐步从军事科学转向民用工程，如土木工程、城市规划、环境污染、生物医学、电子、原子能利用和社会科学等方面。

③原子能和能源管理系统的 DOE 报告

DOE 报告是美国能源部（Department of Energy，DOE）出版的报告。它原是美国原子能委员会（Atomic Energy Commission，AEC）出版的科技报告，称 AEC 报告。AEC 组织成立于 1946 年，1974 年撤销，成立了能源研究与发展署，它除了继续执行前原子能委员会的有关职能外，还广泛开展能源的开发研究活动，并出版 ERDA 报告，取代 AEC 报告。1977 年，ERDA 改组扩大为能源部。1978 年 7 月起，它所产生的能源报告多以 DOE 标号出现。AEC 报告的内容除主要为原子能及其应用外，还涉及其他学科领域。ERDA 和 DOE 报告的内容则由核能扩大到整个能源的领域。从 1981 年开始，能源部发行报告都采用“DE＋年代＋500000”号码则表示从国外收集的科技报告，所以 DOE 报告从 1981 年以后又叫 DE 报告，DE 报告现年发行量约为 15 000 件（公开部分）。

DE 报告的来源主要为 5 大能源技术中心和 18 个大型实验室（如著名的匹兹堡能源技术中心、巴特尔斯维尔能源技术中心等，以及洛斯阿拉斯莫科学实验室、橡树岭国立实验室、诺尔斯原子动力实验室等），其他来源还包括俄罗斯、加拿大、以色列以及欧盟诸国。

DE 报告的内容涉及物理学、化学、材料学、武器与国防、军事科技、高级推进系统等领域。

美国能源部的科学与技术信息局（Office of Scientific and Technical Information，OSTI）构建的平台 Information Bridge（地址 http://www.osti.gov/bridge）收集了大量的 PB 报告和 DOE 报告（30 多万全文信息），该数据库可提供摘要，也可免费查看全文[20]。

④航空与宇航系统的 NASA 报告

NASA 报告是美国国家航空和航天局（National Aeronautics Space Administration，NASA）出版的科技报告，现在也简称 N 报告。NASA 的前身是 National Advisory Committee for Aeronautics（NACA）。

资料主要来源于美国国家宇航局所属的各研究中心、试验室、合同公司企业以及大学研究所，还包括一些国外研究机构。NASA 报告的内容侧重于航空和空间技术领域，如空气动力学、发动机及飞行器材、试验设备、飞行器制导及测量仪器等方面。该报告虽然主要侧重航空、航天科学方面，但由于它本身是一门综合性科学，与机械、化工、冶金、电子、气象、天体物理、生物等都有密切联系，因此，NASA 报告同时涉及许多基础学科和技术学科，是一种综合性的科技报告。

NASA 技术报告服务中心网站（NASA Technical Reports Server，NTRS），网址：http://ntrs.nasa.gov，提供 NASA 报告的检索，现航空领域的在线科技报告全文 20 多万份[21]。

除此之外，检索美国政府报告还有一些网站，如美国商务部 FedWorld 信息网（http://www.fedworld.gov），有 200 多万篇文献可供检索，时间范围从 1964 年至今，文献内容为美国政府机构及其资助的研究报告，可免费检索美国政府科技报告（NTIS）的文摘题录，全文需订购，以及检索美国国家经济研究局（National Bureau of Economic Research）研究报告的 NBER Working Paper(http://www.nber.org)、GrayLIT Network(http://graylit.osti.gov,可以检索并浏览美国政府报告,如 DTIC、NASA、DOE、EPA 报告,有全文)等。

我国从 20 世纪 60 年代初引进书本型科技报告,从 20 世纪 60 年代中期开始,科技报告的引进逐步改为缩微胶片的全套订购。中国科学技术信息研究所是我国引进科技报告的最主要的单位;上海科技信息研究所也有四大报告的原文馆藏;中国国防科技信息中心收藏有大量的 AD 和 NASA 报告,AD 报告的公开、解密部分的收藏量已经达到 40 多万件,占其全部出版总量的 80%;中国科学院文献中心是收藏 PB 报告最全的单位;核工业部情报所收藏有较多的 DOE 报告。[22]。

(2)欧洲灰色文献信息系统

欧洲灰色文献信息系统(System for Information on Grey Literature in European, SIGLE),是 1980 年由欧盟的前身——欧洲经济共同体(European Economic Community, EEC)资助建立,是欧洲灰色文献开发协会(European Association for Grey Literature Exploitation, EAGLE)的一个合作项目。

SIGLE 是一个多学科数据库,涉及的文献类型有科技报告、学位论文、会议论文、预印本、官方出版物、讨论、政策、标准、书目等。现从它的开放站点 Open Grey(http://www.opengrey.eu)得知截止到 2013 年 1 月数据总量 66 万多条,其中学位论文(Thesis)210 234 条,科技报告(Report 加 Progress Report)189 646 条。提供按主题浏览、一般和高级检索三种查询方式,支持逻辑运算符构建复杂检索式,检索结果显示题录信息[23]。

除此之外,用于查询国外科技报告的数据库和网站还很多,如世界银行组织的文件与报告库 Documents & Reports of the WorldBank Group(网址:http://documents.worldbank.org/curated/en/home)提供世界银行超过 130 000 个免费的可下载的报告;Networked Computer Science Technical Reports Library(NCSTRL,网址:http://csetechrep.ucsd.edu/Dienst/htdocs/Welcome.html),汇集了世界上许多大学以及研究实验室有关计算机学科的科技报告,可以浏览或检索,也可免费得到全文;美国政府科学信息门户网站 Science.gov(网址:http://www.science.gov)以及其他国家的一些政府网站等。

对于科技报告原文的获取,若所用数据库或网站提供全文的可以直接下载或者付费下载。若不提供全文,请详细登记科技报告的题录信息,特别是收藏信息,向学校、科研单位或公共图书馆提出申请,由这些文献管理机构向收藏所需科技报告的单位通过文献传递获取。

思考题

1. 检索 2011 年安徽省授予博士学位的学校有几所?被同方知网《中国优秀博硕士学位论文全文数据库》收录的数据库理论及系统方面的学位论文有几篇,其中被引用频次最高的是哪篇论文?

2. 如何检索利用美国的博硕士学位论文?

3. 国内有哪些重要的会议论文数据库?

4. 查询国外会议文献的数据库有哪些?

5. 查找国内外最新的关于讨论学术道德方面问题的会议信息。

6. 什么是科技报告?

7. 科技报告有哪些类型?

8. 我国有哪些重要的科技报告数据库？

9. 如何检索美国四大政府报告？

10. 请分别列举三个可免费获取国内外科技报告的重要站点。

参考文献

[1]肖东发，李武. 学位论文写作与学术规范[M]. 北京：北京大学出版社，2009：6-7.

[2]郭金丽. 学位论文的特点及管理[J]. 农业图书情报学刊，2005，17(4)：40-41.

[3]何青芳. 国内外研究生学位论文的管理与检索方法[J]. 青海大学学报：自然科学版，2001，19(6)：101-102.

[4]博士论文简介[EB/OL]. [2013-01-06]. http://res4. nlc. gov. cn/home/index. trs?channelid=3.

[5]搜索帮助. ProQuest 学位论文全文检索平台[EB/OL]. [2013-01-06]. http://pqdt. calis. edu. cn/SearchHelp. aspx.

[6]NDLTD UNION CATALOG[EB/OL]. [2013-01-06]. http://www. ndltd. org/find.

[7]赵美娣. 会议文献的检索与获取[J]. 情报理论与实践，2011，34(8)：84-85.

[8]张琳琳，汤志云，梁茹. ISI Proceedings 学术会议录数据库介绍[J]. 中国索引，2009，7(4)：54-55.

[9]Conference Proceedings Citation Index 培训. 汤森路透知识产权与科技[EB/OL]. [2013-01-08]. http://www. thomsonscientific. com. cn/productraining/CPCI/#tab3.

[10] Conference Papers Index[EB/OL]. [2013-01-08]. http://www. csa. com/factsheets/cpi-set-c. php.

[11]李伟华，王通，顾英. 因特网上会议文献信息资源的分布与利用[J]. 情报探索，2010(1)：87-88.

[12]会议文献. 推荐网络学术站点[EB/OL]. [2013-01-09]. http://wr. lib. tsinghua. edu. cn/ref/taxonomy/term/42/0.

[13]冯长根，饶子和，王陇德，等. 建立国家科技报告体系势在必行[J]. 科技导报，2011，29(21)：15-16.

[14]杨学泉. 科技报告的特点[J]. 科技与出版，1997(2)：37.

[15]屠原梓，杨学泉. 科技报告的特点及作用[J]. 河海大学机械学院学报，1995，9(3)：77-78.

[16]周萍，刘海航. 欧盟科技报告管理体系初探[J]. 世界科技研究与发展，2007，29(4)：99-100.

[17]石蕾，袁伟，刘瑞等. 中美科技报告制度建设对比分析与对策研究[J]. 管理现代化，2012(4)：120-121.

[18]专业检索[EB/OL]. [2013-01-09]. http://www. infobank. cn/irisbin/select. dll?special?db=BG.

[19]About NTIS[EB/OL]. [2013-01-10]. http://www. ntis. gov/about/index. aspx.

[20]The Information Bridge[EB/OL]. [2013-01-10]. http://www. osti. gov/bridge/.

[21]About NTRS[EB/OL]. [2013-01-10]. http://ntrs. nasa. gov/index. jsp?method=aboutntrs.

[22]佘丽清,宛章齐. 网络环境下科技报告的检索[J]. 农业网络信息,2010(2):68-69.

[23]Refine your search[EB/OL]. Open Grey[2013-01-10]. http://www. opengrey. eu/search.

第10章　免费网络学术资源的获取与利用

网络上的资源十分丰富，电子学术资源有需要付费才能使用的，也有大量免费的。对于浩如烟海的网络资源，人们要想快速地定位找到自己想要参考的信息，必须借助新的工具——搜索引擎。对于搜索引擎的使用，大家也许现在已经不陌生，上网时经常使用，但是主要使用的还是基本用法，对原理和高级操作方法知之甚少，下面就向读者介绍一下搜索引擎的原理和精确检索的使用方法，同时向大家介绍一些优秀的、典型的免费网络学术资源站点。

10.1　搜索引擎

20世纪最后20年至今，互联网的发展和普及为人们提供了一个全新的信息存储、加工、传递和使用的载体，网络信息也迅速成了社会成员获取知识和信息的主要渠道之一。为了解决用户的信息需求与网上资源的海量、无序之间的矛盾，20世纪90年代，搜索引擎在这一需求下应运而生，它的设计目的就是为了更加合理、高效地利用网络信息资源。

搜索引擎的最初雏形应该是1990年由加拿大麦吉尔大学(University of McGill)的计算机学院三名学生(Alan Emtage、Peter Deutsch、Bill Wheelan)发明的Archie(Archie FAQ)。当时，万维网(World Wide Web)还没有出现，人们通过文件传输协议(File Transfer Protocol,FTP)来共享交流资源。Archie能定期搜集并分析FTP服务器上的文件名信息，提供查找分别在各个FTP主机中的文件。用户必须输入精确的文件名进行搜索，Archie告诉用户哪个FTP服务器能下载该文件。虽然Archie搜集的信息资源不是网页(HTML文件)，但和搜索引擎的基本工作方式是一样的：自动搜集信息资源、建立索引、提供检索服务。所以，Archie被公认为现代搜索引擎的鼻祖。

10.1.1　搜索引擎的定义与运行原理概述

搜索引擎(Search Engine)是指根据一定的策略、运用特定的计算机程序搜集互联网上的信息，在对信息进行组织和处理后，为用户提供检索服务的系统。简而言之，搜索引擎是用于在万维网上查找信息的工具。

搜索引擎与信息检索学科的发展有着千丝万缕的联系，下面通过对比分析讲解搜索引擎的原理。

信息检索系统(指狭义的信息检索系统，即文本信息检索系统)的基本架构和运行示意如图10.1所示，搜索引擎系统架构如图10.2所示。

如图10.1所示，传统意义的文本信息检索系统是由文本处理、内容索引、查询处理、用户界面等模块组成的。

从数据处理对象的角度分析，信息检索系统面对的处理对象包括文本语料库与检索用户两方面的内容。具体的运行流程上，系统将语料库中的文本经过取词根(英文)、分词(中文)、去除停用词等操作后输入索引模块，索引模块以词项(Term)为中心组织倒排索引(Inverted Index)，从而完成系统准备工作。用户进行检索时，首先通过用户界面输入其查询需求(Query)，系统通过查询模块在倒排索引中定位相关文档集合，再依据相关文档与查询需

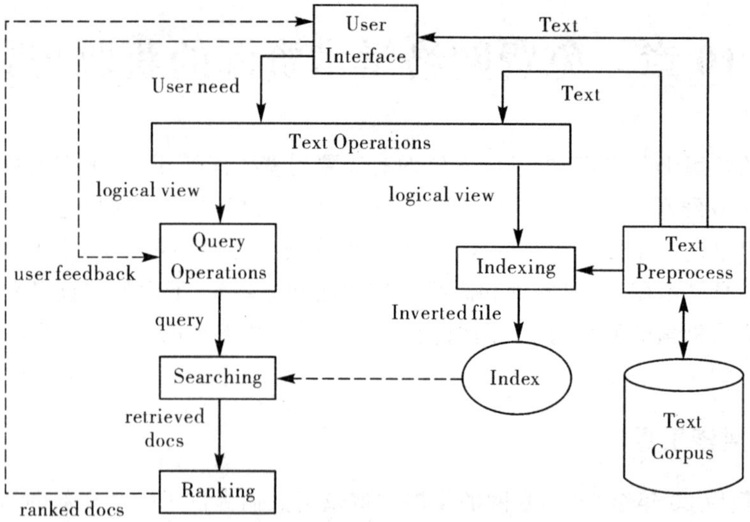

图 10.1　信息检索系统架构及运行原理示意图
［修改自 Baeza-Yates etal(1999)］

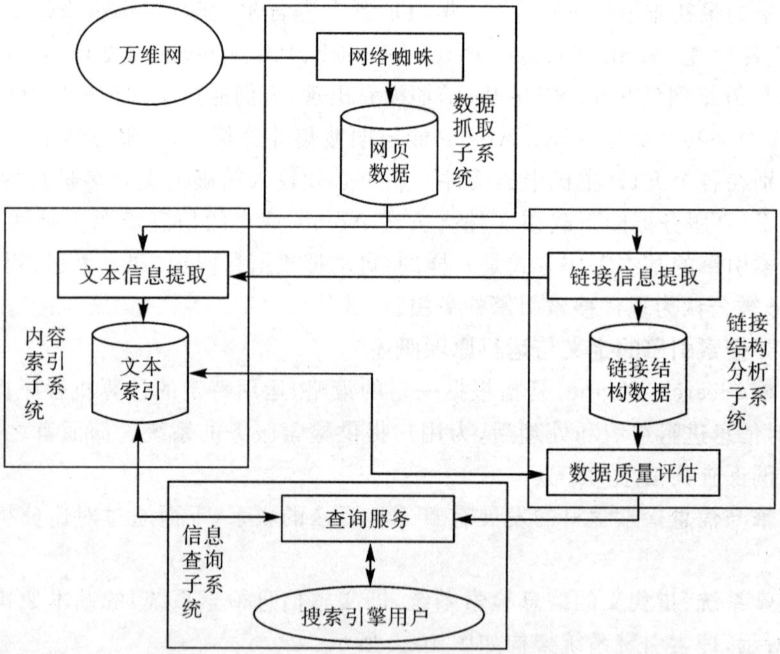

图 10.2　搜索引擎系统架构示意图

求的相似度对相关文档进行排序(Ranking),并通过用户界面反馈给用户检索结果。

搜索引擎系统其架构和运行方式吸收了信息检索系统设计中许多有价值的经验,也针对万维网数据和用户的特点进行了许多修改,如图 10.2 所示的搜索引擎系统架构与图 10.1 介绍的传统信息检索系统有相似之处,其核心的文档处理和查询处理过程与传统信息检索系统的运行原理基本类似,但其所处理的数据对象即万维网数据的繁杂特性决定了搜索引擎系统必须进行系统结构的调整，以适应处理数据和用户查询的需要[1]。

总体而言，搜索引擎系统由数据抓取子系统、内容索引子系统、链接结构分析子系统和信息查询子系统四个部分组成。

搜索引擎的工作原理可以阐述为：计算机程序通过扫描一定范围内每一篇文章或网页中的每一个词，建立以词为单位的倒排文件，检索程序根据检索词在每篇文章或网页中出现的频率，对包含这些检索词的文章或网页进行排序，最后输出排序的结果。换句话说，就是根据用户的查询请求，将含有特定单词的文章或网页列出来。

搜索引擎系统所涉及的范畴要比传统信息检索大得多，它不仅包括传统意义上的内容索引与检索模块，还包括了数据抓取子系统、链接结构分析子系统。即使是传统信息检索系统中包含的内容索引子系统和信息查询子系统，其内涵也发生了较大的变化，如内容索引子系统索引的对象不仅仅是文本内容，也包括网络文本的标签、位置等元信息以及数据质量评估的信息；又如信息查询子系统不仅仅需要处理用户信息需求，还需要主动收集用户与搜索引擎交互的各种信息，以便利用这种反馈信息改进搜索引擎系统的性能。

搜索引擎包含的研究领域比起传统的信息检索领域也要大得多，包括分布式计算机系统、操作系统、网络服务、用户界面设计，甚至包括社会科学研究领域的社会心理学、用户行为分析研究等以及经济管理领域的广告投放、竞价拍卖策略等内容。

10.1.2　搜索引擎的分类

搜索引擎按其工作方式主要可分为三种，分别是全文搜索引擎（Full Text Search Engine）、目录索引类搜索引擎（Search Index/Directory）和元搜索引擎（Meta Search Engine）[2]。

1. 全文搜索引擎

全文搜索引擎的工作方式是由大规模机器运行的程序，按照某种策略自动地在互联网中搜集和发现信息，由索引器为搜集到的信息建立索引，由检索器根据用户的查询输入检索索引库，并将查询结果返回给用户。其服务方式是面向网页的全文检索服务。该类搜索引擎的优点是信息量大、更新及时、无须人工干预；缺点是返回信息过多，可能有很多无关信息，用户必须从结果中进行筛选。这类搜索引擎的代表有Baidu。

全文搜索引擎的自动信息搜集功能分两种：一种是定期搜索，即每隔一段时间，搜索引擎主动派出“蜘蛛”程序，对一定IP地址范围内的互联网站进行检索，一旦发现新的网页，它会自动提取网页的信息和网页并输入自己的数据库。

另一种是提交网站搜索，即网站拥有者主动向搜索引擎提交网址，搜索引擎在一定时间内（2天到数月不等）定向地向网站派出“蜘蛛”程序，将有关信息存入数据库，以备用户查询。由于近年来搜索引擎索引规则发生了很大变化，主动提交网址并不能保证网站能进入搜索引擎数据库，因此目前最好的办法是多获得一些外部链接，让搜索引擎有更多机会找到并收录。

当用户以关键词查找信息时，搜索引擎会在数据库中进行搜寻，如果找到与用户要求内容相符的网站，便采用特殊的算法——通常根据网页中关键词的匹配程度、出现的位置/频次、链接质量等——计算出各网页的相关度及排名等级，然后根据关联度高低，按顺序将这些网页链接返回给用户。

从搜索结果来源的角度，全文搜索引擎又可细分为两种，一种是拥有自己的检索程序，俗称“蜘蛛”(Spider)程序或“机器人”(Robot)程序,并自建网页数据库,搜索结果直接从自身的数据库中调用的搜索引擎,如上面提到的 Baidu;另一种则是租用其他引擎的数据库,并按自定的格式排列搜索结果,如 Lycos 引擎。

2. 目录索引类搜索引擎

目录索引,顾名思义就是将网站分门别类地存放在相应的目录中,因此用户在查询信息时,可选择关键词搜索,也可按分类目录逐层查找。如以关键词搜索,返回的结果跟搜索引擎一样,也是根据信息关联程度排列网站,只不过其中人为因素要多一些。如果按分层目录查找,某一目录中网站的排名则是由标题字母的先后顺序决定(也有例外)。

这类搜索引擎的特点是:比较适合主题浏览,因为一般主题检索都为检索用户的查找提供有价值的提示;检准率较高,检全率有限。

目前,全文搜索引擎与目录索引有相互融合渗透的趋势。

目录索引虽然有搜索功能,但在严格意义上算不上是真正的搜索引擎,仅仅是按目录分类的网站链接列表而已。

与全文搜索引擎相比,目录索引有许多不同之处。首先,搜索引擎属于自动网站检索,而目录索引则完全依赖手工操作。用户提交网站后,目录编辑人员会亲自浏览你的网站,然后根据一套自定的评判标准甚至编辑人员的主观印象,决定是否接纳你的网站。其次,搜索引擎收录网站时,只要网站本身没有违反有关的规则,一般都能登录成功。而目录索引对网站的要求则高得多,有时即使登录多次也不一定成功。最后,搜索引擎中各网站的有关信息都是从用户网页中自动提取的,所以用户拥有更多的自主权;而目录索引则要求必须手工另外填写网站信息,而且还有各种各样的限制。更有甚者,如果工作人员认为你提交的目录、网站信息不合适,他可以随时对其进行调整。

3. 元搜索引擎

元搜索引擎是一种调用其他独立搜索引擎的引擎。在这里,“元”(Meta)为“总的”“超越”之意。检索时,元搜索引擎根据用户提交的检索请求,调用其他独立搜索引擎进行搜索,并对搜索结果进行汇集、筛选、删除等优化处理后,以统一的格式在同一界面集中显示。元搜索引擎的特点是:检全率大大提高,但检准率较难保障。

元搜索引擎虽没有网页搜寻机制,亦无独立的索引数据库,但在检索请求提交、检索接口代理和检索结果显示等方面,均有自己研发的特色元搜索技术支持。如提交检索请求时,它可以指定优先顺序,并对检索时间、检索结果数量进行控制;作为若干源搜索引擎的检索接口代理,元搜索引擎必须具有较强的字符和语法转换功能,以认知和接受不同用户的检索请求;而对检索结果的显示,不同的元搜索引擎有不同的处理技术,显示检索结果的数量多少、排序先后、结果信息描述选择等也有较大差异。

著名的元搜索引擎有:InfoGrid(http://www. infogrid. com)、Infonetware RealTerm Search(http://www. infonetware. com)、Mamma(http://www. mamma. com)、Ixquick(http://ixquick. com)、MetaCrawler(http://www. metacrawler. com)等。

10.1.3 常用综合性搜索引擎

1. 中文常用综合性搜索引擎

所谓综合性搜索引擎是指搜索网上各种主题、各种类型信息的搜索引擎,典型的有“Google”“百度”“有道”“盘古”等。

(1)百度

百度(http://www.baidu.com)2000年1月由李彦宏、徐勇两人创立于北京中关村,致力于向人们提供"简单、可依赖"的信息获取方式。"百度"二字源于中国宋朝词人辛弃疾的《青玉案·元夕》词句"众里寻他千百度",象征着百度对中文信息检索技术的执着追求。

现今百度是中国互联网用户最常用的搜索引擎,每天完成上亿次搜索;也是全球最大的中文搜索引擎,可查询数十亿中文网页。

百度搜索简单方便。只要在搜索框内输入需要查询的内容,敲回车键,或者鼠标点击搜索框右侧的百度搜索按钮,就可以得到符合查询需求的相关网页内容。输入多个词语搜索(不同字词之间用一个空格隔开),可以获得更精确的搜索结果。例如:想了解上海人民公园的相关信息,在搜索框中输入"上海 人民公园"获得的搜索效果会比输入"人民公园"得到的结果更好。百度还支持命令式高级检索,常用的检索命令包括:

①搜索范围限定在网页标题中——Intitle

网页标题通常是对网页内容提纲挈领式的归纳。把查询内容范围限定在网页标题中,有时能获得良好的效果。使用的方式是把查询内容中特别关键的部分,用"Intitle:"限定。例如,找林青霞的写真,就可以这样查询:写真 Intitle:林青霞。注意,Intitle:和后面的关键词之间,不要有空格。

②把搜索范围限定在特定站点中——Site

有时候,你如果知道某个站点中有自己需要的东西,就可以把搜索范围限定在这个站点中,提高查询效率。使用的方式是在查询内容的后面加上"Site:站点域名"。例如,天空网下载软件不错,就可以这样查询:msn site:sky-cn.com。注意,"Site:"后面跟的站点域名,不要带"http://"和"/"符号;另外,Site:和站点名之间不要带空格。

③专门文档搜索——Filetype

很多有价值的资料,在互联网上并非是普通的网页,而是以Word、PowerPoint、PDF等格式存在。百度支持对Office文档(包括Word、Excel、Powerpoint)、Adobe PDF文档、RTF文档进行全文搜索。要搜索这类文档,在检索词后面,加一个"Filetype:"文档类型限定。"Filetype:"后可以跟以下文件格式:DOC、XLS、PPT、PDF、RTF、ALL。其中,ALL表示搜索所有这些文件类型。例如,查找张五常关于交易费用方面的经济学论文可以用"交易费用 张五常 Filetype: doc"来查询。也可以通过百度文档搜索界面(http://file.baidu.com)直接使用专业文档搜索功能。

④搜索范围限定在url链接中——Inurl

网页url中的某些信息,常常有某种有价值的含义。如果对搜索结果的url做某种限定,就可以获得良好的效果。实现的方式是用"Inurl:"后跟需要在url中出现的关键词。

例如,找关于photoshop的使用技巧,可以这样查询:photoshop inurl:jiqiao,上面这个查询串中的"photoshop"是可以出现在网页的任何位置,而"jiqiao"则必须出现在网页url中。注意,Inurl:语法和后面所跟的关键词不要有空格。

⑤精确匹配——双引号和书名号("",《》)

如果输入的查询词很长,百度在经过分析后,给出的搜索结果中的查询词,可能是拆分的。给查询词加上双引号,百度就可以不拆分查询词。例如,搜索合肥学院,如果不加双引号,搜索结果被拆分,但加上双引号后,搜"合肥学院"获得的结果就全是符合要求的了。

⑥要求搜索结果中不含特定查询词

如果你发现搜索结果中有某一类网页是你不希望看见的，而且这些网页都包含特定的关键词，那么用减号语法，就可以去除所有这些含有特定关键词的网页。例如，搜《神雕侠侣》，希望是关于武侠小说方面的内容，却发现很多关于电视剧方面的网页。那么就可以这样查询："神雕侠侣　－电视剧"。

注意，前一个关键词，和减号之间必须有空格，否则，减号会被当成连字符处理，而失去减号语法功能。减号和后一个关键词之间，有无空格均可。

另外，书名号是百度独有的一个特殊查询语法。在其他搜索引擎中，书名号会被忽略，而在百度中文书名号是可被查询的。加上书名号的查询词，有两层特殊功能，一是书名号会出现在搜索结果中；二是被书名号括起来的内容，不会被拆分。书名号在某些情况下特别有效果，例如，查名字很通俗和常用的那些电影或者小说。比如，查电影《手机》，如果不加书名号，很多情况下出来的是通信工具——手机，而加上书名号后，搜《手机》结果就都是关于电影方面的了。

百度还有快照、百科、知道等功能，另外，百度还提供图片搜索、视频搜索、MP3 搜索、地图、在线翻译、在线词典、移动服务等[3]。

(2)谷歌(Google)

谷歌(http://www.google.com.hk)创立于 1998 年 8 月，目前，它已经提供了 100 余种语言的检索界面，中文版包括简体中文和繁体中文两种版本。通过对多种语言 80 多亿网页进行整理，Google 可为世界各地的用户提供适合需求的搜索服务。

Google 系统不区分大小写，所有字母和符号为英文半角字符，提供一般搜索和高级搜索，支持算符，功能与百度相似，不再详细介绍，下面通过表 10.1 列出其常用的检索算符与规则。

表 10.1　Google 常用搜索算符一览表

限定名称	算符	说明
搜索完全匹配的字词或词组	""	在搜索歌词或文学作品中的一段文字时，此选项很实用。如：["想象一下所有的人"]。提示：建议你只在查找非常确切的字词或词组时使用该功能，否则可能会无意中排除掉有用的搜索结果
排除字词	－	在某个字词前添加短横(－)可排除所有包含该字词的搜索结果。如：[美洲虎速度 －汽车]。提示：你也可以根据其他运算符排除搜索结果，例如排除来自某一特定网站的所有搜索结果。如：[大熊猫 －site:wikipedia.org]
加入类似字词	～	在字词前添加符号(～)可同时搜索该字词及其同义词。如：搜索[～食品成分]会同时得到"营养成分"的搜索结果
在特定网站或域中搜索	site:	例如《纽约时报》网站上所有提及"奥林匹克"的内容。如：[奥林匹克 site:nytimes.com]。提示：还可在特定顶级域名(如.org 或.edu)或国家顶级域名(如.de 或.jp)中进行搜索

续表

限定名称	算符	说明
加入“占位符”	*	对于任何未知字词或“通配符”字词，都可在查询中使用星号（*）作为占位符。使用引号可查找该准确词组的变体或记住词组中间的字词。如：[“省 * 就是赚 * ”]
选择性字词搜索	OR	如果您想搜索只包含多个搜索字词中的某一个的网页，可在这些字词之间加上OR(大写)或者“|”。如：[奥运会举办地 2012 OR 2016]。提示：将多个词组加上引号可搜索其中任意一个。[“2014 世界杯”OR“2016 奥运会”]
搜索数字范围	..	用两个半角句号(不加空格)隔开两个数字可查看日期、价格和尺寸等指定数字范围的搜索结果。如：[相机 500 元..1000 元]。提示：仅使用一个数字和两个句号可表示上限或下限。[世界杯冠军..2000]

此外还有空格(各检索词之间用空格隔开，表示逻辑与)、inanchor[限定在网页的anchor(锚，超链接标记)中检索]、inurl：(限定在网页的 url 链接中检索)、intitle：(限定在网页标题中检索)、filetype：(限定检索文件类型)、link：[检索指向某网页的网页(在 Google 的网页库中检索)]等精确检索算符。

除此以外，Google 还有一些特殊的功能。

学术搜索(Google Scholar，http://scholar. google. cn)是 Google 于 2004 年底推出的专门面向学术资源的免费搜索工具，能够帮助用户查找包括期刊论文、学位论文、书籍、预印本、文摘和技术报告在内的学术文献，内容涵盖自然科学、人文科学、社会科学等多种学科。Google Scholar 的资料来源主要有网络免费的学术资源、开放存取的电子期刊网站、付费数据库的文摘和索引等。

其他还有在线翻译、地图搜索、视频搜索、网上论坛、Picasa 网络相册等功能[4]。

(3)其他综合性搜索引擎

其他综合性常用中文搜索引擎主要有网易有道搜索(http://www. yodao. com)、新浪搜索(http://search. sina. com. cn)、搜狗搜索(http://www. sogou. com)、中搜(http://www. zhongsou. com)、盘古搜索(http://www. panguso. com)、新浪爱问知识人搜索(提问时征询答案式的搜索引擎，http://iask. sina. com. cn)等。这些搜索引擎起步都相对较晚，有很多是从门户网站下新开启的服务，功能有一定的相似之处，但也各有侧重独特的地方。

2. 常用外文搜索引擎

(1)AltaVista

AltaVista(http://www. altavista. com)是搜索引擎的巨人，曾是功能最完善、搜索精度高的最好的全文搜索引擎之一，目前其地位已被 Google 取代，但仍然是常用的搜索引擎之一。允许以 28 种语言进行搜索，并提供英、法、德、意、葡萄牙、西班牙语双向翻译。

(2)Ask

Ask(http://www. ask. com)是著名的自然语言、提问式搜索引擎。Ask 支持自然提问，它的数据库里储存了超过 1 000 万个问题的答案，只要你用英文直接输入一个问题，它就会给出问题答案，如果你的问题答案不在它的数据库中，那么它会列出一串跟你的问题类似的问题和含有答案的链接，供你选择。

当遇到一些属于事实型、原理型的问题时，使用 Ask 是最方便的。例如："美国历任总统中就任时年纪最轻的是谁？""缅甸的首都叫什么？"

(3) Ixquick

Ixquick(http://ixquick.com)是由一家荷兰公司 Surfboard Holding BV 于 1998 年在纽约建立。该搜索引擎是一个元搜索引擎，用 Ixquick 进行搜索时，用户实际上是在同时利用多个流行的搜索引擎展开搜索。

从 Web 搜索的覆盖范围看，Ixquick 可同时调用包括 AOL、AltaVista、Direct Hit、Yahoo等在内的 14 个主流搜索引擎，基本可以保障其信息源的全面性和可靠性。在检索性能的完善程度上，Ixquick 可以说是独树一帜，突破了传统元搜索引擎在这方面的局限性，主要表现在：支持各种基本的和高级的检索功能，包括关键词检索、短语检索、截词检索、布尔检索、概念检索、自然语言检索、指定字段检索、包含(＋)或排除(－)检索等；尤其难能可贵的是，Ixquick 知道哪些搜索引擎能够处理短语、布尔逻辑、截词等，Ixquick 将负责把"翻译"后的查询请求直接递交到那些能够处理这些复杂请求的搜索引擎中，实现更加有针对性的搜索服务，瞄准更加高、精、专的检索结果。另外，为了方便用户了解和使用这些高级检索功能，Ixquick 以表格的形式和具体的检索实例，给用户提供了最清晰和实用的帮助。

Ixquick 对于目标搜索引擎采取充分肯定和接纳的态度，以该记录被多少个搜索引擎青睐为基本衡量标准，独创了"星星体系"。Ixquick 只获取每个搜索引擎返回的前十条记录，如果一条记录被一个搜索引擎列入前十位了，它将获得一颗星星，如果被两个搜索引擎列入前十位了，它将获得两颗星星，依此类推。谁获得的星星最多，Ixquick 自然认为它就是最好的，将被安排在检索集合的首要位置上。正是由于采用了这样一种机制，保证 Ixquick 有异乎寻常的检索速度和准确率。

支持全球搜索，支持甚至包括中文、日文和朝鲜语在内的 17 种语言。无论用户使用何种语言，Ixquick 都会对本地和国际性的搜索引擎调用后集中搜索，以便你能准确找到所需的信息[5]。

(4) MetaCrawler

MetaCrawler(http://www.metacrawler.com)是 1994 年由华盛顿大学的 Erik Selberg 和 Oren Etzioni 开发的，是最早的一个多元型搜索引擎，曾被评为综合性能最优良的多元并行式搜索引擎。2000 年加入 InfoSpace Network 服务，隶属于 InfoSpace 公司。搜索时可以同时调用 Google、Yahoo、Yandex、MSN Search、Ask Jeeves、About、MIVA、LookSmart 等目标搜索引擎。可检索 Web 页面、图像、音频、多媒体、黄页信息、白页信息等。

当显示检索结果时，MetaCrawler 在其结果页面提供关键词提示——"Are You Looking For"，其工作原理是按照一定规则从结果中抽取部分关键词，用户可以选择这些关键词加入到检索式中，进一步缩小检索结果范围。

(5) Dogpile

Dogpile(http://www.dogpile.com)于 1996 年 12 月由美国人 Aaron Flin 创制的杰出的并行式和串行式相结合的混合式元搜索引擎。Dogpile 已可以调用 Google、Yahoo、MSN、Ask Jeeves、LookSmart 等 20 多个独立的 Web Search Engine(万维网搜索引擎)、Usenet Search Engine(新闻组搜索引擎)和 FTP Search Engine(FTP 搜索引擎)元搜索引擎。在收

到查询提问时，它首先并行地调用 Google、Yahoo、MSN、Ask Jeeves 等 4 个元搜索引擎，如果没有得到 10 个以上的结果，再调用另外的搜索引擎。它采用 Vivisimo 先进的自动聚类技术，对来自源搜索引擎的结果进行相关性比较，聚合生成并提供最符合查询提问的无重复的结果列表。

3.垂直搜索引擎

垂直搜索引擎(又称为专题型搜索引擎)是专门用来检索某一主题范围或某一类型资源的，专业性与服务深度是它的特点。相比较综合性搜索引擎的海量信息无序化，垂直搜索引擎的检索结果显得更加专业、具体和深入。

垂直搜索引擎抓取的数据来源于其所关注的行业站点，下面介绍四个典型的垂直搜索引擎：

(1)Scirus 科学信息搜索引擎

Scirus 科学信息搜索引擎(http://www.scirus.com)由 Elsevier 公司开发，它既可以搜索网站(Web)，也可以搜索期刊资源，而且专注于科技方面的内容，覆盖天文学、生物科学、化学与化工、计算机科学、地球与行星科学、经济、金融与管理科学、工程、能源与技术、环境科学、语言学、法学、材料科学、数学、医学、药理学、物理学、心理学、社会与行为科学等各学术领域，目前已将 90 000 000 个网页编入其索引库中，收纳 545 000 000 个科研项目。

(2)爱帮网

爱帮网(http://www.aibang.com)是中国最大的本地生活搜索服务提供商，也是最大、最全的生活信息网上平台。由中国互联网搜索技术的奠基人、中国著名的搜索引擎专家、百度前首席技术官(CTO)刘建国先生和百度前首席架构师周利民先生于 2007 年 1 月共同创立。

爱帮网采用创新的“位置＋服务”搜索模式为用户提供方便有效的生活搜索服务。目前已覆盖全国 265 个主要城市，涵盖衣食住行、吃喝玩乐、教育医疗、家政便利、市政设施等 110 个类别，囊括约 1 500 万家生活服务类商户的全面信息，以及全国 200 个城市的公共交通信息。

(3)去哪儿网

去哪儿网(http://www.qunar.com)是全球最大的中文旅游搜索引擎，成立于 2005 年 5 月。将“Think search travel”的期待转化为便捷、灵性的互联网应用方式，通过对整个在线旅游产品资源的整合与发布，提供实时、可信的旅游产品比价与服务比较系统，帮助消费者轻松地进行充分选择，找到最适合自己的在线旅游产品，成就完美旅程。

(4)Themefinder

Themefinder(http://www.themefinder.org)音乐搜索引擎是个面向具备专业音乐知识用户的音乐搜索引擎，只有准确地输入相关的音乐参数才能进行搜索。

10.2　免费网络学术资源

网络学术资源是指网络资源中进入学科领域，并具有学术价值的那部分资源。由于信息来源广泛，所以网络学术资源信息量极大，使其内容庞杂，质量不一。网络学术资源是对商业数据库的补充，也是我们学习以及搞研究可参考的重要信息来源。

10.2.1 免费电子图书资源

因特网上还有一些免费的电子图书网站,收集了大量有价值的图书。下面介绍几个有代表性的免费电子图书网站,指引读者通过这些站点获取所需全文图书信息。

1. 新浪读书频道

新浪读书(http://book.sina.com.cn)是新浪网开发的一款为读者提供小说、电子书、野史、揭秘、传奇、集萃等阅读作品的网站。新浪网的读书专栏,收集了大量作者授权、出版社签约的作品。图书类目包括流行小说、名家经典、人文历史、影视娱乐、教育励志、财经时政等类别,有不少是畅销作品,同时也有网友创作的作品。还提供书讯、书摘、书评、排行榜、读书论坛等服务,可以说是一个完善的读书社区和网上导读平台。

其他相类似的读书频道还有搜狐的读书频道(http://book.sohu.com)、中华网读书频道(http://culture.china.com/reading)等。

2. 得益网

得益网(NetYi.net,http://www.netyi.net)成立于2004年4月,是国内最大的免费电子书籍、电子图书交流分享平台,提供大量计算机类、经济管理类、外语类以及社会哲学类电子书籍的分享、下载及在线学习。还有大量资料文档、方案、调查报告、论文、学习视频等。

3. 书吧

书吧(http://www.book8.com)收录的图书内容包括各类文学作品、历史资料、哲学宗教、政治经济等,其网络文学栏目有大量的网络原创作品,大量图书格式为HTML,可以在线阅读。

4. 古腾堡工程

古腾堡工程(Project Gutenberg,简写PG,http://www.gutenberg.org)由迈克尔·斯特恩·哈特(Michael Hart,当时是伊利诺伊大学的学生)于1971年启动。该工程主要由志愿者参与,致力于文本著作的电子化、归档以及发布。该工程是互联网上一个历史最久的免费电子图书项目,可以说是电子图书之父,对电子图书的发展有着深远的影响。

古腾堡工程收藏的作品99%都属于公共知识范畴,只有极少部分是受著作权法限制的作品,其站点首页如图10.3所示。目前收集超过4万部的书籍,其中主要是西方文化传统中的文学作品,比如小说、诗歌、小故事、戏剧,除此之外,也收录食谱、书目以及期刊。另外还包括一些非文本内容,比如音频文件、乐谱文件等。收录中主要是英文作品,但也有相当数量的德语、法语、意大利语、西班牙语、荷兰语、芬兰语以及中文等不同语言的著作,中国的四大名著和诸子百家都可以在这里找到。

古腾堡工程的网站搜索功能强大,查找电子文本非常容易,提供书目浏览、作者检索、题名检索等查找途径[6]。

5. Bartleby免费电子图书

参考网(Bartleby.com,http://www.bartleby.com)的总部设在纽约,是美国一个以收藏经典参考书、诗歌、小说为主的网站,首页如图10.4所示。1993年1月创建,自称为:“新一代互联网出版者,旨在帮助学生、教育人士和渴望获取知识的人不受限制地获得网上的免费图书和信息。”

Bartleby的图书收藏量已达20多万页,其中包括4 765首诗词、37部散文和15部小说,其余的都是工具书和参考书。它收藏有《哈佛经典》的全文(一套70卷本的小说和非小说

图 10.3　古腾堡工程首页

集)，亨利・格雷的经典之作《人体解剖学》，该书包括 1 247 幅精美的插图，另外还包括一些有版权限制的书籍，这些全部都是免费的。

网站上还有大量的参考工具书，如《哥伦比亚百科全书》(*Columbia Encyclopedia*)、《美国传统英语词典》(*American Heritage Dictionary of the English Language*)等。

图 10.4　参考网首页

Bartleby 还提供多种途径访问其收集的文献。既可从简单检索入手搜索整个 Bartleby 站点，也可从特定的书名或作者出发进行搜索。除了提供检索功能之外，还提供导航功能，可利用作者、主题或题名索引进行浏览[7]。

6. 宾夕法尼亚大学的在线图书

宾夕法尼亚大学的在线图书(The Online Books Page，网址 http://digital.library.

upenn. edu/books)由约翰·马克·沃克布卢姆(John Mark Ockerbloom,在宾夕法尼亚大学从事数字图书馆设计和研究工作)创建,并负责在线图书的收集和编辑工作。截至 2012 年 11 月,the Online Books Page 收录了 1 000 000 种免费访问的电子图书,首页如图 10.5 所示。用户可按书名或作者进行检索,也可按作者或书名进行浏览[8]。

图 10.5　宾夕法尼亚大学的在线图书首页

10.2.2　开放存取学术资源

开放存取(Open Access,OA)是于 20 世纪 90 年代兴起的一种新型的学术信息共享的自由理念和出版机制。开放存取采取"发表付费、阅读免费"的出版模式,在当前全球学术出版界正成为一种趋势,被越来越多的研究人员推崇。

根据美国研究图书馆协会(Association of Research Libraries,ARL)的解释,"开放存取"是在基于订阅的传统出版模式以外的另一种选择。通过新的数字技术和网络化通信,任何人都可以及时、免费、不受限制地快速获取各类文献,包括同行评审期刊文章、参考文献、技术报告、学位论文等全文信息,用于科研教育及其他活动。从而促进科学信息的广泛传播,学术信息的交流与出版,提升科学研究的共同利用程度,保障科学信息的长期保存。

开放存取包括两层含义:一是指学术信息免费向公众开放,它打破了价格障碍;二是指学术信息的可获得性,它打破了使用权限障碍。

对开放存取的定义和交流过程进行分析,一般认为开放存取具有以下基本特征:

(1)信息交流内容方面。开放存取提供学术交流平台,对具体交流的信息只有质量上的控制,而没有内容和形式方面的严格限制,可以是期刊论文、会议论文、图书,也可以是专利文献、研究报告;可以是文本文件,也可以是多媒体文件。

(2)获取途径方面。强调开放传播,为此要使同一文献可以以多种途径检索与阅览,交流范围覆盖整个因特网,各系统间具有良好的互操作性,以免费或收取少量费用方式减少获取障碍。

(3)对文献的使用权限方面。读者对学术文献的使用权利大大扩充,可以为教学、研究、学习等目的而公开复制、打印、利用、扩散、传递和演示。

(4)交流方式与交流效率方面。重视提高信息源、信息交流的直接性和交互性,可以实现作者、读者、编辑之间一对一、一对多、多对多的交互模式,重视提高学术交流的时效性,增进文献处理自动化程度,缩短出版周期。

开放存取资源出版的形式有:OA期刊、OA仓储、OA图书、个人主页等,而其中OA期刊和OA仓储是主要的两种出版形式。

OA期刊是指以电子文献形式通过网络出版的期刊。与传统期刊的区别在于访问方式和访问权限的差异,传统期刊采用用户付费的商业模式,OA期刊采用作者付费、用户免费的模式,用户可以通过网络不受限制地访问期刊全文。OA期刊发展迅速,全球24 000种同行评议期刊中已有1 600多种是OA期刊。

OA仓储也称OA文档库,是指某组织(如研究机构、学校、学会)将用于共享的学术信息存放于服务器中供用户免费访问和使用。一般来讲,OA仓储分为学科OA仓储(按学科创建的学科资料库)和机构OA仓储(由机构创建的机构资料库)。据研究统计,截至2012年1月,全世界的机构知识库数量超过2 150个,年增速超过30%。在存储论文量及其数据使用情况上,据统计,截至2011年底,RePEC知识库(Research Papers in Economics,http://repec.org,经济学领域的开放获取知识库)存储113.5万篇预印本和论文。从1998年起,RePEC存储论文的年下载量达到620万次,2011年12月该知识库的论文下载量高达58万次[9]。

我国对开放获取的研究从发表的论文情况看,最早是发表于2004年(北京大学信息管理系的研究生李武发表的《一种全新的学术出版模式:开放存取出版模式探析》一文[10])。目前还处于理论探讨阶段,实践方面进展缓慢,建设的机构库不仅数量小(注册的33个)而且存储文献数量也少,相对发展较好的是中国的香港和台湾。在对全球开放获取源的整理导航方面,国内做得比较好的是西安交通大学图书馆,该馆在开放获取研究方面,得到了国家教育部科研基金的资助,构建了西安交通大学图书馆开放存取期刊共享集成平台(http://oa.lib.xjtu.edu.cn/oa.do)。另外一个是OALIB开放存取图书馆(http://www.oalib.com)。这些平台都可十分方便地引导我们找到全球开放存取的数据源,而且可以直接搜索。

1.国内典型开放存取资源

(1)中国科技论文在线

中国科技论文在线(http://www.paper.edu.cn)经教育部批准,由教育部科技发展中心主办,针对科研人员普遍反映的论文发表困难,学术交流渠道窄,不利于科研成果快速、高效地转化为现实生产力而创建的科技论文网站,现收录718 706篇论文,每日更新,内容涵盖数学、物理、化学、天文学、军事、农业、医药、食品、管理、图书馆、教育、体育等43个学科专题。

中国科技论文在线根据文责自负的原则,只要作者所投论文遵守国家相关法律,为学术范围内的讨论,有一定学术水平,且符合中国科技论文在线的基本投稿要求,如通过审核,可在一周内发表。专业领域按自然科学国家标准学科分类与代码分为39类。论文仅仅代表作者个人的观点,版权归作者本人所有。

此外,还采取“先公开,后评审”的方式,聘请同行专家对在线发表的论文进行评审,并将评审出的优秀论文收录在《中国科技论文在线优秀论文集》中。中国科技论文在线可为在本网站发表论文的作者提供该论文发表时间的证明,并允许作者同时向其他专业学术刊物投稿,以使科研人员新颖的学术观点、创新思想和技术成果能够尽快对外发布,并保护原创作者的知识产权。

中国科技论文在线将服务的对象分为注册用户和非注册用户两类。非注册用户只能以访客的身份对本网站进行部分检索、浏览和下载。注册用户可以使用本网站的所有功能,享受更多便捷服务,包括投稿、评论、定制、添加私人标签、收藏站内外各类资讯、加入感兴趣的学术圈子等用户个性化功能,用户可以在个人空间中进行投稿,使用模板写好论文后,只需选择文章语种、学科、是否评审等简单几项内容,无需再填写论文题目、摘要、资助及多位作者信息,即可上传论文,文章通过初审并编辑后即可发表在网上。如文章被其他期刊收录,可以填写收录情况,同时用户还可以自行打印刊载证明及申请打印邮寄星级证明[11]。

平台提供简单检索、高级检索以及论文浏览三种检索方式,操作简单,设有帮助专栏。

(2)中国预印本服务系统

中国预印本服务系统(http://www.nstl.gov.cn/preprint/main.html?action=index)于2004年3月15日正式开通,该系统由中国科学技术信息研究所与国家科技图书文献中心联合建设,是一个以提供预印本文献资源服务为主要目的的实时学术交流系统。收录内容主要是国内科研工作者自由提交的科技文章,一般只限于学术性文章,科技新闻和政策性文章等非学术性内容不在收录范围之内。收录范围按学科分为五大类:自然科学、农业科学、医药科学、工程与技术科学、人文与社会科学。目前论文总量6 000多篇。

系统实现了用户自由提交、检索、浏览预印本文章全文、发表评论等功能。用户可以经过简单的注册后直接提交自己的文章电子稿,并在随后根据自己的需要和改动情况追加、修改所提交的文章。系统将严格记录作者提交文章和修改文章的时间,可以向作者提供发表文章时间的证明,便于作者在第一时间公布自己的创新成果。

中国预印本服务系统完全按照文责自负的原则进行管理。系统不拥有文章的任何版权或承担任何责任,在系统中存储的文章,作者可以自行以任何方式在其他载体上发表。中国预印本服务系统鼓励作者将预印本文章投递至传统期刊发表,一旦文章在传统期刊上发表,作者可以在预印本系统中修改该文章的发表状态,标明发表期刊的刊名和期号,以方便读者查找[12]。

(3)厦门大学学术典藏库

厦门大学学术典藏库(Xiamen University Institutional Repository,简称XMU IR,http://dspace.xmu.edu.cn/dspace)是我国高校图书馆构建非常成功的一个机构库,主要是用来存储厦门大学师生的具有较高学术价值的学术著作、期刊论文、工作文稿、会议论文、科研数据资料,以及重要学术活动的演示文稿等,现收集总量14 964篇。可以用来长期保存厦门大学的学术成果;方便校内外及国内外同行学者之间的学术交流、评议、知识共享等;展示厦门大学学术成果,加快学术传播,提高学术声誉;促进电子出版(e-Publishing)和开放存取(Open Access)运动[13]。

(4)香港科技大学科研成果全文仓储

香港科技大学科研成果全文仓储(HKUST Institutiona Repository,http://repository.ust.hk/dspace)是由香港科技大学图书馆开发的一个数字化学术成果存储与交流知识库,收有该校教学科研人员和博士提交的论文(包括已发表和待发表)、会议论文、预印本、博士学位论文、研究与技术报告、工作论文和演示文稿,目前收集总量7 285篇。

2. 国外典型开放存取资源

(1)e-print arXiv

e-print arXiv(http://arxiv.org)是美国国家科学基金会和美国能源部资助,于1991年8月由美国洛斯阿拉莫斯(Los Alamos)国家实验室建立的电子预印本文献库。其建设目的在于促进科研成果的交流与共享,帮助科研人员追踪本学科最新研究进展,避免研究工作重复等。主站点设在康奈尔大学,在世界各地设有17个镜像站点,我国在中科院理论物理研究所设有镜像站点。

至2012年,e-print arXiv建立已经有21年的历史了,其文献量呈稳步增长趋势。目前arXiv收录79万多篇论文,每年收到大约75 000篇论文。每周大约有40万人下载大约100万次论文。

arXiv目前包含物理、数学、计算机科学、定量生物学、定量金融与统计五个学科。收录的论文除作者提交的外,还包括美国物理学学会(American Physical Society)等的12种电子期刊全文,但不包括非学术性信息,如新闻或政策性文章等。著录项目包括:文献出处、收录时间、arXiv存档号、标题、作者、文摘、学科主题分类,并提供参考文献和被引用情况的链接。数据库的全文文献有多种格式(例如PS、PDF、DVI等),一般可选择较为通用PDF格式浏览全文,arXiv的首页如图10.6所示。

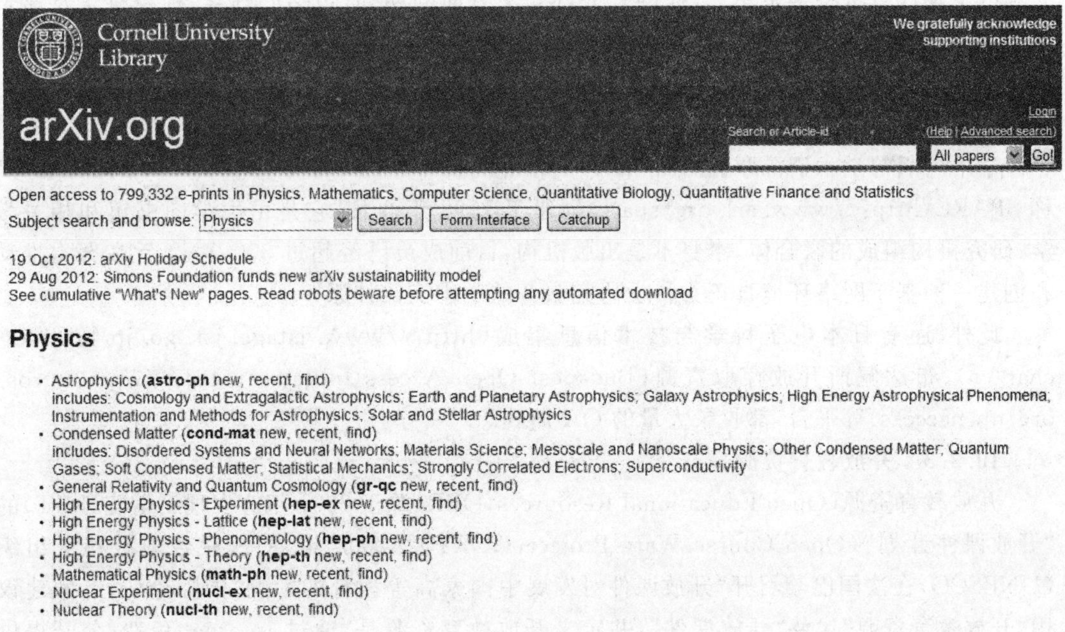

图10.6　arXiv首页

收入该数据库中的论文可以随时受到同行的评论,论文作者也可以对这种评论进行反驳。论文作者在将论文提交e-print arXiv的同时,也可以将论文提交学术期刊正式发表。论文一旦在某种期刊上发表,在e-print arXiv的该论文记录中将加入正式发表期刊的有关信息。由于arXiv采取双向交流的方式,即用户不但可通过www界面或E-mail方式检索或获取文献，而且还能随时上传文献，因此 arXiv 的更新频率很高，几乎是每日更新。

arXiv. org 平台提供按学科浏览、一般检索和高级检索功能[14]。

(2)开放存取期刊目录(DOAJ)

开放存取期刊目录(Directory of Open Access Journals，简称 DOAJ，http://www.doaj. org)，是由英国的诺丁汉大学与瑞典的 Lund 大学合作创建和维护的开放存取期刊列表，旨在覆盖所有学科、所有语种的高质量的开放存取同行评审刊物。目前收录自然科学中的农业、生物和生命科学、化学、建筑学，人文和社会科学中的法律和政治学、商业与经济学、语言和文献学、历史考古学、宗教与哲学等共 17 个大类，截至 2012 年 11 月 DOAJ 共收录 OA 期刊 8 347 种，其中 4 116 种提供文章层次的浏览，共收录文章 926 258 篇，此目录不断更新[15]。

(3)HighWire Press 电子期刊

HighWire Press(http://highwire. stanford. edu/lists/freeart. dtl)是全球最大的提供免费全文的学术文献出版商，于 1995 年由美国斯坦福大学图书馆创立。最初仅出版著名的周刊“Journal of Biological Chemistry”，目前已收录电子期刊 710 多种，文章总数已达 660 多万篇，其中超过 210 多万篇文章可免费获得全文；这些数据仍在不断增加。HighWire Press 收录的期刊包括：生命科学、医学、物理学、社会科学。

(4)Cogprints

Cogprints(Cognitive Sciences Eprint Archive，http://cogprints. org)由英国南安普顿大学电子及计算机科学系建立，提供有关认知学方面的期刊，包括心理学、神经科学及语言学的领域，以及若干计算机科学的内容，部分生物学、医学的特定领域、人类学的部分内容，以及物理学、社会学与数学中与认知相关的部分。

(5)学术出版与学术资源联盟

学术出版与学术资源联盟(Scholarly Publishing and Academic Resources Coalition，简称 SPARC，http://www. arl. org/sparc)创建于 1998 年 6 月，它是由大学图书馆和相关教学、研究机构组成的联合体，本身不是出版机构，目前成员已经超过 300 多家，旨在努力推动和创建一种基于网络环境真正为科学研究服务的学术交流体系。

此外，还有日本电子科学与技术信息集成(http://www. jstage. jst. go. jp/browse/-char/en)、布达佩斯开放存取资源(Budapest Open Access Initiative，http://www. soros. org/openaccess)等平台，都收录大量的 OA 期刊。

10. 2. 3 开放教育资源

开放教育资源(Open Educational Resources，OER)源于 2001 年麻省理工学院(MIT)的“开放课件计划”(Open Course Ware Project，OCWP)。2002 年 7 月，联合国教科文组织(UNESCO)在法国巴黎召开“开放课件对发展中国家高等教育的影响”国际论坛，专家建议用“开放教育资源”代替“开放课件”，并定义开放教育资源是“通过 Internet 免费、公开提供给教育者、学生、自学者可反复使用于教学、学习和研究的高质量的数字化材料”。除开放课件外，开放教育资源还包括开放的教科书、流媒体、测试工具、软件，以及其他用于支持获取知识的工具、材料和技术。无论是内容资源还是技术资源，都已有效运用到具体实践之中[16]。

1. MIT 开放存取课件

开放课件计划(Open Course Ware Project, OCW, http://ocw.mit.edu)是美国麻省理工学院(MIT)2001年启动的。MIT宣布将学校全部课程教学材料通过互联网向全世界免费开放。秉承其"自由、开放、共享"的理念, MIT课件可供全世界的教师、学生和自学者免费获取浏览,提供的教育资源包括:讲义笔记、课程提纲、教学日程、阅读书目和专业课程分配表。

MIT"开放课件计划"在2007年11月提前完成,发布数量达1 800门课程的资源之后,又提出了后续发展规划。一方面将保持项目的核心特色,改进项目网站,更新课程资源,对已发布资源进行索引和分类以便于检索和使用;另一方面还将大力推动2007年启动的"Highlighu for High School"项目,资源的建设与共享从高等教育扩展到基础教育领域,将经过选择的优质资源向高中教师和学生免费开放。

2. 维基学院

维基学院(Wikiversity, http://www.wikiversity.org)是维基媒体基金会的一项计划,是一个自由、开放的学习环境和研究社区。在线课程以合作和知识交换的形式建立。2006年8月,维基网站启动了该项目。其主要目的有两点:一是为全球所有年龄段的人群创建和存放免费的内容、多媒体学习材料、资源及课程。二是开发协作学习项目并围绕学习材料开展交流活动。学习者和教师被邀请作为维基网站的编辑者加入维基学院,在这里任何人都可以编辑网页。很多维基学院的信息链接在社区入口处,参加者可以通过多种媒体,如讨论室、邮件、网络聊天等方式进行交流。

至2012年11月,维基学院开设有英语、德语、西班牙语、法语、意大利语、希腊语、日语、葡萄牙语、捷克语等14个独立的版本,注册用户17 512名,有4 170个学习项目,中文版属测试阶段[17]。

3. 中国开放教育资源联合体

中国开放教育资源联合体(China Open Resources for Education, CORE, http://www.core.org.cn/cn/opencou)成立于2003年10月,是一个以部分中国大学及全国省级广播电视大学为成员的联合体,宗旨是促进国际教育资源共享,提高教育质量。CORE引进以美国麻省理工学院为代表的国外大学的优秀课件、先进教学技术、教学手段等资源,应用于中国的教学中。同时将中国高校的优秀课件与文化精品推向世界,搭建一个国际教育资源交流与共享的平台。CORE始终坚持公益的原则,大力推崇资源共享的理念,为中外学习者提供高质量、免费的教育资源,让更多的学习者享有平等的学习机会。CORE的平台主页如图10.7所示。

几年来,在多方面的支持配合下,CORE取得了突出的成绩。CORE有近百所会员大学。截至2008年2月,已有347门OCW的中文版发布在CORE网站,包括335门麻省理工学院开放课程(MIT OCW)、6门塔夫茨大学开放课程、3门犹他州立大学开放课程、2门约翰霍普金斯公共卫生学院开放课程和1门索非亚大学开放课程。2006年,CORE选出了12门精品课程,由各大学的教授们编写成英文课件,并在网上公开共享。首批12门课程的英文版本已完成并公布在各学校网站和CORE网站,第二批课程的翻译工作正在进行中,更多的英文版精品课程将参与国际资源共享[18]。

目前,CORE已经在国内建立麻省理工学院开放课件(MIT OCW)镜像网站(http://

图 10.7　CORE 的平台主页

www. core. org. cn/OcwWeb/all-courses. htm)，发布全部课程 1 800 门，已译完的课程 468 门。

4. 国家精品课程资源

国家精品课程资源网(http://www. jingpinke. com)是由教育部主导推动的国家级精品课程集中展示平台，拥有来自 2 000 多所国内高校的注册会员，目前已形成国内覆盖学科、专业最完整，课程资源数量最大的教学资源库，并初步建成了适合各类优质教学资源存储、检索、运营的共享服务平台。其中“视频专区”汇集“中国大学视频公开课”“国家精品课程”，以及高等教育出版社“名师名课”等项目的优质教学视频课程。课程中心汇集了万余门各学科、专业精品课程，构建全国最大、最权威的高校课程发布展示平台。资源中心以精品课程资源为基础，构建按学科、专业分类的海量教学资源库，涵盖本科 73 个学科和高职高专 86 个专业类。目前已经汇集近百万条优质教学资源，包括：教学大纲、教学设计、教学课件、电子教案、教学录像、教学案例、实验实践、例题习题、文献资料、人物名词、术语、常见问题、试卷、媒体素材等多种类型教学资源。教材中心收集近百家出版单位的数万种教材，全面展示教材目录和内容简介，支持图书内容的在线预览及全文检索[19]。

除了上面提到的几个开放资源站点外，目前网络上还有众多的视频公开课平台，例如中国大学视频公开课(http://www. icourses. edu. cn)、全国工程硕士研究生网络课件资源网(http://www. meng. edu. cn/gcss/gcss/index. jsp)、网易公开课(http://open. 163. com)、新浪公开课(http://open. sina. com. cn)、搜狐公开课(http://tv. sohu. com/open)、中国教育在线开放资源平台(http://www. oer. edu. cn)等。

思考题

1. 简述网络搜索引擎的定义和原理，依照内容搜索引擎一般分为哪几种？
2. 简述网络搜索引擎与网络数据库检索平台的区别？
3. 了解并掌握 Web2.0 环境下的网络资源及其特点。

4.使用不同的搜索引擎查找同一主题的信息,试比较查找结果的异同。

5.什么是开放获取?国内外著名的开放获取平台有哪些,文献信息内容收取情况如何?

6.选择某一主题,利用网上开放获取资源平台进行检索,并给出结果。

参考文献

[1]刘奕群,马少平,洪涛.搜索引擎技术基础[M].北京:清华大学出版社,2010:15-17.

[2]王谢宁.电子商务技术与应用[M].北京.机械工业出版社,2010:20-22.

[3]帮助中心.百度[EB/OL].[2012-11-14].http://www.baidu.com/search/jiqiao.html.

[4]帮助.Google 谷歌[EB/OL].[2012-11-14].https://support.google.com/websearch/?hl=zh-Hans.

[5]Ixquick 的独家特点.Ixquick[EB/OL].[2012-11-14].https://ixquick.com/fan/aboutixquick.

[6]Project Gutenberg[EB/OL].[2012-11-15].http://www.gutenberg.org.

[7]Bartleby.com [EB/OL].[2012-11-15].http://www.bartleby.com.

[8]The Online Books Page [EB/OL].[2012-11-15].http://digital.library.upenn.edu/books.

[9]张晓林,李麟,刘细文,等.开放获取学术信息资源:逼近"主流化"转折点[J].图书情报工作,2012,56(9):43.

[10]李武,刘兹恒.一种全新的学术出版模式:开放存取出版模式探析[J].中国图书馆学报,2004,30(154):66-69.

[11]在线简介.中国科技论文在线[EB/OL].[2012-11-15].http://www.paper.edu.cn/index.php/default/about/aboutme.

[12]系统介绍.国家科技文献中心[EB/OL].[2012-11-15].http://www.nstl.gov.cn/preprint/main.html?action=intro.

[13]厦门大学学术典藏库(机构仓储):首页[EB/OL].[2012-11-16].http://dspace.xmu.edu.cn/dspace.

[14]arXiv.org [EB/OL].[2012-11-15].http://arxiv.org.

[15]DOAJ—Directory of Open Access Journals [EB/OL].[2012-11-15].http://www.doaj.org.

[16]蒋昕臻,万蕾.开放教育资源发展现状[J].农民科技培训,2012(6):12-14.

[17]维基学院[EB/OL].[2012-11-16].http://zh.wikipedia.org/wiki/维基学院.

[18]CORE 简介.CORE[EB/OL].[2012-11-16].http://www.core.org.cn/cn/coredes.html.

[19]精品课程介绍.国家精品课程资源网[EB/OL].[2012-11-16].http://www.jingpinke.com/about/jinppinke.

第11章　科研论文与学术规范

检索获取学术信息的最终目的是为科研服务，通过科学研究创造出新的知识和信息，形成新的科研论文，进行传播和交流，达到信息激活和增值的效果。学术论文一般都有一定的规范，从事科研活动，特别是在论文撰写过程中必须尊重知识产权和学术规范，才有利于人类文明的发展。

11.1　科学研究

11.1.1　什么是科学研究

科学研究起源于问题，问题又有两类：一类是经验问题，关注的是经验事实与理论的相容性，即经验事实对理论的支持或否定，以及理论对观察的渗透，理论预测新的实验事实的能力等问题；另一类是概念问题，关注的是理论本身的自洽性、洞察力、精确度、统一性，以及与其他理论的相容程度和理论竞争等问题。科学研究提供的对自然界做出统一理解的实在图景，解释性范式或模型就是"自然秩序理想"，它使分散的经验事实互相联系起来，构成理论体系的基本公理和原则，是整个科学理论的基础和核心。

研究的英文名称是 research。根据 *Webster's New World College Dictionary* 可知其含义为：careful，systematic，patient study and investigation in some field of knowledge，undertaken to discover or establish facts or principles，即在特定知识领域(in some field of knowledge)进行的认真的(careful)、系统的(systematic)、耐心的(patient)研究和调查(study and investigation)，以便发现事实、建立原理(undertaken to discover or establish facts or principles)。

科学研究是科技领域中的探索和运用，其基本含义是以科学的方法探索科学知识和技术所进行的活动。它包括对新知识的探索，以及对已有知识的总结、统计、整理、分析和应用。这样，科学研究工作的内容应包括三个部分：一是创新(创造)知识，二是整理知识，三是运用知识。前者(创新、发明)是解决未知的问题；后者(整理)是使知识系统化，是借鉴和继承。创新、发明又是为了更好地应用。所以，科学研究活动是一个继承、创新与应用的过程。

科学研究旨在揭示客观事物的本质，探求事物的发展规律，从而指导人类认识世界和改造世界的行动。科学研究的基本特性是探索未知。在探索未知的过程中，要排除假象，揭露真相，通过理性思维去把握现象背后的本质联系。客观事物是非常复杂的，揭示其本质的途径也是多种多样的。人们在从事科学研究活动的实践中，在不同范围和不同认识阶段中，形成了不同的研究类型。科学研究体系就是科学研究活动的各个阶段和各个方面所组成的整体。

从科学研究的含义可知，科学方法十分关键，对研究有重要影响。首先，只有科学系统的方法才能找到问题的关键，才能很好地解决问题。其次，科学方法是提高研究结果品质的关键，只有良好的方法才能得到良好的结果，才能得到令人信服的结果。第三，科学系统的方法能最大程度地减低成本，以最小的付出取得最多和最好的结果。第四，科学研究的方法由于其所得结果准确，不容易发生错误，可大大减少错误发生率，因此也更容易得到人们的承认。

11.1.2　科学研究的动机

科学研究是一种活动，作为一种活动，动机是科学研究能否进行以及是否有效进行的关键。开展科学研究的动机主要有以下三个方面[1]。

1. 获取学位

这是大多数青年人为了谋求一个好工作或一个好前途的需要。目前的学位主要有学士、硕士和博士三种，它们都要求有毕业论文。论文的产生就需要进行科学研究，以获得数据资料、分析总结成论文。论文的水平和质量是能否获得学位的关键因素。

2. 工作需要

对于事业有成的大多数人而言，工作需要是进行科学研究的基本动力。工作岗位需要年度考核。由于科研项目和成果与单位的社会和经济利益密切相关，这种年度考核指标中就有大量科研项目和科研成果要求，这直接推动着事业有成之人的科研事业的发展。

3. 个人兴趣

这是唯一与利益无关的动机，这种动机是提高科研效果十分有效的因素。它甚至可以贯穿于人的一生。在国内外常常有一些专家退休后仍然从事自己喜爱的科学研究工作，他们不计报酬，无偿地继续着他们的科研事业，令人十分敬重。

11.1.3　科学方法和科研程序

科学的基本目标是探索真理。探索真理的方法多种多样，各不相同，但真理永不改变。在众多探索真理的方法中，科学方法是探索真理的最有效方法。

科学方法是推论事物的方法，可以分为三类：

(1)类推法，从个别推论到个别。

(2)归纳法，个别推论到普遍。

(3)演绎法，从普遍推论到个别。

近代科学的研究程序包括：

(1)系统而广泛地收集材料(研究对象)，确保代表性。主要采用归纳法。

(2)通过观察和实验，综合分析和研究所收集的材料，得出自然规律(假说)。主要采用归纳法。

(3)根据自然规律(假说)追踪过去的趋势，预计将来的变化。主要采用演绎法。

(4)根据未来的变化，谋求利用、改造或预防措施。主要采用演绎法。

因此，科学研究方法的本质是归纳和演绎。归纳演绎循环是假说完善的基本步骤：

(1)根据特定观察结果，推论出假说。

(2)根据假说推论个别领域研究的预期结果，将实际结果与预期结果进行对比，就可以判断假说是否正确。

(3)如不正确，就需要将假说做相应改进和完善。

(4)如此不断循环，就使假说逐渐接近真理。

11.1.4　科学研究的类型

根据研究工作的目的、任务和方法的不同，科学研究通常划分为基础研究、应用基础研究和应用研究。

1. 基础研究(Basic Research Ⅰ)

基础研究就是“Research to discover, clarify, and form universal theories, such as natural laws, principles, and theorems, by observing unknown phenomena, conducting experiments, and pursuing theoretical calculation”,意思是借助于观察未知现象、进行科学研究、追求理论运算等手段,发现、阐明、形成普遍性理论,比如自然规律、原理、定理等。基础研究是对新理论、新原理的探讨,目的在于发现新的科学领域,为新的技术发明和创造提供理论前提,它的产物主要是论文、专著。

2. 应用基础研究(Basic Research Ⅱ)

应用基础研究就是“Research to find specific routes, fulfill certain social-economic needs by integrating existing theories, such as natural laws, principles, and theorems”,即通过整合已经存在的理论,如自然规律、原理、定理等找到特定的路线,实现特定的社会和经济需要,是把基础研究发现的新的理论应用于特定目标的研究,它是基础研究的继续,目的在于为基础研究的成果开辟具体的应用途径,使之转化为实用技术。应用基础研究的主要产物是专利。

3. 应用研究(Product Realization Research)

应用研究是指“Research to examine the technological and socio-economical commercial feasibility of invented materials, equipment, machines, systems, processes, and services by utilizing knowledge and results obtained from Type 1 and Type 2 Basic Research, and practical experience”,就是利用基础研究和应用基础研究的结果,结合实践经验,检查这些研究发明的材料、设备、机器、系统、方法、服务等在技术、社会、经济商业化上的可行性,实现其产业化,是把基础研究、应用研究应用于生产实践的研究,是科学转化为生产力的中心环节。其主要产物是经济、社会效益和产值[2]。

基础研究、应用基础研究和应用研究是整个科学研究系统三个互相联系的环节,它们在一个国家、一个专业领域的科学研究体系中协调一致地发展。科学研究应具备一定的条件,如需有一支合理的科技队伍、必要的科研经费、完善的科研技术装备,以及科技试验场所等。

随着可持续发展成为全球性的追求,研究与发展机构将实现科学目标的大转移,即从“为科学而研究”转移到“为社会而研究”,因此应用基础研究和应用研究将在现代社会占据主导地位。

11.2 科研论文

11.2.1 什么是科研论文

科研论文是探讨、研究、总结科学领域中的问题,发表科研成果,进行学术交流的一种文体形式。很多作者对此做出了描述,但可能最简明扼要的定义当属 P. Berge 和 C. Saffioti 在其著作 *Basic College Research* 中给出的定义:“确切地说,科研论文是科研工作者经过探索就某一特定主题提出观点、主张的书面文本。”[3]

科研论文根据其不同的属性,可划分为不同类型。按其所属的总体学科门类,可将其分为社会科学论文、自然科学论文和哲学论文等。按其论述的内容,可将其划分为研究报告、理论性研究论文、专题性研究论文和综述性论文等。按作者写作目的和发挥的作用的不同,又可将其划分为学术论文和学位论文,下面就以最后一种分类方法划分,分别介绍其各自特征。

1. 学术论文

中国国家标准《科学技术报告、学位论文和学术论文的编写格式》(GB/T 7713—1987)对学术论文的定义是:“某一学术课题在实验性、理论性或观测性上具有新的科学研究成果或创新见解和知识的科学记录;或是某种已知原理应用于实际中取得新进展的科学总结,用以提供学术会议宣读、交流或讨论;或在学术刊物上发表;或作其他用途的书面文件。”从表现手法上看,科研论文是以议论和说明为主的议论文体,作者通过论文直接表达自己对客观事物的认识,推断事物的正确与错误,揭示事物的本质特征。

学术论文按其性质可以划分为学术性论文、技术性论文和综述性论文。

(1)学术性论文

学术性论文是科研工作者在其研究领域中,通过严谨规范的科学研究而取得的研究成果,是一种原创性论文,例如新的学术观点的阐述,新的理论的论证,新的科技发明,新的科学发现以及某项重大的科学难题的突破等。这类论文以学术研究为主,其特点是具有创新要素,是科学有所前进的标志,是研究人员提供给学术期刊或向学术会议提交的论文。水平较高的学术论文反映了学科领域的最新前沿水平,能够达到或代表了该学科领域国内或国际先进水平。

(2)技术性论文

技术性论文是工程技术人员在已有的科学理论、技术成果的基础上,为解决设计、工艺、设备、材料等具体技术问题而取得的研究成果的书面总结。为应用性研究论文,内容重点在于技术上的直接应用,理论与实践的相印证。

(3)综述性论文

综述性论文是作者针对国内外某一新的学科领域或者某一学科专题的科学研究进展和动态,在阅读大量的尽可能全的相关研究论文的基础上,经过自己深入的分析和综合,并作出有价值的总结而写成的论文。综述性论文如果包含了作者对相关内容所做的推断、评价和预测,称为述评。这类文章能使读者在短期内了解某问题的历史、现状、存在的问题、最新成果以及发展方向。可以节约科研工作者查阅专业文献的时间,了解专业动态,提供文献线索,从而帮助选择科研方向、寻找科研课题等。

2. 学位论文

学位论文是作者用以申请相应的学位而撰写的论文。国家标准《科学技术报告、学位论文和学术论文的编写格式》(GB/T 7713—1987)对学位论文所做的定义是:“学位论文是表明作者从事科学研究取得创造性成果或有新的见解,并以此为内容撰写的,作为提出申请授予相应学位的学术论文。”与一般研究论文不同,学位论文的目的是展示作者的知识水平和研究能力,论文中要求详细地介绍课题的研究历史、现状、方法和具体的实验研究过程等,注重强调论文的系统性。一般的研究论文大多开门见山,直切主题,论题的背景等相关信息往往以注解和参考文献的形式列出,更注重研究结果的展示,重视论文的学术性和应用价值。学位论文按层次又可分为学士论文、硕士论文和博士论文。

(1)学士论文

学士论文可以是学术论文、调查报告,也可以是技术总结、技术设计等。这种论文一般只涉及不太复杂的课题,论述的范围较窄,深度也较浅。论文或设计和撰写要求能表明作者较好地掌握了本学科的基本理论、知识和技术，并具有从事科学研究或担负专门技术国内工作的初步能力，以及科研论文写作的初步技能。学士论文一般还不能作为科技论文发表。

(2)硕士论文

合格的硕士论文应能表明作者已经掌握了扎实的学科基础理论和系统的专门知识，掌握了某一方面的研究方法和技能，并具有从事专门技术和科研工作的能力和基本的科研论文写作能力。它虽然是在导师指导下完成的，但已经具有了一定程度的创新性，论文强调和注重作者的独立思考作用。通过答辩的硕士论文，应该基本上达到了发表的水平。

(3)博士论文

博士论文可以是一篇论文，也可以是相互关联的若干篇论文的总和，是博士生独立撰写的比较完整、系统，具有较高的学术水平的论著。博士论文被视为重要的科技文献，因为博士论文不仅反映出作者坚实广博的基础理论知识、系统深入的专门知识、独立从事科学技术研究工作的能力和较高的论文写作水平，而且其研究项目是该科学技术领域较为前沿的独创性成果，在学术和理论上都具有较大的科学意义，或者在实用上具有较大的社会效益和经济效益。

11.2.2 科研论文的撰写规范

有效地写好科研论文的关键在于是否能做到把科研和论文融为一体。这也是撰写科研论文最困难的地方。论文的结论是由坚实的科研做基础的，但科研又不能凌驾于论文之上，不能主宰论文。写作的重心应该是表达你个人的观点，科研起到的是支撑的作用。要使用过渡、转换词和短语，以便使你的思想和参考文献体现的观点衔接起来，否则你的作品会是生硬呆板、牵强不自然的，文章将会失去连贯性。科研论文也和其他规范的论文写作一样，应遵循好的写作规则，《科学技术报告、学位论文和学术论文的编写格式》(GB/T 7713—1987)是论文的撰写规范与要求的国家标准，制定和执行该标准的目的在于方便和促进信息用户及信息系统对信息进行的收集、存储、处理、加工、检索、利用、交流和传播。

学术论文由于其内容的千差万别，其构成的形式也是多种多样的。然而，国家标准《科学技术报告、学位论文和学术论文的编写格式》(GB/T 7713—1987)中，对各种形式的学术论文的基本格式做出明确规定。

根据国家标准，学术论文必须有前置部分和主体部分。当有需要的时候，还可以有附录部分。

(1)论文前置部分

论文前置部分主要包括论文的标题、作者、作者单位及联系方式、文摘及关键词。

标题(题名)，顾名思义就是一篇论文的题目。它应当是以最恰当、最简明的词语反映论文所特定的重要内容的逻辑组合。在选取篇名用词时必须考虑有助于文章关键词的选定及编制题录、索引、文摘时可供检索的实用信息的体现，标题的长度不宜超过 20 个字，标题中应当避免使用缩略语、代号及公式等。也就是说文章的标题不但要很准确地反映文章的主题，同时要有利于读者的识别与判断，有利于其被充分利用。

论文的标题包括正标题、副标题、小标题。

①正标题

正标题是文章内容的体现，正标题位于首页居中位置。常见的类型如下：

i.提问隐含型。这类标题用设问句的形式，隐去要回答的内容，实际上作者的观点是十分明确的。这种形式的标题蕴含着论辩的因素，容易引起读者的注意。例如《风险投资在当今中国有发展前景吗》《民营企业能完全代替国有企业吗》等。

ii. 中心表述型。这类标题是论文中心内容的高度概括。例如《企业信息化发展障碍及对策》《论公法视角下的比例原则》等。

iii. 范围限定型。这类标题将全文内容予以限定，研究对象是具体的、狭窄的，但是引申的思想又必须有很强的概括性和较宽的适应性。这种从小处着眼、大处着手的标题，便于科学思维和科学研究的拓展。例如《浙江省城镇化过程中的生态问题研究——以安吉县为例》《从语义学角度研究性别语言》等。

iv. 判断确定型。这类标题是用判断性语言或者结论性语言表达文章的中心论点。例如《排污权交易：中国可能的选择》《绿色 GDP 才是我们追求的 GDP》等。

②副标题

在论文的写作过程中，为了点明论文的研究对象、内容、目的，对总标题加以补充解说，常常需要副标题。特别是一些商榷性的论文都有一个副标题。例如《论我国受高等教育权平等的法律保护——以高考招生地域歧视之争议为视角》《关于公司法定资本制的思考——对新旧公司法的比较分析》。此外，为了强调论文所研究的某个侧重面，也可以用副标题。例如《行政垄断：法律制度的困境与出路——文献综述与理论观察》《浙江省产业集群问题研究——以信息产业为例》

③小标题

小标题的设置主要是为了清晰地显示文章层次。有的小标题是用文字将一个层次的中心内容高度概括，清楚表示出来；有的小标题是直接用数码，仅标明一、二、三等顺序，起承上启下的作用。值得注意的是，无论采取哪种形式，都要紧扣所属层次以及上下文的内容。

总之，设置标题时要遵循以下三点要求：一要明确。要能够揭示论题范围或论点，使人看了标题便知道文章的大体轮廓、所论述的主要内容以及作者的写作意图。二要简练。要用言简意赅的语言做标题，过长的标题容易使人产生累赘、烦琐的感觉，得不到鲜明的印象，从而影响对论文的总体评价。标题也应避免采用生造的或非常用的词，以免让人觉得有哗众取宠之意。三要新颖。标题和文章的内容、形式一样，应有自己的独到之处。做到不落窠臼，使人赏心悦目，从而激起读者的阅读兴趣。

作者——论文的创作者。可以是个人，也可以是团体；可以是一位（独立创作），也可以是多位（合作完成）。学术论文的作者一般以真名实姓出现；合作者按完成任务时承担内容的主次、轻重排序，主要作者排在前面。

作者单位及联系方式——作者供职的组织及其邮政编码、作者个人的电子邮件地址等信息。这些信息的给出，不但有利于信息用户从团体作者角度检索文献，更重要的是为有共同关心的课题（项目）的读者与论文作者之间建立合作与交流的联系方式。

文摘——对论文内容的概括性总结，也是论文内容的浓缩。编写摘要的主要目的是为了让读者了解论文的主旨大意，一般应该采用第三人称的口吻来编写。

摘要分为报道性摘要和提示性摘要。报道性摘要主要介绍研究的主要方法与成果以及成果分析等，对文章内容的提示比较全面；提示性摘要，只简要地叙述研究的成果（数据、看法、意见、结论等），对研究手段、方法、过程等均不涉及。在国家标准《文摘编写规则》（GB6447—86）中，对编写文摘时需要注意的事项归纳为以下八个方面：

i. 要客观、如实地反映论文的原意。要着重反映新内容和作者特别强调的观点。

ii. 不得简单重复题名中已有的信息。要排除在本学科领域已成常识的内容。

iii. 结构严谨，表达简明，语义确切。一般不分段落，应采用国家颁布的法定计量单位。

iv. 书写要合乎语法、保持上下文的逻辑关系。

v. 要用第三人称的写法。应采用"对……进行了研究""报告了……现状""进行了……调查"等记述方法标明一次文献的性质和文献主题，不必使用"本文""作者"等作为主语。

vi. 除非该文献证实或否定了他人已出版的著作，否则不用引文。

vii. 要采用规范化的名词术语(包括地名、机构名和人名)；尚未规范化的词，以使用一次文献所采用者为原则。新术语或尚无合适汉文术语的，可用原文或译出后加括号注明原文。要注意正确使用简化字和标点符号。

viii. 需要时，商品名应加注学名；缩略语、略称、代号，除了相邻专业的读者也能清楚理解的以外，在首次出现处必须加以说明。

关键词——作者为表达论文主题概念、适应计算机自动检索需要，从论文中选取的能够反映文献特征内容的规范性单词或术语(又称叙词或主题词)。按《科学技术报告、学位论文和学术论文的编写格式》(GB/T 7713—1987)规定：每篇论文应选取 3～8 个词作为关键词，以显著的字符另起一行，排在摘要的下方。如有可能，尽量用《汉语主题词表》等词表中提供的规范词。

中图分类号——采用《中国图书馆图书分类法》对论文进行主题分析，依照其学科属性和特征，给每一篇论文赋予的学科属性代号。目前我国的一些大型文献数据库《中国科学引文数据库》《中国学术期刊综合评价数据库》《中国学术期刊网络出版总库》《中文科技期刊数据库》等都要求对每一篇学术论文按《中国图书馆图书分类法》标注中图分类号。

对于一般的作者而言，要想通过不长的时间学习和了解《中国图书馆图书分类法》，进而掌握这部大型工具书的使用是不现实的。通过使用《中国分类主题词表》能帮助作者既快又准地选取相应的分类号。具体做法是利用该词表中"主题词—分类号对应表"部分，从主题词入手，及时、便捷地查到分类号。

另外，也可通过查找数据库中类似主题的论文，了解其中图书分类号，经过分析、比较，选定自己论文分类号也不失为一种简单易用的选号方法。具体步骤是：通过《中国科技期刊数据库》、中国期刊网检索与作者即将投稿的论文主题相类似或相接近的主题词，了解相关文献的分类号并推及自己论文的分类号。

文献标识码——用于标识文献正文内容类型的代码。这是中国期刊网按照《中国学术期刊(光盘版)检索与评价数据规范》规定，对其所收录的每篇文章或资料所规定的文献类型代码。目的在于便于文献的统计和期刊评价，确定文献的检索范围，提高检索结果的适用性。它们分别是：

A——理论与应用研究学术论文(包括综述报告)

B——实用性技术成果报告(科技)、理论学习与社会实践总结(社科)

C——业务指导与技术管理性文章(包括领导讲话、特约评论等)

D——一般动态性信息(通信、报道、会议活动、专访等)

E——文件、资料(包括历史资料、统计资料、机构、人物、书刊、知识介绍等)

不属于上述各类型的文章以及文摘、零讯、补白、广告、启事等不要求加注文献标识码。

(2)论文的主体部分

论文的主体部分主要包括:前言(引言)、正文、参考文献和致谢。

①前言

前言即论文的起始部分,也称为引言,内容复杂篇幅长的论文,称“绪论”“序论”。这个部分应该是作者试图引起读者有兴趣阅读其论文全文的一段重要文字。要求讲清写作此文的动机,它的内容、意义、欲达之目的。调查报告还可以交代背景,说明调查方法。这部分内容具有提纲挈领的作用,意在概括与引领起全文,但文字以“少而精”为最好。如在正文里,不用写“前言”二字,一般写 1 个段落,也有写 2 个、3 个甚至 4 个段落的。写完后,在转入本论时,中间最好空白 1 行。

②正文部分

正文部分是论文的核心所在,将占据论文的主要篇幅。正文中可以包括:调查对象、实验和观测方法(观测结果)、仪器设备、材料原料、计算方法和编程原理、数据资料、经过加工处理的图表、形成的论点和导出的结论等。需要说明的是由于研究工作涉及的学科、选题、研究方法、工作进程、结果表达方式等存在很大差异,对正文的内容不能规定的千篇一律。但实事求是、客观真实、准确完备、合乎逻辑、层次分明、简练可读是对任何一篇学术论文的起码要求。

结论集中反映作者的研究成果,表达作者对所研究课题的见解和主张,是全文的思想精髓,是全文的思想体现,一般写得概括,篇幅较短。

结论的主要内容:

i. 结论包括对整个研究工作进行归纳和综合而得出的总结。

ii. 所得结果与已有结果的比较。

iii. 联系实际结果,指出它的学术意义或应用价值和在实际中推广应用的可能性。

iv. 在本课题研究中尚存在的问题,对进一步开展研究的见解与建议。

撰写时应注意下列事项:

i. 结论要简单、明确。在措词上应严密,而又容易被人领会。

ii. 结论应反映个人的研究工作,属于前人和他人已有过的结论可少提。

iii. 要实事求地介绍自己研究的结果,切忌言过其实,在无充分把握时应留有余地。

由于研究工作存在复杂性、长期性,如果一篇论文不可能导出结论,也可以没有结论而进行必要的讨论。在结论或讨论中作者可以提出建议、研究设想、仪器设备改进意见、尚待解决的问题等。结论部分的写作要求措词严谨,逻辑严密,文字具体。

③参考文献和致谢

参考文献是“为撰写或编辑论文和著作而引用的有关文献信息资源”。它是学术论文不可缺少的一个组成部分。参考文献是对前人成果继承的一个反映,尊重他人的著作权的标志,是真实地反映论文中某些论点、数据、资料来龙去脉的依据,是向读者准确地提供检索信息资源的线索,也是鉴定和确认论文研究成果的重要依据。

关于参考文献的采用和著录规范国家有专门的标准《文后参考文献著录规则》(GB/T 7714—2005),必须引起论文作者的高度重视并严格执行,对于这一部分的将在下文详细讲述。

致谢是作者对他认为在论文写作过程中特别需要感谢的组织或者个人表示谢意的内

容。一般应当致谢的方面及个人有：资助研究工作的国家（或省、市）科学基金，资助研究工作的奖励基金，资助或支持开展研究的企业、组织或个人，协助完成研究工作和提供便利条件的组织或个人（包括在研究工作中提出建议和提供帮助的人；给予转载和引用权的资料、图片、文献的提供者；研究思想和设想的所有者，以及其他应感谢的组织或个人）。注意致谢内容要适度、客观，用词应谦虚诚恳、实事求是，切忌浮夸和庸俗及其他不适当的词句。致谢应与正文连续编页码。

（3）附录

国家标准《科学技术报告、学位论文和学术论文的编写格式》（GB/T 7713—1987 ）中规定：附录是对论文主体的补充项目，并非每篇论文必须记录的内容。

上述标准对附录内容的规定目的是：a. 为保持论文的完整性，但编入正文后有损于正文的条理性、逻辑性的材料，如比正文更为详尽的信息、研究方法和技术更深入的叙述以及对了解正文内容有帮助的其他有用信息。b. 篇幅过大或取材于复制品而不便于编入正文的材料及一些不便于编入正文的罕见珍贵资料。c. 对一般读者并非必要阅读，但对本专业同行有参考价值的资料。d. 某些重要的原始数据、数学推导、计算程序、框图、结构图、注释、统计表、计算机打印输出件等。

GB/T 7713—1987 对附录部分的记录形式及要求还做出了具体规定。

11.2.3 参考文献著录规范

对于论文主体部分的参考文献，不仅选择要慎重，依据一定的原则，而且在论文主体的末尾还要按规范标注出来。

1. 选用参考文献的原则

（1）引用目的正当。1991 年 6 月 1 日起施行的《中华人民共和国著作权法实施条例》第二十七条进一步明确：“适当引用他人已经发表的作品，必须具备下列条件：（一）引用目的仅限于介绍、评论某一作品或者说明某一问题。（二）所引用部分不能构成引用人作品的主要部分或者实质部分。（三）不得损害被引用作品著作权人的利益。”

（2）引用公开文献。被用作参考文献的，应当是已经公开发表或发布的文献。同时，所选用的参考文献，必须是作者亲自阅读过并对所进行的活动产生了较大影响的文献（对自己研究的观点、材料、论据、统计数据等有启发和帮助的文献）。

（3）优选引用版本。参考文献有多个版本时，应注意引用恰当的版本文献（如引用修订本、最新本还是最初本，应根据引用的实际采用情况而定）。

（4）不得过度引用。过度引用一是指过分引用，即所引用部分已经占据了引用人作品的主要部分或者实质部分；二是指对一般众所周知的引语、观点、事实、常识、公论等不需要注明出处的内容也作为引文处理，例如：“真金不怕火炼”“学而时习之，不亦乐乎”等，都不需要标注。

（5）杜绝虚假引用。不得引而不注或注而非引。凡是直接引用或间接引用别人的观点、思想、论据、成果、数据等，必须在文中以参考文献形式加以标注。引而不注即为剽窃。注而非引是指的伪著录、假引用的情况，即作者在文章中并没有引用过文章或作者并没有亲自阅读过原文的文章被作者当作参考文献的情形。引而不注或注而非引的行为均不符合学术规范。

2. 参考文献著录规则

国际上流行好几种参考文献著录方法，我国参考文献著录标准主要参照《文后参考文献著录规则》(GB/T 7714—2005)。该标准规定采用"顺序编码制""著者-出版年制"两种参考文献标注方式。其中顺序编码制为我国书刊及学术论文普遍采用[4]。

一般论文作者最常用作"参考文献"的文献类型主要有专著、连续出版物、专利文献、电子文献等，下面提供几类文献的著录格式，对参考文献著录规则做一些简单介绍，详细内容可以参考国家标准《文后参考文献著录规则》(GB/T 7714—2005)。提供示例之前，先介绍一下 GB/T 7714—2005 规定的一些文献的载体标志代码(见表 11.1)。

表 11.1　文献类型代码及电子文献载体代码

文献类型	代码	文献类型	代码	文献类型	代码	文献类型	代码
普通图书	M	期刊	J	专利	P	磁带	MT
会议录	C	学位论文	D	数据库	DB	磁盘	DK
汇编	G	报告	R	计算机程序	CP	光盘	CD
报纸	N	标准	S	电子公告	ER	联机网络	OL

(1)专著

以单行本的形式，在限定的期限内出版的非连续性出版物。它包括以各种载体形式出版的图书、古籍、学位论文、技术报告、会议文集、汇编、多卷书、丛书等。

析出文献是指从整本文献中析出的具有独立篇名的文献。

著录格式：主要责任者. 题名：其他题名信息[文献类型标志]. 其他责任者. 版本项. 出版地：出版者，出版年：引文页码[引用日期]. 获取和访问的路径.

专著中的析出文献著录格式：析出文献主要责任者. 析出文献题名[文献类型标志]. 析出文献其他责任者//专著主要责任者. 专著题名：其他题名信息. 版本项. 出版地：出版者，出版年：析出文献的页码[引用日期]. 获取和访问路径.

示例：

[1]余敏. 出版集团研究[M]. 北京：中国书籍出版社，2001：179-193.

[2]PEEBLES P Z，Jr. Probability，random variable，and random signal principles[M]. 4th ed. New York：McGraw Hill，2001.

[3]钟文发. 非线性规划在可燃毒物配置中的应用[C]//赵玮. 运筹学的理论与应用：中国运筹学会第五届大会论文集. 西安：西安电子科技大学出版社，1996：468-471.

[4]WEINSTEIN L，SWERTZ M N. Pathogenic properties of invading microorganism[M]//SODEMAN W A，Jr.，SODEMAN W A. pathologic physiology：mechanisms of diseas. Philadelplila：Saunders，1974：745-772.

(2)连续出版物

一种载有卷期号或年月顺序号、计划无限地连续出版发行的出版物。它包括以各种载体形式出版的期刊、报纸等。

著录格式：主要责任者. 题名：其他题名信息[文献类型标志]. 年，卷(期)一年，卷(期). 出版地：出版者，出版年[引用日期]. 获取和访问路径.

连续出版物中的析出文献著录格式：析出文献主要责任者. 析出文献题名[文献类型标志]. 连续出版物题名：其他题名信息，年，卷(期)：页码[引用日期]. 获取和访问路径.

示例：

[1]中国图书馆学会. 图书馆学通讯[J]. 1957(1)-1990(4). 北京：北京图书馆，1957-1990.

[2]American Association for the Advancement of Science. Science[J]. 1883,1(1). Washington,D. C.：American Association for the Advancement of Science,1883.

[3]刘武，郑良，姜础. 元谋古猿牙齿测量数据的统计分析及其在分类研究上的意义[J]. 科学通报，1999,44(23):2481-2488.

[4]CAPLAN P. Cataloging internet resources[J]. The Public Access Computer Systems Review,1993,4(2):61-66.

(3)专利文献

专利文献是包含已经申请或被确认发现、发明、实用新型和工业品外观设计的研究、设计、开发和试验成果的有关资料，以及保护发明人、专利所有人及工业品外观设计和实用型注册证书持有人权利的有关资料的已出版或未出版的文件(或其摘要)的总称。它包括了专利说明书、专利公报、专利分类表、分类表索引以及专利申请至结案过程中包括的一切文件和资料。专利文献的主体是专利说明书。

著录格式：专利申请者或所有者. 专利题名：专利国别，专利号[文献类型标志]. 公告日期或公开日期[引用日期]. 获取和访问路径.

示例：

[1]姜锡洲. 一种温热外敷药制备方案：中国，88105607.3[P]. 1989-07-26.

[2]西安电子科技大学. 光折变自适应光外差探测方法：中国，01128777.2[P/OL]. 2002-03-06[2002-05-28]. http://211.152.9.47/sipoasp/zljs/hyjs-yx-new.asp?recid=01128777.2&leixin=0.

[3]TACHIBANA R, SHIMIZU S, KOBAYSHI S, et al. Electronic watermarking method and system: US,6,915,001[P/OL]. 2002-04-25[2002-05-28]. http://patftuspto.gov/netacgi/nph-Parser?Sect1=PTO2&Sect2=HITOFF&p=1&u=/netahtml/search-bool.html&r=1&f=G&1=50&col=AND&d=ptxt&sl='Electronic+watermarking+method+system'.TTL.&OS=TTL/.

(4)电子文献

电子文献是指以数字方式将图、文、声、像等信息存储在磁、光、电介质上，通过计算机、网络或相关设备使用的记录有知识内容和艺术内容的文献信息资源，包括电子书刊、数据库、电子公告等。

电子文献中属于电子图书、电子图书中的析出文献以及电子报刊中的析出文献的著录项目与著录格式依照上述对应文献著录格式规则处理，除此以外的电子文献，例如电子公告、动态信息、联机数据库、联机馆藏目录依据下面规则处理。

著录格式：主要责任者. 题名：其他题名信息[文献类型标志/文献载体标志]. 出版地：出版者，出版年(更新或修改日期)[引用日期]. 获取和访问路径.

示例：

[1] PACS-L: the public-access computer system of forum [EB/OL]. Houston, Tex: University of Houston Libraries, 1989[1995-05-17]. http://info.lib.uh.edu/pacsl.html.

[2]Online Computer Library Center, Inc. History of OCLC[EB/OL]. [2000-01-08]. http://www.oclc.Org/about/history/default.htm.

[3]HOPKINSON A. UNIMARC and metadata: Dublin Core[EB/OL]. [1999-12-08]. http://www.ifla.org/IV/ifla64/138-161e.htm.

电子文献既要著录文献类型,也要著录文献载体类型标志。著录项目中提供更新或修改日期与引用日期。更新或修改日期通常是著录责任者上载网络源的更新日期或修改的日期,引用日期则是读者下载网络资源的日期。无论是更新或修改日期还是引用日期都应按"YYYY-MM-DD"形式著录。

11.3　学术规范

伴随着我国改革开放的不断深入,中国学术事业也取得了长足的发展。然而,在我国学术繁荣的背后,学术失范、学术腐败现象已成为学术界以至社会普遍关注的焦点问题。整饬学术规范,打击学术腐败势在必行。自20世纪90年代初开始,中国学术界就已开始对这一现象展开激烈的讨论,并引起了广泛的反响。

为了加强学术规范建设,有效制止不良学术行为,国家各部委相继出台了一些指导性文件,如教育部《关于加强学术道德建设的若干意见》(2002)、《高等学校哲学社会科学研究学术规范(试行)》(2004)、《关于严肃处理高等学校学术不端行为的通知》(2009)和《关于切实加强和改进高等学校学风建设的实施意见》(2011)等;国务院学位委员会《关于在学位授予工作中加强学术道德和学术规范建设的意见》(2010),科学技术部、教育部、中国科学院、中国工程院和国家自然科学基金委员会五部委联合印发《关于改进科学技术评价工作的决定》等。

为贯彻落实教育部文件精神,营造良好的学术研究氛围,各高校也制定了学术道德管理条例,向学术不端亮起了红灯。如《中国科学技术大学研究生学术道德规范管理条例》《华中科技大学学术道德和学术不端行为处理规定》《东南大学研究生学术道德规范管理条例》《北京大学教师学术道德规范》等。

那么什么是学术规范?观点非常多,加之这一概念提出时间不长,对其研究对象、研究范围探讨层次不深,主要还停留在制度层面,未上升到伦理层面。从规范是调控人们行为的、由某种精神力量或物质力量来支持的、具有不同程度之普适性的指示或指示系统这一指导思想来定,学术规范可定义为是调控学术主体的学术行为,使之符合科学精神与人文精神要求的学科规训制度。学术规范的贯彻落实不仅需要法律制度的保障,更需要学者的道德自律[5]。

学术失范和学术腐败是指"在当今学术界,在学术社团的组建、学术站点的设立、学术职务的评聘、学术资源的分配、学术成果的评价、学术奖励的颁发、学术刊物的运作、学术著作的出版、学术规章的制定等方面存在着缺乏规范、有规不依或规范本身不合理,从而贻害中国学术事业的现象"[6]。

为了在学术活动中做到规范,学者应该从道德、法律、写作技术、学术评价四个方面严于律己。

11.3.1 学术道德规范

学术道德规范是对学术工作者从思想修养和职业道德方面提出的要求，它是学术规范的核心部分。学术道德规范的具体内容包括：

(1)学术研究应以知识创新和技术创新作为科学研究的直接目标和动力，模范遵守学术研究的基本规范，研究或实验过程中要坚持严肃认真、严谨细致、一丝不苟的科学态度。不得虚报研究成果，反对投机取巧、粗制滥造、盲目追求数量不顾质量的浮躁作风和行为。反对急功近利，贪图捷径，甚至不劳而获，在他人成果上轻易署名换得个人名利的做法。

(2)学术评价应遵循客观、公正、准确的原则，如实反映成果水平。对研究课题应在充分掌握国内外材料、数据基础上，作全面分析、评价和论证。不得刻意贬低别人，提高自己，不可滥用“国际领先”“国内首创”“填补空白”等词语。应坚决反对在学术评价中掺杂个人情感因素甚至弄虚作假的行为。

(3)学术论著写作，应坚持继承与创新的有机统一。树立法制观念，保护知识产权，要充分尊重前人劳动成果，在论著中应明确交代本著作(或论文)中哪些是借鉴引用前人成果，哪些是自己的发明创见。应按国内外学术界通行的规矩，在学术成果中附加必要的注释并列出足量的参考文献，以标明本成果对前人理论、观点、材料、方法等的参考与借鉴。

11.3.2 学术法律规范

学术法律规范是指学术活动中必须遵循的国家法律法规和有关技术标准。我国尚未制定专门的法律法规来规范人们的学术活动。与学术活动有关的行为规则分散在民法通则、著作权法、专利法、保密法、统计法、出版管理条例等法律法规中。根据这些法律法规的条款，应严格遵守的法律规范主要包括：

(1)必须遵守《中华人民共和国宪法》。应坚决贯彻执行党的路线、方针和政策，坚持以马列主义、毛泽东思想和邓小平理论为指导，坚持四项基本原则，坚持学术研究为社会主义现代化建设服务的方向。

(2)必须遵守著作权法。按照《中华人民共和国著作权法》等有关法律文件的规定，应特别注意做到以下几点：

①不允许剽窃、抄袭他人作品。应坚决杜绝以稍微改变形式或内容，将他人作品的部分或全部据为己有，并以新作品的形式加以发表或直接将他人作品的大部分或部分内容，以相同的形式窃为己有的剽窃行为。

②论文若作为合作创作的作品发表，其版权由合作作者共同享有。合作作者中的每一个人都无权单独行使合作作品的版权。合作作品的署名应按照对科学研究成果所作贡献大小，但另有学科署名惯例或作者另有约定的除外。

③未参加创作，不可在他人作品上署名。学术成果的创作是艰苦的智力活动，需要创作者付出创造性劳动。如果没有参加创作，或只是参加了一些创作活动的准备、组织及咨询服务性工作，不能认为是参加了作品的创作，因而不能在作品上署名。

④禁止在法定期限内一稿多投。我国著作权法明确规定，自作者稿件发出之日起 15 日内未收到报社通知决定刊登的，或者自作者稿件发出之日起 30 日内未收到杂志社通知决定刊登的，作者可将同一作品投向其他报刊社。同时又明确规定双方另有约定的除外。目前，我国学术性期刊一般都把通知作者的时间规定为 3 个月，应在此规定的时间内避免同一稿件多投，以保证报刊社在采用稿件时享有先于其他报刊登载的权利。

⑤合理使用他人作品的有关内容。学术研究、学术写作离不开对他人成果的借鉴和利用，都程度不同地存在引用他人已发表(出版)作品文字的现象，即对他人作品著作权的合理使用。合理使用他人作品的有关内容必须符合以下条件：a. 引用的目的仅限于介绍评论某一作品或说明某一问题。b. 所引用的部分不能构成引用人作品的主要部分或者实质部分。c. 不得损害被引用作品著作权人的利益。符合这三个条件，可不经过著作权人同意，不向其支付报酬，但必须在自己作品中指明被引用作品的作者姓名、作品名称及版权事项。

(3)必须保守党和国家秘密，维护国家和社会利益。遵守《中华人民共和国保守国家秘密法》对学术成果中涉及国家机密等不宜公开的重大事项，均应严格执行送审批准后才可公开出版(发表)制度。

(4)应遵守其他适用法律法规。按《中华人民共和国民法通则》规定，不得借学术研究以侮辱、诽谤方式损害公民法人的名誉；遵守《中华人民共和国统计法》，对属于国家机密的统计资料严格保密；遵守《中华人民共和国专利法》，对有必要申请专利的内容，申请前不得发表导致有关技术内容公开的论文或进行成果鉴定；履行单位交付的任务中完成的或主要是利用本单位物质条件或名义完成的发明创造，属职务发明，申请批准后的专利权归所属的法人单位所有；毕业论文(设计)中使用标准、目录、图表、公式、注释、参考文献、数字、计量单位等应遵守国家标准化法、计量法等法律法规的规定。

11.3.3　写作技术规范

写作技术规范是指在以学术论文、著作为主要形式的学术写作中必须遵守的有关形式规格要求。根据国内外有关文献编写与出版的标准、法规文件的规定，写作技术规范主要内容应包括：

(1)选题应新颖独特。或开拓新领域，或提出新观点，或发掘新资料，或运用新方法，具有一定理论深度和较大学术价值。按照国际惯例，应在论著的引言或绪论中对本成果所涉领域研究的历史与现状有全面、系统的了解并作出准确的概括与评价。

(2)应观点明确，资料充分，论证严密。观点必须反映客观事物的本质或规律，必须科学、准确且有创新性。资料(包括历史事实)必须真实、可靠、翔实，最好选用第一手资料以及最新资料(如不同版本的最新版本)。论证必须概念清晰一致，判断准确无误，推理逻辑严密，达到材料与观点、历史与逻辑的有机统一。

(3)论文内容应与形式完美统一，达到观点鲜明，结构谨严，条理分明，文字通畅，形式要素齐全、完整。其项目应包括题名、作者署名、摘要、关键词、中图分类号、正文、注释、参考文献、致谢以及英文题名、英文摘要和英文关键词等。

(4)参考文献的著录应认真执行《文后参考文献著录规则》(GB/T7714—2005)，保证文献著录的规范化。

11.3.4　学术评价规范

学术评价涉及课题项目的立项、学术成果的鉴定或评价、各级各类优秀成果的评奖、职称评定中对科研成果的考核认定以及教学、科研人员工作考核考评等诸多方面。要提高学术评价的科学水平，必须建立科学的评价指标体系，制订科学的评价办法，实现评价工作规范化。

1. 同行评议

同行评议是针对涉及研究工作的某项事物，聘请在该领域或相近领域工作的专家，运用其专业修养,就对象的学术水准及相关价值作出评价的活动,其评价结果是决策的重要依据。

同行评议历史悠久,始于15世纪欧洲专利申请的查新,其前提和基础是学术共同体。同行专家根据参评对象提供的材料进行定性的描述并做出结论。同行评议是国际上通行的评价方法,主要用于科研机构评价,国内论文评审、基金遴选、职称评定、学术荣誉等科学评价活动中也广泛采用。

同行评议的质量取决于评议委员会的组成,所以选择委员会成员是至关重要的。选择成员的首要标准是其在专业领域公认的权威。其次,选择成员的范围应当尽可能拓宽,可能的话,甚至需要提倡使用国外的同行评议人。第三,应当在专家系统或学术团体内公布选择评议委员的方法。

在评议方式上,曾经施行并且目前仍然流行的是匿名制,而且要求双向匿名,即一方面,在评议学术成果或项目时,隐去被评议者的姓名,以避免私人关系的进入;另一方面,只公布委员会的评议结果,对评议中每个评议人的态度或投票不予透露,或采取无计名投票的方式,以避免评议人顾虑种种利害关系而不能放手运用自己的权利[7]。

同行评议在学术评价中有一定的地位,但它的主要问题在于评价标准、成本、评价主体的主观随意性控制等;另外,以同行评议形式在短时间内难以判别一篇文章的重要性,真正评价一篇文章在该领域的影响需要数月甚至数年。

2. 量化评价

量化评价始于20世纪中期,以文献计量学的产生和发展为基础。为提高学术评价的科学性和可比性,简便易行的量化评价体系颇为流行。量化评价在统计论文数量和刊物影响因子方面体现出一定的科学性,也便于操作;但近年来,学术界迎合这种评价标准,出现了重数量轻质量、弄虚作假等不良风气,仅以成果数量衡量学者的水平,可能造成学术泡沫化和虚假繁荣。

"同行评价"和"量化评价"两种评价方法,只采用其中任何一种都有局限性:仅用量化评价容易产生"重量轻质""重刊不重文"等问题,仅用同行评价法对评价专家的主观随意性不好控制。单独采用文献计量或同行评议中的任何一种方法都有其难以克服的局限性,两种方法相结合的综合评价日益成为学术评价领域的共识。

3. 代表作制度

作为对学术评价体系的探索,国内已有高校如北京大学、复旦大学在学术评定中引入了代表作制度。具体做法是在职称评定或工作考核中,学者自己提交代表作品,由专门的委员会予以评价打分。引入代表作制度原因非常简单,只有学术精品力作,才能反映学者的真实水平。创作精品需要积淀,很多学术大师的精品力作都是"十年磨一剑"的结果。这种评价方式在实际操作中并不排他,可以和传统的量化标准结合使用,根据不同学科、不同科研机构的特点因地制宜,最大限度地反映学者的客观水平。引入代表作制度,可以从源头上遏制学术浮躁之风,为高质量的学术研究提供适宜的环境。

11.4 学术侵权

学术规范要求人们潜心致力于研究方向,通过系统扎实的基础理论学习,结合丰富的文献资料和前沿问题找到新的视点,从而创作出优秀的学术论文。但现实生活中不忠实于学术规范的各种失范行为甚至学术侵权也时有发生。学术失范属于学术道德、学术法律或学术技术的失范，与学术失范行为相比，学术侵权是违反我国著作权法规定，侵犯他人著作权的行为，是一种更为严重的违反学术道德的行为。学术侵权主要指学者在学术研究中侵犯他人知识产权的行为，通常表现为在学术研究中违背学术规范，抄袭他人的学术论著的内容或者剽窃他人学术观点、学术思想，侵犯他人学术论著著作权的行为[8]。

11.4.1　剽窃

1. 定义和特征

我国相关法律法规明文规定禁止抄袭、剽窃。但对其具体含义没有明确解释。对于抄袭、剽窃的概念，一般的理解是：以改变形式与内容的方法，将他人作品全部或部分作为自己作品加以发表的行为。对抄袭、剽窃是否是同一语义的同义词，学术上有不同观点。

区别说学者认为抄袭是对他人已发表成果不加注释、不加说明的原文挪用；而剽窃则是对他人已发表成果不加注释、不加说明的套用与化用（指不改变原作者的基本观点的情况下，通过话语形态的一定变动而将他人成果化为己有）；另一区别说认为抄袭是将他人作品的一部分或全部作为自己的作品发表，剽窃是将他人学术观点和学术思想作为自己的作品发表（该区别论以国外版权法对 idea/thought 与 expression 的区分，认为只有 expression 是可以抄袭的，idea 或 thought 无法抄袭）。

同义说的学者根据国家版权局的权威解释"著作权法所称的抄袭、剽窃，是同一概念，指将他人作品或者作品的片段窃为己有（发表）"的声明和 2001 年修订的著作权法只采用"剽窃"这一个概念等原因，认为"剽窃"与"抄袭"系语义基本相同的同义词，抄袭只是剽窃的一种手段而已[9]。

不管是区别说，还是同义说，抄袭和剽窃的本质是相同的，都是非法地将他人的智力成果据为己有，用自己的名义发表该作品。所以我们认为抄袭是学术论文被剽窃的主要方式，两者在内涵和外延上有高度的重合性，鉴于人们一般将抄袭与剽窃连用并举和新的著作权法已经明确界定为剽窃，为规范起见，本文均使用剽窃一词。

关于学术剽窃的定义美国学者哈林西佛认为是"有意无意地使用他人的观点、意见、数据或词句等，但不注明出处，从而给读者造成一种错觉，似乎论文所述的内容都源于论文作者个人的工作。这种情况就是抄袭或剽窃"。

剽窃行为的基本特征为：a. 非法占有性。行为人视学术规范和著作权法于不顾，将他人作品视为自己作品。b. 学术欺诈性。行为人不付出智力劳动，通过投机取巧使读者误认为行为人的作品全部来自于自己创作。c. 发表性。行为人将他人作品视为自己作品且发表（非个人学习、研究、欣赏之目的）。

2. 剽窃的形式与表现

具体来看，常见的剽窃形式包括：a. 最明显的就是直接照搬原文的语句、段落，甚至整篇文章。b. 将原文删节、顺序调整，重新组合成文。c. 将多篇文章组合成一篇。d. 仅对原文做叙述方式上的改变，仍然沿袭原文的写作思路、结构。e. 仿照一篇论文的写作方式，虽然改变了所要论述的对象，但是使用原文的论证方法、图表等。

剽窃的手法有多种多样，有原封不动地将他人作品内容或学术观点、学术思想作为自己创作作品使用；将别人作品改头换面作为自己的作品使用；还包括将自己翻译出版的国外作品视为自己的创作，在个人的论著中随意引用；将国外同行的论文以中文在国内发表以及自我抄袭等。

3. 剽窃的认定标准

我国司法实践中认定剽窃一般来说遵循三个标准:第一,被剽窃(抄袭)的作品是否依法受《著作权法》保护。第二,剽窃(抄袭)者使用他人作品是否超出了"适当引用"的范围。这里的范围不仅要从量(形式标准)上把握,而且更主要的还要从"质"(内容标准)上的确定。第三,引用是否标明出处。

内容标准。核心论点或重要论据皆用他人的,或者即使核心论点、论据不同但是论文的一、二级目录存在绝大部分的雷同(也就是结构雷同),不论涉嫌剽窃论文是否注明了引文出处,都应当认定侵权成立。"所引用部分是否构成引用人作品的主要部分或者实质部分"是各国著作权法判定是否是合理使用的主要标准,因为即使剽窃论文与被剽窃论文相同的字数比例较小,但是这种结构上的重叠,说明剽窃论文不能脱离被剽窃论文而存在,是以被剽窃文为基础和参照的,不能达到著作权法对作品独创性的要求。

形式标准,或者说是量的标准。只要剽窃文中有一定比例或具体字数的文字与被剽窃文相同,就认定剽窃成立。关于引用他人成果的比例多少属于合理使用范围,多少判定为剽窃,只有少数国家通过著作权法的实施细则或根据经验法则作出规定。世界上大多数国家都遵循一个原则,即引用其他人作品的思想、观点、材料,一般不能超过30%,换句话说,作者创作的学术作品从字面来看,原创的部分必须在70%以上,引用的部分必须在30%以下,这几乎成为一种识别是否作品侵权的惯例。

对剽窃的指控,合理使用通常是抗辩的理由之一,合理使用是指在特定的情况下使用或者部分使用他人作品而不属于侵权的一项法律制度。正确理解合理使用,厘清剽窃与合理使用的界线,也是避免剽窃发生的基础[10]。

4. 剽窃的检测手段

追求科研诚信、防治学术腐败,历来是一个世界范围的重要课题。而利用技术手段解决学术剽窃是重要举措。剽窃检测的技术判断主要是段落匹配或句子匹配甚至词语匹配。

(1)国外学术不端主要检测系统

Turnitin是全球最权威的英文检测系统,是由加拿大一家软件公司开发的。Turnitin的比对数据库中拥有超过4 000万学生论文的数据库,索引超过120亿的Internet网页,超过10 000种主流报纸、杂志及学术期刊,数以千记的书籍,包含文学名著等。

Turnitin已经成功地在全世界90多个国家、超过7 000所高等院校应用,全球数百万的教师及学生都在使用Turnitin的实时评分工具和剽窃侦测服务。十多年来Turnitin已经成为业界的领导者。每天收到的学生论文超过100 000份,已经成为教育界必不可少的工具。

CrossCheck是CrossRef组织下属的一个子网。CrossRef是一个基于DOI(Digital Object Identifier)实现文献引文跨出版社服务平台链接的参考链接服务系统。多家著名的学术出版社在2000年初联合创立了非营利组织Publishers International Linking Association, Inc. (PILA),负责对CrossRef进行管理和为成员出版社提供链接服务。

CrossCheck是由CrossRef推出的一项服务,用于帮助检测论文是否存在剽窃行为。它的软件技术来自于iThenticate。在国际出版链接协会(PILA)牵头下,国际几大出版商和电子电气工程师协会(IEEE)及美国计算机学会(ACM)共同参与了这项全球性项目。正是由于Crosscheck能够在全球范围内最大限度地检查和防范学术剽窃行为,达到严正学术道德,净化学术空气的目的,使其一举赢得了全球学术与专业出版者协会(ALPSP)颁发的2008 年度全球最佳出版创新奖。目前全球会员单位有 50 多家,包括一些国际科学出版集团和科学学会:自然出版集团(NPG)、爱思唯尔、施普林格、威立・布莱克威尔(Wiley Blackwell)、英国医学期刊出版集团(BMJ)、泰勒弗朗西斯出版集团(Taylor&Francis)、美国科学进步协会(AAAS)、美国物理学会(APS)等。我国的《浙江大学学报(英文版)》在国家自然科学基金的重点期刊项目的资助下,也于 2008 年成为中国第一家 CrossCheck 会员。

爱思唯尔的 PERK 工具包。2008 年 3 月 4 日,爱思唯尔发布了《出版道德资源工具包》(*Publishing Ethics Resource Kit*,PERK)。PERK 是一个在线资源,用以处理期刊编辑出版中的论文是否有学术不端问题。这是一个爱思唯尔出版道德准则的单一标准点。同时作为一个在线资源,PERK 链接到爱思唯尔内外各种与出版道德相关的政策和程序性文件,为期刊编辑提供及时和广泛的在线支持。

除了上述几家国际著名的学术不端文献检测平台外,国外还有相当多数量的学术不端文献检测平台。如马里兰大学的 The Plagiarism Checke,Plagiarism Checker 公司的检测平台,Article Checker 公司的检测平台,Plagiarism Search 公司的检测平台,Plagiarism Detect 公司的检测平台,the Plagiarism 公司的检测平台等[11]。

(2)国内学术不端主要检测系统

《CNKI 科研诚信管理系统》(简称 AMLC)是国内起步早,比较成熟的系统。AMLC 由 CNKI 科研诚信管理系统研究中心研发,该研究中心是同方知网出版集团旗下从事科研诚信管理产品研发的专门机构,中心主要从事学术不端文献检测系统、科研诚信档案管理系统等软件研发。同时也承担相关机构委托的科研诚信监测、管理等事务。

AMLC 系统,对比的数据库涵盖期刊、博硕士学位论文、会议论文、报纸、专利等学术资源数据,还包括网页资源数据、数百万的英文学术文献数据,并实现定期比对数据更新[12]。

《论文相似性检测服务》系统(简称 PSDS),是万方公司在同方知网推出 AMLC 一年零一个季度之后终于拿出了一个与 CNKI 相提并论的产品,于 2010 的 3 月对外开放,网址 http://check.wanfangdata.com.cn,系统对比库基于万方数据公司所收录的期刊论文、学位论文、万方数值数字化期刊全文数值库、万方数值学位论文、常识服务平台的全文数值库等海量数据等。在服务方式上提供个人自助付费检测,检测新论文收费标准:10 元/万字(单篇论文中不足 1 万字部分按 1 万字计算),检测已发表论文收费标准:100 元/篇[13]。

维普——通达论文引用检测系统(VIP-TONDA Text Matching System Brief Instruction,VTTMS),是由通达恒远(北京)信息技术有限公司与北京建筑工程学院图书馆共同联合七所院校及重庆维普资讯有限公司共同研制而成。2010 年 9 月上线,网址 http://gocheck.cn。

VTTMS 比对源主要包括:国内最大的在线论文库、中文科技论文库、在线首发论文库 2 300多万篇,以及数十亿网络资源。中国学位论文数据库、部分高校特色论文库、重要外文期刊数据库如 Emerald、HeinOnline、JSTOR 等。另外支持用户自建库,可精准无遗漏地检测出所有论文中的相似片段[14]。

ROST 反剽窃系统(学术论文不端行为检测系统)是由武汉大学信息管理学院出版科学系沈阳教授带领课题小组开发成功的文档相似性检测工具。可有效检测论文的抄袭相似情况,经过 6 年的研发(早期版本叫作网盗克星),推出了 6.0 版本。

必须指出的是：a. 检测系统的优略，数据的对比源非常关键，其次在对比实现技术上要先进，运行速度要快。b. 这些系统的检测结果只是形式上的检测，对“软性”抄袭还无能为力。所谓“软性”抄袭，是指抄袭人家的观点和论证方式，但用自己的语言写出来，当成自己的创新。c. 国内外对系统的检测结果都只作为判断参考，不作为处理依据。对系统所得出的超过规定值的论文检测结果，一般由相应学科专家组成的评议组进行人工鉴定，是否构成抄袭的结论由专家组给出最终鉴定。d. 检测系统本身还存在需要不断完善和改进的问题，其检测结果的公允性、科学性还有待进一步提高。

5. 论文剽窃承担的责任

剽窃一经确定，就可以认定构成了著作权侵权。剽窃承担的责任依据《著作权法》第 46 条的规定，剽窃者有“承担停止侵害、消除影响、赔礼道歉、赔偿损失等民事责任”。除了需追究剽窃者的侵权赔偿责任，还应当对剽窃者因剽窃所得的不当得利进行纠正。论文剽窃，如果剽窃者的作品未发表，而是凭借该论文获得了有效的考试成绩，或者通过了学位论文答辩，就应当取消学生因剽窃论文所获得的资格或荣誉以及其他的不当得利，如考试成绩、学位等。

6. 怎样避免剽窃

学术研究必然要以前人的研究作为基础，文献检索是撰写论文的必要前提，论文创作中如何合理使用前人的成就，避免学术剽窃，结合《MLA 科研论文写作规范》第五版，建议如下：

(1)“在研究和写作过程中，可以通过认真做笔记，区别哪些是你自己的思想结果，哪些是你从他人那里搜集到的材料，尽量避免不经意的剽窃。”同时记录下引用文献的相关著录内容，为毕业论文(设计)文后参考文献著录提供准备，以免后续著录工作时再次查找出处，浪费时间。

(2)“引用别人的材料时，要掌握准确的方法，要掌握怎样的表述构成剽窃，怎样的表述涉嫌剽窃。”作为合理使用只有以“介绍、评论或者说明某一问题”为目的，同时要注明文献作者、文献名称和出处。

要注意文内引文的处理，使读者在阅读时能将被引用作品与“说明、评价”作品明显区别开。如果是直接引用，则须在引文的段首和段尾加注引号以示区别(如上述示例的第四种，加上双引号和引文序号即可作为正确的引用)，并著录引文(即参考文献)，也可使被引用的部分独立成行、独立成段并用不同字体或字号加以处理；如果是间接引用即意引，作者须注意引用部分和自己的说明、评价部分的区别，必须用准确无误的文字予以说明，并在引文结尾处加注引文序号。

下面提供一个源自《MLA 科研论文写作规范》的间接引用示例，帮助读者理解。

原文：“温迪·马丁撰写的《美国哥伦比亚文学史》第 625 页的一段资料。”

引文：“爱米莉·狄更生坚信，我们不能理解全部的人生除非我们能广泛理解死亡。”

注：如果写下上述句子而没有任何文献来源标注，那么是剽窃。但如果说明此句的来源，是可以运用这一材料的：

“正如温迪·马丁所指出的，爱米莉·狄更生坚信，我们不能理解全部的人生除非我们能广泛理解死亡。(625)”(这样就不构成剽窃)

上例括号中的 625 表示此段话出现在《美国哥伦比亚文学史》的 625 页[此例是著者根

据 MLA 风格，对引文(参考文献)的标注]，除引文标注，引文的详细信息在后面的参考文献中应进一步说明。根据我国《文后参考文献著录规则》(GB/T 7714—2005)，本例参考文献著录具体表述为：马丁．美国哥伦比亚文学史[M]．纽约：哥伦比亚大学出版社，1977 年：609-626．

(3)分清哪些内容应当注明，哪些则根本没有必要注明。比如，你没有必要为大家都熟悉的谚语、众所周知的引语去注明出处。一旦你对某一材料是否属于剽窃感到疑虑，也不妨清楚地作一下标示。

(4)自我抄袭，也属于剽窃，是另一种形式的学术剽窃；合作的作品，你与其他学生一起完成的某一课题，只要说明分工，不会构成剽窃，但必须明确说明合作者之间的关系。

11.4.2　引用他人作品未注明出处

按《中华人民共和国著作权法》，作者对其创作的作品享有著作权。行为人未经他人许可使用其作品，属于侵犯著作权的行为。即使在法律规定的合理使用情况下，使用他人作品也必须指明作者姓名和作品名称。引用他人作品未注明出处，可能使读者以及其他使用者误将引用部分也视为引用者的创作，从而使原作者应享受的荣誉权不能合理地实现，引用他人作品未注明出处来源，本质上是将他人作品作为自己创作的作品发表，是一种剽窃行为，是侵犯著作权，是为法律所禁止的。如果引用他人的材料、观点和文字构成自己论著的核心内容或者中心论点，即便做出详细的注释和说明，仍然不能改变抄袭的性质。因为引用的目的是要有所突破、有所创新，只是他人材料、观点、文字的堆集，本质上仍然是抄袭、剽窃行为。

按照 GB/T 7714—2005《文后参考文献著录规则》详细准确地著录被引文献的作者、作品名称及其出处等，这是合理引用的一道重要手续，是作者引用得到法律保护的要件，不可缺少，否则就违反了不得损害被引用作品著作权人的利益的规定，构成侵权。为了规避这些不正当使用及其带来的后果，在使用他人作品时，涉及需要提到的出处，通常都是指实际使用的作品版本，即正式出版物，一般做法是如果在出处中要加以说明，应该确切地提到作者、该版书名、出版地点和年份，以及所用引文或插图的页码。如果是引自报刊，就应该提到报刊的名称、年月日或实际的期数。

11.4.3　不正当署名

不正当署名现象有：借联合署名回报导师对自己的培养和教育之恩或达到论文尽快发表的目的，为个人目的挂上单位领导姓名，为照顾亲朋好友挂名等，这些情况明显侵犯了他人的著作权。挂名者并未参加文章内容的研究与撰写，却以不正当手段在他人文章上署上自己的姓名，这就造成了侵犯他人著作权。

署名代表了作品是谁创作的法律事实。论文的作者应在发表的作品上署名。署名者可以是个人作者、合作作者或团体作者，是拥有著作权的声明。《中华人民共和国著作权法》(以下简称《著作权法》)规定：著作权属于作者。著作权包括发表权、署名权、修改权、保护作品完整权等。《著作权法》第十条第一款明确规定："署名权，即表明作者身份，在作品上署名的权利。"署名表明作者的劳动成果及作者本人都得到了社会的承认和尊重，即作者向社会声明，作者对该作品拥有了著作权。署名是文责自负的承诺，是指论文经发表，署名者对作品负有责任，包括政治上、经济上和法律上的责任。如果文章中存在剽窃、抄袭的内容，或者有政治性、技术性错误，署名者即应负完全的责任，署名即表明作者愿意承担责任。同时论文署名也是作者与编辑、读者进行联系、沟通、探讨的必要信息。

论文的署名是件非常严肃的事情。关于署名应具备的条件，我国《著作权法》第十一条、第十二条以及国家标准 GB/T 7713—1987 均有规定。GB/T 7713—1987 规定："在学术论文正文前署名的个人作者，只限于那些对于选定研究课题和制订研究方案、直接参加全部或主要部分研究工作并做出主要贡献以及参加撰写论文并能对内容负责的人，按其贡献大小排列名次。至于参加部分工作的合作者、按研究计划分工负责具体小项的工作者、某一项测试的承担者以及接受委托进行分析检验和观察的辅助人员等均不列入。这些人可以作为参加工作的人员一一列入致谢部分或排于脚注。"概而述之，署名的作者应是论文内容的设计者、研究者或写作者，同时对该论文具有答辩能力。所以署名一定要正确，应不漏、不假、不虚，应实事求是。

学位论文投稿时其单位名称应署攻读学位的校、系，论文发表时(因从投稿到发稿总有一定的时间滞留)，如果作者已走上工作岗位，他可能将原署名单位改为新的工作单位，但这是不可以的。因为论文的产出单位是他攻读学位的校、系，论文的产权也属于该校、系，与其现在的工作单位没有产权关系。为了方便读者与作者联系，可在论文的篇首地脚处注明作者现工作单位的方式进行处理，但其署名单位不能改。

多位作者共同完成的作品联合署名时，署名顺序按对该文的贡献大小排列，不得以某种人为目的颠倒作者署名的顺序。第一作者是主要贡献者和直接创作者，是作品的直接责任者，享有更多的权利，承担着更多的义务。除有特别声明外，第一作者就是第一权利、第一责任和第一义务者。

作者姓名顺序的变更。投稿时作者的姓名和顺序在修改或定稿时需要变更有加人、减人、换人等几种可能。有投稿时考虑不周、也有客观上作者离校等原因。不管是什么情况的变更，作者都要向编辑部说明变更原因，向编辑部提交由作者签名的变更说明书。

集体署名的论文于文题下列署名单位，于文末列整理者姓名，并于论文首页脚注明通信作者姓名、单位和邮政编码，集体署名的文章必须将对该文负责的关键人物列为通信作者，通信作者只列 1 位。

每篇文章需要确定 1 位能对该论文全面负责的通信作者，特别是向国外投稿。通信作者应在投稿时确定，如在来稿中未特别标明，则视第一作者为通信作者。第一作者与通信作者不是同一人时，在论文首页脚注通信作者姓名、单位及邮政编码。

11.4.4　一稿多投及二次发表

我国《著作权法》(2010 年第二次修正)第三十三条规定："著作权人向报社、期刊社投稿的，自稿件发出之日起十五日内未收到报社通知决定刊登的，或者自稿件发出之日起三十日内未收到期刊社通知决定刊登的，可以将同一作品向其他报社、期刊社投稿。双方另有约定的除外。"投稿作者必须自觉遵守。

一稿多投是指同一作者或同一研究群体不同作者，在期刊编辑和审稿人不知情的情况下，试图或已经在两种或多种期刊同时或相继发表内容相同或相近的论文，国际上也称该种现象为重复发表(Repetitive Publication)、多余发表(Redundant Publication)或自我剽窃(Self-plagiarism)。常见的情形包括：

(1)在《著作权法》规定或出版单位约定的禁止再投稿期间，实施同一稿件多处投送。

(2)在上述期限以外、作者已经获知自己作品将要在某刊上发表或已经发表而其他出版机构并不知情的情况下，作者试图在两种或多种期刊同时或相继发表内容相同或相近的论文。

(3)作者向不同编辑部投稿的文献内容，完全重复或有相当多的部分是重复自己已投稿或已发表的论著而缺乏新意和具有创建性的文章被发表的情形。

国外著名数据库一经查核某论文属于“重复发表”的，该论文将在数据库中一直被“红榜示众”，以公布和鞭笞这种学术失范行为，批评作者的学术不端态度，同时严肃处理作者本人(退回稿费、公开认错、书面道歉等)。

所有严肃的期刊都不允许论文一稿两投和重复发表。期刊社(编辑部)主张“一稿一投”，理由是：作者既然向刊物投稿，就表示其接受了刊物在征稿启事(或稿约)中常见的“请勿一稿多投”的约定或声明，这实际具有合同效应，因此这种约定或声明是有效的。如果一稿多投且被刊用了，期刊社和作者签订有论文专有许可使用或转让合同，则按合同中的约定处理；如没有签订论文出版合同，属于稿件发出之日起三十日内已收到期刊社刊登通知，又另投其刊的，期刊社可刊登声明撤销其论文(如已发表)或几年内不接收该作者的投稿。如中国材料表面领域《电镀与环保》等 7 种期刊 2004 年 12 月联合发表声明，对一稿多投的处理如下：a. 已付的版面费不再退回。b. 责成一稿多投作者赔偿重刊文章的印刷费。c. 一稿多投在案，7 刊同时公布，时间持续 1 年。d. 7 刊 2 年内不再发表一稿多投作者的文章。

同样向国外刊物投稿，一旦发现一稿多投，也会遭到报刊编辑部的抵制。有个作者，他的论文投到美国物理学会(The American Physical Society，APS)，基本上可以被接受，但需要修改。作者在拿到修改通知后，又把稿件投到了 Anesthesiology 期刊，很快被退稿。他又把修改稿送到 APS，APS 很快给他退稿，理由是“一稿两投”。APS 是如何知道的？原来有 1 个审稿人两次审这篇稿子：第 1 次替 APS 审，第 2 次替 Anesthesiology 审。由于该作者的自作聪明，失去了在 APS 上发表论文的机会。

为什么一稿多投行为会遭到众多刊物的抵制及严肃处理呢？原因是一稿多投行为带来了以下几大方面的问题及不良影响。

首先，一稿多投违背了现行《著作权法》的相关规定。如上所述，《著作权法》对应征投稿者有明确的投稿时限规定，要求作者在规定的期限内不能一稿多投，同时也表明期刊如不按约定时间给予答复，作者可改投他刊。

其次，一稿多投对所投刊物造成恶劣影响。a. 它占用并浪费了刊物的版面。尤其对学术性期刊来讲，版面十分珍贵，刊登一稿多投的文章势必使其他有价值的文章延期发表或遭淘汰。b. 它影响了刊物的声誉。读者发现“一稿多投”现象后，首先会责怪编辑把关不严，继而认为编辑部不负责，使刊物降低了阅读价值，减少了信息量，最终影响刊物的发行，因为没有读者愿意购买或订阅缺乏个性特征、内容与其他刊物雷同的东西。c. 它辜负了编辑的辛勤工作，使得其已经付出的劳动毫无意义——被视为重复劳动。

第三，一稿多投对作者而言危害不可低估。因为它属于违规行为，严重地影响了作者的声誉，起码是作者的学术品行及道德水准受到了质疑。

第四，一稿多投的结果是使得重复的、毫无新意的内容大量地进入人们经常需要检索和利用的信息源之中，加重了信息资源泛滥的程度，降低了文献资源及检索系统的质量，人为地增加了信息筛选、加工、整序的工作量，从而在一定程度上影响了人们信息利用的效率。

一稿多投是一种既浪费资源(对编辑部而言处理重复发表的稿件实在是人力、物力、财力、声誉等多方面的损失)，又不合理合法的行为，不利于科学文化事业的繁荣与发展，也违背了诚实信用的原则和要求，对社会风气的堕落有助长之力，应当受到人们的不耻与唾弃。

通常情况下，以下重复投稿或发表不属于一稿两(多)投：第一，在专业学术会议上做过口头报告，或者以摘要或会议板报形式报道过的研究结果，但不包括以会议文集或类似出版物形式公开发表过的全文。第二，对首次发表的内容充实了50%或以上数据的学术论文。第三，有关学术会议或科学发现的新闻报道，但此类报道不应通过附加更多的资料或图表而使内容描述过于详尽。以上再次投稿均应事先向编辑说明，并附上有关材料的复印件，以免可能会被编辑或审稿人误认为是相同或相似成果的重复发表。

二次发表或称再次发表(Secondary Publication)是指使用同一种语言或另外一种语言再次发表，尤其是使用另外一种语言在另外一个国家再次发表。

目前，国际生物医学界明确界定以另一种文字重复发表为"可接受的再次发表"。由国际医学期刊编辑委员会制定、已被千余种生物医学期刊采用的《生物医学期刊投稿的统一要求》指出，以同种或另一种文字再次发表，特别是在其他国家的再次发表是正当的，(对于不同的读者群)可能是有益的，但必须满足以下所有条件：

第一，作者已经征得首次和再次发表期刊编辑的同意，并向再次发表期刊的编辑提供首次发表文章的复印件、抽印本或原稿。

第二，再次发表与首次发表至少有一周以上的时间间隔(双方编辑达成特殊协议的情况除外)。

第三，再次发表的目的是使论文面向不同的读者群，因此以简化版形式发表可能更好。

第四，再次发表应忠实地反映首次发表的数据和论点。

第五，再次发表的论文应在论文首页应用脚注形式说明首次发表的信息，如：本文首次发表于××期刊，年、卷、期、页码等(This article is based on a study first reported in the...)。

目前国内部分学者对同一论文采取不同文种发表表示质疑，并认为不同文种的重复发表是属于违背科学道德的行为，国内科学界和期刊界对此也尚未形成比较统一的认识或规范。为避免不必要的麻烦，作者可采取某些变通的做法，如：以某种语言发表原始性论文，以另外一种语言发表相关的综述或评论等，或在不同文种的专业网站上发布相关消息，以引起国内外同行的关注[15]。

11.5 合理使用

合理使用概念的提出可追溯到1803年英国Cory诉KearSley一案中，后来在美国的Folsom v. Marsh案中，由Joseph Story法官真正提出并确定了合理使用三要素。并于后来在美国1976年《著作权法》中被法典化，是指法律规定的条件下，允许他人以正当目的使用享有著作权的作品而不必征得著作权人的同意，也不必向著作权人支付报酬的合法行为。

著作权法中设立合理使用就是考虑到学术作品作为人类智力延续的特殊性，在保障作品专有权的同时，留存一个公共领域和自由使用的空间，为人类文明提供延续和发展的基础。目的是解决后续的作者创作新作品利用先前作者的作品问题[16]。

超出合理使用范围一般判定为学术抄袭。各个国家的著作权法都规定了著作权的合理使用，下面从不同类型的文献合理使用规定，简要介绍。

11.5.1 传统文献的合理使用

1. 国际条约和一些国家著作权法对文献的合理使用的规定

一些国际条约和各国的著作权法对文献的合理使用都有明确的规定。在国际范围内，第一次就合理使用制度做出规定的是《保护文学艺术作品伯尔尼公约》(以下称《伯尔尼公约》)。该公约规定了合理使用的三步检验法，其内容是指对于著作权人的权利的任何限制或者例外，一是必须限于某些特殊情况。二是不得与受保护的作品的正常利用相抵触。三是无论如何不得损害著作权人的合法利益。这三个要件缺一不可，否则就不能称之为合理使用。《伯尔尼公约》列举的形式规定了三种具体的合理使用行为：适当引用、为教学目的的合理使用以及时事新闻的合理使用。

《日本著作权法》第 32 条规定："已经发表的著作物可以引用，但必须符合公正的惯例。在报道、评论研究上的引用，其目的也必须限定正当范围。"《意大利著作权法》第 70 条规定："为了评论、论述或教育目的，可以在符合上述目的的限度内，引用一部分作品片段或部分章节。"

美国现行著作权法中有关合理使用的规定：对一受著作权保护作品的合理使用，无论是通过复制、录音或其他任何上述规定中所提到的手段，以用作批评、评论、新闻报道、教学(包括在课堂上分发多份拷贝)、学术交流或研究之目的，不属于侵权。在确定任何一特定案例是否属于合理使用时，必须考虑到下列因素：

(1)使用的目的和性质，包括这种使用是具有商业性质或者是为了非营利的教育目的。

(2)有版权作品的性质。

(3)同整个有版权作品相比所使用的部分的数量和内容的实质性。

(4)这种使用对有版权作品的潜在市场或价值所产生的影响。

《中华人民共和国著作权法》(2010 年第二次修订)将"合理使用"纳入"权利的限制"中。其具体内容为：

在下列情况下使用作品，可以不经著作权人许可，不向其支付报酬，但应当指明作者姓名、作品名称，并且不得侵犯著作权人依照本法享有的其他权利：

(1)为个人学习、研究或者欣赏，使用他人已经发表的作品。

(2)为介绍、评论某一作品或者说明某一问题，在作品中适当引用他人已经发表的作品。

(3)为报道时事新闻，在报纸、期刊、广播电台、电视台等媒体中不可避免地再现或者引用已经发表的作品。

(4)报纸、期刊、广播电台、电视台等媒体刊登或者播放其他报纸、期刊、广播电台、电视台等媒体已经发表的关于政治、经济、宗教问题的时事性文章，但作者声明不许刊登、播放的除外。

(5)报纸、期刊、广播电台、电视台等媒体刊登或者播放在公众集会上发表的讲话，但作者声明不许刊登、播放的除外。

(6)为学校课堂教学或者科学研究，翻译或者少量复制已经发表的作品，供教学或者科研人员使用，但不得出版发行。

(7)国家机关为执行公务在合理范围内使用已经发表的作品。

(8)图书馆、档案馆、纪念馆、博物馆、美术馆等为陈列或者保存版本的需要，复制本馆收藏的作品。

(9)免费表演已经发表的作品，该表演未向公众收取费用，也未向表演者支付报酬。

(10)对设置或者陈列在室外公共场所的艺术作品进行临摹、绘画、摄影、录像。

(11)将中国公民、法人或者其他组织已经发表的以汉语言文字创作的作品翻译成少数民族语言文字作品在国内出版发行。

(12)将已经发表的作品改成盲文出版。

以上规定适用于对出版者、表演者、录音录像制作者、广播电台、电视台的权利的限制。同时，我国《著作权法》要求合理使用者必须遵守三个一般性义务：a.使用的必须是他人已发表的作品。b.使用时必须指明作品出处。c.不得侵犯著作权人的其他合法权益。

2.合理使用的形式与程度

这是量的限制。对引用是否合理进行量化不是一件容易事，因此，各国著作权法一般不作具体规定。2008年8月16日起施行的《中华人民共和国著作权法实施细则》第二十七条进一步明确：

“适当引用他人已经发表的作品，必须具备下列条件：

(一)引用目的仅限于介绍、评论某一作品或者说明某一问题。

(二)所引用部分不能构成引用人作品的主要部分或者实质部分。

(三)不得损害被引用作品著作权人的利益。”

一般来说，是否属于合理使用，我们可以从形式、目的、数量、内容四个方面考量。

(1)从目的上看——引用目的必须正当。引用作品的目的仅限于介绍、评论某一作品或者说明某一问题。引用是否出于创作需要，如果不是出于创新的客观需要，而是主观上追求商业利润，必然会与原作品形成市场竞争，从而损害原作品著作权人的利益。

(2)从形式上看——引用的作品是否已公开发表。如果尚未公开发表就有可能侵犯被引用者的发表权和隐私权；引用者是否准确无误地标明了出处，如果没有注明出处，或只是笼统地在文末罗列参考文献，并未在文内给出序号，就很可能是非合理使用。其中文内有“某某认为”等提示语的，能大致分辨作者系引用他人，则意味着作者没有遵循学术规范；而没有“某某认为”等提示语的，以致读者误认为文中所表达的都是作者的观点，则构成侵权行为；新作品是否有别于原作品，如果只是简单地复制就不能视为合理引用。

(3)从数量上看——如上所述：世界上大多数国家都遵循的原则是引用其他人作品的思想、观点、材料，一般不能超过30%，换句话说，作者创作的学术作品从字面来看，原创的部分必须在70%以上，引用的部分必须在30%以下。这个比例也被国内一些高校在判别论文相似性时采用。

(4)从内容上看——是否引用他人作品作为自己作品的主要部分或实质部分。如果引用他人作品中的某一部分作为自己作品中的主要部分或实质部分，可能起到代替原著或干扰原作品销售的作用，则超出了合理使用范围。就作品的关系而言，新作品是否独立于原作品，如果引用的结果创造了新作品而不是取代原作品，视为合理引用；反之，则为剽窃；改头换面地将他人著述中的重要观点进行改写，得出与他人相同的观点或结论，不管是否注明了出处，都有剽窃之嫌。引用者不能歪曲被引用作品的原意。为了自己的需要，引用时歪曲、篡改作品的原意，这就侵犯了作者的作品完整权，这当然不是合理引用。

在一般情况下，从形式、内容、目的和数量的某一个标准即可判定是否是合理引用，但在特殊情况下，必须综合考虑以上几个方面的因素，才能合理地判定引用是否合理。

11.5.2　网络环境下的文献合理使用

在网络环境中，作品以数字化形式被传输、下载、复制变得非常容易。许多人认为在线材料是可以自由复制和发布的。事实上，大多数在线材料就像大多数的印刷物一样，是受法律保护的。关于网络空间合理使用制度的构建，各国也在积极的探索中。从世界范围来看，发达国家对在网络环境下合理使用的规定各不相同[17]。

1. 国际条约对网络环境下合理使用范围的规定

世界知识产权组织的两个条约《世界知识产权组织著作权条约》(WCT)、《世界知识产权组织表演和录音制品条约》(WPPT)重复了《伯尔尼公约》对于权利的限制的三步检验法，声明成员可以将有关的限制和例外运用到数字化和网络环境中，这一规定确定了各国国内立法中保留合理使用的可能性。

2. 欧盟、美国等对网络环境下的合理使用的规定

由于各个国家的文化传统和经济发展水平的差异，由于作品的著作权人和使用人的力量对比的不同，各个国家所规定的对于著作权的限制和例外也有很大不同。

(1)《欧盟数据库指令》

《欧盟数据库指令》缩小了合理使用的范围，将网络环境中个人为学习、研究、欣赏而使用作品的行为排除在合理使用范围之外，对个人合理使用的规定，只限于非电子数据库。

(2)美国《数字千年著作权法》

美国 1997 年制定的《数字千年著作权法》(DMCA)详细地规范了作品的传播和使用者在利用数字化作品方面的责任与责任豁免(限制)，该法为非营利性的图书馆、教育机构使用作品提供了有限的例外规则。对于希望仅拷贝一份受著作权保护的材料用于自己的研究和学习的教师或者学生来说，可以利用合理使用的原则，不过也受一些条件的限制。该法还明确指出，未经著作权人的同意，以任何形式的电子下载或上载著作权材料是非法的。

3. 中国网络环境中合理使用判断标准

目前中国关于网络环境下著作权合理使用制度的规定，主要见于《著作权法》(2010 年第二次修订)和《信息网络传播权保护条例》(2006 年 5 月 10 日国务院通过了，并于 7 月 1 日正式施行)这两部法规为我国网络环境下著作权合理使用制度作出了一些较好的规定。一般认为，网络环境下对作品的合理使用作出一个合适的界定是一个十分复杂的问题，鉴于网络作品形式的多样性、使用方式的先进性以及网络技术的超前性，采用罗列的方式很难穷尽，拟建立以下三个基本要素，作为网络环境中合理使用的判断标准：

(1)使用的目的及其性质。使用目的必须正当，不能借合理使用之名行剽窃之实。在网络领域，合理使用的目的须以出于善良之目的、公益之性质为判断标准，而不以是否赢利为基本判断标准。

(2)作品的性质。由于与公共利益的关系密切程度不一样，对不同的作品合理使用可有不同的要求，如政府公共信息网上的公共事务信息可由读者自由下载，其合理使用的要求较低。

(3)使用的程度。即用到的作品的部分只能占整个作品的很小部分；并且使用到的作品的内容，不能是作品最关键、最精华部分。

以下情形属侵权行为：

(1)大量引用原作应视为侵权。一般来说，在作品中少量使用原作片断被视为合理使用。

(2)不得照搬原作的精华部分。一般来说，作品的精华部分更能体现文章的独创性特点，对精华部分的保护应优先于其他部分。

(3)对经济价值的影响。不管使用者是否取得了实质性的利益，只要给权利人造成了实质性的"市场损害"，就不属于合理使用。

根据以上要素，网络环境下属于合理使用的作品有以下几类：

(1)作者或网站主动上载到网上、没有声明未经许可不得使用、没有在作品上附加任何版权管理信息、又没有采取任何技术手段限制他人使用的作品，即可视为"默视许可"他人可合理使用。如 BBS 上的帖子、各类议论、评论，甚至作为创作出现的文章、图片、动画、音乐、录像等；但使用者不能将其作品用于商业目的。

(2)再现或者引用其他媒体报道的时事新闻以及转载其他媒体已经发表的有关政治、经济、宗教问题的时事性文章，但作者声明不许转载的除外。

(3)刊登发表在公众集会上的讲话，但作者声明不许转载的除外。

(4)为介绍、研究、评论或说明某一问题，适当引用网上或网外已经发表过的、仍在著作权保护期内的作品。需要注意的是：在这种情况下使用作品，一定要遵守上述合理使用三个要素。

(5)网站为执行国家有关规定或存档的需要，对网站的内容进行备份。

需要特别指出的是：我国的合理使用类型一般依照《著作权法》第 22 条所列举的方式来判定，符合使用情形的为合理使用。由于法律事先对合理使用的行为进行了明确、详尽的列举，法官在审判纠纷的过程中有确定的标准，可以避免自由裁量的偏差。但法律的稳定性也让其具有滞后性，这样列举式的规定不能及时应对社会快速发展所带来的复杂性纠纷。现实中又出现各种各样新型纠纷和问题。鉴于网络的开放性和传播的快速性，该立法模式满足不了社会现实需求，立法的滞后，有可能使网络空间里一些理应属于合理使用行为被认定为侵权行为。

我们在使用相关资源时，对于公有领域的信息，不受版权法保护的作品可视为进入公有领域，成为社会的共同财富，可以自由使用。这部分主要主要包括：a. 法律、法规、国家机关的决议、决定命令和其他具有立法、行政、司法性质的文件及其官方正式译文。b. 时事新闻。c. 历法、数表、通用表格和公式。d. 已到保护期限的作品。我国版权法对一般作品的作者署名权、修改权、保护作品完整权实行永久保护，而对作者发表权与复制权、获得报酬等财产权利的保护期限为作者有生之年及死后 50 年。因此对外国古典作品的翻译、对中国古籍的整理、注释、汇编、复制等，任何单位和个人都可以进行[18]。

对于受版权保护的信息应慎重，严格按照上述相关条约、法律和规定，自觉遵守，合理地使用。但是总体来讲，合理使用的目的是为了通过法律的角度保护现有作者的权益的同时，又要满足知识的传承，为创新提供积淀。研究者应领悟其中的道理，自觉遵守，塑造自己的良好的学术素质和自觉的学术规范，不要为名利左右，宁静致远，为人类文明的发展做出应有的贡献。

思考题

1. 什么是科学研究？

2. 科研论文有哪些划分类型？分别是什么？

3. 我国的科研论文撰写一般遵循什么标准？

4. 什么是学术规范？学术规范一般包含哪些方面？

5. 试述遵守学术规范的意义及作用。

6. 简介《著作权法》的基本思想及著作权人的基本权利。如何合理利用前人的研究成果？

参考文献

[1]李珍，张寿华，李继民，等. 软件工程专业毕业设计（论文）指导[M]. 北京：清华大学出版社，2010：27-30.

[2]王章豹. 高等学校教师岗前培训教材 高等学校教师教学科研方法[M]. 第二版. 合肥：合肥工业大学出版社，2009：137-139.

[3]李晓文，刘晓辉. 英语学术写作传播科学的媒介[M]. 北京：机械工业出版社，2011：33-34.

[4]文后参考文献著录规则（GB-T-7714—2005 全文）. 贵州师范大学学报编辑部[EB/OL]. [2012-12-14]. http://xb. gznu. edu. cn/content. jsp? urltype = news. NewsContentUrl&wbtreeid=1029&wbnewsid=1100.

[5]王恩华. 大学学术失范与学术规范[M]. 长沙：湖南师范大学出版社，2010：16.

[6]邓正来. 中国学术规范化讨论文选（修订本）[M]. 北京：中国政法大学出版社，2010：359.

[7]刘明. 同行评议刍议[J]. 科学学研究，2003，21(6)：576-578.

[8]张革新. 论学术侵权[J]. 科学经济社会. 2007，25(106)：110-113.

[9]秦珂，尤太生. 抄袭、剽窃的判断与法律责任[J]. 图书与情报，2008(5)：68-70.

[10]惠天灵. 如何认定抄袭、剽窃行为[J]. 出版发行研究，2012(3)：53-55.

[11]张旻浩，高国龙，钱俊龙，等. 国内外学术不端文献检测系统平台的比较研究[J]. 中国科技期刊研究，2011，22(4)：514-517.

[12] CNKI科研诚信管理系统研究中心[EB/OL]. [2012-12-13]. http://check. cnki. net.

[13]万方数据知识服务平台增值服务之论文相似性检测系统[EB/OL]. [2012-12-13]. http://check. wanfangdata. com. cn.

[14]系统简介. Gocheck. cn 论文检测专家——最专业的论文抄袭自查平台[EB/OL]. [2012-12-13]. http://gocheck. cn.

[15]任胜利. 英语科技论文撰写与投稿[M]. 北京：科学出版社，2004：187.

[16]傅亚卓，李化树. 从著作权法考察学术抄袭及其治理[J]. 煤炭高等教育，2010，28(1)：113-114.

[17]尚明芳. 网络著作权合理使用制度研究[D]. 郑州：郑州大学，2011，5：25-26.

[18]柳广慧. 数字信息资源合理使用问题探讨[J]. 农民致富之友，2012，5：76.

第 12 章　个人参考文献管理

在学习和研究的过程中，我们需要收集参考大量的文献信息，对这些专题性强、数量又非常大的有用信息，将面临去重、分析、在论文中的引用等诸多问题。对此若再采用传统的卡片记录，或 Word 等文档管理已远远跟不上需要，特别是在网络信息时代的今天，数字资源所占的比重也来越大，数量越来越多，传统的方法根本无法满足科研人员参考文献的高效管理，只有采用专业的个人参考文献管理软件进行管理，才能解决这一难题。

12.1　文献管理软件

文献管理软件（Reference Management Software，RMS），顾名思义就是记录、管理文献的一类计算机应用软件。主要功能是用来建立、管理、存储和输出个人用户的参考文献题录资料，并在写文章时可以很方便地生成参考文献列表，帮助使用者更好地利用参考文献进行学术研究[1]。科研工作者从早期的卡片记录到使用资源管理器，以及 Excel、Access 等非专业化软件，现已逐步使用上了专业化的参考文献管理工具。

文献管理软件不仅方便我们从各个数据库下载全文参考文献，查重和筛查相关文献，整理排序和完成简单的分析，而且可以作为文字处理软件（如 Word）中的插件，在撰写研究论文的过程中，按照预设的参考文献格式，插入参考文献[2]。

12.1.1　常用个人参考文献管理软件简介

目前较常用的个人参考文献管理软件有 EndNote、Reference Manager、RefWorks、Note Express、医学文献王等，下面简要介绍一下这些软件的基本情况。

1. EndNote

EndNote（http://www.endnote.com）是一款国际通用的文献管理软件，由美国科学信息所（ISI ）下属的 Thomson ResearchSoft 子公司于 20 世纪 80 年代推出，目前已经更新到第 16 版（endnote X6）。它可以创建 EndNote 个人参考文献图书馆，用以收集贮存个人所需的各种参考文献，包括文本、图像、表格和方程式；可以根据个人需要重新排列并显示文献，可以对贮存的文献数据库进行检索；支持国际期刊的参考文献格式有 3 700 多种，写作模板几百种，涵盖各个领域的杂志；与 Word 无缝链接，中文支持良好。

2. Reference Manager

Reference Manager（http://www.refman.com）也是一款较早的个人参考文献管理软件，较适合科学及医学领域的研究人员使用，具有对医药文献按类整理的功能。可作为插件集成到 Word 中，自动生成格式化的参考文献表，并且可以在线查找 Internet 上的各种文献数据库，将查找到的资料保存至本地数据库。Reference Manager 自带的杂志引用格式均是英文的，不能处理中文文献。目前最新版本 12.0.3V。

3. RefWorks

RefWorks（http://www.refworks.com）参考文献管理系统是美国剑桥科学文摘社 2001 年推出的"个人图书馆"管理软件，方便用户建立和管理个人文献书目资料，并可以实现在撰写文稿的同时，即时插入参考文献，同时生成规范的、符合出版要求的文后参考文献。

RefWorks有众多语言版本，如 Chinese（Traditional）、Chinese（Simplified）、English、French、German、Hebrew、Italian、Japanese、Korean、Spanish等。

4. NoteExpress

NoteExpress是北京爱琴海软件公司(http://www.reflib.org 教育网 http://www.scinote.com)开发的一款专业级别的文献检索与管理系统，其核心功能涵盖“知识采集、管理、应用、挖掘”的知识管理的所有环节，功能较EndNote丰富，且符合中国人使用习惯，全面支持简体中文、繁体中文和英文。NoteExpress的写作插件支持MS Office Word 2003/2007/2010、OpenOffice.org Wirter和WPS多种文字处理软件，目前最新版本V2.8.1.2024[3]。

5. 医学文献王

医学文献王(http://www.medscape.com.cn)是由北京金叶天盛科技公司在参考国外同类软件，结合中国国情，面向社会各界调研，研发成功的国内第一款医学文献管理软件，其界面含有中华医学会大部分杂志的文献格式，是一款面向医生、医学研究生、医学科研工作者的个人文献管理工具。目前最新版本3.0。

6. 几款免费的文献管理软件

以上几款个人参考文献管理软件都是付费使用的，销售模式一般分个人和团体用户两种。除此之外，还有一些遵守GNU(GNU是一个自由软件工程项目，全称是Gnu's Not Unix)通用性公开许可证协议(General Public License，GPL)的开源软件[4]，如JabRef(http://sourceforge.net/projects/jabref)，Bibus(http://sourceforge.net/projects/bibus-biblio，有中文版)，Zotero(http://www.zotero.org)，Connotea(http://www.connotea.org)，Aigaion(http://www.aigaion.de)，BibDesk(http://bibdesk.sourceforge.net)等[5]。这些开源软件都具备文献管理软件的基本功能，可以自由免费下载使用，遗憾的是大多是英文版。

12.1.2 个人参考文献管理软件的主要功能

个人参考文献管理软件围绕资源的获取、整理、排序和引用，无论是国外的EndNote、Referenc Manager，还是国产的NoteExpress和医学文献王，核心功能比较相似，主要包含以下功能[6]。

1. 资源整合检索

提供检索界面，与现有数据库对接，可在线搜索也可过滤导入，并允许用户自行添加，方便用户通过多种途径快速创建个人专题参考文献库。

2. 文献管理

支持多种文献类型的存储，包括书目、图像、PDF文件等，并且可以根据需要对存储的记录进行查找、编辑、排序、统计、查重、全文管理(PDF、图片、表格、其他文件)、链接转换、数据库输出以及合并数据库等操作，实现个人参考文献库的有效组织和管理。

3. 文献引用

与文字处理软件(如Word)无缝集成，在其中嵌入功能菜单，在文献引用时能按要求插入参考文献，自动生成引用标记和规范的、符合出版版式的参考文献格式；也可定位引用参考文献，并可即时查看生成的参考书目。

4. 知识管理

具有笔记功能，可以随时记录阅读文献时的思考，参考文献资料和笔记相关联，方便查阅、引用。检索结果可以长期保存，并自动推送符合特定条件的相关文献，便于长期跟踪某一专业学科的研究动态。

5. 文稿模板

提供合乎各种杂志要求的稿件模板，模板中预先定义了相关刊物一篇完整稿件需要具备的所有关键元素，能够协助用户进行稿件的创建，大大简化写作过程。

6. 文献分析

对文献进行分类并且根据关键词相交多少整理出所有文献的分布情况，对于课题选择、文献分析很有帮助。

12.2 NoteExpress 入门

NoteExpress(简称 NE)功能较 EndNote 丰富，且符合中国人使用习惯，中文支持良好，并且与 Word 结合得比较好，更新及时。NoteExpress 2005 年 6 月推出时，即获得新浪、计算机之家、硅谷动力等专业 IT 网站的五星级评价，目前用户非常多，已经成为中国文献管理软件市场上的第一品牌。

目前的最新版本 NoteExpress V2.8.1.2024，新加入内嵌浏览器及数据识别器，实现数据库选择、识别标识添加和数据库列表的自动排序；全新的 MS Word 写作插件；更加完善的样式编辑器，并且支持更多文字编码等。功能更趋完善，在具备文献采集、管理、引用的基础上，还可通过数据挖掘和分析功能帮助用户快速了解某研究方向的最新进展、各方观点；笔记功能可以与参考文献的题录联系起来，支持全文检索等，是一个功能强大的个人参考文献管理系统。下面简要介绍其基本使用方法[7]。

12.2.1 NoteExpress 下载和安装

用户可以根据自己所处的网络环境选择从公网：http://www.reflib.org/CompanyWeb/download.do 或者教育网：http://www.scinote.com/CompanyWeb/download.do 网站上选择下载 NoteExpress 的安装程序，如图 12.1。

NoteExpress 2.X 版可以运行 Windows 2000\XP\Vista\7(32 位和 64 位)，Windows Server 2003\2008\2008R2(32 位和 64 位)操作系统上。写作插件支持 MS Word 2003\2007\2010(32 位)、WPS Office 2010 文字、OpenOffice.org Writer 写作工具软件。NoteExpress 安装运行的主程序界面如图 12.2。

12.2.2 数据导入

NoteExpress 安装完毕后启动运行会打开自带的 Sample 示例题录数据库，该数据库存放在“我的文档”目录下，供初学者学习使用。正式使用时，首先要建立自己的数据库。在 NoteExpress 主程序的“文件”下拉菜单中点击“新建数据库”，在弹出的对话框中选择保存位置以及向该数据库添加附件时的自动操作参数。如图 12.3 所示。

新建数据库后，我们就要向该系统中导入相关数据。NE 提供四种导入题录数据的方式，分别为在线检索导入、内嵌浏览器检索导入、过滤器导入(网上数据库导入)、手工录入方式。

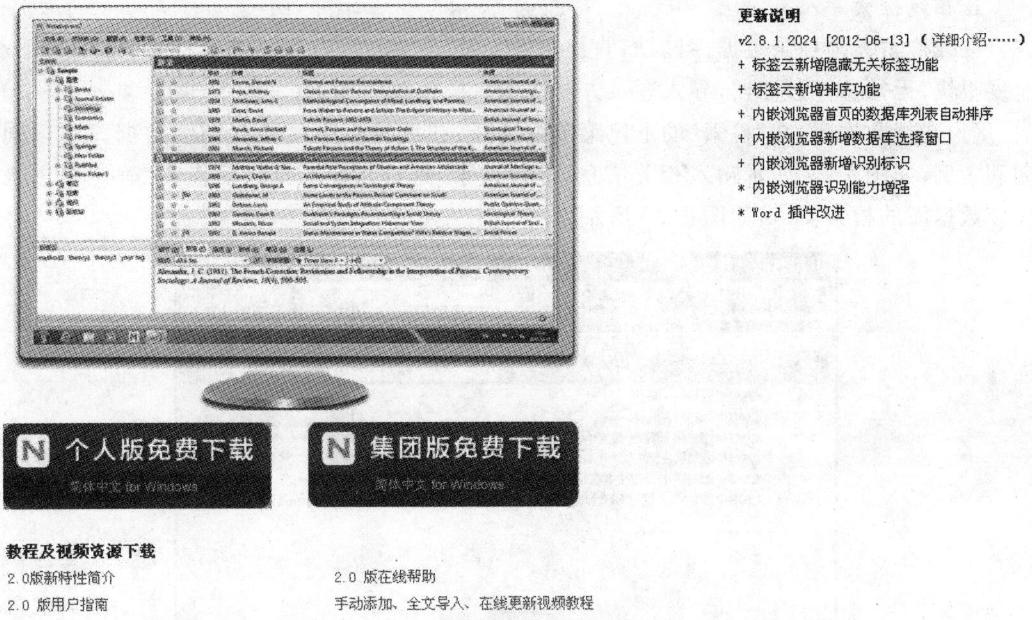

图 12.1　NoteExpress 下载页面

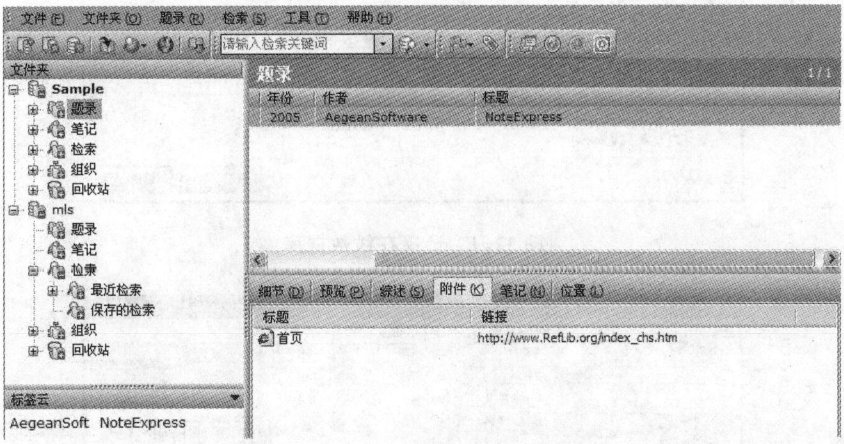

图 12.2　NoteExpress 运行主界面

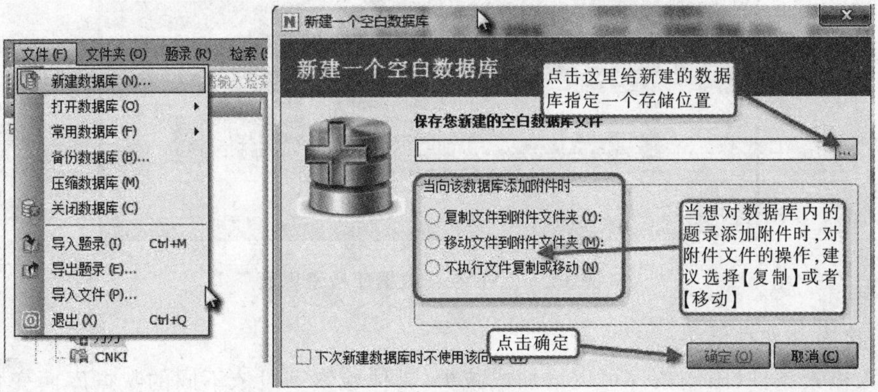

图 12.3　新建数据库

1. 在线检索导入

在线检索无须登录数据库网站，直接以 NoteExpress 作为网关进行检索，多线程下载，速度很快，无须选择过滤器，导入题录方便快捷。操作步骤如下：

(1)选择数据库：在“检索”的下拉菜单中选择“在线检索”→“选择在线数据库”，以同方期刊为例，如图 12.4 所示输入相关信息，进行检索，选择指定数据库后点击“确定”，进入操作该数据库的检索窗口，如图 12.5 所示。

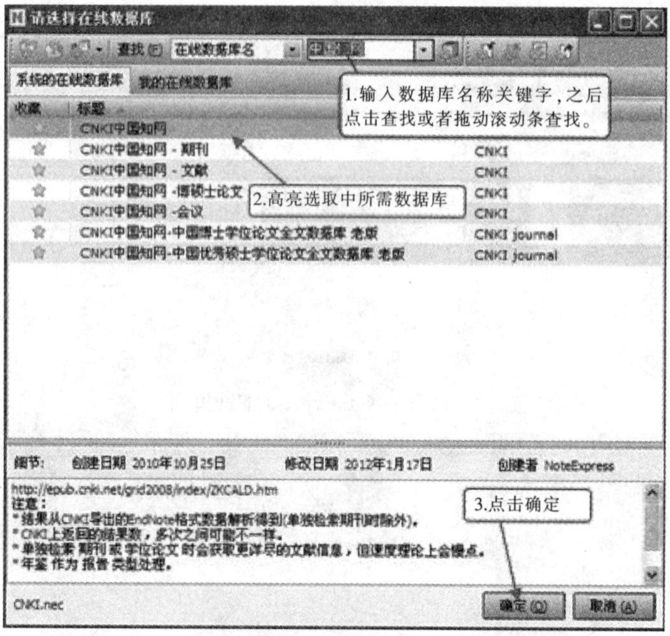

图 12.4　选择在线数据库

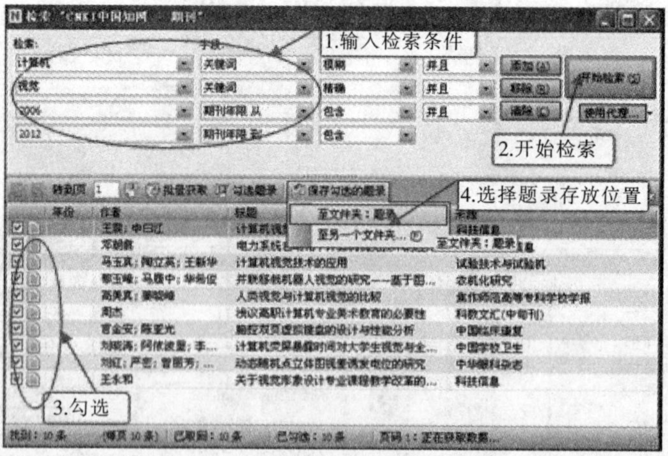

图 12.5　NE 在线数据库检索界面

(2)检索并保存结果

输入检索条件(限制条件可以增加或减少，具体检索字段依不同的数据库而变化)，点击开始检索，结果题录信息就罗列出来，勾选所需信息，然后点击“保存勾选的题录”将所选信息保存到指定位置。

2. 内嵌浏览器检索导入

通过 NE 内置的浏览器和网页信息抓取程序，完成在数据库页面上的文献检索、筛选和保存。操作步骤如下：在“检索”的下拉菜单中选择“在浏览器中检索”，如图 12.6 所示。点击“在浏览器中检索”，即进入内置浏览器页面，如图 12.7 所示。

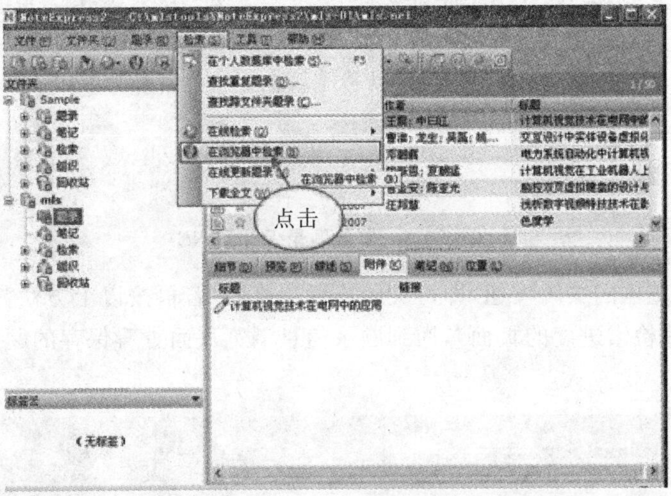

图 12.6　选择在浏览器中检索页面

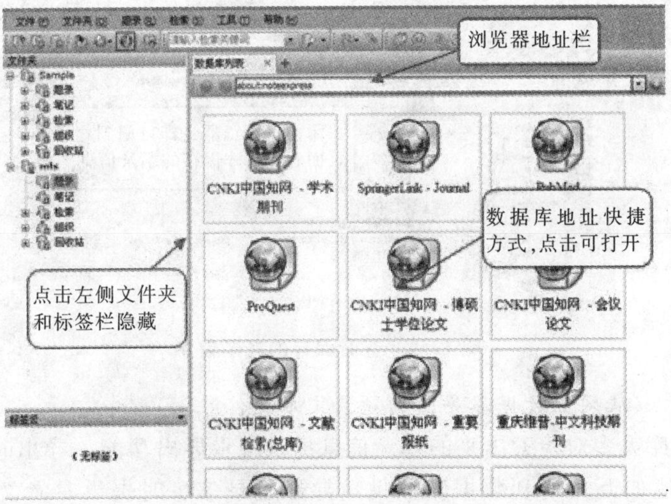

图 12.7　内置浏览器页面

点击“CNKI 中国知网一学术期刊”快捷网址或者直接在内置浏览器地址栏输入对应网址，则打开该数据库的检索操作页面，输入相关检索条件，点击检索，结果如图 12.8 所示。

点击所选题名后面的图标，即可将该条题录信息保存到左侧选中的文件夹。有的数据库平台与 NE 匹配得比较好，可以将批量选中的条目直接在该界面保存，如医学 Pubmed 数据库平台，也有的数据库在该界面现在还不支持保存功能，需要手工输入，如 SpringerLink 数据库平台暂不支持保存。

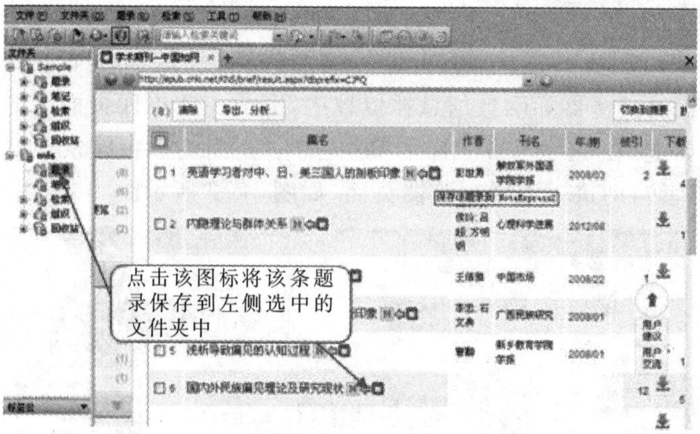

图 12.8 单条题录保存到 NE

点击内置浏览器的关闭按钮,即可关闭内置浏览器(若再按以上方法打开内置浏览器页面,仍能看到刚才检索进度的页面),回到题录信息浏览页面查看保存的题录信息,如图 12.9 所示。

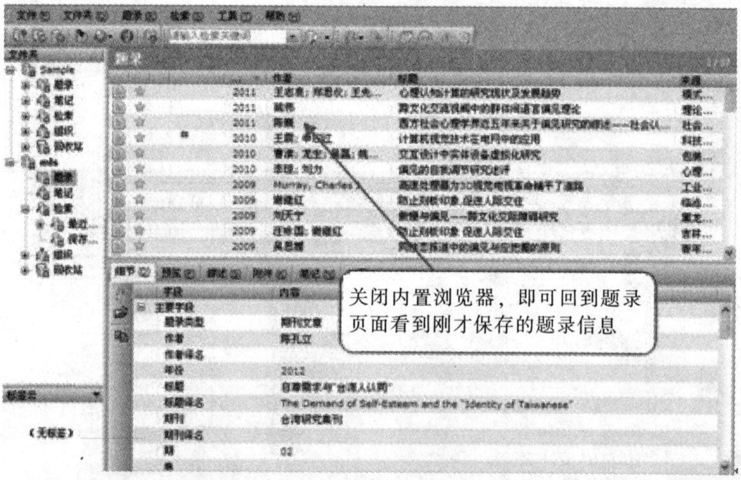

图 12.9 查看保存的题录信息

3. 过滤器导入(从网上数据库导出的题录文本文件导入)

现今的数据库大多对检索出来的题录信息提供批量导出功能。导出时的格式一般可以选择或自定义,比如万方期刊数据库在批量导出题录信息时提供参考文献格式、NoteExpress、RefWorks、NoteFirst、EndNote、自定义格式和查新格式。

导出时选择什么样的格式,那么在往 NE 中导入时也要选择什么样的格式控制。这个格式控制器就是 NE 中所谓的过滤器,NE 中几乎集成了所有常用的数据库的过滤器,如图 12.10 所示。

下面以万方数据知识服务平台上的期刊检索为例简要说明过滤器导入的步骤。

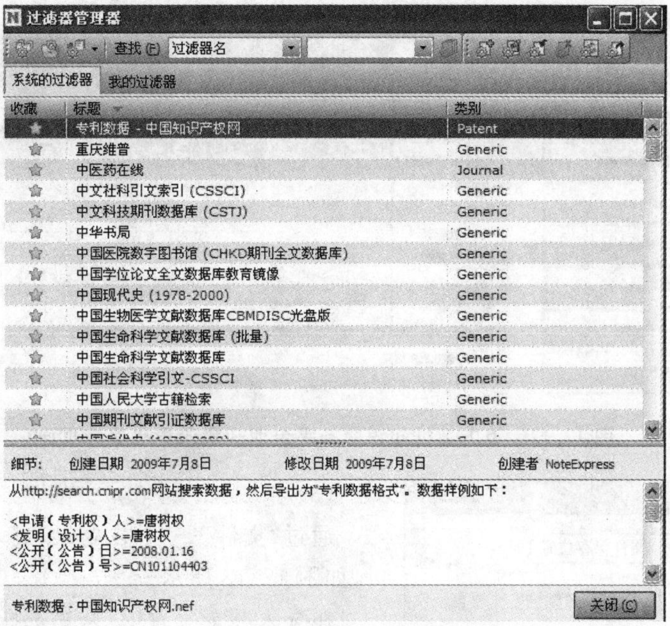

图 12.10　NE 过滤器

(1)检索输出

在万方数据知识服务平台输入检索限制条件，点击检索，题录信息即罗列出来，勾选要选题目，若全部选中，可以点击题录罗列信息下方的"全选"按钮，即可一次把该页全部题录选上，如图 12.11。

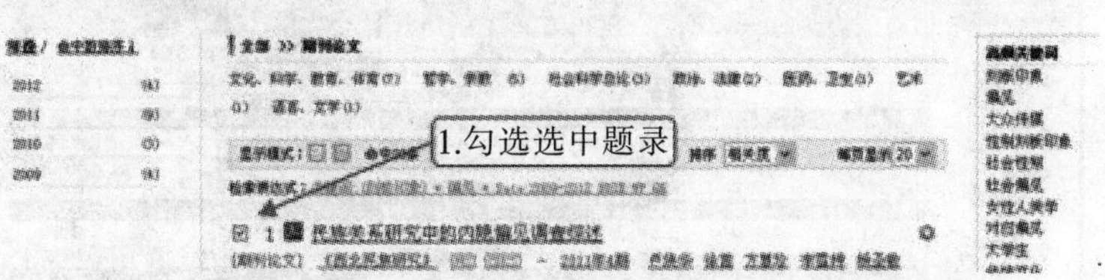

图 12.11　万方数据知识服务平台期刊题录导出初始页面

(2)选择输出格式保存检索结果

在题录信息勾选完毕，点击"导出"，即进入导出格式选择页面，如图 12.12。

在该页面先选择左侧的相应格式（一般首选要导入的系统格式，比如在这里要导入到 NE，就选择 NoteExpress。若选为其他格式，那么往 NE 系统中导入时，也要选择对应的过滤器），而后点击"导出"按钮，即弹出提示文本保存窗口，选择合适保存位置将导出题录文本下载保存。

图 12.12 万方数据知识服务平台期刊题录导出保存页面

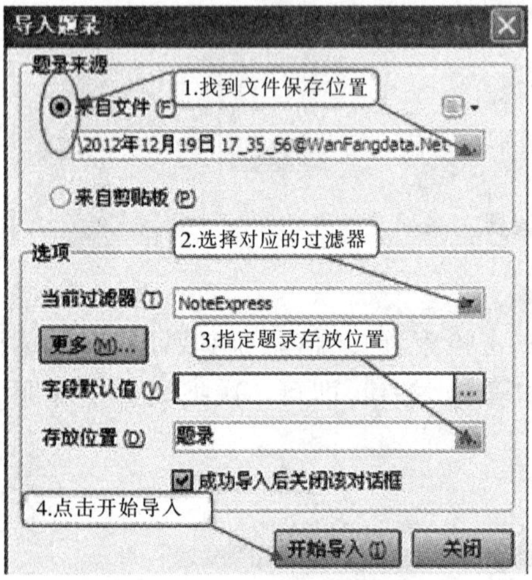

图 12.13 导入题录配置窗口

(3)导入 NE

通过“文件”→“导入题录”进入导入题录配置窗口，如图 12.13 所示。

在导入题录配置窗口，先选择题录来源，之后选择对应的过滤器、题录存放的位置（选择过程中可以在对应的窗口新建文件夹），这些工作做完之后，点击“开始导入”按钮，即把信息导入 NE 系统，如图 12.14 所示加亮显示的条目即为新导入的题录信息。

4. 手工录入方式

个别没有固定格式导出的题录或者由于其他原因需要手工录入的题录，可以在需要添加题录的地方右击鼠标，点击“新建题录”菜单，如图 12.15。

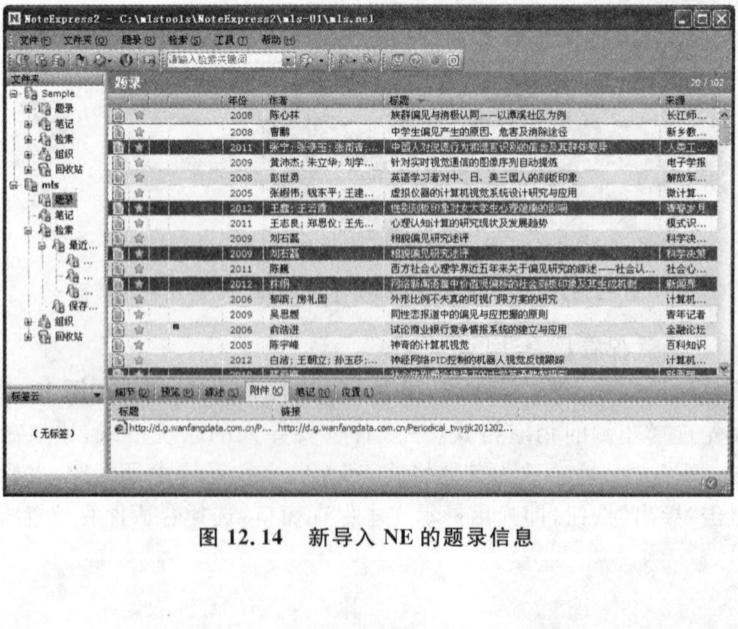

图 12.14 新导入 NE 的题录信息

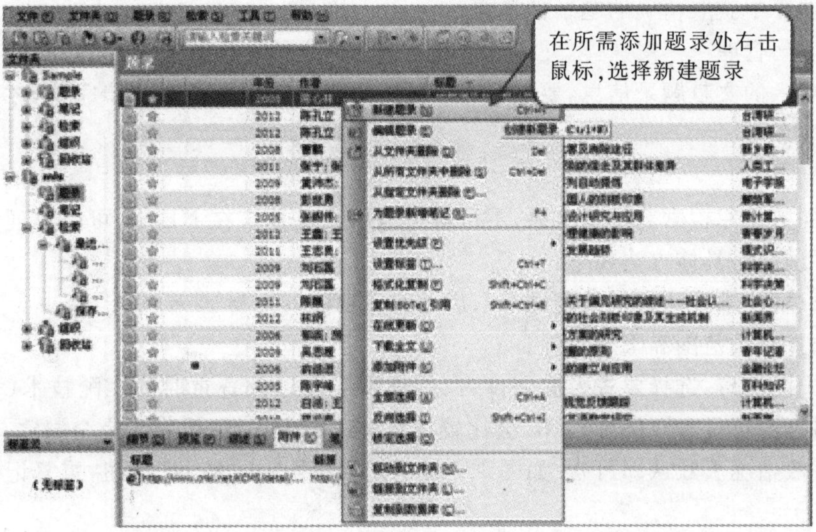

图 12.15　选择新建题录选项

在弹出的新建题录窗口如图 12.16,将题录对应的各个字段所需信息输入,点击保存即可。

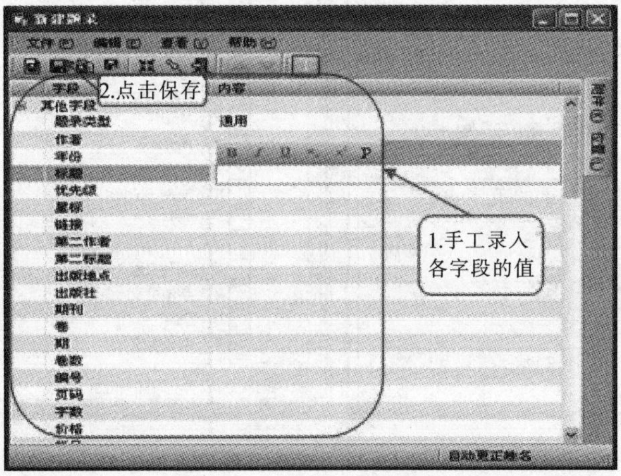

图 12.16　手工录入新建题录窗口

由于手工录入费时费力,出错率也较高,尽量使用以上三种方法收集信息,减少手工录入的劳动。需要手工录入时,也可以先复制一个与录入题录内容较为接近的题录,然后通过修改这条新题录来减少手工录入的劳动强度。

对于下载的题录信息,如果需要更新,我们可以选中要更新的题录信息,然后点击鼠标右键选择“在线更新”→“自动更新”,指定查找更新的数据库,进行更新。可以逐条进行,也可以同时选择多条进行自动更新。

如果有已经下载的全文文献,可以利用 NE 的导入文件功能将其导入,系统自动生成题录并将全文文献作为对应附件保存,实现 NE 的管理。需要指出的是,导入全文时自动生成的题录只有有限的信息,只有题录类型和标题,可以通过 NE 的在线更新功能,手工或自动从在线数据库中获取精确的题录信息。

12.2.3 管理

对于导入的文献题录信息，要通过 NE 提供的相关管理功能进一步完善，才能更好地满足使用需要。

1. 查重

从不同数据库检索获得的结果，不可避免地出现重复。在 NE 中，可以方便快捷地查找并删除重复题录，具体方法如下：

(1)通过“检索”→“查找重复题录”，启动查重功能。

(2)选择查重范围和限定条件。

在弹出的窗口，选择要查重的文件夹、待查重字段以及查重时的匹配技术(如大小写不敏感、忽略标点符号和空格等)，NE 会比较选定字段的内容，如果内容完全一致，则认定为重复题录(一般情况下默认即可)。如图 12.17 所示，之后点击“查找”按钮，重复记录就会罗列出来。

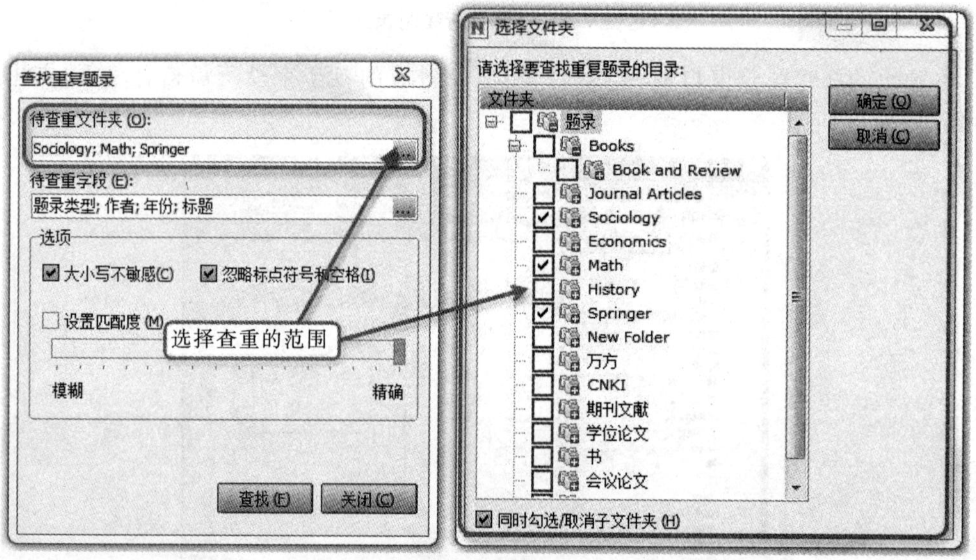

图 12.17 查重参数设置

(3)重复结果显示及重复题录处理

重复题录被高亮蓝色标出，在重复题录上右击鼠标，选择对应菜单删除即可，如图 12.18 所示。

2. 虚拟文件夹

NE 提供了文件夹功能，可以将文献放到不同文件下实现分类存放，同时还提供虚拟文件夹功能，将同一文献放到不同文件夹中共享。同一条文献可以属于多个文件夹但数据库中只保存一条。修改任何文件夹中的该条题录，在其他文件夹下都会同时修改；删除其中一个文件夹下的这条题录，其他文件夹中仍然存在，只有将最后一条题录删除掉，这条题录才会彻底从数据库中消失。这类似于操作系统下的资源管理器，可以通过文件夹树形结构组织文献，管理和使用非常清晰便捷。

如图 12.19，要将标记为“A”的题录同属于“CNKI”和“VIP”两个文件夹，操作步骤为：

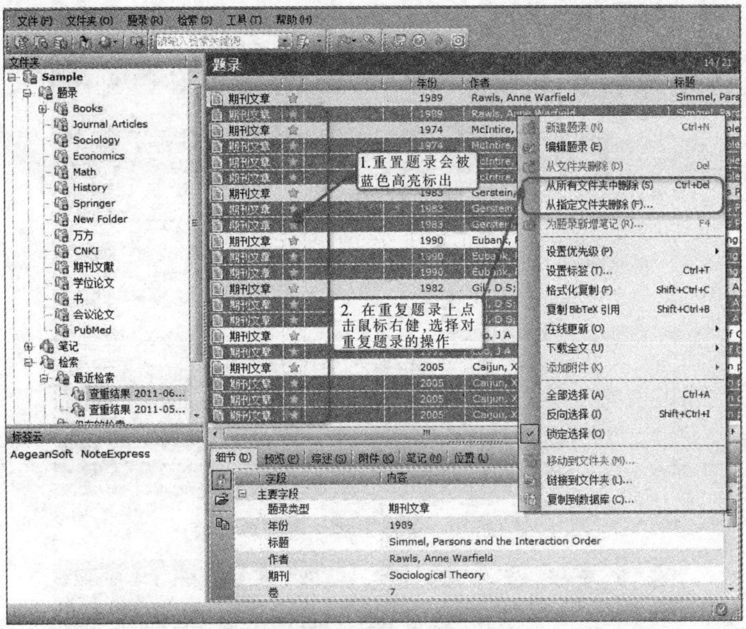

图 12.18　重复题录显示和删除操作

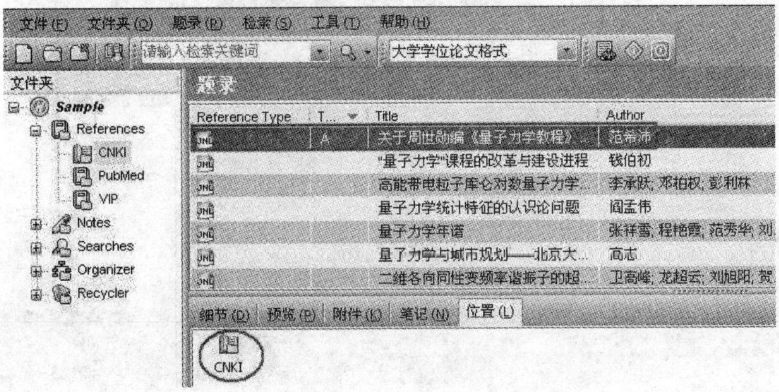

图 12.19　属于文件夹 CNKI 的题录信息

(1)对高亮选中所需链接的题录,点击鼠标右键,弹出对话框,点击“链接到文件夹”。如图 12.20。

(2)在弹出的“选择文件夹”对话框,点击“VIP”,单击“确定”,如图 12.21。

(3)这样标记为“A”的题录就会同时存在于“CNKI”和“VIP”两个文件夹。如图 12.22。

在文件夹“CNKI” 或者 “VIP” 中任意一个文件夹编辑该题录,另外一个文件夹中的该题录也同步发生改变,添加附件或笔记,也有同样效果。

3. 添加附件

从数据库导入的题录只有基本的题录信息,这些基本信息可以让我们大致了解某一文献的价值所在,让你决定是否有必要进一步阅读全文或者与之关联的其他信息。在 NE 中,可以通过其提供的添加附件功能实现。NE 支持任意的附件格式,如常见的 PDF、Word 文档、CAJ,Excel 等类型的文件,也可是文件夹、URL 等。一条题录也可添加多个附件。

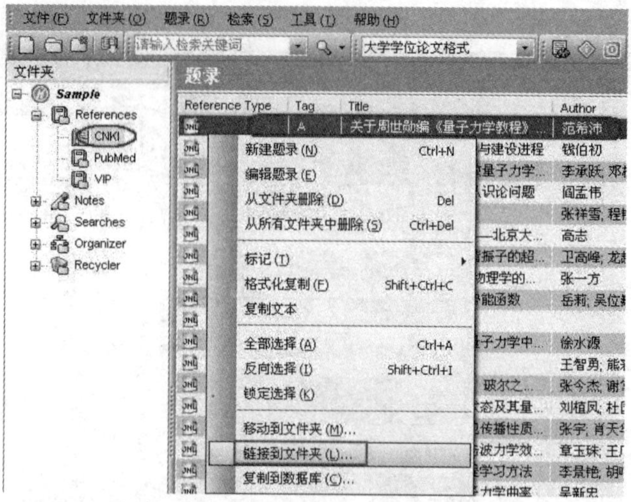

图 12.20 链接到文件夹菜单选项

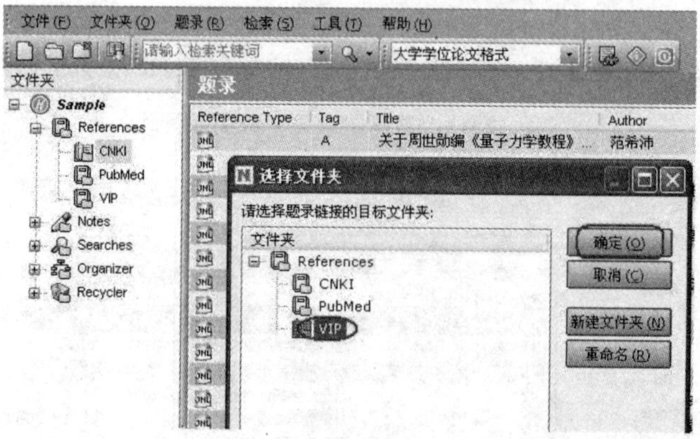

图 12.21 选择要链接的文件夹

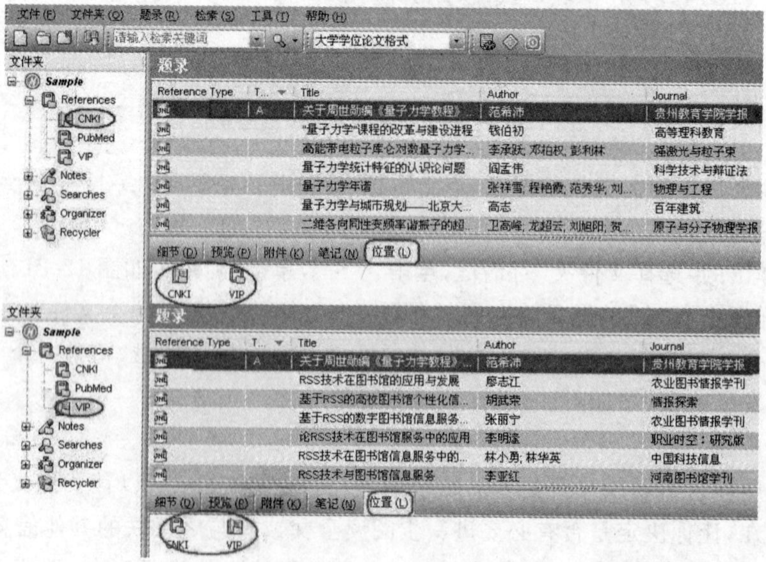

图 12.22 题录显示在 CNKI 和 VIP 两个文件夹中

下面以手工添加单个附件为例，简要介绍其操作方法。

首先选中要添加附件的题录，点击该题录对应的“附件”按钮，然后在附件显示空白窗口右击鼠标键，在弹出的快捷菜单中点击“添加”项，在扩展开的下一级菜单中选择点击对应的附件类型菜单（文件、文件夹、网络链接、题录和笔记），如图 12.23。

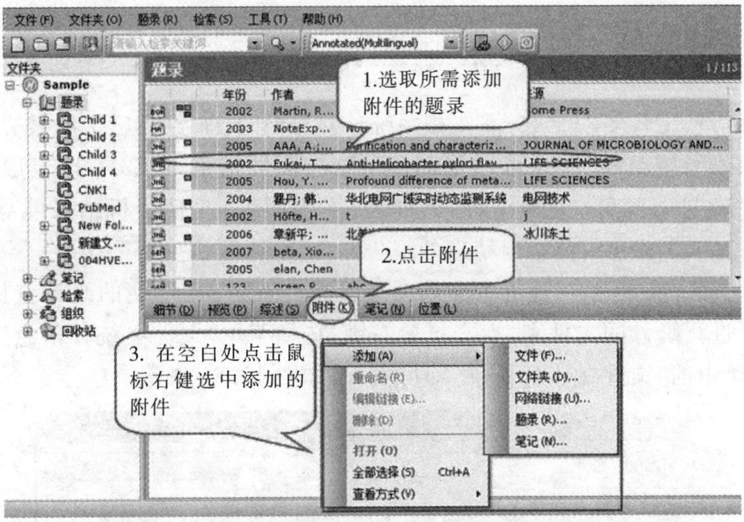

图 12.23　题录添加附件菜单项

随后，在随之弹出的窗口选择好对应的附件之后，附件就显示出来，如图 12.24 所示。

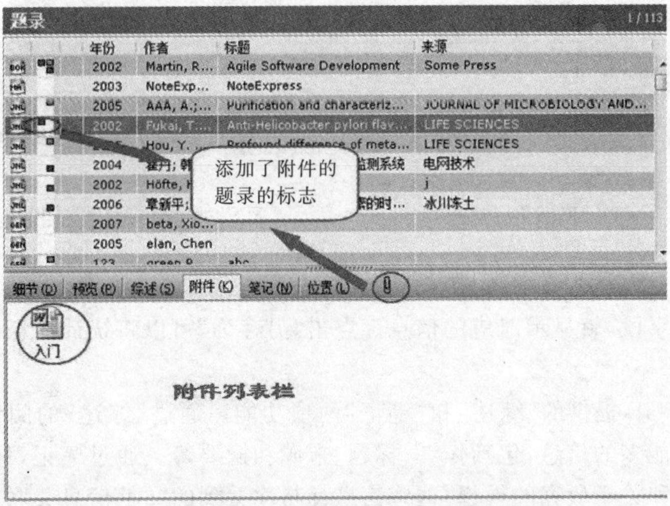

图 12.24　新添加附件的显示

如果需要对某一文件夹下的多个文献添加附件，你可以使用 NE 的“批量链接”功能，选择相关信息位置、文献信息与文件名匹配程度等，然后就可以批量链接附件到题录。具体操作时点击 NE 主程序中的菜单“工具”，找到并且点击菜单项“批量链接附件”，在弹出的窗口中选择配置好相关参数即可实现。

要注意的是附件与对应的题录存放文件夹对应问题，可通过主程序菜单“工具”→“选项”→“附件”设定之间的存放和相关操作对应关系；在新建空白数据库时也有相关对应参数选项。

在管理方面，除了以上讲述的功能之外，NE 提供有全文下载、设置标签、本地检索和检索过程保存（自动推送符合检索条件题录）、同时打开多个数据库、数据库备份和转移以及回收站等功能。

12.2.4 分析和发现

1. 分析

对于收集信息比较多的专题，需要相关统计信息时，比如要快速了解某一领域的重要专家、研究机构、研究热点等。NE 可以帮助提供这方面的信息，NE2.0 以上版本可以对题录信息的所有字段进行统计，包括作者、关键词、主题词等；并且分析结果能导出为 TXT 和 CSV 等多种格式，方便进一步做出精准的报告。

NE 可以对整个数据库以及每个文件夹进行统计，其对文件夹的统计分析操作步骤为：首先选中需要进行统计的文件夹，点击鼠标右键，选择菜单“文件夹统计信息”，或点击“文件夹”的下拉菜单中的“文件夹统计信息”即可实现，如图 12.25 所示。

图 12.25　文件夹信息统计

选择不同的字段，就显示对应的信息。点击“另存为”可以将统计信息导出保存。

2. 发现

发现主要指 NE 提供的“综述”和“笔记”两项功能。通过“综述”的阅读方式，你可以阅读文献题录尽可能多的信息，包括作者、标题、来源和摘要等。通过笔记，你可以随时记录下看文献时的想法和关于研究的设想，这些信息都与你看到的文献信息关联在一起，便于日后进一步开展工作。

(1)综述阅读方式

该阅读方式可以将一条题录信息的作者、标题、来源、摘要字段同时显示出来，大大提高阅读效率。需要这样阅读时，点击如图 12.26 所示的“综述”按钮，题录的整个信息就显示在下面的窗口中。

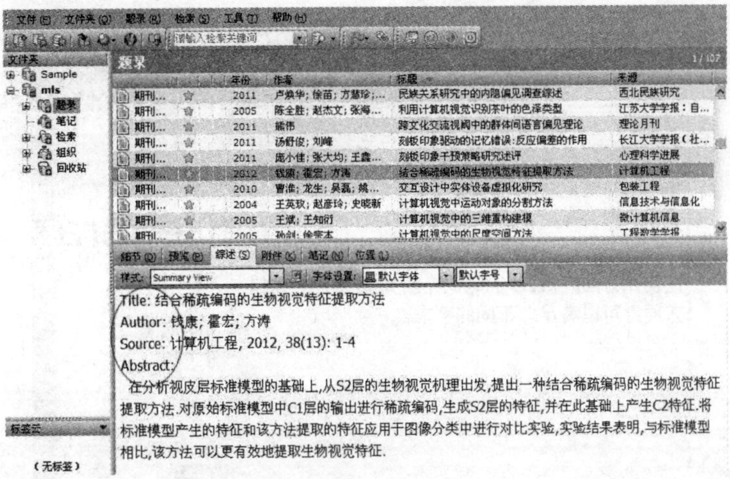

图 12.26　综述阅读方式

(2)笔记

NE 的笔记功能不仅可以将阅读整理题录信息时的想法、心得记录下来,而且在写文章时需要插入所记录的笔记时,在 Word 插件中点击即可在所需位置插入,非常方便。

若要添加笔记,先选中需要添加笔记的题录,点击"笔记"按钮,笔记窗口即在下面显示出来。利用笔记窗口提供的"新建"、"打开"、"保存"、"删除"、"复制"、"粘贴"等按钮实现笔记的建立(同一条题录可以建多个对应笔记),如图 12.27 所示。打开功能按钮可以打开 NE 针对笔记设计的专业文本编辑器,实现文本内容的输入、排版等详细编辑,如图 12.28 所示。

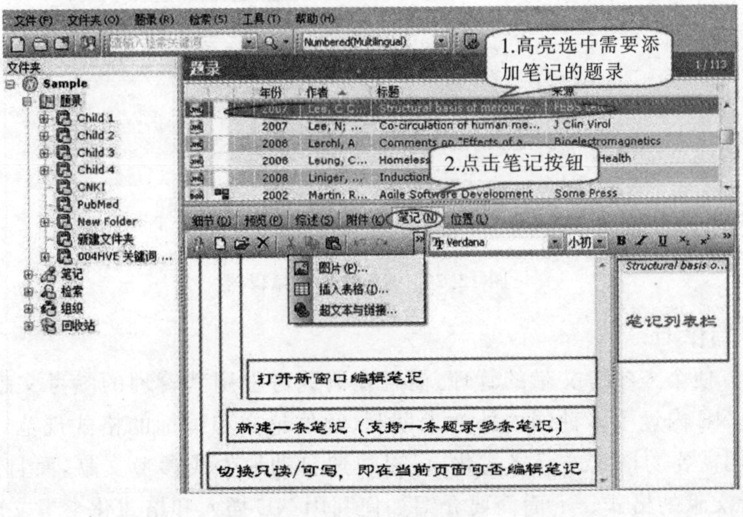

图 12.27　笔记窗口

在笔记的文本编辑器中,点击"插入"→"公式",可以打开公式编辑器,实现公式的输入编辑,如图 12.29 所示。

编辑完毕,点击保存即可。如果想把笔记的文本文件存到其他位置,可以点击笔记编辑器菜单中的"另存为"项实现。

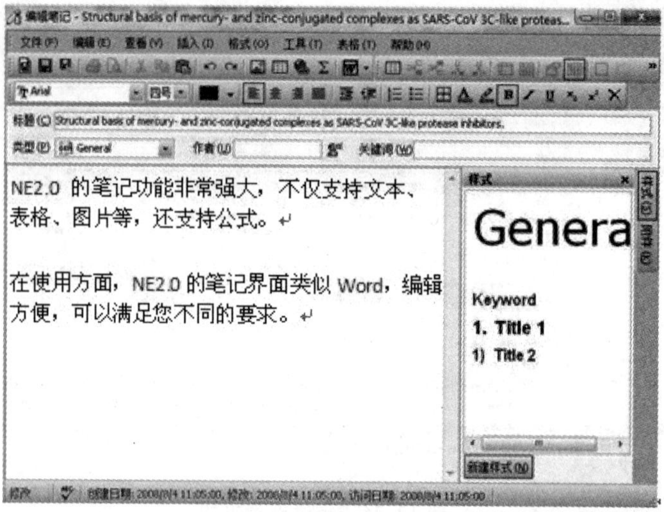

图 12.28　NE 的笔记编辑器

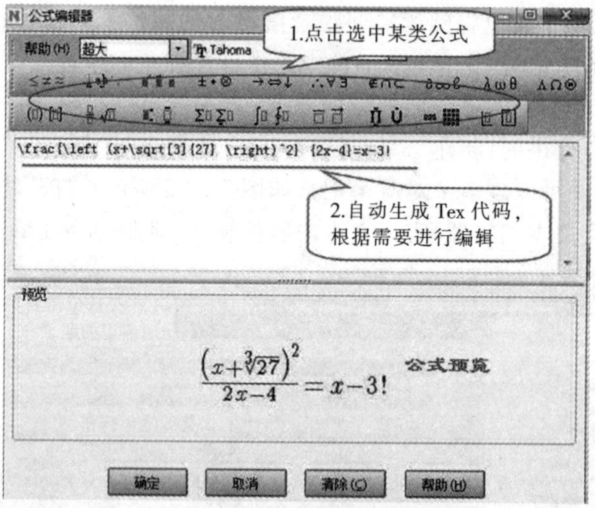

图 12.29　NE 的公式编辑器

12.2.5　写作

NE 不仅方便个人参考文献的管理，而且在研究者引用其管理的参考文献进行写作时，也非常方便。NE 内置了多种国内外学术期刊、学位论文和国标的格式规范，通过 NE 插入文献，然后使用需要的格式进行格式化，可以快速自动地生成参考文献，而且可以根据需要随时调整参考文献的格式。下面简要介绍如何利用 NE 插入和格式化参考文献。

1. 字处理软件中的 NE 插件功能介绍

NE 安装之后，在计算机已经安装过的字处理软件（如 Word）的菜单中插入一个“NoteExpress2 Toolbar”菜单项，该菜单项对应的 NE 写作插件会作为 Word 的一个工具栏显示出来，如图 12.30 所示。不同版本的字处理软件，NE 写作插件显示格式虽然也有所不同，但是各项功能是一样的。

(1)转到 NoteExpress：在 Word 中写作时，点击该图标可以切换到 NoteExpress。

图 12.30　Microsoft Word 2007/2010 中 NE 写作插件

(2)插入引文:将在 NE 主程序中选择的题录插入到 Word 中光标停留处,生成当前输出样式的文中引文格式。

(3)插入注释:如果需要在文章某处以脚注形式插入注释,点击即可生成(需在最终输出样式中启用并定义好注释格式)。

(4)插入笔记:如果用户需要在光标处插入题录笔记,在 NE 中选中笔记后,点击该图标即可插入到文章中。

(5)格式化:点击该图标,NoteExpress 会以某种样式对文章进行格式化,包括文中引文、文末参考文献和注释等格式。

(6)编辑引文:当光标放置在文中某处引文处,点击该图标会弹出题录编辑对话框,如果题录信息有不正确或需要实现特殊文中引文格式,比如不显示作者或年份(适用于"著者—出版年"引文格式),或设置引文前后缀,或启用备选模板。

(7)去除格式化:如果需要对文章引文去格式化,点击该图标即可。在 2.4 后版本中,清除域代码的选择也被整合在这一选择中,若选择清除域代码,那么用户将不能再进行格式化修改,所以建议用户在未完成文章之前不要清除域代码,即便是文章撰写完毕,做好备份后对某一文件(比如投稿文件)清除域代码,至少保留一份没有清除域代码的文章方便随后修改。

(8)样式:点击该图标用于切换文章中使用的参考引文格式。

(9)检索:如果在撰写文章时需要插入引文,用户可以选择检索搜索需要插入的引文。

(10)定位:如果在写文章时需要查看一下文中某处引文对应的文末参考文献,光标放置在引文处,点击定位图标,即可以定位到文末对应参考文献处。NoteExpress 会高亮对应文献。

(11)查找:写文章时,如果需要查看文中某处引文是否在文章中其他地方引用,光标放置在引文处后,点击查找图标即可转到文中下一处同一文献引用处。

(12)设置:用于设置写作时的快捷键,即时格式化和导出 Word 中引文等选项。

(13)同步:如果 NoteExpress 中的引文做过修改,点击该图标,可以对数据库和文章引文信息进行同步。

(14)窗口:点击该图标将会实现 Word 和 NoteExpress 窗口并列,方便文献查看和引用。

(15)帮助:查看帮助信息。

2.示例插入引文

在写作过程中,需要插入引用文献标注信息时,首先将光标移至需要插入引文的位置,点击 NE 写作插件的"转到 NoteExpress"按钮切换到 NE 操作界面,选中要插入的题录信息后，回到 Word 编辑窗口，再点击“插入引文”按钮，该条引用信息及自动插入文后的参考文献列表，操作如图 12.31 所示。

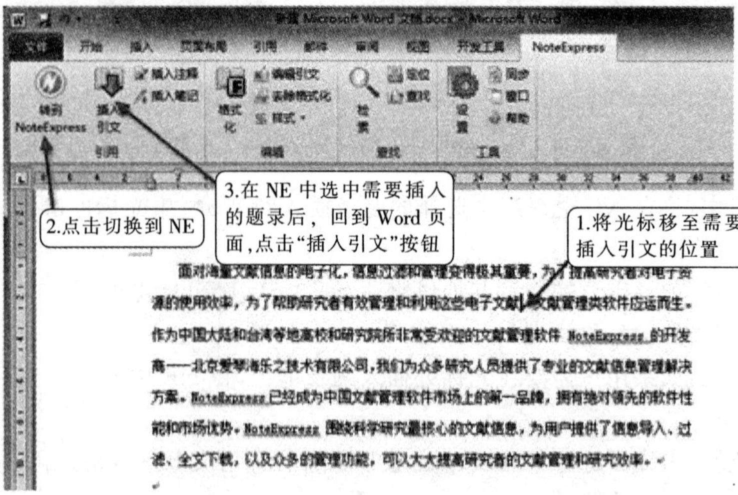

图 12.31　在 Word 中插入参考文献操作

若要调整参考文献的格式，点击 NE 写作插件的“格式化”按钮，在弹出的格式化窗口，选择所需的输出样式、起始编号等参数信息，完成后点击“确定”按钮，参考文献的格式随即按选中的样式自动变化，如图 12.32 所示。

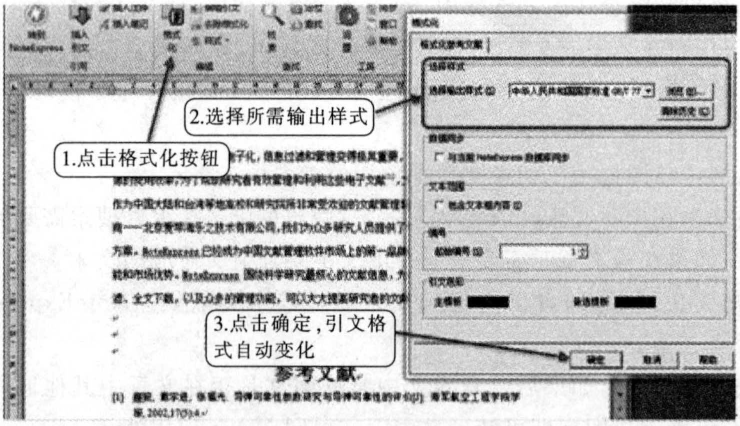

图 12.32　调整参考文献显示格式

参考文献的显示格式，不仅可以通过上述操作方法选择使用系统自带的样式，而且 NE 也提供了功能强大的样式编辑器，用户可以自行设计，还可以导入符合格式的样式来使用。

在写作中，NE 不仅为插入参考文献提供了方便，还特别定制了常见的学术期刊模板（目前仅限国外期刊），用户可以非常方便地利用该模板撰写文章，无须投稿时为样式调整而浪费宝贵的时间。需要时，在 NE 主程序“工具”菜单，打开“手稿模板”菜单项选择相关模板即可。模板的使用和制作属于 Word 的操作方法问题，若不熟悉，可以参阅相关文献。

NE 是一款功能强大且符合国人使用习惯的个人参考文献管理软件，以上讲述的只是 NE 的入门基本操作流程和方法，中高级中还涉及题录类型自定义、表头字段自定义、批量编辑、制作输出样式、制作过滤器等操作方法，以及其他使用技巧，在这里不一一详述，若有需要读者可参考北京爱琴海软件公司主站点的帮助或其他相关文献。

国外的个人参考文献管理软件，如 EndNote、Reference Manager、RefWorks 等，设计思想、核心功能和操作方法，与 NE 相比基本一致，主要是对英文和国外的刊物格式支持较好，且分别符合各自国家使用者的习惯。用户在熟悉 NE 的基础上，非常容易在短时间内熟悉和掌握其他同类软件的操作。

思考题

1. 什么是参考文献管理软件？其基本功能是什么？
2. 国内主要有哪些个人参考文献管理软件？
3. 国外主要有哪些个人参考文献管理软件？
4. NoteExpress 有几种题录输入方法？
5. 在 NoteExpress 中如何制作参考文献样式？
6. NoteExpress 与 EndNote 的主要区别是什么？

参考文献

[1]杨克虎. 系统评价指导手册[M]. 北京：人民卫生出版社，2010：102-104.

[2]谢群. 文献管理软件的功能层次划分理论研究——以 EndNote 为例[J]. 现在情报，2008(4)：113-114.

[3]NE 重要功能[EB/OL]. NoteExpress 主页[2012-12-18]. http://www.reflib.org/CompanyWeb/product.do.

[4]GNU GENERAL PUBLIC LICENSE[EB/OL]. [2012-12-18]. http://www.gnu.org/licenses/gpl.html.

[5]开源参考文献管理应用一软件及 web-APP[EB/OL]. 科学网. [2012-12-18]. http://blog.sciencenet.cn/blog-248093-604161.html.

[6]蔡敏. 三种常用参考文献管理软件比较研究[J]. 现代情报，2007(10)：176-177.

[7]欢迎您来到 NoteExpress2.0 版本帮助的 WIKI 页面[EB/OL]. [2012-12-17]. http://www.reflib.org/wiki/index.php/%E9%A6%96%E9%A1%B5.

附录

中国图书馆分类法(第五版)简表

A 马克思主义、列宁主义、毛泽东思想、邓小平理论

A1 马克思、恩格斯著作

A2 列宁著作

A3 斯大林著作

A4 毛泽东著作

A49 邓小平著作

A5 马克思、恩格斯、列宁、斯大林、毛泽东、邓小平著作汇编

A7 马克思、恩格斯、列宁、斯大林、毛泽东、邓小平生平和传记

A8 马克思主义、列宁主义、毛泽东思想、邓小平理论的学习和研究

B 哲学、宗教

B0 哲学理论

B1 世界哲学

B2 中国哲学

B3 亚洲哲学

B4 非洲哲学

B5 欧洲哲学

B6 大洋洲哲学

B7 美洲哲学

B80 思维科学

B81 逻辑学(论理学)

B82 伦理学(道德哲学)

B83 美学

B84 心理学

B9 宗教

C 社会科学总论

C0 社会科学理论与方法论

C1 社会科学概况、现状、进展

C2 社会科学机构、团体、会议

C3 社会科学研究方法

C4 社会科学教育与普及

C5 社会科学丛书、文集、连续性出版物

C6 社会科学参考工具书

[C7]社会科学文献检索工具书

C79 非书资料、视听资料

C8 统计学

C91 社会学

C92 人口学

C93 管理学

[C94] 系统科学

C95 民族学、文化人类学

C96 人才学

C97 劳动科学

D 政治、法律

D0 政治学、政治理论

D1 国际共产主义运动

D2 中国共产党

D33/37 各国共产党

D4 工人、农民、青年、妇女运动与组织

D5 世界政治

D6 中国政治

D73/77 各国政治

D8 外交、国际关系

D9 法律

DF 法律

E 军事

E0 军事理论

E1 世界军事

E2 中国军事

E3/7 各国军事

E8 战略学、战役学、战术学

E9 军事技术

E99 军事地形学、军事地理学

F 经济

F0 经济学
F1 世界各国经济概况、经济史、经济地理
F2 经济管理
F3 农业经济
F4 工业经济
F49 信息产业经济
F5 交通运输经济
F59 旅游经济
F6 邮电通信经济
F7 贸易经济
F8 财政、金融

G 文化、科学、教育、体育

G0 文化理论
G1 世界各国文化与文化事业
G2 信息与知识传播
G3 科学、科学研究
G4 教育
G8 体育

H 语言、文字

H0 语言学
H1 汉语
H2 中国少数民族语言
H3 常用外国语
H4 汉藏语系
H5 阿尔泰语系(突厥-蒙古-通古斯语系)
H61 南亚语系(澳斯特罗-亚细亚语系)
H62 南印语系(达罗毗荼语系、德拉维达语系)
H63 南岛语系(马来亚-玻里尼西亚语系)
H64 东北亚诸语言
H65 高加索语系(伊比利亚-高加索语系)
H66 乌拉尔语系(芬兰-乌戈尔语系)
H67 闪-含语系(阿非罗-亚细亚语系)
H7 印欧语系
H81 非洲诸语言
H83 美洲诸语言
H84 大洋洲诸语言
H9 国际辅助语

I 文学

I0 文学理论
I1 世界文学
I2 中国文学
I3/7 各国文学

J 艺术

J0 艺术理论
J1 世界各国艺术概况
J19 专题艺术与现代边缘艺术
J2 绘画
J29 书法、篆刻
J3 雕塑
J4 摄影艺术
J5 工艺美术
[J59] 建筑艺术
J6 音乐
J7 舞蹈
J8 戏剧、曲艺、杂技艺术
J9 电影、电视艺术

K 历史、地理

K0 史学理论
K1 世界史
K2 中国史
K3 亚洲史
K4 非洲史
K5 欧洲史
K6 大洋洲史
K7 美洲史
K81 传记
K85 文物考古
K89 风俗习惯
K9 地理

N 自然科学总论

N0 自然科学理论与方法论
N1 自然科学概况、现状、进展
N2 自然科学机构、团体、会议
N3 自然科学研究方法
N4 自然科学教育与普及
N5 自然科学丛书、文集、连续性出版物

N6 自然科学参考工具书
[N7] 自然科学文献检索工具
N79 非书资料、视听资料
N8 自然科学调查、考察
N91 自然研究、自然历史
N93 非线性科学
N94 系统科学
[N99] 情报学、情报工作
O 数理科学和化学
O1 数学
O3 力学
O4 物理学
O6 化学
O7 晶体学
P 天文学、地球科学
P1 天文学
P2 测绘学
P3 地球物理学
P4 大气科学(气象学)
P5 地质学
P7 海洋学
P9 自然地理学
Q 生物科学
Q1 普通生物学
Q2 细胞生物学
Q3 遗传学
Q4 生理学
Q5 生物化学
Q6 生物物理学
Q7 分子生物学
Q81 生物工程学(生物技术)
[Q89] 环境生物学
Q91 古生物学
Q93 微生物学
Q94 植物学
Q95 动物学
Q96 昆虫学
Q98 人类学
R 医药、卫生
R1 预防医学、卫生学
R2 中国医学
R3 基础医学
R4 临床医学
R5 内科学
R6 外科学
R71 妇产科学
R72 儿科学
R73 肿瘤学
R74 神经病学与精神病学
R75 皮肤病学与性病学
R76 耳鼻咽喉科学
R77 眼科学
R78 口腔科学
R79 外国民族医学
R8 特种医学
R9 药学
S 农业科学
S1 农业基础科学
S2 农业工程
S3 农学(农艺学)
S4 植物保护
S5 农作物
S6 园艺
S7 林业
S8 畜牧、动物医学、狩猎、蚕、蜂
S9 水产、渔业
T 工业技术
TB 一般工业技术
TD 矿业工程
TE 石油、天然气工业
TF 冶金工业
TG 金属学与金属工艺
TH 机械、仪表工业
TJ 武器工业
TK 能源与动力工程
TL 原子能技术
TM 电工技术

TN 电子技术、通信技术
TP 自动化技术、计算机技术
TQ 化学工业
TS 轻工业、手工业、生活服务业
TU 建筑科学
TV 水利工程

U 交通运输

U1 综合运输
U2 铁道运输
U4 公路运输
U6 水路运输
[U8] 航空运输

V 航空、航天

V1 航空、航天技术的研究与探索
V2 航空
V4 航天(宇宙航行)
[V7] 航空、航天医学

X 环境科学、安全科学

X1 环境科学基础理论
X2 社会与环境
X3 环境保护管理
X4 灾害及其防治
X5 环境污染及其防治
X7 行业污染、废物处理与综合利用
X8 环境质量评价与环境监测
X9 安全科学

Z 综合性图书

Z1 丛书
Z2 百科全书、类书
Z3 辞典
Z4 论文集、全集、选集、杂著
Z5 年鉴、年刊
Z6 期刊、连续性出版物
Z8 图书报刊目录、文摘、索引